KB126166

이런 대통령 뽑지 맙시다

이런 **대통령** 뽑지 맙시다

미국 최악의 대통령 10인

지은이 **네이슨 밀러** ┃ 옮긴이 **김형곤**

혜안

일러두기

1 이 책에서는 각 대통령마다 '최악의 대통령'으로 선정된 이유를 본문의 내용을 중심으로 하여 그 핵심 내용을 간추려 정리하였다.
2 외국의 인명 및 지명은 가능한 한 현지음에 가깝게 표기하였다.
3 본문에서 인용한 책이나 신문, 잡지 등은 우리 말로 번역하지 않고 이탤릭체로 표기하였다.
4 원문의 주는 후주였으나 독자의 이해를 돕기 위해 이 책에서는 각주로 표기하였다.

|글싣는 차례|

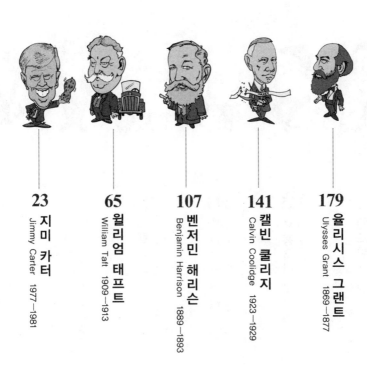

이 책은 볼티모어의 유명한 신문인 *The Sun*에서 15년 이상 기자생활을 하고
상원의원의 보좌관을 지내면서 시어도어 루즈벨트와 프랭클린 루즈벨트 등의
미국 대통령과 미국 역사에 대해 여러 저서를 남긴 네이슨 밀러(Nathan Miller)의
Star-Spangled Men ; America's Ten Worst Presidents (New York : Touchstone,
1998)를 번역한 것이다.

   이 책을 번역하면서 밀러가 고른 10명이 왜 최악의 대통령 리스트에 올랐는지
알 수 있었다. 밀러의 리스트에 오른 최악의 대통령들은 가장 명예로운 자리에서
가장 불명예스러운 자리로 들어갈 수밖에 없는 명백한 이유들을 가지고 있었다.

   지도자(leader)란 국가가 미래에 대한 비전과 달성해야 할 목표를 제시하고
이를 향해 나아가야 하고 국민이 무엇을 필요로 하는가를 알고 실천하기
위해 국민과 더불어 끊임없이 배운다는 의미의 *learn*과, 지도자가 제시한
목표를 향해 부단히 노력하는 지도자의 올바른 의지에 국민들이 따르도록
교육한다는 의미의 *educate*, 지도자와 추종자가 목표를 향해 나아갈 때 할
수 있다는 자신감과 용기를 북돋아주어 상호간에 믿음과 신뢰를 통해 성취해야
할 목표를 지도자 독단으로가 아니라 국민들과의 협조 속에서 이루어간다는
의미의 *assist*, 목표를 향해 나아가는 데 있어 지도자로서 솔선수범하여 이끈다
는 의미의 *direct*, 그리고, 발전과 개혁을 위해 끊임없이 혁신을 시도한다는

의미의 *reform*을 두루 갖춘 사람을 의미한다.

지도자가 추종자와 더불어 성취해야 할 목표를 향해, 배우고 교육하고 상호 신뢰하고 협조하며 솔선수범하고 혁신해 가는 지도자야말로 위대한 지도자라 할 수 있다. 한 나라를 대표하는 대통령이라면 이러한 가치를 두루 겸비해야 할 것이다.

그러나 밀러의 리스트에 오른 10명의 대통령은 하나같이 배우는 자세도 없고, 국민을 교육하지도 않고, 국민을 믿고 협조하지도 않으며, 독단적이거나 우유부단해서 솔선수범이란 생각도 하지 못했으며, 미래의 비전을 위한 혁신 같은 건 더더욱 없었다.

그 어떤 지도자들보다 대통령은, 그것도 위대하고 성공적인 대통령이 되기 위해서는 반드시 추종자인 국민과 성취해야 할 목표를 동반해야 한다. 대통령이 되어 아무리 지도력을 발휘하고 싶어도 믿고 따르는 사람이 없으면 무슨 소용이 있겠는가? 또한 따르는 사람이 있다고 하더라도 가야 할 방향이 불분명 하다면 역시 이런 지도력은 무용지물이다. 다시 말해 지도력이란 성취해야 할 목표를 앞에 두고 지도자와 추종자가 상호작용하면서 만들어 내는 '변증법적 기술'이라는 곽동훈의 말에 전적으로 동의한다.

카터는 독선적이고 미래에 대한 비전과 목표를 제시하지 못했다.

태프트는 진보의 시대에 보수를 고집한 시대착오적인 사람이었으며 용기와 결단력이 부족한 우유부단한 인물이었다.

벤저민 해리슨은 사회성이 너무나 부족하여 인간적인 따뜻함이란 그 어디에 서도 찾아볼 수가 없었다.

쿨리지는 무활동과 침묵으로 대통령으로서 해야 할 최소한의 일조차 하지 않았다.

그랜트는 무능하고 사기성 짙은 친인척과 친구들이 저지르는 부정부패의 스캔들을 침묵으로 일관했다.

앤드류 존슨은 타협과 협조의 원리를 통한 상생(相生)의 정치를 철저히 무시하고 안하무인의 정치를 했다.

피어스는 너무나 소심하여 대통령으로서의 지도력은 전혀 발휘하지 못하고 당의 보스 정치가들의 놀림거리에 불과했다.

뷰캐넌은 편협한 생각과 이기적인 행동으로 남북전쟁에 화기를 지폈다.

하딩은 오하이오의 갱과 같은 친구들과 친인척이 일으킨 미국 역사상 가장 악명 높은 스캔들을 막지 못했다.

닉슨은 헌법을 파괴하고 민주제도에 냉소적인 태도로 거짓말을 함으로써 국민들에게 대통령과 국가에 대한 불신을 심어주었다.

클린턴은 그야말로 3류 섹스 스캔들을 통하여 대통령에 대한 국민의 믿음을 손상시켰다.

악덕의 조건이라고나 할까. 가장 명예로운 자리의 대통령들이 우유부단한 지도력, 독선과 아집, 친인척 및 친구 등을 통한 인사관리 실패, 불성실, 불신 등 결코 명예롭지 못한 용어로 표현되고 있다. 오늘날 미국의 민주주의가 발전한 데는 여러 가지 이유가 있을 것이다. 그 가장 큰 이유의 하나가 소위 지존의 위치에 있는 대통령이라도 잘못이 있다면 가차없이 비판하고 이를 여론화시킬 수 있는 정치·사회적 풍토일 것이다. 미국인들은 주기적으로 역대 대통령에 대한 객관적이고, 역사적이며, 미래지향적인 평가를 내놓음으로써 자신들의 민주주의를 한층 발전시키고 있다고 생각한다.

이 책은 나라는 다르지만 역시 대통령이라는 제도를 가지고 있는 우리나라에게 타산지석의 작은 교훈이 될 수 있지 않나 하는 소망에서 번역을 시작했다. 책을 읽어가면서 작은 교훈은 물론 그 내용의 흥미로움에 빠져든 적이 한두 번이 아니었다. 밀러가 제시하고 있는 "왜 이들이 최악의 대통령 리스트에 올라야 하는가"를 이해하게 될 때 그 흥미는 더해 갔다. 이런 내용이야말로 대통령이 되고자 하는 수많은 정치가들, 또 사회조직을 이끌어 가는 여러 지도자들, 무엇보다 위대하고 성공적인 대통령을 애타게 갈망하고 소원하는 우리 국민 모두가 읽어야 할 것이라고 생각한다. 대통령의 성공은 곧 국민의 성공이며, 대통령의 실패는 곧 국민의 실패라는 사실을 믿어 의심치 않기 때문이다.

번역을 하는 과정에서 역사적인 사실에 대해 최대한의 정확성을 기하려고 노력했지만 부족한 점이 없지 않으리라 본다. 독자분들의 많은 충고를 바란다.

어려운 사정에도 이 책의 출간을 허락하신 혜안출판사의 사장님과 편집장님께 감사를 드린다. 그리고 우리나라에 위대한 대통령이 탄생되기를 기원하며……

반야산 기슭의 연구실에서

김형곤

|책 머리에|

역대 미국 대통령들 중 최고로 위대한(best) 대통령을 선정하는 일은 어려운 일이 아니다. 조지 워싱턴, 에이브러햄 링컨, 프랭클린 루즈벨트는 항상 최고의 리스트에 오른다. 시어도어 루즈벨트, 해리 트루먼, 우드로 윌슨 등은 위대함에 근접한(near great) 대통령으로 선정된다. 그러나 최악의 끔찍한(worst) 대통령을 선정하는 일은 그렇게 단순한 일이 아니다. 이는 보다 많은 신중함과 세심함이 요구되는 작업이다. 워렌 하딩, 율리시스 그랜트는 쉽게 선정이 된다. 그러나 리처드 닉슨의 경우는 어떠한가? 워터게이트 사건과 그것으로 인한 조잡한 일을 제외하면 그는 나쁜(bad) 대통령이 아니다. 그럼에도 불구하고 그는 대통령직에서 강제로 하야한 유일한 대통령이었다. 그는 헌법과 헌법정신을 무시하여 망쳐 버리려 한 대명사가 되었다. 허버트 후버도 끔찍한 대통령의 리스트에 올려야 하는가? 지미 카터는 어떠한가? 로널드 레이건의 경우는? 윌리엄 제퍼슨 클린턴은 어떠한가? 사실상 그 개연성은 무한정이라 할 수 있다.

역대 대통령에 대해 순위를 매기는 일은 미국인과 미국 사회에서 대단히 활발히 이루어지고 있다. 아마도 순위를 매기는 최초의 리스트는 1948년으로 되돌아가야 할 것 같다. 당시 하버드 대학 아서 슐레진저 교수가 55명의 유명한 역사가들에게 역대 대통령들에 대한 평가를 요청했었다. 반세기가 지난 후

11

그의 아들 슐레진저 2세가 32명의 전문가들에게 아버지와 똑같은 질문을 던졌다. 그 결과 두 여론 조사 사이에는 참으로 놀랄 만한 사실이 나타났다. 세월이 많이 흘렀고 그 사이 새로운 대통령들이 등장했음에도 불구하고 위대한 대통령은 그대로고, 끔찍한 대통령들 역시 거의 변하지 않은 상태로 리스트에 올라와 있었던 것이다. 변화가 있다면 위대함에 근접했거나, 평범한 대통령들에게서 있었다.

먼저, 내가 최악의 끔찍한 대통령을 선정한 일은 순전히 주관적인 판단에 따른 것임을 밝혀 둔다. 따라서 이 책은 역사가들과 미국 사회 지도층과 시민 다수에 의해 이루어진 과학적인 표본조사의 결과가 아니다. 나는 단지 그동안 평생에 걸쳐 읽은 미국의 역사와, 대학원 과정에서의 연구, 또 지방, 주, 연방 차원의 정치 저널리즘에서 일한 경험과 식견, 연방의회 출입기자 생활, 그리고 두 명의 대통령에 관한 전기와 나의 정치적 견해가 포함된 다른 책들을 쓴 경험을 두루 토대로 삼아 선정을 했다. 만약 독자들이 나를 당파적 편견을 가진 사람이라고 의심한다면, 내 평생 열세 번에 걸친 대통령 선거에서 나는 민주당 후보에게 일곱 번, 공화당 후보에게 네 번, 소수당 후보에게 두 번 표를 찍었음을 분명히 밝힌다. 또한 내가 투표하여 대통령이 된 사람들 중 두 명은 이 책에서 내가 선정한 최고로 끔찍한 대통령의 리스트에 포함되어 있다는 사실도 밝히는 바이다.

실용주의, 자신감 있는 강한 성격, 미래에 대한 비전, 조화와 협조를 끌어내는 정치력, 모든 것에 기본이 되는 정직과 성실, 그리고 무엇보다 미국 국민들의 의견을 수렴하고 그들의 목소리를 들어 정책에 반영하는 능력 등은 일반적으로 위대한 대통령과 좋은 대통령들이 갖추고 있는 덕성이다. 그러면 끔찍한 대통령과 나쁜 대통령의 특징은 위대하고 좋은 대통령의 덕성에 반대되는 것이 아니겠는가? 즉, 자신감 부족, 불량한 성격, 조화와는 거리가 먼 형편없는 정치력과 무능, 비전의 결핍, 불성실과 부정직, 국민들과의 의사소통 단절 등이 그것이다. 이 책에서 나는 이런 것들과 더불어 나 자신의 기본적인 판단기준을 더했다. 바로 그들이 대통령으로 있으면서 얼마만큼 국가에 나쁜 손해를 끼쳤는가?다.

결과적으로 내가 선정한 이 리스트는 그동안에 이루어진 일반적인 것과는 차이가 있다. 내가 이 리스트를 선정하면서 기본으로 삼은 원칙은 이런 것이었다. 즉, 처음부터 윌리엄 헨리 해리슨, 재커리 테일러, 제임스 가필드는 너무 짧은 기간 동안 대통령직에 있었던 관계로 어떤 특별한 영향력을 발휘할 시간이 없었고 때문에 이들을 제외했다. 또 이 책을 쓰고 있는 현재의 현직 대통령 빌 클린턴 역시 제외하였다. 또한 1948년 이래로 거의 모든 평가에서 맨 밑바닥을 헤매는 두 명의 대통령도 제외시켰다. 바로 존 타일러와 밀라드 필모어다. 그들은 판데온 신전은 신전인데 선명하지 못하고 칙칙하고 단조로운 판데온에서 재커리 테일러와 함께 멍에를 뒤집어쓰고 있다. 말하자면, 먼지 가득한 초상화의 주인공인 이들은 백악관의 회랑 뒤에 처박혀 사람들의 뇌리에서 잊혀진 대통령들이다. 따라서 나는 이들이 항상 받고 있는 낮은 점수는 백악관에서 그들이 한 일과 하지 못한 일에 기초를 두고 있다고 보지 않는다. 오히려 그들은 슐레진저가 내린 최초의 평가에 기초를 두고 있고, 그 이후로 이들에 대해 아는 사람은 물론 알고자 하는 사람도 거의 없었기 때문에, 늘 낮은 평가를 받을 수밖에 없었던 것이 아닌가 생각한다.

사실, 구체적으로 따지고 보면 그들은 평가되고 있는 것만큼 나쁜 대통령들이 아니다. 타일러와 필모어는 둘 다 부통령으로 있다가 대통령의 사망으로 예기치 않게 대통령이 된 사람들이다. 윌리엄 해리슨의 사망으로 대통령 자리에 오른 버지니아의 숫기 없는 귀족 출신인 타일러는 최초의 '우연 각하'(accidental president)로서 자신의 권위에 도전하는 수많은 세력에 맞서 싸워 물리쳤다. 그는 의회가 자신을 무시하도록 그냥 내버려 두지 않았고 정부를 통제했다. 현명한 관리와 통제력으로 텍사스의 합병을 성사시켰고 나아가 캐나다와 미국 사이의 중요 국경분쟁을 매듭짓기도 했다. 이런 모든 점을 고려할 때 최소한 그를 제대로 된 일 한 번 한 적 없는 변변찮은 벤저민 해리슨보다는 점수를 더 주어야 하지 않을까 생각한다.

역사가 알랜 네빈스(Allan Nevins)에 따르면 '정직하고 평범한 필모어' 역시 그가 받고 있는 평가보다 좋은 평가를 받아야 한다고 생각한다. 재커리 테일러의 사망으로 대통령이 된 그는 남북전쟁의 비극을 약 10년간 저지한 1850년 타협을 성사시키는 데 중요한 역할을 했다. 페리(Matthew C. Perry) 제독을 일본에 파견하여 일본이 미국에 문을 열게 만든 것도 그다. 나는 필모어가 그동안 낮은 평가를 받은 것은 그의 대통령직에 기초를 둔 것이 아니라, 1856년 대통령 선거에서 반(反)가톨릭, 반(反)이민을 표방하는 아메리카당(Know-Nothing)의 후보로 나섰다가 성공하지 못한 사실에 채색되어 버린 결과가 아닌가 생각한다. 그 외에도 왠지 밀라드 필모어라는 이름은 그 자체로서 웃음을 자아내는 것 같다.

이 책을 쓰는 동안 나는 계속해서 최악의 끔찍한 대통령 리스트에 최근의 대통령, 특히 로널드 레이건과 조지 부시를 포함시킬 것인지 말 것인지를 두고 고민했다. 나는 레이건을 제외시켰다. 왜냐하면 그는 확실한 두 가지 목적—'정부'의 영향력을 줄여 작은 정부를 추구하는 것과 '악의 제국'을 파괴하는 일—을 가지고 워싱턴에 입성했는데, 이 두 가지를 다 성취했다. 물론 레이건이 이를 성취하기 위해 사용한 방법과 수단을 인정할 것인가 하는 문제는 논란의 여지가 있다. 레이건이 목표한 바를 성공시킨 핵심은 자신이 원하는 방향으로 미국 국민들을 이끌고 가서 자신을 따르도록 그들에게 확신을 불어넣어 주는 능력을 가지고 있었다는 사실이다. 나는 레이건에 대한 역사적 평가는 지금은 그렇게 높지 않지만, 다가오는 미래에 언제인가는 아이젠하워 대통령만큼 높아지지 않을까 생각한다. 현재 아이젠하워는 불과 몇 년 전에 받았던 평가보다 훨씬 높은 평가를 받고 있다.

부시의 경우는 어떠한가? 그는 간신히 나의 리스트에서 빠져나간 사람이다. 바로 1991년의 걸프 전쟁을 승리로 이끈 연합군의 결성과 운영이 그를 구했다. 그러나 무엇보다도 미래에 대한 비전의 부족 때문에 그는 재선을 담보할 수 없었다.

　대공황의 희생양인 후버 역시 나의 리스트에서 빠졌다. 사실 그는 전임 행정부의 무책임한 범죄적 무관심의 희생자라고 생각한다. 백악관 대통령으로서 고전적 자유주의자의 마지막 인물인 후버는 냉엄한 현실로 다가선 경제적 붕괴를 막을 능력이 없었다. 사실 위대한 능력을 소유하고 발휘한 프랭클린 루즈벨트를 제외하고 그 누구도 그랬을 것이다.

　그러나 나는 감히 지미 카터는 나의 최악의 끔찍한 대통령 리스트에 포함시키고자 한다. 지미 카터가 최악의 대통령 리스트에 포함된 것에 대해 대통령직을 떠난 후의 그의 경력과 업적을 들어 강력하게 항의를 할 수 있을지 모르겠다. 그러나 실제로 그가 하찮은 대통령이었다는 사실은 절대 숨길 수 없다.

　이 책에서 나타난 특징의 하나는 대부분의 대통령 후보자들에게서 승자건 패자건 뚜렷한 차이점을 거의 발견할 수 없다는 사실이다. 미국은 나쁜 대통령들과도 생존할 수 있고 발전해 갈 수 있다. 그러나 이 나라가 필요로 하고 진정으로 그래야만 하는 것은 좋은 대통령이다. 그러기 위해 미국 국민들은 지성, 경험 등은 물론이고 높은 도덕성을 갖춘 사람을 찾아 대통령으로 뽑아야 한다. 인격과 행동은 상호 관련되어 있는 것이 분명하다. 한 대통령의 인격적 약점은 종종 대중에게 그 책임을 물어야 하는 것이기도 하다. 티폿돔, 워터게이트, 화이트워터는 모두 워렌 하딩, 리처드 닉슨, 빌 클린턴의 성격적 결함에 그 뿌리를 두고 있다.

　이 책은 대부분 일반적인 자료들을 참고했지만, 내가 찾은 자료들을 십분 활용했다.

　또한 나는 주관적인 나의 선택에 대해 많은 비판과 혹평이 쏟아지기를 기대한다. 그러나 여기에서 영국의 역사가 프로우드(J. A. Froud)의 말을 생각한다. "역사적으로 의미가 있는 사실은 한 어린아이의 편지박스와 같다. 당신은 단지 당신이 원하는 편지를 그 박스에서 끄집어내 당신이 원하는 말을 쓰기만

하면 된다." 만약 여러분이 나의 선택에 동의하지 않는다면 여러분 자신의
편지박스를 가져보시기 바랍니다.

나는 이 책의 초판에서 현직 대통령인 빌 클린턴은 평가대상에서 유보시켜
주었다. 그의 두 번째 임기의 대부분이 아직 남아 있는 상태였기 때문에 더더욱
그렇게 했다. 그러나 그와 관련하여 최근에 발생한 일련의 사건들은 나로
하여금 그를 미국의 최악의 대통령 10명의 리스트에 포함시켜야 할지 말아야
할지 다시 생각하게 만들었다. 그래서 나는 이 점을 심각하게 고려하지 않을
수 없었다.

불시에 습격을 당한 클린턴은 강한 부정과 절규에도 불구하고, 애절하게
스타를 동경하는 백악관의 젊은 인턴사원으로 그의 나이의 절반밖에 안 되는
여성과 야한 연애사건을 일으켰다는 사실을 인정하지 않을 수 없었다. 그런데도
그는 시종일관 이를 부인하는 거짓말을 했다. 정사장면이 나오는 구식 코미디에
나 등장하는 인물처럼 클린턴은 그의 경호원의 눈을 피해 자신의 성적 노리개와
함께 백악관 구석구석을 숨어다녔다. 들리는 것은 단지 쿵쿵거리는 소리와
쾅하고 닫히는 문 소리뿐이었다. 역사상 그 누구도, 심지어 백악관의 벽장에서
애인과 성관계를 맺은 것으로 알려진 워렌 하딩도 클린턴만큼 대통령직에
먹칠을 한 대통령은 없었다.
그러나 이것은 단지 클린턴 행정부를 약화시키는 빙산의 일각에 불과하다.
불법 선거자금, 위증 교사, FBI의 부당한 이용, 사법권 방해 등이 늘 클린턴의

백악관을 따라다녔다. 그러나 클린턴과 관련해서는 이런 비난은 그리 놀랄 만한 일이 아니다. 그의 경력을 살펴보면 클린턴은 대부분의 미국인이 자신의 삶의 바탕에 두고 있는 윤리적인 규칙에 혼란이 올 만큼 무감각했다는 것을 보여준다. 마약 남용, 징병 기피, 여성 편력, 수전노 행위 등도 그의 경력에서 빼놓을 수 없는 부도덕한 행위들이다. 이러한 행위들이 폭로되었을 때 그는 다음과 같은 방식을 되풀이함으로써 그의 행동에 대해 변명을 하고 이를 의례적인 것으로 만들어 갔다. 즉 문제가 터질 때마다 자신을 희생자로 포장하면서 텔레비전 브라운관에 얼굴을 내밀고 자신의 정직을 강변한다. 이럴 때 그는 오랜 경험을 통한 익힌 노련한 모습을 보여주었다. 그의 푸른 눈은 시청자들에게 애절한 뉘우침으로 다가서고, 눈물과 떨리는 입술로 뉘우침의 태도를 더해 갔다. 그의 후회는 사건에 연루되는 경우가 많으면 많을수록 더해 갔다. 리처드 닉슨이 단순히 정치적인 상품을 파는 가두상인이라면, 빌 클린턴은 뻔뻔한 자기 확신을 가진 일종의 확신 맨(a confidence man)이었다.

르윈스키와의 정사사건에 대한 위선과 거짓보다 더 나쁜 것은 클린턴이 이런 행위를 백악관에서 앞뒤 가리지 않고 무모하게 저질렀다는 것이다. 그것도 자신의 역사적 유산에 대해 큰 관심을 가지고 있는 사람이. 대통령직과 대통령이 된 사람에 대한 높은 비전을 지지하고 고양시키기보다 클린턴은 그 반대로 우리의 기대감을 완전히 산산조각내 버렸다. 그의 행위는 대통령직에 대한 개념을 그 누구보다도 도의적인 지도력을 발휘해야 하는 것으로 본 프랭클린 루즈벨트와는 너무나 현격한 차이가 있는 것이다.

그럼에도 불구하고 이 책이 출판되고 있는 지금도 클린턴은 말 그대로건 비유적인 표현이건 계속 위증을 일삼고 있다. 그는 그의 가족, 자신의 참모, 내각과 그리고 미국 국민들에게 거짓말을 했다고 시인했지만, 아직 탄핵재판을 받아야 할 것인지의 여부는 결정되지 않은 상태다. 그래서 현재는 클린턴이 평가대상에서 유보된 상태지만 이 책의 다음 판이 나올 때는 그는 분명 미국의 최악의 대통령 10명의 리스트에 오를 것이다. 비록 그는 탄핵을 당하지 않았지만 지위를 남용하고 또 법을 극도로 모욕한 간계하고, 냉소적이고, 방종한 사람으로 기억될 것이 틀림없기 때문이다. 게다가 그는 새로운 세기가 시작될 때에 미국과 미국 국민들이 신선한 출발을 할 수 있는 좋은 기회를 파괴시켜 버렸다

그러나 클린턴은 매번 체면을 차리면서 자신은 아무것도 잃은 것 없이 정치적 재앙들을 피해 갔다. 클린턴은 라스푸틴 같은 미국 대통령이었다. 좌절한 적들이 그에게 독살을 시도하고, 총을 쏘고, 그를 사슬로 묶어 꽁꽁 얼어붙은 포토맥 강에 처넣더라도 그는 건달 같은 눈을 가지고 수면 위로 재빨리 머리를 처들 것이다. 아마도 그는 앞으로 또 그런 행위를 반복할 것이다. 그리고 클린턴의 백악관에서는 그때마다 그를 '승리자'로 추켜세우며 그 결과를 축하할 것이다.

클린턴은 그가 품었던 야심이 무엇이든 너덜너덜해진 평판을 끌어안은 채 프랭클린 루즈벨트의 형상처럼 혹은 시어도어 루즈벨트가 완전히 이루지 못한 혁신주의와 변화를 위한 힘으로 역사 속에 기억될 것이다.

만약 섹스 스캔들이 없었더라면 클린턴은 미국 대통령들 중에서 어느 정도의 위치를 차지할까? 그가 대통령으로 있었던 6년 동안을 근거로 해서 평가해 보면 비록 섹스 스캔들이 없었다 해도 나는 그에게 가장 낮게 낮은 점수를 줄 것이다. 그는 최하위 10인으로 평가받는 다른 대통령들보다 나을 게 거의 하나도 없다. 대통령직과 관련하여 그에게 유일한 원리가 있다면 그것은 바로 원리가 없다는 것이다. 어떤 신념에 대한 지속적인 핵심도 없이 그는 모든 정치적인 상황들과 좌충우돌했다. 중도개혁파로 1992년에 대통령에 당선된 클린턴은 교육, 아동보호, 건강개혁과 같은 전통적으로 자유주의적인 프로그램으로부터 균형예산, 연방권한의 축소 등과 같은 공화당의 단골 관심사로 정책을 이끌었다. 외교문제에서도 클린턴의 성적은 결코 좋은 것이 아니다. 그는 방향을 바꾸어 중국과의 무역을 재개해서 결과적으로 독재정권을 후원하였고, 대러시아 정책의 붕괴를 가져왔으며, 이라크나 북한 같은 불법적 체제에 대해 서투른 억제정책으로 상황을 더욱 악화시켰다. 뿐만 아니라 그는 군대를 파견하여 불을 보듯 뻔한 발칸 반도의 끊임없는 전쟁에 미국을 끌어넣었다. 심지어 그의 중요한 외교정책인 아일랜드의 평화 중재건도 냉정히 판단한다면 한순간

에 망쳐버릴 수도 있는 그런 것이다.

오늘날 팽배한 지나친 개인적 성향 때문에 많은 미국인들은 잘못을 저지른 증거가 명백히 눈앞에 놓여 있을 때조차도 클린턴을 판단하는 데 머뭇거리며 심지어 이를 지긋지긋해하기조차 한다. 전례없는 번영을 구가하면서 정치에 대해 냉소적이 된 미국인들은 클린턴과 관계된 너저분하고 타락한 문제에 대해 큰 관심을 두지 않았다. 또한 미국인들은 궁극적으로 클린턴이 정치적으로 재앙을 가져오게 될 것이라는 데에도 관심이 없었다. 미국 국민들은 클린턴이 무엇을 했건 백악관에서 존 케네디가 행한 성적 착취만큼은 나쁜 것은 아니라고 확신하고 있다. 뿐만 아니라 클린턴의 행위는 범죄행위인 워터게이트 사건과는 비교될 것이 아니라고 여기고 있다. 단지 국민들은 클린턴과 퍼스트 레이디 힐러리가 화이트워터 부동산사건 같은 의심스러운 행위에 대해, 클린턴이 보여주는 타고난 거짓말 성향과 궤변적이고 어이없는 합법적인 변명술에 의존하는 명백한 불법성에만 관심을 표명하고 있다.

클린턴의 이러한 범죄행위와 닉슨의 스캔들 사이에는 혼란스럽지만 일치되는 면이 많다. 최종적인 분석을 해보면 두 사건은 모두 대통령이 믿음의 대상이 될 것인가 하는 문제를 야기시켰다. 사실 클린턴의 스캔들은 당사자인 클린턴처럼 3류에 속하는 평범한 것들이기 때문에 상당히 중요한 의미를 갖는다. 한 사람의 인격과 덕성은 종종 큰 거동에서보다는 소소한 행동들에서 드러나는 법이다. 그래서 미국 국민들이 빌 클린턴과 관련하여 소소한 일이나 행위에 대해 얼마나 믿을 수 있는가 하는 점이 가장 중요한 문제가 된다. 스캔들 자체가 중요해서가 아니다. 만약 그가 대통령으로서 작고 사소한 문제에서 국민의 신뢰를 얻지 못한다면 보다 큰 문제에서도 신뢰를 받을 만한 사람이 못 된다는 것은 분명하다.

| 역대 미국 대통령의 평가 순위 |

전체 순위	지도력	업적과 위기관리능력	정치력	인 사	성격과 도덕성
1 링컨	2	1	2	3	1
2 프랭클린 루즈벨트	1	2	1	2	15
3 워싱턴	3	3	7	1	2
4 제퍼슨	6	5	5	4	7
5 시어도어 루즈벨트	4	4	4	5	12
6 윌슨	7	7	13	6	8
7 트루먼	9	6	8	9	9
8 잭슨	5	9	6	19	18
9 아이젠하워	10	10	14	16	10
10 매디슨	14	14	15	11	6
11 포크	12	8	12	15	20
12 린든 존슨	11	12	3	10	37
13 먼로	15	13	16	8	13
14 존 애덤스	17	11	21	13	3
15 케네디	8	16	10	7	34
16 클리블런드	13	17	19	17	16
17 매킨리	18	15	17	18	19
18 존 퀸시 애덤스	20	20	25	12	4
19 **카터**	28	22	32	14	5
20 **태프트**	25	21	30	20	14
21 밴 뷰런	19	24	11	22	25
22 부시	24	18	27	25	24

전체순위	지도력	업적과 위기관리능력	정치력	인 사	성격과 도덕성
23 클린턴	26	23	20	24	38
24 후버	22	33	34	21	11
25 헤이즈	29	26	23	26	22
26 레이건	16	27	9	39	39
27 포드	34	28	24	23	17
28 아서	31	25	22	27	33
29 테일러	23	31	33	28	23
30 가필드	30	36	26	32	26
31 벤저민 해리슨	32	29	29	29	28
32 닉슨	21	19	18	34	41
33 쿨리지	37	34	28	31	21
34 타일러	35	30	35	30	27
35 윌리엄 해리슨	33	39	36	35	29
36 필모어	36	32	31	33	31
37 피어스	38	37	37	36	35
38 그랜트	27	35	40	40	32
39 앤드류 존슨	39	38	41	37	30
40 뷰캐넌	40	41	39	38	36
41 하딩	41	40	38	41	40

William, J. Ridings, Jr., and Stuart B. McIver, *RATING THE PRESIDENTS ; A RANKING OF U.S. LEADERS, FROM THE GREAT AND HONORABLE TO THE DISHONEST AND INCOMPETENT*(N.J.; A Citadel Press Book, 2000), p.XI

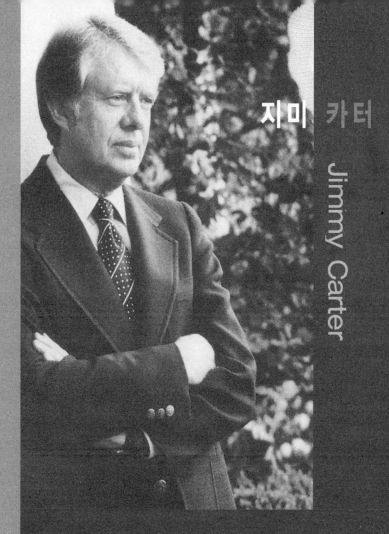

지미 카터

Jimmy Carter

1977~1981
국정에 대한 경험부족에서 온 자신만의 높은 도덕규정
으로 국민들과 멀어져 있었던 대통령

카터가 최악의 대통령으로 선정된 이유

1 자신이 설정해 둔 자신만의 높은 교훈주의(moralism)로 단지 자신이 보고 싶어하는 것만 보고 다른 것은 보지 못하는 방향감각과 목적의식이 부족한 대통령이었다. 말하자면 지도자로서 명백한 비전을 제시하고 추종자들과 더불어 그 비전을 향해서 나아간 것이 아니라, 스스로 도덕적으로 높게 여겨지는 자신만의 목적을 설정해 두고 추종자들이 맹목적으로 따라오기를 원한 그런 지도자였다. 그것도 목적이 무엇인지는 명백히 밝히지도 못한 채…. 그는 대통령이 되었을 때 자신이 정말 무엇을 원하는지에 대해 뚜렷한 생각을 가지고 있지 못했고, 문제해결을 위한 전략적인 감각도 부족했다. 한 마디로 그는 미래에 대한 비전이 없는 지도자였다.

2 카터는 무엇인가를 열심히 하기는 했다. 하지만 국민들은 물론 심지어 그 자신조차 무엇을 하려고 하는지, 그리고 실제로 무엇을 하는지 분명하게 알려지지 않았다. 그는 흐릿한 이미지를 유지하는 데는 천재적인 인물이었다. 대부분의 문제에서 기존의 상존하는 관행에 그대로 따랐고, 큰 문제로 발전할 만한 것에 대해서는 자신의 입장을 표명하지 않았다. 인종문제, 낙태문제, 기타 현안 문제에 대해 그가 보여준 태도는 바로 애매함이었다.

특히 이란 인질문제는 대통령으로서 분명한 입장을 밝히지 못한 채 어벙한 상태로 있다가 결국 최대의 실패작 중 하나가 되었다.

3 카터는 각종 현안 문제들을 다루고 해결해 가기에는 경험이 부족하였기 때문에 민주당 주류는 물론 여러 전문가들에게 폭넓게 협조를 구했어야 했다. 그러나 그는 스스로 워싱턴의 '아웃사이더'로 생각하고

워싱턴 주류 정치가들의 조언을 거부했다.

그 대신 모든 권력을 자신에 집중시키고, 나아가 선거에는 능통했지만 외교문제나 국가적 차원의 대사(大事)에 대해서 무지한 조지아 마피아의 조언을 신뢰함으로써 실수에 실수를 거듭했다.

4 카터는 선하고 도덕적인 사람임에 분명하다. 이는 그가 대통령직에서 물러난 이후의 경력에서 보아 더욱 분명하다. 그러나 그는 대통령으로서는 분명 실패한 사람이다. 백악관에 있는 4년 동안 그는 좋은 의지와 목적을 가지고 있었지만, 실천을 통한 성과는 보잘것 없었다. 아웃사이더로 워싱턴에 입성한 그는 자신이 선거를 하면서 대적했던, 그러나 조화와 수용을 기해야 했던 이익집단과 제도에 적응하지 못했다. 그는 지적이고, 정직하고, 봉사적인 인간이었다. 그러나 그는 너무나 독선적으로 자신의 도덕적 우월성을 믿었다. 그는 자신이 추진한 프로그램과 정책에 대해 근면과 성실로 임했다. 그러나 그런 것을 성취하는 데 유리하게 작용할 일반 국민들에 대한 설득과 교육 작업에서 실패했다. 무엇보다 가장 중요한 것은 그가 자신의 행정부의 임무나 이 나라의 목적을 알맞게 형성하여 지도하지 못한 대통령이었다는 점이다. 이것은 성공한 대통령의 공식이 아니다.

오, 맙소사!
그는 숲도 아니고 나무도 아니고,
하나의 나뭇잎만 보는 사람이었습니다.

지미 카터가 대통령에 당선되고 첫 해가 지나가는 1977년 새해 전날 대통령 카터는 이란 국왕 팔레비(Mohammad R. Pahlavi)가 주선한 화려한 만찬식장에 있었다. 축배의 잔을 높이 들며 카터는 다음과 같이 외쳤다. "국왕 폐하의 위대한 지도력 덕분에 이란은 이 혼란스러운 세계 속에서 가장 안정된 지역(island of stability)이 되었습니다." 단지 자신이 보고 싶어하는 것만 접하고, 다른 것은 보지 못하는 카터는 이 안정된 지역에서 며칠 전부터 폭발하기 시작한 거칠고 폭력적 반국왕, 반서방 데모를 철저히 무시했다.

그 후 1년도 지나지 않아 이슬람 과격분자들이 팔레비를 내쫓고 결코 복위시키지 않았다. 그리고 테헤란의 미국대사관을 공격하여 무려 444일 동안 인질로 잡혀 있게 될 53명의 미국인을 사로잡았다. 이 위기에 대한 카터의 대처는 그에게서 막 드러나기 시작한 무능하다는 미묘한 분위기를 확산시키는 결과를 가져왔다. 그리고 이 문제는 그의 정치에 대한 에너지와 그에 대한 신뢰도, 그의 행정부의 역량을 소진시켰다. 그는 1981년 20세기 들어 가장 인기 없는 대통령으로 대통령직을 떠났다. 물론 대공황으로 무거운 비난을 받고 있는 허버트 후버를 제낄 만한 여력은 있었지만 국민들의 인기에서 그는 최악이었다. 카터의 대통령 임기가 거의 끝나갈 무렵에 실시된 한 여론조사에 따르면, 그를 지지하는 국민은 13%밖에 되지 않았다. 불명예를 안고 퇴임한 리처드 닉슨도 카터보다는 많은 신뢰를 얻고 있었다. 불길한 먹구름(워터게이트의 후유증, 경기침체, 월남전 패배 등 : 역주)이

이 나라를 뒤덮고 있을 때 미국 39대 대통령에 당선된 것이 카터에게는 불운이라면 불운이었다. 미국 국민들은 그동안 대통령과 국가에 대한 신뢰를 아끼지 않았는데, 워터게이트 사건으로 드러난 미국정부의 평범성과 거짓에 환멸을 느끼면서 2차 세계대전 이후 누려오던 경제적 번영의 가파른 몰락에 전전긍긍했다. 또한 그들은 치솟는 인플레이션, 우후죽순 격으로 늘어나는 마약 복용, 인종갈등, 그리고 테러리스트들과 석유생산을 억제하고 가격을 올리는 아랍 지도자들의 공갈협박 앞에 망연자실해 있었다. 뿐만 아니라 세계 도처에서 나타나는 미국적 체제의 패배와 그로 인한 당황스러움은 그들을 더욱 혼란스럽게 만들었다. 1975년 베트남과 캄보디아가 공산주의자들의 손에 넘어갔다. 이는 동남아시아에서의 전쟁이 쓸데없는 것이었으며 국가적·인적 낭비였다는 사실을 입증해 주었다.

사실 이러한 모든 문제를 해결해 줄 지도자는 없었다. 심지어 카터의 지지자들도 이 시대에 대통령이 되었다는 것만으로도 그에게는 불운이었을 뿐 아니라, 이는 그의 통제력을 넘어서는 것이었다고 말했다. 그럼에도 불구하고 그는 문제를 해결할 능력이 없는 부족한 지도력 때문에 더 많은 적대감을 사고 조롱을 당하는 궁지에 몰리게 되었다. 어떤 지도자들은 이런 문제들에 대한 해결방안으로 전진을 위한 한 걸음 후퇴라는 방법을 사용하곤 했지만, 카터는 이것마저 사용할 기회를 상실했다. 그는 백악관의 역대 대통령들 중 가장 지적이고 기지 넘치는 인물의 한 사람으로 알려졌지만, 그럼에도 그는 그의 강한 신념이자 자주 내세웠던 교훈주의의 틀을 넘어설 구체적인 목적의식과 방향을 결코 제시하지 못했다. 이에 역사가 에릭 골드먼(Eric Goldman)은 "카터주의(Carterism)는 조화를 이루어 진전한다거나 활기를 띠게 하는 것이 아니다. 그것은 너무 신중하다 못해 소심해서, 말도 못하고, 뚜렷한 색깔을 내지 못하여 잿빛을 띠며, 심지어 종종 옆길로 새는 것이다"고 혹평했다.[1]

대통령직에서 떠난 후 카터가 보여준 전직 대통령으로서의 역할은 많은 찬사의 대상이 되고 있다. 존 퀸시 애덤스와 윌리엄 태프트, 허버트 후버와 같이 그는 백악관 이후의 생활이 있으며 또 그것이 중요하다는 사실을 입증해 주었다. 그는 집 없는 사람들에게 집을 지어주는 일에 나섰다. 그것은 입에 발린 말로 그친 것이 아니라 청바지를 입고 직접 집을 짓는 데 쓸 못을 모으는 일을 주도했다. 곤궁한 사람들을 돕기 위해 연설로만 그친 것이 아니라 직접 아프리카와 빈곤한 지역에서 가난과 질병을 근절하기 위해 일했다. 그는 민주주의를 확대시키는 일에 대해 강조만 한 것이 아니라, 세계 전역에서 이루어지는 선거를 감독하고 나아가 자신의 명성을 이용해 세계평화를 증진시키는 데 이바지했다. 물론 그의 노력은 때로 조롱을 당하기도 하고 환영받지 못할 때도 있었다. 특히 북한 독재체제와의 관계에서 그의 프리랜서적인 외교는 많은 비판과 방해의 대상이 되었다. 심지어 그의 행동이 순수한 이타주의에서 나온 것이 아니라는 비난도 있다. 카터의 비판자들은 그가 자신의 평판을 회복할 수단으로서 노벨 평화상을 받기 위해 수년 동안 교묘히 행동해 왔다는 비난을 가했다. 그래도 어쨌든 미국의 정치현실에 비추어 볼 때 전직 대통령으로서의 카터는 성인의 반열에 들어갈 만한 자격을 갖추었다.

퇴임후 카터의 이러한 업적을 두고 수정주의적 시각을 가진 많은 학자들은 그에 대한 역사적 평가를 상향조정해야 한다고 주장하고 있다. 그러나 전직 대통령의 퇴임후 활동이 그가 대통령으로 있으면서 저지른 수많은 실수와 부족을 결코 메워주거나 변명해줄 수는 없다. 카터의 실패는 확실히 시대적 불운과 단순소박한 그의 성격 탓이기도 하지만, 더 큰 문제는 딴데 있었다. 1976년 민주당 대통령 후보를 결정할 때 너무 화려한 선거운동을 펼친 것, 거기에다 닉슨이 낙점한 계승자 제럴드 포드(Gerald R. Ford)를

---

1) Dallek, *Hail to the Chief*, 195쪽에서 재인용.

너무 근소한 차이로밖에 이기지 못한 것이 문제였다. 대통령이 되었을 때도 그는 진정 자신이 무엇을 원하는지에 대해 뚜렷한 생각을 갖고 있지 않았다. 그에게는 전략적인 시각이 부족했다. 미국 국민들 역시 궁극적으로는 그가 그들의 생활에 직접적으로 영향을 주는 문제를 다루지 않을 것이라고 확신하고 있었다.

New York Times 의 헤드릭 스미스(Hedrick Smith)는 "그는 목적과 수단을 전도시켜 상황을 어렵게 만들 뿐만 아니라 고매한 자신의 목표를 정치적 흥정거리로 바꾸어 버리는 이상주의자이자 선한 정부의 도덕주의자다. 그는 너무나 많은 우선권을 가지고 있어서 정작 … 할 수 있는 것은 아무것도 없는 것처럼 보인다. 내가 백악관의 고위 관리들에게 카터의 우선권에 대해 질문을 던질 때마다, 그들이 내놓는 리스트에는 열두 가지도 넘는 현안 문제들이 넘쳐흘렀다"고 말했다.[2]

대통령에 당선된 남부출신 주지사 빌 클린턴처럼 카터는 통치행위보다는 선거운동 쪽에 더 능숙했다. 카터가 처한 곤경은 영화 'The Candidate'의 마지막 장면을 연상시킨다. 예상치도 않게 연방 상원의원에 당선된 로버트 레드포드는 그의 참모들을 돌아보면서 애처롭게 묻는다. "자, 이제 우리 무엇을 하지?"

카터는 자신에 관한 기록들을 최대한 끌어모았다. 로널드 레이건에게 패한 1980년 대통령 선거 전날 그는 CBS와 인터뷰를 하면서 대통령으로서의 자신은 외교정책에서는 B 혹은 C+를, 국내 문제에서는 C, 그리고 전체 지도력 면에서는 대략 B를 받을 만하다고 말했다. 그러나 역사가 제임스 번스(James M. Burns)가 지적했던 것처럼 "대통령에게 있어서 B와 C는 실패한 점수다."[3]

백악관으로 입성하기 위한 긴 행로에서 카터는 자신을 '아웃사이더'로

---

2) Smith, *The Power Game*, 337~339쪽.
3) Burns, *The Crosswinds of Freedom*, 530쪽.

표현했다. 또한 목적을 위해 수단을 가리지 않는 기존의 워싱턴 주류들에게 혐오감을 갖는 평범한 시민들의 대표로 표현했다. 카터는 "나는 변호사가 아닙니다. 나는 의회의 의원이 아닙니다. 나는 결코 워싱턴에서 일을 해 본 적이 없는 사람입니다"고 강조했다. 그의 명랑하고 쾌활한 외관—이가 완전히 드러나는 상쾌한 웃음에 온통 주름 잡힌 얼굴, 어찌 보면 시골뜨기 같고 어찌 보면 멋스럽게도 보이는 헤어스타일, 그리고 민첩하고 경쾌한 태도 등—은 미국의 정치현장에 만연된 칙칙한 잿빛의 기존 인물로부터 자신을 구분시켜 주었다.

그는, 워싱턴의 큰 정부에 대해 불만을 품고 외교정책에서 보다 적게 행동하고 보다 적게 개입할 것을 주장하는 많은 미국인들의 열망에 부응했다. 그는 더 이상의 워터게이트, 더 이상의 월남전은 없다고 약속했다. 그는 "이상적이고, 고귀하고, 능력 있고, 동정적이고, 선한 정부와 그런 국민들만 있을 것"이라고 약속했다. 그는 처음부터 끝까지 "나는 결코 여러분에게 거짓말을 하지 않는다"고 맹세했다.

이런 약속은 일종의 사기행위 같은 터무니없는 소리에 불과했지만, 유권자들은 여기에 넘어갔다. 원래 대부분의 미국인들은 대통령직이란 경험이 있어야 하고 풍부한 경험이 자산일 수밖에 없다고 생각한다. 그들은 한 번도 소송을 심리해 본 적이 없는 변호사를 고용한다거나 경험 없는 외과의사에게 자신의 몸을 맡길 생각은 추호도 없었다. 그럼에도 불구하고 그들은 무의식중에 카터와 율리시스 그랜트 같은 후보를 대통령으로 선출했다. 이들의 최고의 덕성이란, 자신들이 추구하는 일에 대해서 아는 것이 거의 없다는 것이었다.

카터가 무엇을 하고자 하는지는 거의 알려지지 않았다. 그는 흐릿한 이미지를 유지하는 데는 천재다. 그는 서로 적대하는 양 편 사이에 서 있는 무소불능의 인물이었다. 그는 이 나라의 가난한 지역 출신으로 농업

관련 산업인이었다. 그는 인종차별주의자들과 인종분리주의자들에게 알랑거림으로써 조지아주 주지사에 당선된 흑인의 지지자였다. 그는 카리스마적인 종교적 믿음이 의심받고 있는 나라에서 거듭난 크리스찬(born-again Christian)이다. 미국 국민들은 그들이 원하는 방향으로 카터를 이해했다. 어떤 사람들은 그를 인민주의자로 보았다. 또 어떤 이는 그를 루즈벨트적인 뉴딜 휴머니즘의 실천자로 보았다. 어떤 이는 백악관의 다른 전문 엔지니어인 허버트 후버와 같은 냉담한 전문 기술자로 보았다. 심지어 어떤 이는 16년전 존 F. 케네디가 뿌린 활력 넘치는 약속을 카터에게서 보았다고 고백하고 있다. 말하자면 진실로 카터는 큰 정부에 반대하여 불평과 재정상의 축소를 요구하는 보수적 입장을 추구하는 기본적으로 중도파 인물이라 할 수 있다.

모순어법을 사용하는 카터 행정부는 닉슨-포드-키신저의 현실정치를 순진하기 짝이 없는 이상주의(naive idealism)로 바꾸어 놓았다. 인권, 환경의 질, 핵무기 감축, 그리고 평화와 정의의 추구 등이 카터 행정부가 선포한 우선정책이었다. 민주당 출신이나 공화당 출신 선임 대통령들과는 달리 카터는 소련의 궁극적인 의도가 위협적이고 적대적이라고 생각하지 않았다. 그는 그동안 미국이 핵무기 경쟁으로 인한 보다 큰 위협에는 거의 관심을 기울이지 않고 억압적이고 폭력적인 우익 독재체제를 지지하는 동안 공산주의에 대해 너무 두려움을 갖게 되었다는 주장을 되풀이했다. 카터 행정부에게 미국의 적이란 단순히 공산주의가 아니라 일반적인 폭력이었다.

비록 카터는 개개 문제에 대해 확고한 입장을 가지고 때때로 자신 있게 대처를 하고 있지만 그것을 상호 연결시켜 문제를 해결해 낼 능력은 없었다. 문제해결을 위해 그가 제안한 것들은 다른 것을 자가당착에 빠지게 만들기도 했다. 그는 정부의 영향력을 줄이겠다고 약속했지만 오히려 수천 명의 피고용인과 10억 달러 이상의 예산을 잡아먹는 두 개의 거대한 관료주의적

괴물ㅡ에너지부와 교육부ㅡ을 낳다. 핵무기도 감축되기는커녕, 오히려 닉슨과 포드 때처럼 국가의 핵무기 병기고는 늘어만 갔다.

심지어 그가 호언장담한 인권정책도 자기 모순에 빠졌다. 그의 지나친 인권정책은 소련의 심기를 건드려 강대국 간의 무기감축과 긴장완화 노력을 물거품으로 만들고, 이는 미국과 동맹국 간의 관계에 악영향을 미쳤다. "카터 행정부는 우리의 동맹국과도 최악의 관계를, 우리의 적대국과도 최악의 관계를, 그리고 2차 세계대전 이래로 가장 중대한 대변동을 이끌어 내려고 하는 등 너무나 대단한 업적을 남기려 하고 있다"라고 헨리 키신저 (Henry Kissinger)는 화를 내며 비난했다.[4]

실질적으로 정책의 내용 면에서 그것이 에너지 정책이건, 경제, 세금, 혹은 국민건강에 관련된 정책이건, 카터 정부는 끊임없이 혼란을 반복하였 다. 이에 대해 *Wall Street Journal* 의 컬럼리스트 알랜 오턴(Alan Otten)은 카터 정부가 연속되는 위기로 이리저리 흔들리면서 "사방에서 서투른 행동 을 드러내고, 거기에서 오는 부적절함이 화려하게 장관을 이루는 체제다"라 고 비꼬았다.[5] 분명한 목적을 갖고 있지 못했기 때문에 카터는 거의 모든 영역에서 비난의 대상이 되었다. 그는 자기 편이라고 확신할 만한 정치적 지지세력을 가지고 있지 않았을 뿐 아니라 그에게 어떤 충실함을 기대하는 사람도 없었다. 그 결과 그는 정치상의 연립체제를 구성할 수 없었다. 카터는 또한 바로 얼마 전 권력을 남용하여 자기 주장을 오만하게 고집하던 한 대통령을 권좌에서 밀어낸 경험을 가진 공격적이고 통렬한 의회에 대처해야 했다. 심지어 의회는 동료 민주당에게 통제되고 있었지만 대통령이 제시하 는 프로그램이나 그가 주도하는 일에 지지를 보내는 일에 대해서는 신경을 쓰지 않았다.

물론 국제문제에서 성공한 부분이 없지는 않았다. *Baltimore Sun* 의 외교

---

4) DeGregorio, *The Complete Books of Presidents*, 630쪽에서 재인용.
5) *Wall Street Journal*, March 15, 1979.

문제를 다루는 특파원인 헨리 트리위트(Henry L. Trewhitt)의 지적에서 볼 수 있듯이 그는 비록 "권력의 사용에 대해 결벽성이 지나치다 못해 순진하기까지 한 국제적 경험을 전혀 갖추지 못한 지방 출신의 정치가"임에도 불구하고 국제문제에서는 다소 성공을 거두었다.[6] 그는 1999년 12월 31일에 파나마 운하 지역의 통제권을 완전히 파나마에게 넘기는 파나마 운하 조약을 성사시키기 위해 끈덕진 노력을 기울였다. 그 덕분에 미국과 라틴아메리카 사이에 존재하였던 그동안의 껄끄러운 관계를 치유할 수 있었다. 카터가 거둔 가장 큰 승리는 이집트와 이스라엘 사이의 오랜 전쟁에 종지부를 찍고 중동지역에서 평화에 대한 희망을 부각시키게 된 캠프데이비드 협정에서 중재를 이끌어 낸 점이다. 그러나 다른 한편으로는 소련의 의도를 너무 순진하게 무시한 나머지 1979년 소련의 아프가니스탄 침공에 대해서는 놀라움과 경악을 금치 못했다. 여기에다 이란 문제가 터졌다.

품성과 인격적인 면에서 대부분의 사람들은 카터를 두고 우드로 윌슨을 떠올린다. 둘 다 남부인으로 다른 사람에게 분노를 살 만큼 신성한 체하고 오만하다. 사람들이 그의 머릿글자 J. C.를 말할 때 괜히 얼굴을 찡그린 게 아니다. 카터의 사촌인 휴거 카터(Hugh Carter)는 그를 자신의 야망과 보다 큰 정신적·정치적 목적 사이에서 조화를 이끌어 낸 '평신도 선교사'(lay missionary)라고 불렀다.[7] 1940년 프랑스 몰락 당시의 샤를 드골(Charles de Gaulle)과 같이 카터는 자기 자신에게 국가를 맞추었다. 한때 카터의 연설 원고 작성자였던 헨드릭 헤르즈버거(Hendrick Hertzburg)는 "카터는 정치적 지도자라기보다 도덕적 지도자였거나 지도자다. 그는 정치에 대한 그 어떤 말보다 더욱더 많이, 더욱더 효과적으로 종교와 도덕에 대해 말을 했다"고 논평했다.[8]

---

6) *Baltimore Sun*, January 7, 1979.
7) Kaufman, *The Presidency of James Earl Carter, Jr.*, 9~10쪽.
8) Herzberg, *Character Above All*, 180쪽.

카터의 아웃사이더적 이미지와 영적인 각성을 요구하는 그의 전략은 1976년 민주당 대통령 후보 지명을 위한 선거전에서 큰 효과를 보았다. 유권자들은 교활한 술책과 위선, 그리고 교묘한 속임수와 기만의 분위기를 몰고다니는 매디슨 가의 포장된 상품(Madison Avenue packaging)에서 눈을 돌렸다. 당시 유권자들은 (거짓과 기만으로 점철된 닉슨에 대한 반대급부로) 미국 국민들에게 거짓말을 하지 않겠다고 하는 카터의 약속과 미소 뒤에서, 그리고 그가 선거에 이기기 위해 어쨌든 절반의 진리(half-truths)와 거짓 (untruth) 같은 것을 사용하지 않겠다고 하는 모습에서 정말 영리해 보이는 전문 정치가의 모습을 보았다. 그의 순수해 보이는 모습, 허풍 떨지 않는 행동, 심지어 선거판에서 다루기에는 왠지 어색해 보이는 그의 주일학교 교사 경력까지도 유권자들의 마음을 움직였다.

카터의 종교적 열의는 너무나 강해서 그는 종종 필라델피아의 흑인 외과의사인 에셀 알렌(Ethel Allen)이 '예수의 구속'(Jesus bit)이라고 부르는 일을 행하곤 했다. "그는 나에게 다가와서 마치 그가 나를 축복하듯이 아니면 나에게 그 무엇인가를 주듯이 나의 어깨에 그의 손을 올려놓았다. 어떤 때는 마치 메시아처럼 너무나 부드럽게 그의 손을 잔 모양으로 만들어 내 얼굴을 어루만지곤 했다. 그럴 때면 나는 거의 흥분상태가 된다. 그럴 때면 나는 정말 근질근질해지기까지 하다. 그 일은 계속되고, 대부분의 흑인들은 그 일이 환상적이라고 생각한다."9)

카터에게서 너무나 진지하고 분투적인 종교상과 외모에서 풍겨나오는 솔직함이 서로 혼합되어 있음을 본 사람은 알렌만이 아니었다. *Atlanta Constitution* 의 정치부 편집자를 역임하고 후에 총 편집자가 된 레그 머피 (Reg Murphy)는 카터의 정치적 성장과정을 줄곧 지켜본 사람인데 그는 "지미 카터는 내가 만난 서너 명의 최고 사기꾼 중 한 사람이다. 나는

---

9) Stroud, *How Jimmy Won*, 133쪽.

그가 인간적으로 온화한 사람이라고는 생각지 않는다. 그래서 나는 그 누구도 그에게 인도되어 감동을 받을 수 있다고 생각하지 않는다. 그는 하루나 이틀 정도는 사람들에게 복음과 같은 소리를 들려줄 수 있을 것이다. 그러나 결코 4년씩이나 복음을 들려줄 수는 없다. … 나는 지도력이란 어떻게 하면 표를 많이 받을 것인가를 궁리하는 냉담한 능력 이상의 그 무엇인가가 필요하다고 믿는다."10)

불행히도 머피의 이러한 편협해 보이는 평가는 너무나 정확한 것으로 판명되었다.

지미 카터를 대통령으로 선출한다는 일은 마치 미국 국민들이 전화번호부에서 이름을 찾아보는 것것과 너무나 유사하다. 그가 1974년 처음, 조지아 주지사를 한 차례 지낸 후 대통령에 출마하겠다고 발표했을 때 그의 제안이 어찌나 엉뚱해 보였던지 어머니 릴리안 카터(Lillian Carter)마저 "대통령이 어쨌다고?"라고 외쳤다.11) 당시 이 나라의 논객들 중에서도 그를 아는 사람은 거의 없었다. 그가 텔레비전 쇼인 「나는 누구일까요?」에 출현했을 때는 참석한 패널 중 누구도 그를 알아맞추지 못했다. 모두가 물었다. "지미가 누구야?"

카터 집안은 미래의 대통령이 1924년 10월 1일 주 남서부 지역의 플레인에서 태어나기 전 여덟 세대 동안 조지아 주에 살았다.12) 카터의 조상들은 대부분 자영농민이었고 소규모 상인도 있었다. 그들은 거의 모두 강건했고, 쉴새 없이 부지런히 일했으며, 다소 성미가 급한 사람들이었다. 두 명은 사소한 말다툼을 하다가 총에 맞아 죽었다. 그 중 한 사람이 지미의 할아버지인 윌리엄 카터(William A. Carter)다. 그의 작은 아들인 제임스 얼 카터(James

10) Lasky, *Jimmy Carter*, 23~24쪽.
11) Boller, *Presidential Anecdotes*, 340쪽.
12) 지미 카터의 집안 배경에 대해서는 Glad, *Jimmy Carter*.

Earl Carter)는 10등으로 학교를 졸업했는데, 이는 지금까지 카터 집안이 학교에서 받은 최고의 등수였다. 그는 친척이 운영하는 가게에서 일을 하게 되었다.

1차 세계대전 때 잠시 군에 복무한 후 얼은 처음에는 얼음가게를 열고 그 후에는 세탁소를 열었지만 재미는 별로 못 보았다. 그러나 약간씩 모은 돈으로 사들인 농지와 삼림지의 가격이 오르면서 여러 사업에서 성공을 거두었다. 1923년에 그는 지역 병원에서 간호학을 공부하는 자유로운 정신을 가진 릴리안 고디(Lillian Gordy)와 결혼했다. 그녀는 조지아 남서부 지역에서 명사에 속하는 가문의 딸이었다. 릴리안의 할아버지인 짐 잭 고디(Jim Jack Goedy)는 33년 동안 근처 리치랜드의 우체국장직을 역임했다. 그동안 네 명의 대통령이 바뀌었지만 그가 계속 우체국장 자리를 지킬 수 있었다는 것은 그가 정치적으로 민첩한 행보를 했음을 보여준다. 그들이 결혼했을 때 얼은 29세였고, 릴리안은 25세였다.

그들의 맏아들인 제임스 얼 2세가 다음 해에 플레인의 병원에서 태어났다. 이로써 카터는 병원에서 태어난 최초의 미국 대통령이라는 기록을 가지게 했다. 작고 포동포동한 그를 보고 후에 한 만화가는 아기 땅딸보(Baby Dumpling)라고 불렀다. 1926년에는 동생 글로리아(Gloria)가, 1929년에는 루스(Ruth)가, 지미가 열세 살 되는 해에는 빌리(Billy)가 태어났다. 지미가 네 살 되던 해에 플레인에서 서쪽으로 2마일 가량 떨어진 아키어리의 농장으로 이사했는데, 그곳에는 대부분 흑인들이 살고 있었다.

아키어리는 붉은색을 띠는 진흙땅, 그것과 극히 선명한 대조를 이루는 녹색 소나무, 참나무, 그리고 어린 피칸 호두나무로 들어찬 아름다운 곳이었다. 그러나 그만큼 생활조건은 원시적일 수밖에 없었다. 당시 대부분의 시골 농가와 마찬가지로 카터의 집도 실내배관이나 전기시설이 없었다. 4개의 구멍이 난 옥외 변소가 뒤 안에 있었고, 물은 뒷마당의 우물에서 수동펌프를 이용하여 퍼올려 사용하였다. 음식은 장작을 때는 부엌에서 요리했다. 때로 가난하고 초라한 지역은 낙원으로 묘사되기도 하는데, 후에 카터는 자기가 나고 자란 이 아키어리를 마치 낙원처럼 표현하였다.

카터는 "대공황 동안 농장에서 지낸 나의 생활은 2천년 전의 농촌생활과 너무나 많이 유사했다. 나의 소년 시절 대부분을 사로잡은 것은 힘든 일이었다. ... 태양 아래서 땅콩을 캐고, 목화송이를 따고, 물을 긷고 면화밭을 일궈야 했다"고 말했다.[13] 그러나 가난과 힘든 일에 대한 아들의 말에 대해 충고의 콧방귀를 뀌는 어머니 릴리안에 따르면, 카터의 이 말은 순전히 과장에 지나지 않았다. 그녀는 "우리가 얼마나 가난했던가에 대해 지미가 과장해서 이야기한 것을 알고 있다. 우리는 결코 가난하지 않았다. 사실 가난이라는 건 느끼지도 못했다. 우리는 항상 차가 있었다. 플레인에서 제일 처음 라디오를 소유한 것도, 제일 처음 텔레비전을 소유한 것도 우리였다"고 말했다.

종종 대금으로 지불할 현금이 부족하기는 했지만 얼 카터는 궁극적으로 수천 에이커에 달하는 농지와 삼림지를 사 모았다. 그곳에서 약 200명 이상의 흑인 소작인들이 땅콩과 면화를 재배했다. 또 보험회사를 인수해 운영했고, 땅콩의 중간매매업자로서 근처 농부들에게 땅콩을 사들여 대단위 가공업자에게 팔아 이득을 취했다. 지미의 아버지는 비록 루즈벨트와 그가 하는 모든 일을 몹시 싫어했지만 뉴딜 농촌 프로그램 덕분에 약삭빠르게 많은 돈을 벌었다. 따라서 플레인 지역의 수준에서 볼 때 얼은 대단히 부유했고, 섬터 카운티 학교 교육위원회 위원과 조지아주 의회 의원으로 일하는 등 지역사회에서 막강한 영향력을 발휘하였다.

카터의 아버지와 어머니는 너무나 대조적이어서 좀 짚고 넘어갈 필요가 있다. 아버지 얼은 무신경할 정도로 보수적이고 인색하며 전통적인 남부의

---

13) Carter, *Why Not the Best?* 7~8쪽.

가치를 충실히 지키는 사람이었다. 이에 비해 어머니 릴리안은 매사에 형평을 유지하는 균형적인 감각을 소유하고 있었다. 사람들은 그녀 주위에서 즐거움을 느꼈다. 그녀는 종종 남부 농촌지역에서 등장하는 다루기 힘들고 활력 넘치는 여성들 중 한 사람이었다. 또한 날카로운 재치의 소유자였다. 한 번은 북부 양키 출신의 한 여성 저널리스트가 릴리안에게 이런 질문을 던진 적이 있었다. 아들에게 하는 '악의 없는 가벼운 거짓말'(white lies)이란 어떤 것인지를. 이때 릴리안의 답은 이러하였다. "여기에 앉아 있는 당신을 보고, 내가 당신이 얼마나 예쁜가에 대해 말할 때ㅡ그것은 '악의 없는 가벼운 거짓말'이다." 그녀가 살았던 곳에서는 물론이고 그녀는 평생 동안 자유주의자로 알려졌다. 자격과 능력 있는 간호사로서 그녀는 백인과 흑인 환자를 똑같은 마음으로 간호했다. 종종 그녀는 산파 일을 했고, 무보수로도 일을 했다. 그녀는 자식들에게 경멸조의 깜둥이(nigger)라는 말을 쓰지 못하게 했으며, 자식들에게 흑인들을 배려하라고 가르쳤다. 그러나 아버지 얼은 가정교육이 엄했던 사람으로 자식들에게 어머니보다 더 큰 영향력을 행사하는 것으로 여겨졌다.

농촌지역에서 성장한 지미는 주로 흑인 아이들과 같이 놀았다. 그는 "우리는 … 노새와 말을 타고 숲속을 돌아다녔다. 높게 쌓여 있는 헛간의 귀리 덤불 속을 뛰어들어 레슬링도 하고 싸우기도 했다. 우리는 냇가에서 낚시도 했으며 수영도 했다"고 회고했다.[14] 그러나 흑인들은 자신들이 서 있어야 할 위치를 잘 알고 있었다. 학교에 갈 때도 지미는 플레인에 있는 백인 통합학교행 버스 안에 있었지만, 그와 함께 뛰어놀던 흑인 친구들은 황톳빛 시골길을 터벅터벅 걸어 학교건물에서 따로 떨어져 있는 교실로 갔다.

자신을 선전하는 자서전 안에서 카터는 기록되어 있지 않은 이러한 사회적

---

14) *Ibid.*

불문율들이 어떻게 지켜졌는가를 회고했다. 1938년 6월에 조 루이스(Joe Louis)와 독일의 권투선수 막스 슈멜링(Max Schmeling) 사이에 두 번째 대결이 열렸다. 이 날 밤, 카터 집안의 흑인 노동자들이 전지 라디오를 들어도 되는지에 대해 물었다. 라디오는 집의 창문 틀 위에 놓여졌고, 모든 사람이 잔디밭에 둘러앉아 방송을 들었다. 루이스가 1회전에서 상대방을 거의 그로기 상태로 몰아붙이자 아버지 얼은 크게 실망했다. 이에 흑인들은 공손하게 "감사합니다. 얼 씨"라고 한 말 이외에는 아무말도 하지 않았다. 경기가 끝난 후 철로 건너편의 자신들의 오두막으로 돌아오자마자 흑인들은 루이스의 승리에 대해 기쁨의 환호성을 질렀다. 카터는 "인종적으로 분리된 사회의, 이상하지만 인정된 사회적 규칙들은 잘 지켜졌다"고 회고했다.

　카터는 모범적인 학생이었다. 예절 바르게 행동했으며, 열심히 배웠고, 다방면의 책을 읽었다. 같은 학급의 한 친구는 지미 카터가 좋은 학생이었고 모든 사람의 비위를 잘 맞추었다고 회고했다. 그 친구는 "너는 키가 작고 붉은 머리에 주근깨 박사라고 놀림을 받으면 네가 할 수 있는 최상의 방법은 그냥 이를 드러내며 웃는 것이다"고 말해주었다고 회고했다. 카터가 가장 좋아하는 과목은 영어와 역사였다. 이 시기에 카터에게 가장 큰 영향을 준 인물은 영어교사인 줄리아 콜레먼(Julia Coleman)이었다. 그녀는 카터에게 독서목록을 적어주고 열두 살 난 카터에게 톨스토이의 『전쟁과 평화』를 소개해 주었다. 이 책을 읽은 지미는 실망했다. 그것은 기대했던 카우보이나 인디언에 대한 이야기가 아니라 러시아 귀족에 대한 이야기였기 때문이다.

　1941년 고등학교를 졸업한 17세의 카터가 목표로 삼은 것은 아나폴리스에 있는 미국 해군사관학교였다. 그의 아저씨 중 한 명이 해군 사병이었는데, 멀리 외국의 어느 항구에서 날아든 아저씨의 우편엽서는 외국여행과 해군에 대한 소년의 구미를 자극했던 것이다. 그의 아버지가 지역의회에서 그를 추천하여 해군사관학교 입학을 주선하는 동안 지미는 아메리쿠스에 있는

조지아 남서부 대학을 1년 다녔고, 얼마 후 조지아 공대에 입학했다. 그곳에
서 그는 해군 예비역 장교 훈련단(NROTC)에 가입했고, 고등학교 때 별로
좋아하지 않았던 수학과 화학도 공부했다. 1943년 6월에 2차 세계대전이
한창일 때 그는 해군사관학교에 입학했다.

카터는 아나폴리스의 관리체제에 잘 적응했다. 함대가 전쟁에 동원되면서
보다 많은 장교를 필요로 하였기 때문에 원래 4년이던 정규과정이 3년으로
축소되어 해군과 기관학 관련 과목은 생략되었다. 외국어 선택과목을 제외
하면 선택과목도 없었다. 그는 스페인어를 외국어로 택했다. 해군사관학교
생도인 [15]카터는 비록 평범한 벌점을 받기도 하고 상급생들의 특별대우로
고생도 하고 자기 자신에 대한 반항기가 없지는 않았지만, 공부를 하는
데는 별 어려움이 없었다. 그러나 계속되는 전쟁은 사관학교의 최하급생을
괴롭혔다. 입학후 첫 해 동안 그는 자연스레 나오는 히죽 웃는 모습을
자제하지 못하고, 또 조지아 주를 가로질러 가면서 셔먼 군(Sherman's troops)
의 군가 ‘*Marching Through Georgia*’를 부르기 거부한 채 자루가 긴 스푼을
들고 후미에서 왔다갔다 하면서 지칠 대로 지쳐 있었다. 후에 카터가 선거유
세를 다닐 때 애리조나 주 포닉스에 위치한 한 고등학교의 밴드부가
‘*Marching Through Georgia*’를 연주하면서 후보자를 환영했다. 유머 감각이
부족했던 카터는 참지 못하고 “이것이 남부인의 노래가 아니라는 사실을
누가 모르고 있습니까?”라고 하면서 연주의 중단을 요청했다. 1944년 여름
에 그는 동부해안에서 호송 경비를 하는 구식 전투함 ‘*New York*’ 호에서
복무하고 여기에서 머리를 깎았다.
카터와 함께 공부한 동료들 가운데 그가 장차 중요한 인물이 될 것이라고
점친 사람은 아무도 없었다. 그들은 카터를 낙제나 큰 문제 없이 좋은

---

15) *The Lucky Bag*, 1947.

점수를 받는 늘 웃는 모습의 '좋은 녀석'(nice guy) 쯤으로 생각했다. 그의 학급 연보인 *The Lucky Bag* 은 "지미는 공부에 결코 매달리지 않았다"고 기록하고 있다. "사실 그가 시험을 치면서 책을 펼쳐 본 것은 단 한 번, 그의 친구들이 어떤 문제에 대해 도움을 청했을 때였다."16) 카터는 1946년 6월에 820명 중 60등의 성적으로 졸업했다. 후에 그는 59등이라고 주장했지만. 졸업식 후 릴리안 카터와 플레인 출신의 예쁜 엘리너 로잘린 스미스 (Eleanor Rosalynn Smith)가 해군 배지와 노란색 천을 어깨에 두르는 전통의식을 카터에게 해주었다. 21세의 지미와 18세의 로잘린은 몇 주 후 플레인에서 결혼을 했다.

어머니 릴리안은 로잘린이 영리하고 매력적이기는 하지만 카터 가문과 결혼하기에는 사회적 격이 너무 떨어진다고 생각했기 때문에 이 결혼을 별로 탐탁치 않아 했다. 플레인에서 기계공이었던 그녀의 아버지는 그녀가 13세 나던 해에 죽었고, 그녀의 어머니는 우체국 점원으로 일하면서 종종 삯바느질 일도 했다. 로잘린은 마을의 한 미용실에서 파트타임으로 머리 감겨주는 일을 하거나 다른 아르바이트를 해서 용돈을 벌어 썼다. 그녀는 조지아 남서부 고등학교를 다녔고 졸업생 대표였다. 카터의 여동생 루스의 친구였던 그녀는 지미를 어렴풋이 알고 있었다. 그러나 1945년 여름 지미가 집에 다니러 왔을 때까지도 그들은 서로에게 매력을 느끼지 못했다. 그가 로잘린에게 사관학교를 졸업한 후 자신과 결혼해줄 것을 요청했을 때 그녀는 거절했다. 그러나 지미는 집요했고 그녀도 마음을 바꾸었다.

카터는 체사피크 만에서 신무기의 실험을 위해 운영되고 있던 한 구형 전투함에 배속되면서 해군 경력을 시작하였다. 의무 복무기간인 2년의 해상 근무를 마친 후 카터는 전쟁으로 자리가 많이 비어 진급 기회가 많은 잠수함 근무를 자원했다. 잠수함 근무를 위한 훈련을 마치자마자 지미는

---

16) Carter, *Why Not the Best?* 58쪽.

진주 만에 기지를 둔 잠수함 'Pomfret'에 배속되었다. 극동지역으로 항해하던 중 이 잠수함은 폭풍을 만났다. 그때 거대한 파도가 잠수함의 전망탑을 무너뜨려 카터는 하마터면 파도에 휩쓸려갈 뻔했다. 다행히 갑판에 달려 있는 5인치 총신을 꽉 붙잡고 있다가 무사히 구조되었다.

해군이 핵잠수함을 만들기 시작했을 때 카터는 핵무기 실험 프로그램에 참가하기 위해 자원하였다. 이 과정에서 그는 부하에게 엄격하고 성미급한 제독 하이맨 릭오버(Hyman G. Rickover)의 엄격한 인터뷰를 받은 후에 지원서류를 낼 수 있었다. 이 일과 관련해서 후에 카터는 "그는 항상 내 눈을 똑바로 응시하며 결코 웃지 않았다. 그럴 때면 온 몸에 식은 땀이 났다"고 말했다. 결국 릭오버는 카터에게 아나폴리스에서의 성적표를 요구했고, 이 젊은 장교는 자신 있게 그것을 건네주었다. 그리고 그는 제독의 축하를 기다리고 있었다. 그러나 축하의 전화는 걸려오지 않았다. 여기에 대해 카터는 이렇게 회고했다.

> 축하의 전화 대신 내가 받은 것은 "제군은 최선을 다했는가?"라는 질문이었다. 나는 "예, 제독남"이라고 대답했다. 그러나 나는 과연 최선을 다했는지에 대해 생각해 보았다. 그리고 사관학교에서 내가 더 많은 것을 배우고 최선을 다할 수 있었다는 사실도 생각했다. … 결국 나는 기어들어가는 목소리로 "아닙니다, 제독님. 저는 항상 최선을 다하지 않았습니다"라고 말했다. 한참 동안 나를 응시하다가 그는 의자를 돌려 인터뷰를 끝냈다. 그리고 그는 나에게 마지막 질문을 했다. 그것은 내가 결코 잊어버릴 수도 없고 대답할 수도 없는 것이었다. 그는 말했다. "왜 최선을 다하지 않았나요?" 나는 그 자리에서 한참동안 앉아 있다가 악수를 하고 방을 나왔다.17)

이 인터뷰는 카터에게 중대하고 오랜 영향을 주었다. "왜 최선을 다하지 않았나요?"라는 질문은 그가 대통령 선거운동을 하는 동안 핵심적인 주제가

---

17) *Ibid.*

되었고 자신을 자랑하는 자서전의 제목이 되었다. 그는 릭오버에 대해 지나친 존경을 표했고 후에 '자신의 부모님을 제외한 그 누구보다도 많이' 그가 자신의 인생에 영향을 끼쳤다고 말했다. 카터가 해군을 떠난 후에도 릭오버에 대한 이러한 이미지는 오랫동안 계속되었다. 심지어 조지아 주 주지사로 있을 때에도 카터는 릭오버에게 말을 하기 위해 전화상으로 기다리는 동안에도 식은 땀을 흘렸다.

카터는 당시 건조중이던 해군 최초의 핵잠수함의 하나인 '시 울프'(Sea Wolf) 호의 기관실 장교로 배속되었다. 잠수함이 완성되는 동안 그는 뉴욕의 쉐넥태디로 파견되었는데, 이곳에서 이 잠수함의 원자로가 만들어지고 있었다. 그곳에서 그는 고된 훈련을 받고 유니언 대학(Union College)에서 한 학기 동안 핵물리학 과목을 청강했다. 교육을 받으면서 그는 조금도 당황하지 않았는데, 이 경험을 근거로 후에 그는 자신도 핵물리학자가 될 수 있다고 하였다.

이제 카터는 자기 직업을 확정하는 것처럼 보였다. 그는 잠수함 전문의 노련한 해군 장교였고 승진가도를 달리고 있었다. 그리고 존 윌리엄, 제임스 얼 3세, 도널드 제퍼리라는 세 아들의 아버지가 되어 있었다. 그와 로잘린은 해군 생활―해군과 관련된 일, 계속되는 새로운 경험, 그리고 장교들과 그 가족들 사이에 존재하는 동료의식 등―을 좋아했고 그는 평생 해군에 남아 있을 생각이었다.

1953년 지미는 아버지 얼 카터가 암으로 죽었다는 소식을 받았다.아버지와 아들의 관계는 아들 지미가 아나폴리스로 떠나고 난 후부터 소원해져 있었다. 그러나 지미가 종종 플레인에 있는 얼을 방문할 때는 아버지와의 소원해진 관계를 후회하곤 했다. 아버지의 죽음 이후 지미는 중년의 위기를 경험했다. 카터는 "나는 아버지의 인생과 나의 인생이 갖는 중요성에 대해 자주 생각했다. 그는 자신이 살고 있는 지역사회에서 매우 중요한 역할을 했다. 아주 폭넓게 다방면에서 활동하였고 이익과 책임 등이 상호 관련되어 있었다. 아버지는 그 스스로 보스적인 존재였고, 그의 인생은 지역사회의 구조 속에서 천천히 변화·발전하여 안정된 생활을 이룩했다"고 말했다.[18] 지미는 아버지의 그러한 인생과 자신의 인생을 비교해 보면서 아버지의 인생이 자신보다 더욱 만족스러운 것이었다는 확신이 들었다. 플레인으로 되돌아가기를 싫어하는 로잘린의 반대와 장모의 만류에도 불구하고 지미는 7년간 몸담았던 해군을 떠났다.

농장과 땅콩중개업을 물려받은 카터 부부-로잘린이 회계장부를 담당했다-는 사업을 확장하고 발전시켰다. 카터는 자신이 사업을 시작한 첫해의 수입이 단지 200달러밖에 안 되었다고 주장했다. 그러나 이것 역시 '뻔한 거짓말' 중 하나다. 그가 경영하는 땅콩사업은 씨앗과 장비에 들어가는 비용만 해도 무려 90,000달러였다. 이 돈은 이듬해 수확한 돈으로 지불해야 했다. 카터 도매점(Carter Warehouse)은 조지아 주에서 가장 큰 땅콩도매상으로 성장하였다. 1970년 초에 지미는 백만장자가 되어 있었다. 아내 로잘린과 어머니 릴리안의 갈등이 완화되지 않은 채 어머니는 1955년 어번 대학(Auburn University)의 기숙사 사감으로 일하게 되었다. 그녀는 6년 동안 이 일을 했다. 지미는 행여 사람들이 어머니가 생활비 때문에 일한다고 손가락질할까 우려하여 어번을 떠나기 전에 어머니에게 흰색의 새 캐딜락 차를 사주었다. 카터는 아버지와 마찬가지로 교회와 지역사회 일에 매우 활동적이었다. 플레인 침례교회의 집사로, 지역사회의 여러 계획을 수립하고 발전을 도모하는 위원회의 위원으로, 그리고 섬터 카운티 교육위원회 위원으로 일했다.

카터가 교육위원회의 위원이 된 해는 1954년으로, 당시 남부 전역은 학교내 인종분리의 중단을 명시한 대법원 판결 때문에 시끄러웠다. 대부분

---

18) DeGregorio, *Complete Book of Presidents*, 620쪽.

의 문제에서 카터는 기존의 상존하는 인종차별적 관행에 그대로 따랐고 큰 문제로 발전할 가능성이 있는 것에 대해서는 자신의 입장을 표명하지 않았다. 카터가 이러한 모호한 태도를 취할 수 있었던 것은 그가 살고 있는 지역이 조지아 주 남서부였다는 덕이 컸다. 당시 그곳에서는 통합에 극렬히 반대하는 움직임이 일시적이나마 힘을 발휘했고, 또 1960년대까지는 실상 인종의 혼합이 없었기 때문이다. 얼마 후 카터는 주정부의 정치세계로 옮겨갔다. 정치권으로 옮겨간 지미는 인종차별주의자들의 모임인 백인 시민 평의회(White Citizen Councils) 지부에 가입할 것을 권하는 초청을 거절했다. 이 일로 지미의 가족은 흑인들을 금지하는 침례교회로부터 배척을 당하게 되었다.

38세 생일을 맞기 전 1962년에 카터는 조지아 주 상원의원에 출마하기로 결심했다. 그는 민주당 예비선거에서 섬터 카운티의 지지를 받았다. 그러나 인접한 카운티의 지배세력들은 자체 후보를 냈고 그 후보를 당선시키기 위해 부정투표를 행한 결과 139표 차로 패배했다. 그러나 카터는 이 결과에 승복하지 않고 법정에 부정투표소송을 제기하여 결국 당선되었다. 2년 후 그는 압도적인 표 차로 재선되었다. 대통령이 되는 전조였는지 모르지만 그는 열심히 일했고 중도적 입장의 진보 노선을 견지했다. 또한 제출된 법안들을 진지하고 성의를 다해 읽고 검토했다. 1965년에 그는 한 신문의 여론조사에서 조지아주에서 가장 영향력 있는 의원 중 한 사람으로 선정되었다.

이듬해에 보다 높은 공직을 목표로 카터는 조지아 주지사 민주당 후보 지명대회에 입후보하겠다고 발표했다. 경제적으로는 많은 돈을 벌었지만, 사실 그는 자신의 지역 이외에는 거의 이름이 알려지지 않은 인물이었다. 따라서 많은 정치전문가들은 그가 선거에서 이길 확률이 거의 없다고 논평했다. 사업을 동생 빌리에게 맡기고 카터는 한 관찰자의 표현처럼 '곡식의 수확을 몹시 서두르는 계절노동자처럼' 조지아 주 전체를 종횡으로 돌아다녔다(그러는 동안 68세의 어머니 릴리안은 평화봉사단에 들어가 2년 동안 인도에서 봉사활동을 하고 있었다). 선거 전날 선거의 전망은 매우 밝았고, 그래서 카터는 전 주지사 엘리스 아르날(Ellis Arnall)이나 레스터 매독서(Lester Maddox) 중 한 사람과 결승전을 치를 것으로 기대했다. 매독서는 애틀랜타에 레스토랑을 소유하고 있었는데 레스토랑 현관에 흑인의 출입을 금지하는 도끼를 그려넣어 전국적으로 이름이 알려진 인물이었다. 그러나 선거 결과는 카터의 예상을 완전히 뒤집는 것이었다. 그는 3위에 지나지 않았고 승리는 매독서에게 돌아갔다. 카터는 실망으로 깊은 수렁에 빠졌고, 종교적 위안을 충분히 받고 나서야 이 수렁에서 벗어날 수가 있었다.

그 후 카터는 마치 어린아이와 같았다. 그는 스스로 독실한 믿음이 없었음에도 불구하고 꼬박꼬박 침례교회에 출석했다. 신앙요법을 베푸는 사람이자 복음전도사인 자신의 여동생 루스 카터 스탬플턴(Ruth Carter Stapleton)과 많은 대화를 한 후 카터는 스스로 거듭난 크리스챤(a born again Christian)이 되는 종교적 경험을 했다고 했다. 카터의 배경을 둘러싸고 일어난 논쟁 가운데 그의 종교적 귀의보다 더 논쟁거리가 된 것도 없다. 그가 대통령에 출마했을 때 자유주의자들은 카터가 종교적 신념과 시민으로서의 의무 사이에서 어떤 갈등을 겪지 않는지에 대해 관심을 표명했다. 자서전에서 그는 돌연한 기적도 없었고 또 다마스쿠스로 가는 도상에 현혹당하는 사도 바울과 같은 경험을 한 적이 없다고 말하는 것은 고통스러웠다고 말했다. 단지 그는 "나는 예수 그리스도를 통해 하나님과 너무나 밀접하고 친밀하고 사적인 관계를 형성했다. 그것은 나에게 엄청난 평화를 가져다주었다"고 말했다.[19] 그는 매일 성경을 읽고 북동부 지역에서의 선교사업에 자원했다. 소위 '그리스도를 입증하는 일'이었는데, 이는 그의 퇴임후 대통령 활동에

---

19) 조단의 메모는 Stroud, *How Jimmy Won* 에서 재인용.

대한 전형을 보여주었다.

예수 그리스도에 대한 카터의 새로운 발견과 수용은 정치로부터 자신을 잘라내기보다 오히려 공공봉사에 대한 자신의 생각과 책임의식을 더욱 강화시켜 주었다. 그는 신학자 라인홀드 니부어(Reinhold Niebuhr)의 "정치의 진지한 의무는 죄로 가득한 세상에서 정의를 확립하는 것이다"라는 경구를 자신의 정치신조로 삼았다. 그는 마음의 평정을 되찾은 후 1970년에 다시 주지사에 출마했다. 선거에 임하면서 그는 패배의 쓴잔을 마신 또 다른 조지아 인 스칼렛 오해라(Scarlett O'Hara)처럼 어떤 대가를 치르더라도 다시는 패배하지 않을 것이라고 단언했다.

그가 거듭났건 그렇지 않았건 어쨌든 카터는 주 선거사상 가장 격렬한 선거를 이끌었다. 그는 인종적으로 중도적인 입장을 표방하는 주요 상대인 전 주지사 칼 샌더스(Carl E. Sanders)를 무차별 공격했다. 그는 특히 전 부통령 휴버트 험프리(Hubert Humphrey)와 같은 민주당 자유주의자들과 손잡고 활동하면서, 흑인 야구선수와 함께 축제 분위기에 젖은 샌더스의 사진을 농촌지역에 살포했다. 그 결과 앨라배마 주지사 조지 월리스(George C. Wallace)의 인종차별주의자들과 백인 우월주의 지지자들이 공개적인 해명을 요구하는 일이 벌어졌다. 또한 백인과 흑인을 융합시키려는 강제 버스통학정책이 엄청난 비난을 받았다. 뿐만 아니라 샌더스는 불신당하고 있던 닉슨의 베트남 정책을 무조건 인정하고 있었다. 이런 분위기에 힘입어 카터는 수월하게 앤더스를 물리치고 주지사에 당선되었다.

일단 주지사에 당선되자 카터는 자신의 입장을 바꾸었다. 그는 취임식에서 "인종분리의 시기는 끝났다"고 선언하여 자신의 지지자들을 놀래켰다. 그리고 애틀랜타에 있는 주 청사의 원형 홀에다 마틴 루터 킹(Martin L. King, Jr.) 목사의 초상화를 내걸도록 명령했다. 카터가 주지사로 있는 동안 주 전체로 흑인 노동자의 수는 40%나 증가했고, 이전에는 백인 일색이었던 각종 위원회에 흑인들이 위원으로 임명되었다. 또한 가난한 지역과 부유한 지역의 학교 운영자금이 평등하게 운영되었다.

카터의 주요 목적이었던 주정부의 재조직은 자신의 전략적 실수 때문에 많은 반대를 받았음에도 불구하고 대부분 이루어졌다. 자신이 진행시키는 프로그램에 대한 여러 반대는 공동 선에 의해서가 아니라 그들 자신의 이기적인 동기에 따른 것이라고 판단한 카터는 고집스레 그들과의 타협을 거절했다. 이런 행동 역시 그의 대통령 때의 전력을 미리 보여주는 것이었다. 어쨌든 전체적으로 그는 좋은 주지사였고 이내 남부의 새로운 정치지도력의 표상으로서 타임지 전면을 장식하였다.

2년 후, 아직 주지사 임기가 절반밖에 지나지 않았음에도 불구하고 카터는 1976년 대통령선거에서 승리를 거두는 데 자신의 관심을 집중했다. 그에게 있어서 대통령 출마는 정치적 발전을 위해 택할 수 있는 유일한 길인 것처럼 보였다. 조지아 주 법 아래에서 그는 재선될 수 없었다. 그리고 헤르만 탈매지(Herman Talmadge)가 오랫동안 차지하고 있던 연방 상원의원 자리도 차지할 확신이 없었다. 그는 민주당 대통령 후보가 될 가능성이 있는 사람들 —휴버트 험프리, 워싱턴 주 연방 상원의원 헨리 잭슨(Henry M. Jackson), 앨라배마 주지사 월리스, 애리조나 주 연방 하원의원 모리스 유댈(Morris Udall)—을 만나보고 나서 이들 누구보다도 자신이 대통령 자격이 있다고 결론지었다.

카터는 조지아 주 이외의 지역에서는 실제로 잘 알려져 있지 않은 인물이 었음에도 불구하고 두 명의 젊은 지지자—해밀턴 조단(Hamilton M. Jordan) 과 영국 태생의 정신과 의사이자 주지사 시절 마약문제 고문으로 있던 피터 번(Peter Bourne)—의 적극적인 후원으로 대통령 출마를 권고받았다. 이 두 사람은 아무리 뛰어난 정치쟁이(Seasoned Politicos)라도 실수를 할 수 있으며, 이를 계기로 자신들이 승리할 수 있다는 것을 예리하게 인식했다.

1968년 이후 민주당의 당 규칙 변화로 후보지명 절차과정이 더욱 "민주적으로 되었다는 것이었다." 후보 선정은 이제 전문가들이나 당 간부들에 의해서라기보다 예비선거의 확산과 함께 평범한 시민들에 의해 이루어지고 있었다. 이러한 정치적 현실의 변화, 통상적인 정치에 대한 불신, 그리고 새로운 것에 대한 미디어의 습관적인 흥미-뉴스로서 새로운 것(new as news)-등은 아웃사이더에게 가장 적합하게 작용했다. 그리고 카터가 여러 자유주의자들과 보수주의자 윌리스 사이에서 가장 중도적 입장의 인물이었다는 점도 크게 작용했다. 조단은 1976년 승리전략의 기본 틀을 그린 긴 메모를 카터에게 건네주었다. 그것은 선거운동에 임하는 방법에 대한 것이었는데, 구태의연한 정치적 방법에서 탈피하여 가능한 한 많은 예비선거에 나서서 열광적인 지지자를 수천 명씩 동원하라는 것이었다.[20]

주지사 임기가 끝나고 1974년을 시점으로 카터는 선거운동을 위해 조지아 주를 출발하여 전국을 돌아다니면서 만나는 사람마다 "나의 이름은 지미 카터입니다. 나는 대통령에 출마했습니다"라고 하면서 끈적끈적한 악수를 나눴다. 실직자들은 그에게 도움이 되었다. 그들은 선거운동에 하루 종일 몰두할 수 있었기 때문이다. 전국유세를 하면서 카터는 아이오와 주, 뉴햄프셔 주, 플로리다 주에 특별히 관심을 쏟았다. 이곳은 후보선정을 위한 당 간부회의와 예비선거가 초기에 개최되는 곳으로, 전국적으로 영향을 줄 수 있는 곳이었기 때문이다. 그러나 정작 그는 각종 현안 문제에 대해서는 애매한 입장을 취했다. 예컨대 낙태 금지조항을 넣기 위한 헌법 수정에는 반대하면서, 낙태를 제한하는 '국가 법률'(national statute)의 제정에는 지지를 표했다. 그는 가족과 종교의 가치를 강조했고, 유권자들의 몽매함과 반워싱턴적 분위기를 교묘하게 이용했다.

심지어 1970년 선거에서 인종차별주의적인 후보 윌리스를 지지했음에도

---

20) Boller, *Presidents Anecdotes*, 341쪽.

불구하고 카터는 남부 흑인들로부터 지지를 확보했다. 그는 그들에게 기독교인의 사상, 용서, 화해의 정신을 공유하는 후보임을 역설하여 호응을 얻었던 것이다. 그는 북부 자유주의자들의 지지도 확보하게 되었다. 그들이 카터를 보수적인 앨라배마 주지사 월리스를 견제하는 보루로 보았기 때문이다. 이와 관련하여 조지아 주 연방 하원의원으로 카터의 지지자인 흑인 앤드류 영(Andrew Young)은 "흑인은 백인에 대한 일종의 탐지기와 같다. 어디를 가든 카터는 이 장치를 잘 통과했다"고 설명했다.[21]

조단이 예측한 바와 같이 민주당 자유주의자들은 유세장마다 찾아다니는 바람몰이 부대를 형성하여 여러 후보들에게 표를 분산시켰고 결국 카터가 최고 득표를 하도록 해주었다. 최초의 돌파작전은 아이오와 주에서 일어났는데, 여기에서 그는 27.6%를 확보하여 승리했다. 사실상 10%도 채 안되는 유권자가 참가했음에도 불구하고 단지 선거결과만을 고려한 미디어는 카터를 '승자'로 승인했다. 아이오와 주의 승리로 카터 진영에는 막대한 선거자금이 유입되었고 이는 뉴햄프셔 예비선거를 승리로 이끌었다. 또한 이는 카터가 플로리다 주와 노스캐롤라이나 주에서 비록 간발의 차이지만 월리스를 누르는 데 중요한 작용을 했다.

민주당 전국 위원회 대표단들이 굳게 제휴하고, 시민권의 노래 「우리 극복하리라」가 울려퍼지는 가운데 카터는 민주당 대통령 후보로 지명되었다. 그는 남북전쟁 이후 최초의 진정한 남부인으로 지칭되었다. 당의 분열을 치료하기 위해 그는 미네소타 주 연방 상원의원으로 워싱턴 정가의 자유주의자인 험프리의 지지자 월터 먼데일(Walter F. Mondale)을 부통령 후보로 지명했다. 선거운동 중에 실시된 여론조사에서 공화당의 제럴드 포드(Gerald Ford)보다 30%를 앞선 카터는 쉽게 승리를 거머쥘 것처럼 보였다.

전국이 실업과 인플레이션으로 몸살을 앓고 있었다. 현직 대통령 포드

---

21) 카터의 대통령직 수행에 대한 가장 철저한 설명은 Kaufman, *Presidency of James Earl Carter*, Jr.다.

역시 예비선거에서 전 캘리포니아 주지사 로널드 레이건(Ronald Reagan)과 격렬하게 다투었다. 대통령직에 대한 신뢰성과 완전함을 회복하기 위해 포드는 애를 썼지만, 닉슨이 워터게이트 사건에서 범한 것으로 추정되는 죄를 사면한 것이 큰 부담으로 작용하고 있었다. 또한 포드는 텔레비전 토론에서 소련이 동유럽을 지배하지 못할 것이라는 등 어리석고 바보스러운 주장을 했다.

카터와 포드, 두 사람 사이에 선거운동이 시작되자 카터의 선두 자리가 많이 흔들리기 시작했다. 포드와 예리한 말솜씨를 자랑하는 부통령 후보인 캔자스 주 연방 상원의원 로버트 돌은 현안 문제에 대한 카터의 '희미한 태도'에 대해 무차별 공격을 가했다. 카터 스스로도 선정잡지인『플레이보이』와의 인터뷰에서 비록 아내를 사랑하고 있지만 "마음 속으로 여러 번 간통을 범했다"고 인정함으로써 곤경에 빠졌다. 만약 선거가 며칠 후에만 실시되었다면 포드는 카터와의 차이를 뒤집고 역전극을 연출할 수도 있었을 것이다. 그러나 결국 카터는 포드를 48%로 밀어내고 50.1%를 획득함으로써 승리를 일구어 냈다. 이제 남은 것은 그가 이 나라를 잘 다스려 가는 것을 보여주는 것이었다.

앤드류 잭슨 이래로 지미 카터의 취임식만큼 간략하고 수수한 취임식도 없었다. 춥지만 태양이 내리쬐는 1977년 1월 20일 오후, 카터는 취임식에 입는 의례적인 전통복장이 아닌 사무실에서나 입는 간단한 신사복 차림으로 대통령 선서에 나섰다. 대통령직을 수락하면서도 그는 자신의 이름을 제임스 얼 카터 2세로 부르지 않고 단지 '지미 카터'로 말했다. 구경꾼의 환호 속에서 대통령과 퍼스트 레이디는 고풍스러운 리무진에서 뛰어나오듯 나와 손을 잡고 의회 의사당에서 백악관까지 아홉 살 난 딸 에이미(Amy)를 데리고 펜실베이니아 거리를 걸어갔다. 대통령에 취임하고 얼마 지나지 않아 그는 프랭클린 루즈벨트를 열심히 흉내냈다. 스웨터를 입고 탁탁

소리를 내며 타는 난로가에 앉아 있는 모습으로 텔레비전에 출연하여 '노변정담'(fireside chat)을 했다. 미국 대통령 전용기에서 내릴 때는 자신의 옷가방을 직접 들고 내렸다.

대통령 임기 초에 보인 이러한 겸손하고 서민적인 모습 덕택에 그는 의회에 제출한 여러 가지의 전격적인 입법 제안과 함께 폭넓은 지지를 받았다. 공약한 베트남전쟁 당시 징병기피자에 대한 사면이 1월 21일에 이루어졌다. 경제를 활성화하기 위한 제안, 복지체제를 전면적으로 조사하고자 한 제안, 대통령 선거인단제도의 철폐를 위한 제안, 대통령선거는 물론 의회선거에 공공자금을 제공하자는 제안 등이 연속적으로 제출되었다. 이런 안건들은 의회 내에서 저항을 받았는데 대부분 노골적인 반대가 아닌 소극적인 반대였다. 제럴드 포드가 백악관에서 2년 동안 의회활동에 대해 거부권을 행사하며 시간을 보냈다면, 카터는 대통령의 임기 대부분을 자신이 내놓은 안건들을 의회로부터 거부당하면서 보냈다. 새로운 대통령에게 인정된 전통적인 밀월시기가 어떤 확실한 성과나 업적 없이 소진되자, 미국인들은 이제 대통령의 너무 흔해 빠진 의사표시를 진지하게 고려하기보다 그저 속빈 강정쯤으로 여기게 되었다.[22]

그때부터 카터에 대한 비난이 일기 시작했다. 그는 눈앞에 직면한 각종 현안 문제를 다루고 해결해 나가는 데 필요한 지식과 경험이 부족하였기 때문에 누구보다도 민주당 주류파와 같은 길잡이와 지지자 역할을 해줄 존재가 몹시 필요했다. 그러나 수도 워싱턴과 워싱턴 주민들에 대해 일단 의심의 눈길을 돌리는 '아웃사이더'로 알려져 있고 스스로도 그렇게 생각하고 행동한 그는 거만하게 민주당 주류파의 조언을 거절했다. 그 대신 모든 권력을 자신에게 집중시키고 거의 모든 결정을 스스로 내렸다. 이것은 결국 혼란만 확대시켰다. 대통령은 선거운동에 대해서는 뭐든 알고 있었지

---

22) *Ibid.*, 30쪽.

만, 정작 국가의 지도자로서 수행해야 할 외교문제나 국가적 차원의 대사(大事)에 대해서는 무지한 자들끼리 긴밀히 연결된 '조지아 주 마피아'(Georgia mafia)의 조언을 신뢰함으로써 실수에 실수를 거듭했다. 좋지만 그러나 악마와 같은 이러한 친구들 때문에 카터는 고통과 곤혹 속에 빠졌고, 수많은 특별검사들은 바쁘게 뛰어다녀야 했다.

워싱턴 정가에서 상원의원 한 명을 당선시키는 데 후원을 한 것을 빼면 경험이라고는 전무한 카터 대통령의 최고 보좌관으로 비서실장이 된 해밀턴 조단은 상대 정치세력에 대해 경멸적인 태도를 드러냄으로써 내심 기쁨을 누렸다. 그는 선거운동 동안에 자신이 발휘한 잔꾀가 승리를 끌어냈다고 자랑스레 생각하고 있었다. 하원의장 토머스 오네일(Thomas P. O'Neill)과 내빈들의 자리는 취임식 만찬장에서 발코니 맨 끝 테이블에 마련되었다. 이에 오네일은 *Jordan*을 *Jurden, Hamilton Jerkin*으로 부르며 등 뒤에서 욕을 해댔다. 이것이 대통령의 입법 프로그램을 의회에 상정하고 많은 것을 주도할 책임을 가진 사람과의 관계의 시작이었다.

카터의 근본적인 문제는, 카터 자신이 민주당 주류파들의 주요 관심사와는 전혀 다른 목표를 가지고 있었고 전혀 다른 정책을 강력하게 지지했다는 것이다. 일찍이 하원의장 오네일은 카터에게 선거운동 기간에 내놓은 화려한 수사적 공약과 실제 입법과정은 반드시 분리될 필요가 있다고 충고했다. 그러나 오네일을 따르면, 이 말을 했을 때 "카터는 무슨 말인지 이해하지 못했던 것 같다."[23] 카터는 조지아 주에서의 자신의 경험을 자주 회고하면서, 주 입법부가 자신의 프로그램에 찬성하지 않고 방해를 하면 유권자들에게 직접 호소하는 방법을 썼다고 말했다. 만약 그가 연방의회에서 유사한 상황에 놓이게 되면 아마도 조지아 주에서 취했던 그런 방법을 주저없이 선택하였을 것이다. 그는 다음과 같은 경고성 발언을 자주 했다. "나는

---

23) Burns, *Crosswinds of Freedom*, 558~560쪽.

당신 의원들보다 당신들의 유권자들에게 직접 말하는 것이 더 쉽다." 카터로부터 이런 말을 들은 입법부 의원들이 카터를 곱게 볼 리 없으리라는 것은 분명하다.

당연히 대통령과 의회는 곧 입법부 의원들의 간절한 소망과도 같았던 여러 개의 댐과 물 연구 과제를 없애고자 하는 카터의 제안을 둘러싸고 사이가 틀어졌다. 그리고 카터는 민주당 주류들로 가득 채워져야 할 수백 개에 달하는 연방정부의 공직에 대해 재능을 확인하는 기구를 설치했다. 이 역시 민주당 의원들의 심사를 불편하게 만들었다. 의회내 민주당 의원들은 여러 가지 일을 해나가는 과정에서 자신들과 손발을 맞출 인물을 필요로 했다. 그러나 그들이 믿었던 인물과는 갈등이 끊이지 않았고, 그 결과 중요한 공직은 민주당 주류와는 멀리 동떨어진 인물들로 채워졌다. 백악관과 의회와의 관계는, 행정부가 경제에 힘을 실어주기 위해 일찍이 공약으로 내건 '모든 납세자에게 50달러를 상환하겠다'는 제안을 취소한다는 예상치 못했던 발표를 했을 때 더욱 긴장되었다. 결국 집권당으로서 대통령을 냈지만 의회 내에서 민주당 의원들이 얻은 소득은 없었다.

카터의 경제 정책과 운영은 대내 문제에서 실패의 전형을 보여주는 분야다. 대통령에 취임할 당시 그는 10%에 달하는 인플레이션과 8%에 달하는 실업률을 둘 다 절반으로 줄이겠다고 맹세했다. 그러나 제임스 번스(James M. Burns)가 지적한 것처럼 같이 카터에게는 이를 실현할 청사진이 없었다. "백악관은 무엇을 뚜렷하게 원하는지에 대한 메시지를 내놓지 않았다. 오히려 혼합된 신호만 보낼 뿐이었다. 사전의 준비과정은 부적절했으며, 그 후의 실행과정은 산발적이었다. 심지어 백악관에서 수렴해야 할 의견 조율이 이루어지지 않아 담당자들이 서로 싸우는 지경이 되었다. 행정부와 입법부 사이의 주기적인 갈등은 말할 것도 없이 특히 카터 행정부의 보잘것 없는 참모진들에 의해 더욱 증폭되었다. … 무엇보다도 무엇을 우선적으로 해결할 것인가 하는 문제에 대한 감각, 즉 우선권에 대한 감각이 절대적으로 부족했다."24)

경제문제를 제외하고 카터를 가장 압박한 문제는 에너지 위기와 관련된 것이었다. 아랍의 산유국들은 1973년에서 1974년의 이스라엘과 3개 아랍 국가들 사이에서 벌어진 소위 '속죄의 날 전쟁'(Yom Kippur War) 이후 석유생산량을 줄이고 가격을 올렸다. 그 결과 외국산 석유가격은 무려 두 배나 상승했다. 당시 외국 자원에 대한 미국의 의존도는 전체 수요의 50%를 넘고 있었다. 수입석유에 대한 의존도를 줄이기 위해 카터는 에너지 보존법안을 촉구했고 나아가 에너지 소비를 줄이기 위해 에너지 가격을 올리는 법안과 국내의 새로운 에너지의 개발을 격려하는 법안을 의회에 요구했다.

그러나 불행히도 카터 행정부가 제출한 에너지 보존 프로그램은 너무 비밀리에 이루어져 쓸데없는 조항들이 많이 포함되게 되었다. 이는 무려 113개 조항으로 이루어져 있었는데, 물론 운영상의 결점으로 가득 차 있었다. 클린턴 행정부는 궁극적으로 포기해야 했던 너무나 쓸데없고 복잡한 조항들로 가득 찬 건강복지 프로그램을 비밀리에 추진함으로써 카터가 범한 것과 똑같은 실수를 저질렀다. 정치적 문제에 종교적 의미를 적용시키는 평상시의 행동으로 카터는 이 문제에 대해 '전쟁에 임하는 것과 같은 정신적 노력'(moral equivalent of war)을 쏟아부었다. 비판가들은 그 머릿글자를 따서 '경멸'(MEOW)이라고 놀렸다. 예상치 못한 바는 아니었지만 백악관이 마침내 이 프로그램 계획을 발표했을 때 그의 행정부 관리들조차도 너무나 혼란스러워서 서로가 서로를 반박하는 결과를 낳았다. 비판의 핵심은 카터가 내놓은 프로그램이 너무나 복잡하다는 것이었다. 그의 프로그램은 너무 황당하거나 너무 보잘것없는 것이었다. 이 문제와 관련하여 카터가 사전에

---

24) Dallek, *Hail to the Chief*, 35쪽.

의회 지도자들과 에너지 문제 해결을 위한 발전방안을 논의하고 협조를 얻었다면, 의회의 노골적인 반대는 면할 수 있었을 것이다. 그러나 그는 협조를 구하는 대신 대규모 석유회사의 탐욕과 의회 내에서 활동하고 있는 그들의 로비스트의 압력에 대해 비난을 퍼부었다.

개혁을 하고자 한 카터의 또 다른 노력 역시 의회의 반대에 부딪혀 빛을 보지 못했다. 연방 복지체제에 대해 규제를 가하고자 하는 정책이 조용한 가운데 사라져 버렸다. 카터의 중요 선거공약 중 하나였던 세금제도의 개혁은 알맹이가 다 빠져 버렸다. 50달러 세금 상환계획이 와해된 이후 다양한 정책 제안의 지지자들은 만약 정치적 압력이 다른 방법으로 제기된다면 카터가 언제든지 제안된 정책을 포기하지나 않을까 하는 불안감을 느꼈다. 카터의 대중적 지지도는 1977년 말에 급속히 하락하기 시작하여 그 후로 결코 회복되지 못했다. 또한 그에게 반대한다고 해서 어떤 정치적 보복이나 결과를 두려워할 만한 이유를 가진 사람은 아무도 없었다. 이제 그는 속눈썹을 약간 휘날리면서 굳게 다문 입술로 경멸과 수치를 모면할 수 있는 꾸며진 미소만 가득 머금었다.

한 대통령에게 가장 중요한 일은 명백한 지도력을 가지고 실천하는 것이다. 즉, 국가가 직면한 다양한 문제들을 확인하고, 국민에게 문제를 알려, 문제해결을 위한 국민의 의견을 종합하여, 그것들을 해결하는 것이다. 이를 위해 설득력 있게 호소하는 대통령의 웅변술은 필수적인 조건이다. 카터에게서 도저히 찾아볼 수 없는 것이 바로 이 점이었다. 그는 자신의 정책에 미국 국민들을 집결시키지 못했다. 그는 대통령으로 있는 4년 동안 기억할 만한 가치 있는 문장은커녕 문장 속의 구(句) 하나도 내놓지 않았다. 그는 단 한 번도 비전을 제시해 본 적이 없고, 단 한 번도 고무적이고 감동적인 연설을 해본 적이 없다. 물론 훌륭한 설교도 한 적이 없다. 로버트 달렉(Robert

Dallek)은 대통령에 관한 책에서 "국가 장래의 비전을 제시하는 것은 정부의 책임이다. 좀더 명확히 말하면 대통령의 책임이다. 만약 대통령이 비전을 제시하지 못한다면 대통령이 될 당시 그에게 쏟아졌던 그 수많은 호의와 지지를 상실한 채 종말을 맞게 될 것이다"고 지적했다.[25]

프랭클린 루즈벨트나 로널드 레이건이 카터가 직면한 것과 비슷한 자신감의 위기를 처리하기 위해 온 국민의 힘을 결집시켰던 데 비해 카터는 이러한 지도력을 보여줄 모든 기회를 저버렸다. 그 대신 카터는 너무나 사소한 문제에 골몰했다. 예를 들면 백악관의 테니스 코트를 사용하기 위해 미리 예약을 해둔다거나, 거기에서 쓰여진 돈은 물론 일상적인 일을 일일이 장부에 기입한다거나 그가 매일 듣는 고전음악 레코드의 목록을 작성하는 일 따위 말이다. 『워싱턴 포스트』지는 카터가 당선되었을 때, 이 나라 국민들은 '이 나라 최초의 시민 지배인'(the country's first national city manager)을 대통령으로 뽑았다고 논평했다. 백악관에 관련된 일을 많이 한 국방성의 한 관리는 이렇게 말했다. 어떤 지도자는 큰 그림을 파악하는 '숲을 보는 사람'(forest man)이고, 다른 지도자는 '숲 속의 나무를 보는 사람'(tree men)이다. 그러면 카터는 무엇인가? "오 하나님, 그는 '하나의 나뭇잎을 보는 사람'(a leaf man)이다!"라고 말했다.[26]

1979년 여름 다시 한 번 충격적인 석유가격의 상승에 뒤이은 새로운 정책을 끌어내기 위해 캠프데이비드에서 비밀회의가 열렸다. 여기에 모인 그의 측근 그룹에게 설득당한 카터는 텔레비전에 출연하여 이 나라는 '정신의 위기'로 인하여 고통받고 있다는 경고 메시지를 날렸다. 평상시와 마찬가지로 그의 목소리에는 절반 정도의 복음주의적 색채가 들어가 있었다. 그것은 당시 미국의 좋지 않은 현실에 대해 미국 국민들을 진지하게 나무라는 듯한 질책의 소리였다. 그러나 우리가 많이 보았듯이, 보다 실제적인

---

25) Donovan, *Roosevelt to Reagan*, 235쪽.
26) 이란 인질사건에 대한 설명은 Sick, *All Fall Down*, 제5장에 잘 언급되어 있다.

문제는 당면한 국가의 위기와 어려움을 해결하기 위한 정책을 형성하고 구체화시키지 못한 대통령의 무능력에 있었다. 그리고 거의 모든 정책이 기대를 벗어나 실패로 끝나는 데 있었다. 결국 캠프데이비드에서 조깅을 하면서도 육체적으는 많이 쇠약해진 모습을 보여준 카터의 사진을 보며 국민들은 관심과 이해가 아닌 조롱과 비웃음을 보냈다.

카터의 대중지지도는 그의 친구로서 조지아 주 은행업자이자 선거참모였던 버트 랑스(Bert Lance)가 그가 임명한 예산 국장직에서 강제 사퇴를 당함으로써 크게 하락했다. 랑스는 조지아에서 워싱턴으로 오기 전에 은행 거래와 관련하여 많은 의심을 사고 있었다. 그러나 카터는 정치적 분별력을 상실하고 랑스에게 집착해 그를 지지했다. "버트, 나는 당신을 자랑스럽게 생각한다"고 카터는 신중하지 못하고 불행한 결과를 가져올 말을 그에게 했다. 해밀턴 조단과 또 다른 핵심 참모인 팀 크라프트(Tim Kraft)가 마약 복용 혐의로 조사를 받았다. 그러나 이들은 둘 다 기소되지 않았다. 이렇게 되자 카터가 자신의 동료와 관련된 문제에 대해 명확한 기준을 정하지 않는 것에 대해 많은 사람들은 그가 정부에 정해 놓은 높은 도덕적 기준을 스스로 낮추고 포기하는 것이 아닌가 하는 비난을 했다.

대통령의 동생으로 알코올 중독자인 빌리 카터 역시 지미 카터의 명성을 손상시켰다. 물론 그동안 빌리 혼자만 대통령 권력의 언저리에서 문제를 일으킨 것은 아니었다. 오르빌 그랜트(Orville Grant)는 인디언과의 교역지를 팔아 이익을 챙겼다. 샘 휴스턴 존슨(Sam Houston Johnson)은 어음을 남발해서 돈을 벌었다. 돈 닉슨(Don Nixon)은 하워드 휴거와 어울려 갈피를 잡지 못했다. 온 나라는 처음에 남부의 교양 없는 한 인간의 사소한 범죄행위에 대해 실소를 했지만, 빌리가 테러리스트를 후원하는 리비아의 지도자 가다피에게 로비를 하기 위해 22만 달러를 사용한 사실을 알게 되었을 때는 이내 얼굴에서 웃음이 사라졌다.

파나마 운하 조약이나 캠프데이비드 협정 같은 외교적 성공은 카터의 인기도를 순간적으로는 상승시켰다. 그러나 카터의 엄벙덤벙한 흐릿한 태도와 무효능과 무능에 대한 비난의 화살은 그칠 줄 몰랐다. 1979년 차기 대통령 선거를 정확히 1년 앞둔 11월 4일 황량하고 차가운 날씨의 일요일 아침, 카터에게 가장 치명적인 최종 일격이 날아들었다. 이란의 폭도들이 테헤란에 있는 미국 대사관을 습격하여 약 1백 명에 달하는 미국인들을 인질로 사로잡는 일이 발생했다. 미국을 증오하는 노래가 울려퍼지고 성조기가 불타는 가운데 폭도들은 인질들을 포박하고 눈을 가린 채 대사관 마당을 행진하게 하였다. 폭도들은 '이란 국민에 대해 범죄행위'를 저지른 이란 왕 팔레비를 재판에 회부하기 위해 그를 송환해줄 것을 미국에 요구했다.

이 인질 억류사건으로 카터는 큰 충격에 휩싸였고, 여성과 흑인이 석방된 후 인질이 53명으로 줄어들었을 때에 긴장을 다소 누그러뜨릴 수 있었다. 1953년 이래로 줄곧 미국은 자국의 이익을 추구하여 이란에서 음모를 꾸며 왔고 그 때문에 두 나라 사이는 원만하지 못했다. 1953년은 CIA가 좌익 민족주의자들의 쿠데타로 축출당한 이란 왕에게 왕위를 되돌려준 해다. 그 대가로 닉슨과 키신저의 외교 아래 이란은 석유가 풍부한 페르시아 만 지역에서 미국의 튼튼한 방어벽 역할을 했다. 그러나 이란 내에 반왕(反王), 반미(反美)적 감정은 강화되었다. 여러 이란 인들은 이란 왕의 독재체제가 저지르는 가혹한 만행과 사회적으로 널리 확산된 부패 현상에 분노하고 있었다. 그러는 동안 이슬람 근본주의자들은 사회를 현대적으로 개혁하고자 한 팔레비의 개혁을 이슬람 법과 이슬람 전통을 위반하는 것으로 보았다.

절대적 지배자로의 이란 왕의 이미지에 안심하고 그 체제를 잘 활용하고 있던 미국의 외교관들과 CIA 요원을 비롯한 첩보 기관원들은 이란 왕 팔레비의 종말을 믿을 수 없었다. 팔레비는 한 늙은 종교적 열광주의자

호메이니(Ayatollah Ruholla Khomeini)에게 충성을 맹세하는 하층민들로 이루어진 거리의 폭도들에게 왕위를 박탈당하고 축출당한 것이다. 당시 호메이니는 파리에서 망명생활을 하고 있었다. 거기에다 이 상황은 미국의 외교정책 기구들이 캠프데이비드 협정에 따라, 또 중국과의 관계정상화 원칙에 따라, 무엇보다 소련과의 협상을 통한 무기 제안조치에 따라 이미 많은 부담을 떠안고 있던 상태에서 일어난 것이었다. 워싱턴의 외교정책 수립자들은 이란에서의 이 위기에 대처하고 해결할 방법이 전혀 없었다. 미국이 할 수 있는 것이라고는 고작 이란 왕의 미국망명을 도와주는 것밖에 없었다.

대부분의 서방 정치 지도자들과 같이 카터는 이 사건이 어떻게 진행될 것인가 예상하고 합리적으로 문제를 해결하는 것이 당연하다고 생각했다. 그러나 이 이란 위기를 다루면서 카터는 제3세계에서의 문제 해결방식에 대한 서구 모델의 부적절성을 고려하지 않았다. 카터는 선임자들과 마찬가지로 냉전의 잣대로 국제문제를 보았다. 그래서 미국과 소련을 둘 다 비난하는 근본주의자들의 종교혁명에 대해 그 심각성을 인정치 않고 무시하는 태도를 취했던 것이다. 특히 카터는 이란에서 서로 양립할 수 없는 세력들인 극좌파, 정치적 중도파, 보수적인 이슬람 성직 지도자들 사이에 강력한 결속이 이루어져, 그들에게 근본주의자들의 평등사상, 반미주의, 그리고 이란 왕과 그의 독재에 대한 반감 등이 뒤섞여 있다는 사실을 알지도 못했다.

1979년 2월 이란의 폭도들이 테헤란에 있는 미국 대사관을 점령한 그날 카터는 폭도들에게 강력한 경고를 발했어야 했다. 그리고 나서 겸손하고 신중한 태도로 외교적 노력에 나서야 했다. 그러나 카터는 이 사건의 빠른 종결이야말로 이란을 '정상'(normalcy)으로 되돌려놓는 최선의 방법이라고 생각했다. 그러나 결국 이 일은 걷잡을 수 없을 정도로 확대되었다. 호메이니 체제와의 관계를 개선하기 노력의 일환으로, 이슬람 시아파의 지도자로 신앙심이 뛰어난 인물에게 주어지는 아야톨라(ayatollah)라는 칭호를 부여 받은 호메이니는, 후에 국제연합의 공사가 된 앤드류 영에게 '성자와 같은 사람'으로 불렸다.

카터의 이런 식의 접근법은 문제 해결의 열쇠를 이란 열광주의자들의 손에 넘겨주는 결과를 가져왔다. 혼란은 거듭되었지만 대중들의 열광이 식어가자 이란 열광주의자들은 혁명을 급진적으로 이끌어 가기 위한 모종의 조치를 모색하고 있었다. 따라서 키신저와 록펠러의 압력 아래 석유와 은행에서 막대한 이익을 취하면서 미국에서 암치료를 받고 있던 이란 왕에 대한 송환 요구는 단순히 구실에 불과했다. 사건이 발생하고 444일이 경과하면서 신문과 텔레비전을 통해 인질들의 고통과 곤궁한 생활이 보도되자, 안으로 곪고 있던 사건이 완전히 밖으로 터지기 시작했다. 이제 이 문제는 카터의 대통령직 수행에 암적인 존재가 되고 있었다.

거의 모든 언론에 전면 보도되면서 명확히 드러난 인질의 상황은 곧 미국인 생활 전반을 지배하게 되었고, 카터는 이로 인하여 점점 초췌해져 갔다. 그는 인질문제를 개인적으로 해결하겠다는 강력한 의지를 표명했다. 아마도 인질들을 석방시키지 못한 데 대한 죄의식에 기인한 것이 아닌가 생각한다. 잠을 설치고 지칠 대로 지쳤으며, 인질들의 고통을 보면서 분노하는 대중들을 차마 마주할 수 없어서, 그는 백악관에서 거의 칩거 상태에 들어가 있었다. 이듬해 이란 왕은 암으로 죽었으나, 그의 죽음도 인질의 석방을 이끌어내지는 못했다. 미국에 이란 왕이 있다는 사실 자체가 인질을 억류하고 있을 구실을 주고 있었기 때문이다. 호전적인 이란의 폭도들이 인질을 억류하고 있는 한 '혁명 속의 혁명'을 요구하는 정화의 불길은 계속해서 타오를 것이었다.

카터는 어떻게 해서든 인질사건을 풀어내 그 여파를 최소화했어야 했지만 그렇게 하지 못했다. 이 사건을 풀어가는 지레 역할을 해줄 만한 것을 갖고 있지 못했기 때문이다. 어떤 비평가들은 이런 카터를 두고 연재만화 *Peanuts*의 주인공 찰리 브라운(Charlie Brown)에 비견하였다. 사람 좋은 찰리는 자신이 축구공을 차려 할 때 장난기로 가득찬 루시에게 자기 앞으로 공을 차도록 해주는데, 매번 루시는 공을 잽싸게 낚아채고 찰리는 그 튀어오르는 공 때문에 영락없이 엉덩방아를 찧고 만다. 비극적이지만 인질은 호전적인 폭도들에게는 완전한 찰리의 축구공과 같은 것이었다. 카터는 인질의 석방을 위해 계속 협상을 시도했지만 그를 얕잡아 본 이란의 폭도들은 끝까지 축구공을 마음대로 가지고 놀고 있었다.

이 인질 위기가 1980년의 대통령 선거에서 악재로 작용할 것을 염려한 카터는 드디어 인질을 구할 특공대에게 명령을 내렸다. 그러나 이 결정은 이내 악몽으로 변해 버렸다. 구원을 위한 특공대가 테헤란에 도착하기도 전에 먼지폭풍으로 인하여 출동한 헬리콥터가 충돌을 일으켰던 것이다. 한밤중에 먼지 이는 사막에서 헬리콥터가 충돌하여 8명의 미군이 사망하자 카터는 수치심 속에서 이 임무를 포기하지 않을 수 없었다. 지미 카터가 잡고 있던 한 가닥의 희망마저 이란 사막의 타오르는 화염 속에서 사라져 버렸다. 결국 이 인질문제는 로널드 레이건이 대통령으로 취임하는 시간이 되어서야 해결되었다.

지미 카터는 자신이 대통령을 지내면서 이루려 했던 높은 희망의 희생자라 할 수 있다. 일반 대중들의 기대는 터무니없이 높아져 있었고, 그 자신은 인간으로서 할 수 있는 그 이상의 일을 성취하고자 했다. 이와 동시에 변화와 개혁을 끌어낼 적절한 프로그램을 수행하고자 한 그의 노력도, 닉슨 추방후 계속 권한을 유지하려 한 의회와의 충돌로 한계에 부딪혀 빛이 바래고 말았다. 거기에다 카터는 당의 기본 질서가 붕괴된 이후 미국 정치에서 중요한 역할을 하면서 각각 정치적 · 사회적 요구를 들이대고 있던 새로 형성된 이익집단들의 갈등으로 괴로움을 당했다.

카터는 선하고 도덕적인 사람임이 분명하다. 대통령에서 물러난 이후의 그의 경력은 이를 더욱 확실하게 보여준다. 그러나 대통령으로서는 분명 실패한 사람이다. 백악관에 있는 4년 동안 그는 선한 의지와 목적을 가지고 있었지만, 실천을 통한 성과는 보잘것 없었다. 아웃사이더로 워싱턴에 입성한 그가 선거를 하면서 대적했고, 그러나 조화와 수용을 기해야 했던 이익집단과 제도에 적응하지 못했다. 그는 지적이고, 정직하고, 봉사를 생활화하는 인간이었다. 그러나 너무 독선적으로 자신의 도덕적 우월성을 믿었다. 그는 자신이 추진한 프로그램과 정책에 대해 근면과 성실한 태도로 임했다. 그러나 그런 것을 성취해 가는 데 유리하게 작용할 일반 국민들을 설득하고 교육하는 데는 실패했다. 무엇보다도 가장 중요한 것은, 카터가 자기 행정부의 임무나 미국이라는 나라의 목적을 알맞게 형성하여 지도하지 못한 대통령이었다는 사실이다.

이것은 성공한 대통령의 공식이 아니다.

윌리엄 태프트

William Taft

1909~1913
진보적 물결이 이는 혁신주의 시대에
보수주의를 고집한 시대착오적인 대통령

태프트가 최악의 대통령으로 선정된 이유

1 태프트는 시대착오적인 대통령이었다. 그는 뚱뚱하고, 활발하지 못하고, 행동이 굼뜨고, 서투르고, 더듬거리고, 우물쭈물하는 분위기를 늘 달고 다녔다. 그는 적절치 않은 시간대에 적절치 않은 장소에 있게 된 적절치 않은 인물이었다. 당시의 시대적 흐름은 혁신주의였다. 그러나 그는 보수주의자였다. 국가는 역동적인 대통령을 원하고 있었다. 그러나 그는 현상을 그대로 유지하고 자 하는 사람이었다.

백악관과 의회를 통제하는 당의 지도자로, 그것도 압도적인 대중의지지 속에서 대통령이 되었음에도 불구하고 자신의 통치와 국민의 인기를 쓸데없는 데다 소진해 버린 결과 불과 4년 후 재선에서 단지 2개 주에서만 간신히 선전을 한 사람이라면, 아마 누구라도 최악의 대통령 리스트에 오를 것이다.

2 태프트는 대통령으로서의 자질과 능력이 부족했다. 그는 **친구를 배반한** 인물이었다. 넓디 넓은 배에 비해 역동적인 상상력과 영감이 턱없이 부족했던 태프트는 의회의 지도자도 아니었고, 또 대중여론을 수렴해본 경험 있는 정치가도 아니었다. 그는 루즈벨트의 역동적인 대통령의 지휘봉을 서투른 솜씨로 넘겨받은 인물에 불과했다. 더 나쁜 것은 자신이 백악관에 입성하는 데 도움을 준 사람의 뒤통수를 쳐 배반하였고, 결국은 그로 인하여 다시 백악관에 서 퇴출당하게 되는 잘못을 저질렀다는 것이다. 태프트는 잘 하려고 노력을 했지만, 그러나 평범한 미국인들에게 호소하고 현안 문제를 극적으로 역동적으 로 강인하게 처리해 나간 루즈벨트 식의 능력이 부족했다.

3 태프트는 각종 현안 문제를 혼자 힘으로 해결해 의지도 배포도 갖고 있지 못했다. 루즈벨트와 달리 그는 어려운 문제에 부딪혀 그 해결책을 사람들이 받아들이도록 당근정책을 사용한다든가 혹은 적에게 압력을 가해

문제를 국민들에게 직접 가져가는 채찍정책을 쓰는 기술이 부족했다. 클린턴처럼 결정을 내리지 못한 채 이랬다저랬다 하는 그의 모습은 결국 사람들에게 그는 뚜렷한 신념이 없는 사람이라는 인상만 심어주었다. 그는 용기와 결단력이 부족한 우유부단한 지도자였다.

그는 적절치 않은 시간대에
적절치 않은 장소에 있게 된
적절치 않은 인물이었다.

1908년 1월 어느 저녁, 시어도어 루즈벨트 대통령은 사이 좋은 친구이자
전쟁장관인 윌리엄 태프트와 그의 아내 넬리(Nellie)를 백악관으로 초대했
다. 만찬후 대통령은 가죽의자에 등을 기대고 눈을 지그시 감았다. 황홀경에
빠져 있는 목소리로 기도문을 외우듯 그는 다음과 같은 말을 했다. "나는
일곱 번째 딸의 일곱 번째 아들로 태어났다. 나는 날카로운 천리안을 가지고
있다. 나는 내 앞에 서 있는 몸무게 350파운드의 한 사람을 보고 있다.
그 사람의 머리 위에 뭔가가 다가오고 있다. 나는 그것이 무엇인지 확인할
수가 없다. 그것은 가느다란 실에 매달려 있다. 어떤 때는 그것이 대통령처럼
보이고, 또 어떤 때는 대법원장처럼 보인다."

"대법원장이 되게 해주십시오" 태프트가 말했다.

"대통령이 되게 해주십시오" 야심적인 넬리가 말했다.[1]

대통령 임기를 2년 남겨 두고 시어도어 루즈벨트는 자신을 계승할 인물을
선정하는 문제로 많은 고민을 했다. 루즈벨트는 1901년 9월 당시 대통령
윌리엄 매킨리(William McKinley)가 암살당하자 그를 계승하여 대통령이
되었다. 매킨리의 잔여 임기 3년을 마치고 다시 대통령으로 출마하여 선거운
동을 하면서 시어도어는 1908년에는 재선을 위해 대통령 후보로 나서지

---

1) Russell, *The President Makers*, 87쪽.

않겠다고 공약했다. 그러면 그는 자신의 자리를 누구에게 넘겨주려고 했는가? 아마도 그가 우선적으로 꼽은 사람은 일라이휴 루트(Elihu Root)였을 것이다. 루트는 루즈벨트 대통령 초기에 전쟁장관으로 있다가 1905년에 국무장관으로 일하면서 루즈벨트를 훌륭하게 보좌한 인물이었다. 그러면 뉴욕 주지사 찰스 휴즈(Charles E. Hughes)는 어떠한가? 그는 최근에 보험산업 시장을 조사하여 국민으로부터 많은 주목을 받고 있는 사람이었다. 태프트는 어떠한가? 시어도어 루즈벨트와 태프트는 물론, 그리고 이 나라 사람 모두에게 불행하게도 넬리 태프트의 소망은 이루어졌다.

뚱뚱하고, 활발하지 못하고, 행동이 굼뜬 태프트는 서투르고, 더듬거리고, 우물쭈물하는 분위기를 늘 달고 다녔다. 그는 적절치 않은 시간대에 적절치 않은 장소에 있게 된 적절치 않은 인물이었다. 당시의 시대적 흐름은 혁신주의였다. 그러나 그는 보수주의자였다. 국가는 역동적인 대통령을 원하고 있었다. 그러나 그는 현 상태를 그대로 유지하고자 한 사람이었다. 백악관과 의회를 통제하는 당의 지도자로, 그것도 압도적인 대중의지지 속에서 대통령이 되었음에도 불구하고 자신의 통치와 국민의 인기를 쓸데없는 곳에다 소진해 버린 결과 불과 4년 후 재선에서 단지 2개 주에서만 간신히 선전을 한 사람이라면 아마도 그 누구든 최악의 대통령 리스트에 오를 것이다. 그러나 당시의 시대적 배경은 태프트의 무능과 부적절함을 가리는 베일이 되어주었다. 어떤 전문가들은 그가 붙임성 있고 연민의 정을 자아낼 정도로 정서적인 사람이었기 때문에 그에게 명예회복을 시켜주어야 한다고 하지만, 이는 그들의 변명에 불과할 뿐이다.

태프트는 성격이나 기질, 그리고 그가 가지고 있는 경력이나 교육 등을 고려할 때 대통령보다는 판사직이 훨씬 잘 어울렸다. 그는 자주 "나는 판사직이 좋다. 나는 법정에서 일하는 것을 좋아한다"고 말하곤 했다. "판사직은 나의 이상이다. 판사직은 장차 정의로운 하나님 앞에서 만나게 될 전형이 무엇인지 현세에서 규정해 주고 있다." 1921년에 태프트는 마침내 자신의 꿈을 실현했다. 당시 대통령 워렌 하딩이 그를 대법원장에 임명했던 것이다. 이로써 그는 대통령직과 대법원장직 둘 다를 지낸 유일한 인물이 되었다. 사실, 태프트는 정치를 몹시 싫어했다. 선거운동을 하면서 기쁘게 악수하는 유권자들이 그 자신에게는 힘든 고통이었다. 그는 "나는 정치를 좋아하지 않는다. 특히 내가 그것에 관여하고 있을 때는 더욱 그러하다"고 말했다.2)

넓디 넓은 배에 비해 역동적인 상상력과 영감이 너무나 부족했던 태프트는 의회의 지도자도 아니었고, 또 대중여론을 수렴해 본 적이 있는 경험 있는 정치가도 아니었다. 그는 루즈벨트의 역동적인 대통령의 지휘봉을 서투른 솜씨로 넘겨받은 인물에 불과했다. 더 나쁜 것은 그의 백악관 입성을 도운 사람을 배반하고, 결국은 그로 인하여 다시 백악관에서 퇴출당하는 잘못을 저질렀다는 점이다. 태프트는 잘 하려고 노력을 했지만, 그러나 평범한 미국인들에게 호소하고 현안 문제를 극적으로 처리해 가는 루즈벨트와 같은 능력이 부족했다. 그는 한 세력이 다른 세력을 완전히 무시하지 않고 정치권을 고루 배려하는 루즈벨트의 부지런하고 날래며, 다른 사람을 배려하는 염치와 예의범절이 없었다. 그는 공화당 내의 상호 적대적인 보수주의자와 혁신주의자의 두 세력을 자신의 지도력에 따르도록 만든 루즈벨트의 고압적이고 역동적이며 강인한 생명력도 발휘하지 못했다.

태프트의 거대한 몸집은 그의 스타일과 너무나 잘 어울렸다. 다이어트를 하건 하지 않건 평상시 약 300파운드에서 350파운드가 나간 태프트는 역대 대통령 가운데 가장 뚱뚱한 사람이었다. 그가 백악관의 욕조에 끼어 몸을 움직이지 못했다는 소문이 나돌았을 때 온 나라가 웃음바다가 되었다. 수소문 끝에 그는 거대한 크기의 욕조를 설치했다. 이 욕조는 길이가 7피트,

---

2) Anderson, *William Howard Taft*, 4쪽.

넓이가 41인치, 무게가 1톤이나 나갔다. 평균 체형을 가진 사람이라면 4명이 동시에 들어갈 수 있는 것이었다. 그는 골프광이었다. 백악관에 입성한 대통령으로서는 처음이었다. 그러나 너무나 뚱뚱한 나머지 허리를 굽힐 수 없었다. 그래서 늘 그의 공을 티에 올려놓아야 했고 그의 캐디가 그 일을 했다. 필리핀 총독으로 있을 때 그는 마닐라에서 몹시 아프고 난 뒤 전쟁장관 루트에게 전보를 보냈다. "오늘 오랫동안 말을 탔다. 많이 좋아졌다." 이에 루트는 비꼬는 투로 즉시 해답을 보냈다.

"말은, 어떠하냐?"[3]

저녁식사를 마치고 나면 태프트는 종종 이야기 중간에 그의 가슴께까지 머리를 떨어뜨린다. 곧바로 그는 10분 혹은 15분 정도 잠을 자고, 깨어나 아까 했던 이야기를 계속하곤 했다. 그는 교회에서도 늘 졸았다. 장례식에 참가하여 맨 앞 줄의 애도자들 사이에 앉아 졸고 있다가 보좌관이 슬쩍 찔러 깨운 적도 한두 번이 아니었다. 초상화를 그리는 동안 그는 서서도 잠을 잤다. 그는 내려야 할 중요한 결정에 대해서도 연기를 하거나 다른 사람을 시켜 결정을 내리게 했다. 정치가나 의회의 지도자, 그리고 매일 자신을 취재하는 기자들의 이름도 기억하지 못했다. 그는 약속은 하지만 자주 그것을 잊어버리곤 했다. 그것은 많은 사람들을 적으로 만드는 결과를 낳았다. 그는 책상 위에 쌓여 있는 종이 카드로 브리지 게임을 하기 좋아했다. 각종 연설문도 연설을 하기 바로 직전까지 준비되지 않은 경우가 허다했다. 대통령직을 지낸 후 그는 "나는 개인적인 안락과 편안함을 너무 좋아했기 때문에" 대통령으로서 더 많은 일을 하지 못했다고 고백했다.[4]

정치에 부적당한 인물이었음에도 불구하고 태프트는 조지 부시(George Bush)와 비슷하게 선거에 의해서보다 임명에 의해서 정치분야에서 주목할 만한 성장을 했다. 오하이오 주 대법원장에 출마한 것을 제외하면 태프트는

---

3) Boller, *President Anecdotes*, 215쪽.
4) Coletta, *The Presidency of William Howard Taft*, 2쪽.

대통령에 출마하기 전까지 단 한 번도 선거를 치른 적이 없었다. 늘 붙임성 있는 태도를 가진 그는 후에 "잘 교육받은 모든 오하이오 사람들과 같이 어떤 공직에서 물러나게 되면 곧바로 다른 공직이 나를 기다리고 있었다"고 말했다.[5] 그의 가족, 특히 아버지의 정치적 영향력을 배경으로 그는 판사, 행정관, 그리고 루즈벨트의 분쟁조정자로서 공직을 두루 거치며 경력을 쌓고 대통령의 자리에까지 오른 사람이었다.

여러 면에서 태프트와 조지 부시는 많이 닮았다. 둘 다 미국의 상류계층 출신으로 예일 대학을 졸업했다. 둘 다 영감이 부족한 평범한 지도자였고, 역시 둘 다 역동적인 생명력을 발휘한 지도자—시어도어 루즈벨트와 로널드 레이건—를 선임자로 두었다. 이들은 선거를 통하지 않는 공직 이외의 직책에서 성공을 거두었다 해도 이것이 대통령직의 성공적인 수행을 약속해 주는 보증수표가 되지 못한다는 사실을 증명해 주었다. 태프트나 부시나 둘 다 미국의 미래에 대한 비전을 제시하지 못했다. 말하자면 국가가 당면한 현안 문제를 해결하고 미래에 대한 비전을 제시하는 폭넓은 선견지명을 가지지 못했다. 또한 두 사람 다 공화당의 지지표를 분리시키는 역할을 하는 제3당의 후보자에게 덜미를 잡혀 재선에서 패배했다.

태프트는 임명직 공직을 지내면서 나름대로 어떤 기술과 개성을 습득했다. 비록 이것은 판사직이나 행정관직 등 한정된 세계에 적합한 것이기는 했지만, 나중에 선거를 통해 당선된 지도자로 일하는 데 자산이 되었다. 언론과 대중들로부터 모욕을 당했지만 이것으로 인하여 그는 결코 정치적 접촉을 통한 조화를 이끌어 낼 필요성이나 혹은 노련한 정치가들이 잘 사용하는 신경과민의 정치적 장치를 개발할 필요성이 있다고는 보지 않았다. 대통령직에서 그의 업적은 수수한 것이었다. 속달회사와 싸워서 속달우편제 도를 만들고, 은행업자들과 싸워 이긴 우체국예금제도를 만들었다. 또한

5) Burton, *William Howard Taft*, 11쪽.

노동부를 독립시켰고, 주식회사의 과도한 행위를 자제시키는 강력한 반(反)트러스트 운동을 전개하고 기업의 선거운동 기부금을 규제하는 법안을 만드는 등 루즈벨트보다 더 많은 반트러스트 운동을 전개했지만, 많은 것을 성취하지는 못했다. 루즈벨트는 대통령 초기에 기업의 트러스트에 대해 강력한 공격을 가하였는데, 독점에 대한 자신의 생각을 바꾼 후에는 트러스트 파괴자라기보다 그보다 약한 의미의 트러스트 규제자의 입장을 취했다. 또한 그는 미국의 자연자원을 보존하기 위해 노력한 전임자의 운동을 계속했고, 애리조나와 뉴멕시코를 주로 승격시켰다. 대외적으로 태프트는 달러외교를 권장하고 추진했다. 이는 유럽 강대국들의 침투를 막기 위해 라틴 아메리카 국가들에게 미국으로부터 차관을 얻도록 권장한 것으로, 미국의 군사적 간섭과 외교적 영향력을 확대시키고, 특히 카리브해 지역과 중앙 아메리카 지역에서 미국의 상업적 이익을 신장시키는 결과를 가져왔다.

억센 털이 핸들 모양으로 수북하게 난 콧수염을 가진 이 뚱뚱한 태프트에 대한 대중의 이미지는 언뜻 복잡하고 이해하기 어려운 개성을 가진 사람이었다. 그의 무기력한 모습과 행동에도 불구하고 태프트는 아주 체계적이고 잘 다듬어진 법률상의 합법적인 지성을 소유하고 있었다. 루즈벨트는 물론 태프트 대통령의 군사보좌관으로 일한 소령 계급의 아키 버트(Archie Butt)는 태프트에 대해 예리한 평가를 내리면서 "시어도어 루즈벨트는 언제인가 태프트에 대해 자신이 알고 있는 사람들 중 가장 이해하기 어려운 사람 중 한 명이라고 말했다. 나는 그 말이 사실이라는 것을 확인했다"고 말했다.6) 캔자스 주에서 기자로 활동하던 윌리엄 알렌 화이트(William Allen White)는 태프트야말로 껌벅거리는 그의 눈의 이면에서 '뱀과 같은 교활하고 음흉한 모습'을 가지고 거의 모든 미세한 것들을 감지해 내는 사람이라고 말했다.7)

---

6) Butt, *Taft and Roosevelt*, 21쪽.
7) *The Autobiography of William Allen White*, 425~426쪽.

그의 다양한 경력을 통해 그는 스스로를 재기가 뛰어나고 훌륭하지는 않지만 좋은 행정가로서 지적인 사람이라고 생각했다. 태프트와 루즈벨트는 1890년 이래로 좋은 친구 사이를 유지했다. 그때 태프트는 벤저민 해리슨 대통령 아래에서 법무차관으로 일하고 있었고, 루즈벨트는 미국 공무원위원회 위원장직을 맡고 있었다. 태프트는 대통령이 된 루즈벨트의 정책을 국내외를 막론하고 거의 무조건적으로 지지했다. 그칠 사이 없는 미소와 종종 거의 제어할 수 없을 정도의 폭소로 발전하는 그의 킬킬거리는 웃음은 그에게서 따뜻함과 신뢰를 자아내기도 했다. 루즈벨트가 언젠가 서부로 여행을 떠났을 때 그는 워싱턴에서는 모든 것이 잘 되고 있다고 하여 모든 사람을 안심시켰다. 루즈벨트는 태프트의 몸무게를 생각하면 여러 가지 즐거움이 생각난다고 하면서 "나는 사소한 일을 처리하도록 태프트를 워싱턴에 남겨 두었다"고 자신 있게 말했다.

루즈벨트는 태프트를 빈자리가 생겨나는 대법원 판사에 임명하려고 여러 차례에 걸쳐 제안하였다. 그때마다 태프트도 이 제안을 몹시 받아들이고 싶어했지만 뜻대로 되지 않았다. 아내 넬리와 태프트의 자금을 관리하고 있었던 이복 형 찰스 태프트(Charles P. Taft)는 태프트에게 가만히 있다가 1908년 대통령 선거를 노리라고 권고했다. 언제인가 친척 중 한 사람이 아홉 살 난 아들 찰리 태프트(Charlie Taft)에게 아버지가 대법원 판사가 되면 어떻겠느냐고 물었을 때 그 소년은 너무나 단호하게 말했다. "안 됩니다."

"왜 안 되는데?"

"어머니는 아버지가 기다렸다가 대통령이 되기를 원하십니다."[8]

만약 태프트가 다소 평범하고 덜 역동적인 전임자의 뒤를 이었다면 그의

---

8) Manners, *TR and Will*, 47쪽.

업적으로 보건대 아마도 평범한 미국 대통령의 범주에는 들어갈 수 있었을지 모른다. 그러나 시어도어 루즈벨트는 분명 뒤를 이어 따라하기가 힘든 인물이었다. 그는 푸에리토리코의 수도 산후안 언덕에서 부하들에게 명령을 내린 것처럼 자신이 생각한 새로운 개념을 가지고 백악관에 들어왔다. 그는 대통령에 대해서도 새로운 개념을 가지고 있었다. 즉, 보다 강력한 행정수반으로서의 역할을 제고시켰다. 남북전쟁 이후 수년 동안 대부분의 대통령들은 그 주도권을 의회에 빼앗긴 상태였다. 그러나 루즈벨트는 이 모든 상황을 바꾸어 놓았다. 그는 대통령을 지역적이고 경제적인 이익단체를 대변하고 경쟁하는 이익집단들 사이에서 중재를 하는 단순히 의회의 한 구성원이 아니라, 모든 국민의 보호자로서 로마시대의 호민관과 같은 존재가 되어야 한다고 보았다. 이에 대해 그를 두고 '행정부의 권력 강탈자'로 비난하는 목소리가 많았다.

맹렬한 역동성을 가지고 정치를 펴나간 루즈벨트는 국외 문제에 대해서는 '강권'(強勸, big stick)을 휘두르고, 국내 문제에 대해서는 '정정당당한 거래'를 약속했다. 최초의 환경 대통령이라 할 수 있는 루즈벨트는 미래 세대를 위해 국가의 자연자원을 보존케 했다. 그가 직접 석탄산업의 파업을 종결시켰고, 공화당을 정치기반으로 삼고 있었음에도 불구하고 기업의 트러스트에 강력히 도전했다. 그는 세계사적인 문제에서 중요한 역할을 한 미국 최초의 대통령으로 활동하면서 오랫동안 꿈꾸어 오던 파나마 운하의 건설을 시작했다. 그는 또한 거의 혼자 힘으로 러일전쟁의 평화적 종결을 중재한 포츠머스 조약을 성사시켜 노벨 평화상을 받았다. 그는 자서전에 "나는 이전에는 대통령에 의해 이루어지지 못한 많은 것을 이루게 했으며 이를 통해 대의를 실현하기 위해 노력했다. 나는 권력을 강탈하지 않았다. 그러나 나는 기꺼이 행정수반의 권력의 사용권을 확대시켰다. … 나는 우리 모든 국민들의 공동 복리를 위해 행동했다"고 쓰고 있다.[9)]

시어도어 루즈벨트가 대통령이 되면서 매번 이름을 바꾸어 주기적으로 이 나라를 휩쓸었던 십자군 정신이 부활하였다. 그 가장 최근 이름이라 할 혁신주의(progressivism)는 깨끗한 정부와 '직접 민주주의'를 강력히 주창했다. 그것은 거대기업과 정부 상호간에 맺어진 부정적인 관계를 공격 대상으로 삼았다. 이는 몇몇 기업이 산업생산과 분배를 합병하여 독점하는 트러스트로 나타난 현상이었다. 근본적으로 보수적인 성향을 가지고 보수적인 공화당을 기반으로 하고 있었지만 루즈벨트는 혁신주의의 산파이자 혁신주의의 아들이었다.

이러한 역동적인 대통령을 계승할 인물을 선택할 시간이 다가오자 루즈벨트는 백악관을 자신과 무관한 상태로 그냥 내버려두기가 몹시도 싫었다. 과거 루즈벨트만큼 대통령직을 화려하고 강력하게 행사한 대통령은 없었다. 50세의 나이로 루즈벨트는 여전히 젊고 역동적이었으며 그래서 그런 행동을 갈망하고 있었다. 루즈벨트가 한 친구에게 "나는 대통령으로서의 공식적인 임무에서 벗어났다고 해서 거기에 크게 구애받을 생각이 없다"라고 말했다.[10] 거기에다 그가 대통령직에 오래 있으면 있을수록 그는 정치적 정통파와의 관행에서 더욱 멀어져 갔고 그대로 간다면 국가적 차원에서 혁신주의운동을 더욱 적극적으로 전개해 나갈 것이었다. 만약 1904년에 1908년 대통령 선거에 나서지 않겠다는 약속(불행한 약속)을 하지 않았더라면, 그는 틀림없이 새로운 4년의 임기를 위해 노력했을 것이다.

루즈벨트의 본능과 행동에 비추어 보면, 그는 자신의 계승자로서 일라이휴 루트를 선택했어야 했다. 그러나 개혁적인 성격의 혁신주의 시대에 루트는 월스트리트에 너무 가까운 인물로 알려졌다. 그래서 루트는 시대정신에 적합지 않았다. 냉철한 성격의 소유자인 휴즈는 능력도 있고 혁신적이었지만 루즈벨트는 그를 독립적인 성향이 너무 강한 인물로 보았을 뿐

---

9) Roosevelt, *Autobiography*, 364~365쪽.
10) Miller, *Theodore Roosevelt*, 485쪽에서 재인용.

아니라, 실상 그를 좋아하지 않았다. 적어도 루즈벨트에게 충실한 태프트가 자신을 이어 자신의 프로그램을 지속시켜 줄 것처럼 보였다. 그리고 1908년 어느 저녁 태프트는 대통령의 축복을 받았다.

"우리, 태프트 쪽으로 방향을 돌리는 것이 좋을 것 같구먼." 루즈벨트가 보좌관들을 돌아보며 말했다.

대통령이 되는 것에 대해 태프트는 적극적이지도, 달가워하지도 않았다. 이에 비해 그의 아내를 비롯한 가족은 강한 의욕과 야망을 드러냈다. 이런 상황에 대해 루즈벨트는 그의 오랜 친구가 대통령직에 적합한 인물이 아니라는 점을 신속하게 깨달았어야 했다. 그러나 루즈벨트는 이런 불길한 징조를 무시했다. 루즈벨트는 태프트가 무엇에나 동조하고 윗사람에게 동조하는 예스맨으로 있으면서 루즈벨트의 지도방향에서 이탈하지 않는 한, 태프트야말로 자신이 쉽게 통제하고 마음대로 할 수 있는 사람이라고 생각했다. 따라서 자신이 백악관을 떠나더라도 자신의 권위와 권력을 계속 유지할 수 있으리라 믿어 의심치 않았다. 그 결과 루즈벨트는 태프트도 자신처럼 혁신주의의 옷을 입고 자유롭게 활동할 수 있을 것이라고 굳게 믿었고, 심지어 이 나라 국민들에게도 그런 확신을 부여했다.

비록 대통령직을 달갑게 여기지는 않았지만 우여곡절 끝에 대통령에 출마하게 된 태프트 역시 루즈벨트와 같은 생각을 했다. 태프트는 "나는 루즈벨트가 이끌고 나간 정책에 충심으로 동의하며 그와 같은 길을 갈 것이다"라고 선언했다.[11] 그러나 본능적으로, 정서적으로, 그리고 이념적으로 볼 때 태프트는 자신에게 은혜를 베푼 전임자보다 훨씬 보수적이었다. 그래서 그는 그의 전임자와 또 다른 대통령직에 대한 철학을 신봉했다. 법률의 글자 한 자 한 자의 뜻에 구애받는 경향이 심한 율법주의를 강하게

---

11) *Ibid.*, 486쪽.

신봉한 태프트는 전임자 루즈벨트가 개혁이라는 이름으로 너무 많이, 너무 빨리 헌법의 한계점을 넘어섰다고 믿었다. 그 때문에 루즈벨트가 공화당 보수주의자들의 이탈을 불러왔다고 보았다.

태프트를 대통령 후보로 확정하는 과정에서 루즈벨트는 자신의 역할을 너무나 잘해 냈다. 그는 공화당 전당대회가 열리기 전에 이미 태프트가 563명의 대의원을 확보하여 유리한 고지를 선점할 수 있도록 연방정부의 각종 후원을 비롯하여 대통령의 권한을 이용했다. 그 덕택에 태프트는 공화당 대통령 후보로 지명받기 위해 491명만 획득하면 되었다. 그러나 루즈벨트가 마음먹은 대로 일을 추진시켜 나가는 데는 한 가지 위험요소가 도사리고 있었다. 비록 공화당의 대표들과 대의원들이 태프트의 기장을 걸치고 헛간 모양의 시카고 대경기장으로 모여들었지만 그들의 마음과 애정은 루즈벨트에게로 향해 있었다. 따라서 그들은 기회를 봐서 루즈벨트를 설득하여 그를 다시 후보로 지명하고 싶어했다. 시어도어 루즈벨트의 솔직하기 그지없는 딸인 앨리스 루즈벨트 롱워스(Alice Roosevelt Longworth)는 당시 전당대회에 참가하여 '마음속 깊이' 아버지가 다시 후보로 지명받는 결과가 나오기를 간절히 소망하였다.[12]

사실, 그녀는 딸이니까 그런 소망을 품을 수도 있다. 문제는 딸만이 아니라는 데 있었다. 공화당의 핵심인물로 의장을 맡고 있던 헨리 캐봇 로지(Henry Cabot Lodge)는 대통령의 이름을 말하여 군중들로부터 환호와 함께 벽력같은 박수를 끌어냈다. 이때 관람석에 있던 누군가가 큰 소리로 외쳤다. "4년, 4년만 더 하시오!" 이 소리는 곧 환호가 되어 관람석에서 장중으로 퍼져나갔다. "4년, 4년만 더 하시오!" 전당대회에 참가한 어떤 대의원들은 루즈벨트의 사진과 테디 비어(teddy bear : 시어도어 루즈벨트가 새끼 곰을 살려주는 만화에서 힌트를 얻어 만든 봉제 장난감 곰) 인형을

---

12) Longworth, *Crowded Uours*, 145쪽.

높이 들고 대회장 전체를 행진하면서 돌아다녔다. 당황한 태프트의 지지자들은 밴드에게 「미국 국가」의 연주를 지시했지만 군중들의 루즈벨트에 대한 환호를 잠재우지는 못했다.

워싱턴으로 돌아온 루즈벨트는 백악관 집무실에 앉아 전화기를 귀에 밀착시키고, 이빨을 드러낸 웃음을 지으며 무려 49분에 걸쳐 통화를 했다. 전쟁부와 통화한 것인데, 이곳에는 태프트와 그의 아내가 절차가 어떻게 진행될지 초조하게 기다리고 있었다. 공화당의 시위가 계속되자 넬리는 입술이 바싹바싹 타 들어가는 긴장된 순간을 보내고 있었다. 그러나 그녀는 루즈벨트가 다시 지명받을 생각이 없다는 것을 확신했다. 그리고 루즈벨트의 최종 의도가 나왔다. 로지가 루즈벨트가 다시 지명받기를 거절한 것은 "최종적이고 취소할 수 없는 것이다"라고 선언함으로써 태프트를 지지하는 공화당원들은 환호를 했다.

태프트의 지명이 있고 난 다음 날 공화당원의 시위가 있었지만 별 다른 영향을 미치지 못했다. 넬리는 남편의 집무실 회전의자에 앉아 잘 꾸며진 책상 가장자리를 힘있게 잡으면서 말했다. "나는 이 시위가 49분보다 더 오래 지속되었으면 해요. 루즈벨트에 대한 환호는 어제는 두려움이었지만 이제는 다르죠." 냉혹하고 단호한 어투였다.

"오, 내 사랑." 태프트는 암탉이 수탉을 부르면서 내는 소리로 말을 했다. "오, 내 사랑."[13]

태프트의 지지자들이 최대한 애를 썼음에도 불구하고 그에 대한 환호는 20분도 채 되지 않아 그쳤다. 그래도 태프트는 1차 대통령 후보자 결정투표에서 1908년 공화당 대통령 후보로 지명되었다. 태프트가 승리했다는 소식이 날아들었을 때 루즈벨트는 테니스를 치고 있었다. 그는 "잘 되었군!" 하고 외쳤다.

---

13) Manners, *TR and Will*, 53쪽.

루즈벨트는 태프트에게 대통령직을 인계하고 난 후 백악관을 지배할 것이라는 이야기를 잠재우기 위해 자신의 임기가 끝나자마자 아프리카로 대규모 사냥을 떠날 것이며, 유럽의 환영행사에 참가할 것이라고 발표했다. 그러는 동안 태프트는 열성과 활력이 부족했지만 전국을 돌아다니면서 선거운동을 했다. 한 편집자는 그의 선거운동을 두고 '무풍(無風)과 평온이 가득한'이라는 형용사를 사용하였다. 거의 모든 부분에서 태프트는 루즈벨트의 업적을 뒷받침했고 그의 대리인으로 행동했다. 판사직을 제외한 그 어떤 공직에도 선거를 통해 들어가 본 적이 없던 태프트는 이러한 선거운동을 일시적인 고난으로 여겼다. 그는 아첨하는 말과 호기심을 가지고 꼬치꼬치 캐묻는 행위와 모든 종류의 비판을 몹시 싫어했다. 그는 연설하기를 싫어했다. 때때로 주어진 시간이 짧은데도 불구하고 중요한 연설의 대부분은 톤 낮은 목소리에 단조롭고 장황하게 이어졌다. 한 번은 태프트의 이런 연설을 듣고 있던 앨리스 롱워스가 그만 참지 못하고 웃음보를 터뜨렸는데, 그 바람에 맹장수술을 받고 봉합한 실이 터지는 일이 일어났다.

루즈벨트는 선거운동에 참석하지 않는다는 관습에 따라 태프트를 위한 선거운동 현장에는 모습을 드러내지 않았지만 그렇다고 그저 방관만 하고 있을 수는 없었다. 그는 태프트에게 민주당이 세 번씩이나 대통령 후보로 지명한 고결한 남자(Galahad) 윌리엄 제닝스 브라이언(Willam J. Bryan)의 선거운동에 적극적으로 대처하게 했다. 루즈벨트는 태프트에게 여러 통의 공개편지를 보냈고 친절한 충고를 아끼지 않았다. 이 친구야, 용감하게 일을 하고 결정타를 가하라구! 종교처럼 다루기 까다로운 문제는 언급하지 말고 피하라구! 법원 판결은 인용하지 말도록. 자네가 골프를 치고 있는 사진은 공개하지 말게. 보다 많은 유권자들이 자네를 볼 수 있도록 집보다는 호텔에서 생활하게. 무엇보다도 태프트 자네는 관대하고, 너그럽고, 고결하게 보이도록 항상 웃음을 띄우도록 하게 등등.

태프트에 대한 이러한 루즈벨트의 관심과 배려는 너무 지나친 것이었다. 사실을 말하자면 그는 이러한 관심과 배려를 받을 만한 가치가 없는 사람이었다. 루즈벨트의 막강한 지원 아래 태프트는 일반투표는 물론 선거인단 투표에서도 브라이언을 압도적인 표차로 물리쳤다. 기쁨에 넘친 태프트는 신시내티에 있는 그의 동생 찰리 태프트의 집에 모여든 군중들에게 그의 행정부는 '시어도어 루즈벨트 행정부의 훌륭한 계승자'가 될 것이라고 말했다. 그러나 대통령 선거와 태프트의 취임식이 있던 1909년 3월 4일 동안 두 사람 사이에는 찬 바람이 불기 시작했다.

두 사람 간의 불화는 선거후 태프트가 루즈벨트에게 보낸 편지에서 처음 불거졌다. 태프트는 편지에서 승리의 공적이 루즈벨트뿐 아니라 그의 형제에게도 있다고 썼다. 이 편지를 받아든 루즈벨트가 흥분한 것은 물론이다. 대통령이 된 것에 대한 논공행상을 하는데 루즈벨트가 염두에 두고 있던 사람들과 찰리 태프트를 같은 반열에 둔다는 것은 루즈벨트에게는 전혀 예상 밖의 일이었다. 신문기자들 역시 태프트의 가족, 특히 넬리는 '사랑하는 윌'(dear Will)은 누구의 신세도 지지 않는 자신만의 백악관을 가져야 하기 때문에 루즈벨트에게 크게 빚지고 있지 않는 것으로 생각한다는 말을 보도했다. 거기에다 선거 전에 태프트는 루즈벨트에게 내각에 남기를 원하는 루즈벨트 행정부의 내각 요인들에 대해서는 그대로 유지시킬 생각이라고 했었다. 이에 4명이 태프트 행정부에서 계속 일하고 싶다는 뜻을 전했지만, 선거가 끝나자 태프트는 이들이 자신보다는 루즈벨트에게 더 충성할 것이라 판단하고 자기 사람들을 그 자리에 앉혔다. 루즈벨트는 분노했다.

대통령 임기 마지막 날 루즈벨트는 태프트에 대한 당장이라도 폭발할 것 같은 의심과 노여움을 당시 최고의 저널리스트인 마크 설리번(Mark Sullivan)에게 전했다. 루즈벨트는 "태프트는 대통령직을 잘 할 작정이며, 그는 최선을 다할 것이다. 그러나 그는 너무 약하다. 그래서 곧 그의 형제들이 그를 마음대로 휘두를 것이다"라고 말했다. 이어 설리번의 어깨를 가볍게 어루만지며 말을 이었다. "말하자면 그들은 태프트의 의지와 노력과는 반대방향으로 나갈 것이다."14)

만약 출생 배경이 어떤 한 사람을 대통령으로 만들어주는 조건으로 작용할 수 있다면 윌리엄 하워드 태프트는 축복을 받으며 행운 가득한 출발을 한 것임에 틀림없다. 오하이오 신시내티의 최고 변호사이자 판사로, 또 스캔들과 독직사건으로 점철된 그랜트 대통령의 두 번째 임기 동안에 정직한 전쟁장관으로 그리고 법무장관으로, 뿐만 아니라 후에 오스트리아·헝가리 제국과 러시아 제국의 미국대사로도 일한 알폰소 태프트(Alphonso Taft)의 아들로 태어난 윌리엄 태프트는 성공을 약속받은 확실한 사회·경제적

---

14) Sullivan, *Our Times* vol. 4, 331~332쪽.

배경을 갖고 있었다.[15] 아버지 알폰소 태프트는 예일 대학 법학부를 1등으로 졸업한 뉴잉글랜드 인이었다. 졸업후 곧바로 오하이오에 와서 살면서 변호사로, 정치가로 성공을 거두었다. 3명의 아이를 두고 첫 부인이 사망한 후 그는 보스턴의 상인의 딸로 그보다 17세 연하인 루이스 마리아 토리(Louis Maria Torrey)와 결혼했다. 그들 사이에서 태어난 다섯 아이들 중 장남 윌리엄 하워드 태프트는 1857년 9월 15일에 태어났다.

어려서부터 포동포동하게 살이 오른 윌리엄은 순진하고 결이 고운 소년으로 자라났다. 아버지 알폰소는 엄격했고, 신중했으며, 자신의 감정을 잘 드러내지 않는 사람이었다. 그러나 윌리엄은 사랑과 애정이 넘치고 부유한 환경과 안정된 생활조건에서 행복한 어린 시절을 보냈다. 자식교육에 엄격했던 아버지는 아이들에게 스스로 성숙하고 뛰어난 사람이 되도록 노력할 것을 요구했다. 한때 아들 윌리엄이 전교에서 15등을 했을 때 아버지는 단호한 목소리로 "평범한 것은 안 된다, 윌" 하고 꾸중을 했다. 윌리엄의 어머니는 강한 의지의 소유자이자 매우 유능했다. 윌리엄은 언젠가 자신의 어머니가 한 철도회사의 회장직을 훌륭하게 수행해 내는 것을 보았다. 후에 어머니 루이스는 자신의 아들이 정치와는 너무나 어울리지 않는다는 말을 하면서 윌리엄의 정치입문을 여러 차례 반대했다. 1907년 죽기 전에 그녀는 자기 아들보다 일라이휴 루트가 루즈벨트의 계승자로는 더욱 적합하다고 공개적으로 밝혔다.

동부의 부유한 보통 가정과는 달리 태프트의 부모는 자기 자식들을 공립학교에 보냈다. 윌리엄은 착한 학생이었다. 성적은 늘 상위권에 속하거나 상위권에 가까웠다. 우드워드 고등학교(Woodward High School)에 입학할 당시 그의 키는 이미 6피트 2인치를 넘어서고 있었다. 교과과정은 그리스어, 라틴어, 수학, 역사, 그리고 문학 등을 반드시 이수해야 했다. 태프트는

---

15) 태프트의 어린 시절에 대한 설명은 Pringle, *The Life and Times of William Howard Taft* vol. I 에 잘 묘사되어 있다.

이 모든 과목에서 우수한 능력을 보이며 동기 졸업생들 중에 2위를 차지했다. 그리고 아버지와 배다른 형제들의 뒤를 이어 1874년 예일 대학에 입학했다.

태프트는 담배는 피우지 않았고 종종 맥주와 포도주를 많이 마시기는 했지만 예일에서도 잘 적응했고, 놀기 좋아했으며, 동료 학생들에게 인기가 있었다. 덩치에 비해 발걸음은 가벼웠고 춤도 아주 잘 추었다. 그는 교내 레슬링 대회 신입생 대표로 나가 승리를 하기도 했다. 상급학년이 되어서는 수학과 대중연설 분야에서 우수상을 받기도 했고, 예일에서 궁극적인 성공을 상징하는 두개골과 대퇴골(Skull and Bones)로 가볍게 두드림도 받았다. 태프트는 미국의 사회적 진화론의 옹호자인 윌리엄 섬너(William G. Sumner)를 자신에게 가장 큰 영향을 미친 스승으로 꼽았다. 그는 동료학생 132명 중 차석으로 졸업했고, 이어 성적이 우수한 미국 대학생과 졸업생들로 조직된 단체인 파이 베타 카파 클럽(Phi Beta Kappa)에 가입했다. 그의 부모는 그가 1등을 하지 못한 데 실망감을 감추지 않았다.

태프트의 아버지와 할아버지는 둘 다 변호사이자 판사였다. 따라서 그에게 있어 법률쪽 일은 극히 친숙하고 자연스러운 것이었다. 1878년 뉴 해븐에서 집으로 돌아온 후 신시내티 대학 법학부에 등록한 그는 아버지의 법률사무실에서 법학을 공부했다. 동시에 신문사 *Cincinnati Commercial* 소속의 파트타임 기자로서 법원의 여러 사건을 취재하는 일을 했다. 이때의 경험을 통해 그는 실제로 법이 어떻게 적용되는지 그 사례들을 볼 수 있었다. 1880년 23세 나던 되던 해에 태프트는 변호사 시험에 합격했다. *Cincinnati Commercial*에서 전일제 직원으로 일하려 한 시도가 무산된 후 그는 집안의 영향력을 등에 업고 해밀턴 카운티의 부검사직을 얻었다. 여기에서 그는 성실하고 양심적으로 일을 해나갔다. 역시 이 해에 처음으로 대중연설을 하는 경험을 했는데, 당시 공화당 대통령 후보인 제임스 가필드(James A. Garfield)를 위한 연설이었다.

2년 후 그는 오하이오 주 제1선거구에서 활동하는 내국세 수입 징수관으로 임명되었다. 그러나 정치적인 이유로 노동자들을 해고시키는 것에 반대한 후 직책을 사퇴하고 아버지와 오랜 친분관계가 있는 동료와 변호사 동업을 시작했다. 해밀턴 카운티의 부검사직 임기를 끝내고, 그는 변호사 일을 통해 경제적으로 충분한 안정도 얻고 경험도 많이 쌓았다. 이런 활동 속에서 그는 어느덧 그 지역의 능력 있는 사교가로 활동할 수 있게 되었다. 아버지의 뛰어난 명성과 자신의 능력 덕분에 수월하게 이루어진 성공에 약간 싫증을 느낀 그는 거의 모든 분야를 기웃거렸고, 그 결과 그런 분야에서 들어오는 초대를 거절할 수 없었다.

1886년 태프트는 모든 사람이 넬리(Nellie)라고 부르는 예쁘고 의지력 강한 젊은 여성 헬렌 헤론(Helen Herron)과 결혼하였다. 이들 부부는 결혼식을 올리기 전 여러 해 동안 연애를 했다. 태프트의 나이는 28세고, 넬리의 나이 25세였다. 넬리의 아버지는 러더퍼드 헤이스(Rutherford B. Hayes) 대통령의 법률 파트너였다. 헤이스 대통령 가족의 초청을 받아 백악관을 방문하여 잠시 머문 경험이 있는 넬리는 언젠가 백악관의 안주인이 되겠다는 꿈을 꾸었다. 여덟 명의 아이들 중 첫째인 넬리는 혼자 힘으로 살림을 꾸려 가야 했고, 그 때문에 일찍부터 강한 독립심뿐 아니라 자신과 자신이 사랑하는 것에 대해 무모할 정도의 집착과 야망을 길렀다. 그녀는 많은 면에서 그녀의 시어머니를 상당히 닮았다. 결혼을 하고 그녀는 남편에게 자극제와 같았다. 남편을 격려해서 대통령이 되도록 밀어준, 아니 추진한 여인이었다. 3명의 자식을 둔 그들의 결혼생활은 안정되고 행복했다. 태프트의 장남인 로버트 알폰소 태프트(Robert Alphonso Taft, 1889~1953)는 오하이오 주 연방 상원의원에 세 번이나 당선되었다. 공화당 보수파의 지도자였던 그는 1952년 공화당 대통령 후보 지명전에서 드와이트 아이젠하워(Dwight D. Eisenhower)에게 패배했다.

3개월에 걸친 유럽 신혼여행을 마친 후 미국으로 돌아온 태프트는 오하이오 주 대법원 판사의 잔여 임기를 채우도록 임명되었다. 이 임명에 너무나 기쁜 나머지 그는 "탄탄대로의 길을 가는 자신의 인생에서 뜻깊은 하나의 영광스러운 명예"라고 보았다. 그로부터 18개월 후 그는 5년 임기의 오하이오 주 대법원 판사에 선출되었다. 판사 태프트는 재기가 뛰어나다기보다는 철저한 쪽이었다. 그러나 재판에 임해서는 다양한 선례를 이용하여 판결을 내릴 때 자신의 박학다식함을 연출해 보였다. 이미 오래 전부터 그는 연방 대법원 판사직에 눈독을 들이고 있었다. 그러나 1890년에 당시 대통령 벤저민 해리슨이 그를 법무차관에 임명했다. 태프트는 판사직을 떠나는 것에 대해 다소 망설임을 보였으나, 이 임명이 보다 높은 사법부 직책으로 옮겨가기 위한 디딤돌이 되리라 확신하고 이를 받아들였다.

법무차관으로 일하면서부터 태프트는 이 일을 예전과 같이 편안한 마음으로 이끌어 가지 못했다. 그도 그럴 것이, 연방 대법원으로 넘어온 사건들이 대부분 그에게 정부편을 들도록 요구했던 것이다. 이 일을 하면서 그는 연방법에 대한 자신의 지식이 충분하지 못하다는 점을 느꼈다. 그래서 그런지 몰라도 어쨌든 그의 논법은 법의 정의를 실현하는 데 있어 실패를 거듭했다. 그는 "지금은 제가 연방법의 모든 조항을 상세하게 읽어야 할 시간인 것 같습니다. 이를 위해서는 상당한 시간이 필요할 것 같아요. 점심도 먹어야 하고, 증거를 읽고 파악하는 데 관심을 집중해야 할 것입니다"라고 아버지에게 우울한 기분으로 편지를 썼다.[16]

태프트가 워싱턴에서 일을 시작한 지 오래지 않아 시어도어 루즈벨트를 만났다. 당시 루즈벨트는 공무원위원회 위원으로 일했는데 그것은 주로 행정부 내부 인사의 억울한 상황을 처리하는 것으로 인사를 둘러싼 악과 부패를 근절하는 일이었다. 비록 개성 면에서는 완전히 달랐지만—루즈벨트

---

16) Manners, *TR and Will*, 32쪽.

는 지나치게 활동적이고 도전적인 데 비해 태프트는 차분하고 수용적이다—두 사람은 확고한 친구 사이로 발전했다. 워싱턴에서 그들 각자의 집과 사무실은 멀리 떨어져 있지 않았다. 그들은 자주 걸어서 일을 나갔고 함께 점심을 먹었다. 루즈벨트는 두 가지 길 사이에서 무엇을 택할지 정하지 못한 채 붕 떠 있었고, 그가 앞으로 무엇을 원하고 있는지 확신하지 못했다. 그러나 태프트는 자신이 무엇을 원하는지 정확히 알고 있었다. 바로 대법원 판사인데, 이왕이면 대법원장이 되고 싶었다.

1891년 미국 의회는 연방법원에서 해결되지 않은 채 적체되어 있는 여러 소송사건을 해결하기 위한 조치로 새로운 항소재판소를 설치하고 9명의 판사를 두었다. 태프트는 여기에 한 자리를 얻기 위해 노력했다. 다음 해에 법무차관 태프트는 제6 순회 재판소 판사로 임명되었다. 그는 "이 일은 대법원으로 가는 과정에 있는 직책이라고 봅니다. 그래서 이 직책이 좋아요." 하고 아버지에게 편지를 썼다. 그러나 넬리는 남편이 행정부에서 사법부로 옮겨가는 것을 전혀 탐탁스러워하지 않았다. 그녀는 "여보! 만약 당신이 야망을 품고 있다면, 이 일은 당신이 더 높은 자리로 올라갈 모든 기회를 차버리는 일이 될 거예요"라며 불편한 심기를 드러냈다.[17]

그러나 그 후 8년 동안 태프트는 순회 재판소 판사로 매우 행복한 시절을 보냈다. 이때 그는 사법부의 의무에 더하여 신시내티 대학 법학부의 교수와 학장으로도 일했다. 그는 여기에서 더 많은 공부를 했고, 학장으로 있으면서 법을 가르치는 데 사례연구제도를 도입했다. 해가 지남에 따라 판사로서의 그의 신분은 더욱 높아졌다. 그는 법률가들 사이에 법에 대해 공정하고 엄격한 해석을 내리는 인물로 정평을 얻었다.

1896년 윌리엄 매킨리가 대통령에 당선된 후 태프트는 자신의 오하이오 친구인 대통령에게 시어도어 루즈벨트를 해군차관에 임명하도록 로비를

---

17) Russell, President Makers, 91쪽.

하였다. 이 제안을 매킨리는 별로 달갑게 여기지 않았다. 그러나 대통령은 "월, 진정으로 원한다면…, 루즈벨트는 항상 이 직책을 마음 속으로 원하고 있었던 던 같네"라고 말했다.18) 결국 매킨리는 태프트의 로비에 손을 들고 루즈벨트를 해군차관에 임명했다. 해군차관에 임명된 루즈벨트는 1898년 스페인과의 전쟁에서 해군력이 힘을 발휘하는 데 주도적인 역할을 수행했다. 이 '영광스러운 작은 전쟁'(splendid little war)의 예기치 않은 부산물로 미국은 필리핀을 획득하였다. 때문에 미국은 독립을 원하는 필리핀인들과 혹독한 게릴라전을 치러야 했다. 태프트에게 이 부산물은, 그를 사법부의 회랑을 떠나 보다 넓은 정치와 권력의 세계에 발을 들여놓게 하는 계기가 되었다.

1900년에 매킨리 대통령은 태프트를 필리핀으로 파견했다. 태프트는 처음에는 필리핀의 시민정부를 세우는 책임자로 파견되었지만, 나중에는 총독에 임명되었다. 이 인사조치를 태프트는 마지못해 받아들였다. 왜냐하면 그는 미국의 해외영토 확장에 반대했기 때문이다. 그러나 신시내티에서 지루한 생활을 하고 있던 넬리가 이를 받아들이도록 종용했다. 매킨리 역시 그에게 필리핀에서 임무를 완수하는 즉시 대법원 판사직을 주겠로라고 약속했다. 마닐라에서 태프트는 필리핀인들에 대한 군의 거칠고 엄한 취급을 둘러싸고 군사령관인 아더 맥아더(Arthur MacArthur : 더글라스 맥아더 장군의 아버지) 장군과 자주 갈등을 빚었다. 태프트는 미국인들은 필리핀인들을 '작은 갈색 형제들'(little brown brothers)로서 배려해야 한다고 주장했다. 필리핀 반란자들을 진압하는 야만행위에 가담한 군인들은 태프트의 이러한 배려를 보면서 다음과 같은 문구를 떠올렸다.

그는 분명 빅 빌 태프트의 형제일 것이다.
그렇다면 그는 역시 나의 친구도 되지 않겠는가.

---

18) Coletta, *Presidency of William Howard Taft*, 4쪽.

얼마 지나지 않아 태프트는 필리핀이 독립하려면 아직 몇 십 년은 더 기다려야 할 것이라고 확신했다. 그렇지만 그는 필리핀 사회의 부패를 척결하고, 필리핀인들의 건강 상태를 향상시켰으며, 학교를 설립했고, 항구와 도로 등 사회간접시설을 마련했다. 뿐만 아니라 그는 여러 협상을 통해 가톨릭 교회 소속의 땅을 소농민들에게 양도하도록 했다. 필리핀인에 대한 그의 이러한 헌신적 노력은 그를 돋보이게 했다. 텐트같이 생긴 흰옷을 걸친 비대한 친구는 이제 이 섬에서 너무나 친근감 가고 신뢰 받는 인물이 되었다. 그러던 중 그는 매킨리를 이어 대통령직을 승계하게 된 루즈벨트로부터 그토록 소원하던 대법원 판사직 자리를 두 차례씩이나 제의받았다. 이때는 필리핀에서 자신의 개혁 프로그램을 완수하고 싶다며 제의를 정중히 거절했다. 그러나 1904년 마침내 루즈벨트가 그를 전쟁장관직에 임명했을 때는 이를 받아들였다. 사실 당시 그는 아메바 이질에 걸려 건강이 좋지 않았고, 필리핀의 일도 전쟁부가 맡아 그의 책임 하에 처리하고 있었다. 이제 넬리는 워싱턴으로 다시 돌아올 수 있게 되었다.

그 후 4년 동안 태프트는 전쟁장관으로서뿐 아니라 루즈벨트의 모든 사소한 일을 처리하는 사람으로 일했다. 그는 파나마 운하 건설을 감독했으며 개인적으로 이 사업을 면밀히 점검했다. 일본에 파견되어서는 일본이 미국의 필리핀 지배를 약속하는 조건으로 미국은 일본에게 한국에 대한 종주권을 인정한다는 조약을 체결했다. 태프트는 또한 일라이휴 루트가 국무장관에 새로 임명되기까지 병을 앓고 있던 존 헤이(John Hay)의 국무장관직을 대신했다. 그러면서 넬리와 찰리 태프트의 강력한 권고로 대법원 판사에 임명하고자 하는 루즈벨트의 제안을 무려 세 번이나 거절했다. 그들은 대법원이 아니라 백악관에 눈독을 들이고 있었던 것이다.

1909년 3월 4일 취임식 아침, 깨어나 보니 워싱턴은 근래 수년 동안 가장 혹독한 눈보라에 휩싸여 있었다. 취임식 바로 직전에 그는 "내가 대통령이 될 때는 날씨가 추울 것이라고 늘 말해 왔지"라고 루즈벨트에게 농담조로 말했다.[19] 대통령이 자동차―대통령이 취임식에 가기 위해 자동차를 이용한 최초의 사례―를 타고 깨끗이 청소된 펜실베이니아 거리를 올라올 때 열의와 애당심에 가득찬 소수의 군중만이 새 대통령을 환호하기 위해 모여들었다. 그는 대통령으로서의 맹세를 의사당 현관이 아니라 복잡한 연방상원의 회관에서 치렀다. 취임식이 끝나고 백악관으로 돌아오자마자 이 새 대통령은 안락의자에 자신의 육중한 몸을 던져 버렸다. 두 다리를 쭉 뻗으면서 "나는 이제 대통령이다. 그동안 너무 다른 일을 많이 해서 지쳐 있다"고 말했다.

역대의 그 어떤 대통령도 태프트보다 더 많은 호의 속에서 대통령이 된 사람은 없다. 그는 사실 정계에서는 보기 드문 인물이었다. 그는 모든 사람을 인정하고 받아들이는 지도자처럼 보였다. 개혁적 혁신주의자들은 루즈벨트가 정선한 계승자인 태프트를 혁신주의자 중 한 사람이라고 믿어 의심치 않았다. 그 반면 어쨌건 '미친 메시아'(mad messiah)를 제거한 기쁨에 넘쳐 있던 보수주의자들은 태프트를 자유방임주의를 수호하는 확실한 투사이자 무모하지 않고 헌법의 절차를 꼼꼼히 따르는 사람으로 보았다.

그의 뛰어난 가망성에도 불구하고 태프트는 자신의 새로운 직책에 적응하는 데 많은 어려움이 있었다. 취임식이 있고 며칠 지나지 않아 한 친구가 태프트에게 대통령이 된 것이 얼마나 좋으냐고 물었을 때 그는 잘 모르겠다고 대답했다. "나는 누군가 '대통령 각하'라고 부르면 주위를 돌아보면서 루즈벨트를 찾곤 한다"고 말했다. 그는 자주 루즈벨트를 '대통령'이라고 불렀다. 넬리는 이런 태프트에 대해 무척 화를 내면서 루즈벨트는 '전직 대통령'으로 불러야 한다고 따끔하게 지적하곤 했다. 이에 태프트는 "하지만

---

19) Manners, *TR and Will*, 17쪽.

여보, 나는 내가 하는 것을 잘 헤아리고 있어. 나에게 있어 그는 늘 대통령이야. 나는 루즈벨트에게서 대통령 외의 다른 것은 생각할 수 없거든"이라고 말했다. 그리고 그는 루즈벨트에게 "당신이 지금까지 대통령으로 해 왔던 상황을 고려하지 않는다면 나는 대통령으로서 아무것도 할 수 없다"고 말했다.[20]

전임자에 대한 세심한 배려가 부족했던 태프트는 실수를 거듭하며 정치적으로 마음 놓을 수 없는 마치 표사(漂砂) 상태가 되었다. 1908년 공화당 강령 중 하나의 핵심은 1897년에 만들어진 고율 관세를 인하하는 것으로 이해되고 있었던 관세법의 개정 문제였다. 루즈벨트는 관세법을 서투르게 수선하는 행위는 가능한 한 피했다. 왜냐하면 그는 관세법을 개정하는 행위가 고율의 보호관세를 지지하는 보수주의자와 고율관세를 트러스트와 독점의 모체라고 여기는 혁신주의자들 사이의 갈등을 증폭시켜 공화당을 분열시킬 수 있는 화약고와도 같은 문제임을 잘 알고 있었기 때문이다. 그러나 관세개혁을 오랫동안 생각해 왔던 태프트는 자신의 선거공약인 관세개혁을 이끌어 내기 위한 의회의 특별회기를 요구했다. 그러나 불행히도 관세개혁은 보수적인 하원의장인 '엉클 조'(Uncle Joe : 공화당 보수주의자인 Joseph Gurney Cannon. 그는 1901년 하원의장으로 독단적이고 당파적인 결정으로 혁신주의적 개혁에 사사건건 반대했다. 이로부터 소위 *Cannonism*이라는 말까지 생길 정도였다)의 독단적인 처리로 인하여 자유주의자들과 혁신주의자들의 강한 반대에 봉착했다.[21]

루즈벨트 대통령 임기 마지막 2년 동안에 혁신주의는 당내 보수파들이 참고 있을 수 없는 갈등을 촉발할 많은 문제를 양산해 왔다. 대부분 중서부 출신인 공화당내 반대파(혁신주의 세력)들은 위스콘신 주 연방 상원의원

---

20) Russell, *President Makers*, 110~111쪽.
21) 페인 · 올드리치 관세법에 대해서는 Coletta, *Presidency of William Howard Taft*, 제3장에 잘 언급되어 있다.

로버트 라폴레트(Robert M. LaFollette)를 지도자로 하여 상원의원 14명, 연방 하원의원 13명으로 구성된 의원연합을 형성했다. 비록 공화당으로 당선되었지만 반대파들은 사회적 부정을 종결시키려는 노력에서 당의 원리에 반대했다. 누구나 알 수 있을 정도로 오랫동안 일리노이 주 연방 하원의원을 지낸, 입버릇 고약하고 욕심 많고 키 작은 조셉 캐넌은 당내 반대파들이 반대하는 모든 것에 간여하고 있었다. 각종 위원회의 의사결정 과정을 확고하게 장악한 그는 모든 입법 과정을 독단적으로 통제하고 있었다. 당내 반대파들은 독단적이기 짝이 없는 이 캐넌의 힘을 적극적으로 약화시키려고 했다.

이에 캐넌과 그의 동지인 상원 다수당의 지도자인 로드아일랜드 연방 상원의원 넬슨 올드리치(Nelson Aldrich)는 태프트에게 제안을 하나 했다(올드리치는 존 록펠러의 딸과 결혼했다. 그는 1974년 제럴드 포드 대통령 때 부통령을 지낸 넬슨 올드리치 록펠러의 할아버지다). 혁신주의 세력의 반(反)캐넌적 움직임을 차단하는 데 태프트의 도움을 기대하면서 그들은 관세문제를 상원으로 가지고 갔다. 태프트는 전임자 루즈벨트에게 이 문제에 대해 상의를 했다. 루즈벨트는 하원의장 캐넌과 쉽지는 않지만 협상을 해서 "엉클 조와 우호관계를 유지하라"고 충고했다. 태프트는 비록 독단적인 캐넌을 좋아하지 않았지만 관세인하에 캐넌이 보내준 지지에 대한 보답으로서 당내 반대파를 물리치고 캐넌을 지지하지 않을 수가 없었다. 대통령의 도움으로 캐넌은 일시적이지만 권력이 약화되는 상황을 모면할 수 있었다. 그러나 대신 태프트에게는 혁신주의자들의 의혹의 눈길을 피할 수 없었다(당내 반대파들 역시 1910년 캐넌으로부터 권력을 박탈하고자 노력했다).

캐넌에 의해 이루어진 약속을 지키면서 하원은 즉시 뉴욕 주 공화당 출신 연방 하원의원 시레노 페인(Sereno E. Payne)이 발의한 중요 품목에 따른 관세 인하를 요구하는 법안을 승인했다. 그러나 일단 상원으로 넘어가가 이 법안은 상원 내의 보호무역주의적 상원의원들의 처분에 맡겨지게 되었다. 이렇게 해서 만들어진 페인·올드리치 관세법(Payne-Aldrich Tariff)은 원래 하원에서 작성된 법안과 847개 항목이 달라진 것이었다. 이들 대부분을 보면 관세는 오히려 올라 있었다. 원래 하원 법안에 포함되어 있었던 상속세 역시 상원에서는 제외되었다. 신문기자 핀리 피터 더네(Finley Peter Dunne)는 아일랜드인으로 술집주인이자 정치철학가인 비판적인 '둘리 씨'(Mr. Dooley)라는 가공의 인물을 만들어 내고, 그의 입을 빌려 이렇게 지적했다. "공화당은 자신들의 공약을 내던져 버렸다. 만약 그걸 못 믿겠다면 관세에 해당되는 세세한 품목을 잘 살펴보라. 실제로 필요한 모든 물품은 자유화되어 관세가 올랐다. 여기에 이런 것이 있다. 컬링 돌, 이빨, 해초, 신문, 인도산 상록 교목, 카나리아 제도의 새 …. 새로운 관세법안은 우리가 일상적으로 쓰는 모든 물품에 대해 오히려 관세를 올리는 결과를 낳았다."

상원의원 라폴레트를 지도자로 하는 분노한 공화당내 반대파들은 보호관세와 트러스트 사이의 관계를 폭로하면서 관세품목이 한 항목씩 변화된 것을 극렬하게 공격했다. 그들은 태프트가 자신들을 지지해 주리라 기대했다. 루즈벨트는 그들을 격려해 태프트를 마치 혁신주의자나 된 것처럼 믿도록 만들어 놓았다. 그들은 마련된 관세 개혁 프로그램에 대해 반대투쟁을 전개했다. 난처한 지경에 빠진 태프트는 어찌할 바를 몰랐다. 자신과 협상한 공화당 개혁론자들의 의견을 따를 것인가? 아니면 당을 지배하고 있는 보수파를 지지할 것인가? 갈등 끝에 태프트는 루즈벨트의 지도 없이 방향키를 이리저리 돌릴 수밖에 없었다.

태프트의 문제는, 한계는 있겠지만 그가 혁신주의자라는 사실에 있었다. 자기 회의와 신념 상실, 불면증으로 심한 고통을 받고 있던 태프트는 잠옷 사이즈 54를 입고 백악관을 방황했다. 엎친데 덮친 격으로 더한 불행이 대통령에게 닥쳤다. 가장 가까운 가족이자 실제로 그의 가장 군센 의지대였던 아내 넬리가 뇌졸중으로 언어 능력을 많이 상실한 것이다.

태프트는 각종 현안 문제를 혼자 힘으로 해결해 의지도 배포도 갖고 있지 못했다. 루즈벨트와 달리 그는 어려운 문제에 부딪혀 그 해결책을 사람들이 받아들이도록 당근정책을 사용한다든가 혹은 적에게 압력을 가해 문제를 국민들에게 직접 가져가는 채찍정책을 쓰는 기술이 부족했다. 클린턴처럼 결정을 내리지 못한 채 이랬다저랬다 하는 그의 모습은 결국 사람들에게 그는 뚜렷한 신념이 없는 사람이라는 인상만 심어주었다. 마침내 그는 반대파를 지지함으로써 '개인적인 인기를 도모하기'보다 보수파들과 결속함으로써 당의 단결을 이끌어 내고자 했다. 그는 자신의 평판이나 인기보다 당의 단결을 더 가치 있게 여겼다. 그러나 그는 이제 둘 다를 잃어 버렸다.

태프트는 페인·올드리치 관세법에 대한 거부권 행사를 거절했다. 당내 반대파들은 거부권 행사를 거절한 태프트를 바보, 허약자, 그리고 반역자로 비난했다. 그럴수록 태프트는 올드리치와 캐넌에게 더욱더 의존했다. 루즈벨트 내각에서 예스맨으로 무엇이든 예예 하며 웃사람 말에 동조하는 사람이었던 그가 필연적으로 충실한 보수적 공화당원의 일원이 되었다. 상원의원 조나단 돌리버(Jonathan Dolliver)는 태프트를 두고 "원하는 것이 무엇인지 정확히 알고 있는 사람들에게 철저하게 둘러싸인 크고 육중하지만 온화한 섬과 같은 사람"으로 묘사했다. 1910년에 그는 당내 보수파에 대해 너무 철저하게 벽을 두른 나머지 그해 의원선거에서 공화당 내 반대파 중 몇몇을 제거하려 했지만 실패로 돌아갔다.

이제 대령 루즈벨트로 불리길 원했던 루즈벨트는 당시 아프리카에서 사냥을 하고 있었는데, 주간지나 친구들이 보낸 편지를 통해 워싱턴에서 전개되고 있는 별로 유쾌하지 못한 사건들을 접하고 있었다. 그는 관세문제에서 보여준 태프트의 태도에 실망했고, 그런 감정을 헨리 캐봇 로지(Henry Cabot Lodge)에게 편지를 통해 표현하였다. 루즈벨트 자신이 관세인하에 찬성했기 때문이 아니라, 당의 단합과 통일에 관련된 문제에서 대통령이 보여준 너무나 서투른 처리와 그 결과에 실망한 것이었다. 거기에다 태프트의 재치 없는 행동은 그의 불안을 더욱 부채질하였다. 그는 당내 반대파의 온상인 미네소타 주 위노나에서 행한 즉석연설에서 페인·올드리치 관세법에 대해 무턱대고 "이 법은 그동안 공화당이 만든 최고의 관세법"이라며 칭찬을 늘어놓았던 것이다. 이 발언은 중서부 출신의 개혁주의자들의 분노를 샀고, 결과적으로 1910년 선거에서 당은 심각한 타격을 받았다. 이러한 상황에서 태프트가 대통령으로 고작 1년 남짓 임기를 보내고 있는 참에 중서부에서 발행되는 모든 신문이 '사나운 기병'(Rough Rider) 루즈벨트가 1912년 공화당 대통령 후보로 지명되어야 한다고 주장했다. 루즈벨트 역시 자신의 이상적 생각을 바꾸었다. 이제 그는 윌 태프트를 불행한 실체라고 생각했다.

루즈벨트의 유산 가운데 핵심에 위치하는 보수주의에 대한 태프트의 대처를 보면서 혁신주의자들은 그에 대한 믿음을 포기하였다. 더더욱 그가 너무나 충실하게 보수주의자로 성공을 거듭해 온 리처드 볼린저(Richard A. Ballinger)를 내무장관으로 임명했을 때, 자연보호론자들은 놀라움을 감추지 못했다. 볼린저는 이전에 시애틀 시장이었고 또 미국 국유지 관리국의 국장이었다. 대부분의 서부인과 같이 그는 국토의 자연자원을 신속히 개발하자는 '신흥지에 몰려드는 사람' 중 한 명이었다. 이러한 볼린저와, 루즈벨트의 자연보호정책에 적극 찬성하고 루즈벨트를 너무나 잘 따른 산림청장 기퍼드 핀촛(Gifford Pinchot) 사이의 갈등은 예정된 것이었다. 볼린저가 산림 간벌을 명했을 때 핀촛은 이로 인해 모든 자연보존 프로그램이 위험에 빠지게 될 것이라고 생각하였다.[22]

1909년 늦여름, 내무부의 젊은 감사관 루이스 글래비스(Louis R. Glavis)가 엄청난 파장을 불러올 이야기를 들고 핀촛을 찾아왔다. 글래비스는 신임 내무장관 볼린저가 상당량의 석탄이 매장된 알라스카의 공유지를 모간·구겐하임 민간기업 투자단(Morgan-Guggenheim synd icate)에 불하해 주어 부당이익을 취하게 했다고 주장했다. 핀촛은 즉시 글래비스를 대통령에게 보내 이 사실을 알리게 했다. 이 소식을 전해들은 태프트는 곤혹스러웠다. 만약 볼린저가 이 사건과 무관하다고 확인되거나 혹은 이 스캔들이 자신의 정부에 누를 끼칠까 우려한 태프트는 볼린저의 부인을 받아들이고 오히려 글래비스를 해임시켜 버렸다. 핀촛을 달래기 위해서는 그에게 산림보존 프로그램을 계속 유지하겠다는 약속을 하였다. 그러나 핀촛은 여기에 만족하지 않고 언론과 의회를 끌어들여 문제를 확대시켰고, 결국 사건은 대초원에 맹렬한 불을 지르는 격이 되어 궁극적으로 태프트 행정부의 진을 다 빼놓았다.

핀촛은 마치 순교자와 같았다. 그는 볼린저에 대한 이야기를 언론에 폭로하고 이전에 내무부 감사관이 제출한 모간·구겐하임 회사에 관한 보고서를 조사해줄 것을 요구했다. 문제의 확대를 원하지 않았던 태프트는 핀촛으로부터 이런 이야기가 흘러나오자 그를 해고시켜 버렸다. 태프트는 자신의 이러한 행동이 루즈벨트와 당내 반대파의 분노를 사리라는 것을 알고 있었지만 그렇다고 핀촛의 계산된 불복종을 그냥 넘길 수도 없었다. 그러나 정치적 관점에서 볼 때 이 행동은 또 다른 큰 실수였다. 만약 볼린저까지 동시에 해임시켰다면 그는 일을 공평하게 처리하는 사람으로 인식되었을 것이다.

핀촛이 해임되고 10일이 지난 후, 아프리카의 한 토인이 콩고에서 진귀한 흰색 코뿔소를 사냥하고 있던 루즈벨트에게 이 소식을 전했다. 소식에

---

22) 볼린저와 핀촛 사건에 대해서는 *Ibid.*, 제4장에 잘 언급되어 있다.

접한 루즈벨트는 즉시 핀촛에게 편지를 썼다. "난 믿을 수가 없다. 전직 대통령이 계승자인 현직 대통령을 비난하는 것은 너무나 무례한 행동이다. 하지만 그동안 정직했던 한 사람이 당신과 내가 주창한 고귀한 원리를 위해 노력하는 행동을 그만둔 것 같다." 그 와중에서도 태프트는 자연보존 프로그램에 계속 관심을 표명한다는 차원에서 해임된 핀촛을 예일 대학 임학부 부장으로 임명되도록 손을 썼다. 볼린저 역시 1년 후 사임했는데 후임 내무장관으로 확고한 자연보호론자를 임명했다. 그러나 그의 이러한 노력은 대통령 태프트에 대한 당내 보수파의 지지와 루즈벨트와 관련된 당내 혁신주의자들 사이의 골을 더 깊게 만들었을 뿐이다. 거기에다 두 사람의 관계도 결코 이전처럼 복원되지 않았다.

1910년 6월 말경에 군중들의 대대적인 환호를 받으며 아프리카에서 단 일주일 만에 미국으로 돌아온 루즈벨트는 매사추세츠 주 비버리에 있는 여름 백악관에 머물고 있는 태프트를 방문하고자 했다. 아프리카에서 뉴욕으로 돌아온 루즈벨트는 사실 정치에 대해서는 침묵하려고 생각하고 있었다. 그러나 사람들이 그를 가만히 두려 하지 않았다. 롱아일랜드의 오이스트 만에 있는 그의 집은 갑자기 혁신주의자들의 메카가 되었다. 그들은 이 '사나운 기병'이 1912년 공화당 대통령후보가 되어주거나 아니면 제3당으로 대통령에 나가주기를 원했다. 이러한 요구에 루즈벨트는 무슨 일이 있더라도 백악관 입성을 거절할 것이라고 지방 언론들에게 전했다. 그러나 보스턴의 케임브리지 근처에서 그의 하버드 동창생들이 여러 차례 동창회를 열고 태프트를 방문했다. 이렇게 해서 실로 16개월 만에 두 사람의 재회가 이루어졌다.

"여어, 시어도어, 만나서 반갑네!" 태프트가 양 손을 벌리며 외쳤다.
"그동안 잘 계셨는지요? 대통령 각하, 이제 저는 단순한 싸움대장입니다"

라고 루즈벨트가 정중하게 답했다.

"이봐, 지금 상황에선 대통령 각하라는 호칭은 빼도록 해." 태프트는 방문객의 어깨를 장난하듯 주먹질 하면서 말했다.

"전혀 신경 쓰지 마세요. 당신은 대통령 각하고 나는 시어도어다, 바로 그 말씀입니다."23)

한 시간 남짓 그들은 베란다에서 서로의 새로운 모습에 대해 잡담을 나누었다. 대화중에 루즈벨트가 아프리카와 유럽에서의 경험과 모험적인 이야기로 태프트 즐겁게 해주자 농담과 웃음이 넘쳐났다. 이 만남이 있은 후 루즈벨트는 현실적인 정치로 되돌아갈 의도가 없다고 발표했고, 나아가 그의 지지자들에게 태프트를 공격하지 말라고 경고했다. 그러나 두 사람의 휴전상태는 그리 오래가지 못했다. 루즈벨트는 뉴욕 주에서 개최되는 정치적 논쟁을 불러일으키는 모임에 자주 참석하였고, 곧이어 자신이 그토록 믿었던 태프트와 태프트의 지지자들로부터 은밀하게 배신을 당해 온 사실을 확인했다. 이에 대통령에게 크게 화를 내면서 루즈벨트는 "태프트는 내가 생각하고 추진한 정책을 완전히 뒤틀어 놓았다"고 비난했다. 한 달 이내에 정계에 복귀할 것을 선언한 그는 간헐적으로 중서부지역의 16개 주를 여행하면서 연설을 했다. 뇌졸중에서 부분적으로 회복의 기미를 보이기 시작한 넬리 태프트는 루즈벨트의 정계복귀에 대해 정확한 평가를 내렸다. "당신은 분명 대통령 지명전에서 루즈벨트와 겨루게 될 거예요. 만약 당신이 지명된다면 그는 대통령선거에서 당신을 패배시킬 거구요"라고 그녀는 남편에게 말했다.24)

캔자스의 회오리바람처럼 억제되지 않는 격렬함 속에서 루즈벨트는 먼지 가득한 태양이 내리쬐는 도시광장, 흥분의 도가니인 야구장, 그리고 개혁을 요구하는 수많은 사람들이 모이는 연회장소에서 군중들을 자극하면서 서부

---

23) Butt, *Taft and Roosevelt*, 418쪽.
24) Russell, *President Makers*, 118쪽.

평원지역을 휩쓸고 다녔다. 그는 대법원을 사회정의의 실현에 방해가 되는 장애물이라고 공격했으며 대법원의 무모한 법 남용을 막기 위해 사법부의 권한을 억제해야 한다고 주장했다. 태프트가 대통령으로 더욱 보수적이 되어 갔다면, 루즈벨트는 장외에서 더욱 급진화되어 갔다.

캔자스의 오사와토미에서 루즈벨트는 그가 신국민주의(New Nationalism)라고 이름 붙인 일련의 원리를 개괄적으로 제시했다. 그는 사회정의는 종래의 신성한 자유방임의 원리 아래 금기시되었던 개혁에 대해 책임을 지고 있는 강력한 연방정부의 열정적인 노력을 통해서만 달성될 수 있다고 선언했다. 만약 사회정의를 실현하기 위해 정부가 보수파들과 충분히 싸우지 못한다면, 루즈벨트 자신이 복지국가에 필요한 '급진적인' 제안으로 가득한 복주머니를 가지고 강력히 밀고 나가겠다고 주장했다. 누진과세와 상속세의 도입, 노동자의 수당제 도입, 어린이와 여성 노동법 재정, 관세개혁, 엄격한 합병규제 등이 그런 것이다. 골프를 치러 간 태프트는 평상시 지나칠 정도로 차분한 성격을 가지고 있었음에도 불구하고, 루즈벨트가 골프장에서 사법부를 공격하고 있다는 것을 알고는 버럭 화를 내며 골프장을 가로질러 나가 버렸다.

그의 오랜 친구와 불화를 거듭하면서 태프트는 점점 몸이 더 불어 났다. 아키 버트(Archie Butt)는 "그는 너무나 거대해 보였다. 그의 몸은 마치 밀랍으로 만든 인형 같았다. 입술색은 점점 엷어져 갔다. 그는 건강이 점점 나빠지는 것 같았다"고 말했다.[25] 또 당시 대통령과 만나 악수를 나눈 한 신문기자는 자포자기한 목소리로 이렇게 중얼거리는 태프트를 보았다. "루즈벨트는 나의 가장 친한 친구였는데, 이제 내 영향권에서 벗어났어" 그리고 그는 흐느껴 울었다.[26]

1912년 2월 22일 루즈벨트는 공화당 대통령 후보 지명 선거에 나서겠다고

---

25) Butt, *Taft and Roosevelt*, 829쪽.
26) Russell, *President Makers*, 123쪽.

발표했다. 보수파들이 공화당의 기본조직을 장악하고 있었기 때문에 자신이 이길 수 없는 싸움을 시작하였다는 것을 알고 있었지만 무조건 밀고 나갔다. 개인적 야심, 강한 권력 추구욕, 권태로운 생활, 오사와토미에서 발표한 개혁조치들을 완수하고픈 희망, 그리고 태프트에 대한 분노 등 이 모든 것이 루즈벨트의 결정에 고려되었다. 그러나 루즈벨트가 대통령을 다시 하겠다고 결정했을 때 가장 핵심적인 요인으로 작용한 것은 자신의 의무에 대한 감각이었다. 스스로 공화당 내의 많은 혁신주의자들의 정서와 감각에 책임이 있다고 인식한 루즈벨트는 자신의 혁신주의적 원리는 물론 그 원리를 위해 투쟁하는 사람들을 절대로 배반하지 않을 생각이었다.

극도로 우울 상태에 빠진 태프트는 만약 그가 루즈벨트의 배반과 그의 공개적인 도전을 받아들이지 않는다면 두 번째 임기는 도모조차 할 수 없을 것으로 보였다. 그는 한 친구에게 "나는 이 힘든 싸움을 어찌 치러야 할지 정말 걱정이 태산이다. … 하지만 어찌되든 나는 이곳을 고수할 것이다. 나는 지금 이 정부가 시어도어 루즈벨트 정부보다 더 안정되고 사려분별이 있으며 나아가 헌법에 충실한 정부라고 믿는다"라는 편지를 썼다. 그리고 그는 기억할 만한 말을 했다. "구석에 몰리면 쥐도 물어뜯는다."[27]

루즈벨트는 대부분의 예비선거에서 승리를 거두고 당의 일반 당원들이 자신을 후보로 선출해 주리라는 확신을 갖고 시카고에서 열리는 전당대회에 참가했다. 후보지명은 자격이 의심스러워 논란의 대상이 되는 대의원 254명의 손에 달려 있었다. 루즈벨트가 공화당 후보로 안착하기 위해서는 논란의 대상이 된 이 대의원의 좌석에서 100석을 획득해야 하였다. 그러나 보수파들이 당의 운영을 담당하는 공화당 전국위원회를 지배하고 있었고, 이들은 그 좌석 중 19석을 제외하고 모두 태프트를 지지하는 대의원에게 배정했다. 전당대회에서 포효하는 루즈벨트의 성난 지지자들은 혁신당을 조직하고

---

27) *Ibid.*, 122쪽.

루즈벨트를 이 당의 대통령 후보로 지명했다. 그러나 민주당이 뉴저지 주의 혁신적인 주지사 우드로 윌슨을 대통령 후보로 지명했을 때 루즈벨트는 자신의 승리가 사실상 절망적이라는 것을 깨달았다. 그럼에도 불구하고 그는 "성난 숫사슴처럼 훈련하자"—이 숫사슴은 그의 당의 지속적인 별명이 되었다—라고 하면서 전의를 불태웠다. 그러면서 여러 개혁조치들을 구체화 시킨 강령을 통해 역동적으로 선거운동에 임했다.

그렇게 죽고 못사는 친구관계였던 태프트와 루즈벨트 간의 상호 공격은 신랄 그 자체였고, 개인적인 인신공격이 주를 이루었다. 루즈벨트는 태프트 를 두고 "돼지쥐보다 더 멍청한 머리를 가진 얼간이"로 공격했다. 반면 태프트는 루즈벨트를 두고 "위험한 이기주의적인 민중선동가"이자 "진실에 함구하는 자"라고 공격했다. 그러나 대통령선거 본선에 들어가자 선거 양상은 윌슨과 루즈벨트 두 사람으로 압축되어 갔고, 현직 대통령은 아예 안중에도 없는 듯 보였다. 패배를 인정한 태프트는 몇 번에 걸쳐 산만한 연설을 한 후 이내 침묵으로 일관해 버렸다. 그는 애처롭게 "이 나라에는 날 싫어하는 사람들이 너무 많아" 하고 푸념했다.

11월의 최종 결과는 이미 예정된 것이었다. 공화당은 루즈벨트 세력과 태프트 세력으로 갈려 있었지만, 반면 윌슨은 민주당 유권자들을 하나로 묶어 435명의 선거인단을 확보하여 승리를 이끌어 냈다. 승리는 민주당에게 넘어갔고 16년 만에 민주당이 백악관의 주인 자리를 차지하였다. 루즈벨트 는 선거인단 88명을 확보하여 2등을 했고 태프트는 형편없는 득표로 3등을 했다. 태프트는 선거인단이 8명밖에 안 되는 유타와 버몬트의 2개 주에서만 승리했다. 현직 대통령으로서는 최악의 패배였다. 중요한 것은 공화당이건 민주당이건 유권자의 3/4이 혁신적 후보를 지지했다는 점이다.

선거 결과는 유권자들이 태프트를 철저하게 거부하였음을 보여주었다. 그럼에도 불구하고 태프트는 기가 꺾여 우울해하거나 하지 않았다. 그는

"나에게는 위안 되는 일이 하나 있다. 그건 지금까지 어떤 후보도 이 정도의 압도적인 표차로 전직 대통령을 이긴 후보는 없었다는 사실이다"라고 말했다.[28] 백악관의 무거운 중압에서 벗어난다는 사실에 즐거워한 그는 윌슨의 취임식을 기다리면서 수년 동안 경험하지 못했던 행복감을 느꼈다. 예일 대학 법학부로부터 교수직을 제의받은 태프트는 마치 대법원 판사직에나 임명된 것처럼 기뻐하며 이를 수락했다.

백악관에서 물러난 후 윌리엄 태프트보다 더 생산적인 활동을 한 전직 대통령은 당시까지 없었다. 그는 예일 대학에서 학생들에게 대단히 인기 있는 교수였다. 예일 대학에서 정부관계법과 국제법을 강의한 그는 곧 대학생들이 가장 좋아하는 교수로 이름 나게 되었다. 연설도 했으며 대통령에 관한 책과 논문을 썼다. 그는 글을 통해 "미국 국민들은 대통령에게 사회에 대한 태만죄는 물론이고 너무 부지런하여 월권행위를 하는 죄에 모두 책임을 지우는 경향이 뚜렷하다. 대통령은 비를 내리게 할 구름을 만들 수 없다. 또한 대통령은 무턱대고 옥수수가 잘 자라게 할 수 없다. 대통령은 기업의 사업이 잘 되도록 만들 수도 없다"고 연설했다.

누군가가 정계에 복귀할 가능성에 대해 물었다. 이에 그는 단박에 이렇게 답했다. "나는 이제 존경받는 전문분야에서 일하고 있다." 미국이 1차 세계대전에 개입하게 되자 그는 국가전쟁노동위원회(War Labor Board)의 공동의장으로 일했다. 태프트와 루즈벨트는 둘 다 윌슨의 전쟁 개입과 노력에 대해 비판적이었다. 이러한 생각이 친구이자 적이었던 두 사람을 묶어 주어 서신왕래를 재개하게 되었다. 비록 두 사람 사이가 엉망이 되어버린 1912년 선거 이래 그때까지 직접 만나지는 않았지만 다시 한 번 편지에서 "친애하는 윌", "친애하는 시어도어"라는 호칭을 사용하였다.

---

28) Boller, *President Anecdotes*, 216쪽.

1918년 5월 어느날 태프트는 시카고에 있는 블랙스톤 호텔에 체크인을 하고 안으로 들어가다가 호텔 식당에 앉아 있는 루즈벨트를 발견하였다. 그는 테이블에 홀로 앉아 있는 루즈벨트에게 다가갔다. 루즈벨트는 식사를 하면서 책을 읽고 있었다. 갑자기 주변이 조용해진 것을 깨달은 루즈벨트는 고개를 들어 자기 앞에 서 있는 태프트의 모습을 어렴풋이 확인했다. 즉시 그는 들고 있던 냅킨을 내려두고 벌떡 일어나 손을 내밀었다. 두 사람은 뜨겁게 악수를 나누었고 서로의 등을 다정하게 어루만졌다. 다른 손님들이 박수와 환호를 보냈고, 갑자기 자신들이 많은 청중들에게 둘러싸여 있음을 확인하고 두 전직 대통령은 사람들에게 인사를 하면서 미소를 보냈다. 두 사람은 그 자리에 앉아 반시간 동안 활기 넘치게 이야기를 나누었다.[29]

태프트는 1921년 그의 경력에 새로운 경력을 하나 더 첨가했다. 1912년 전당대회에서 태프트를 위한 연설을 한 적이 있었던 당시 대통령 워런 하딩이 전직 대통령의 평생의 소망이자 야심이었던 미국 연방 대법원장직에 그를 임명한 것이다. 그 후 9년 동안 그는 일생에서 가장 행복한 시간을 보냈다. 태프트의 온화하고 친절한 행동은 다수를 차지하는 완고한 보수적인 판사들과 자유주의적인 판사들 사이의 갈등을 많이 해소시켰다. 당시 자유주의적인 대법원 판사로 유명했던 올리버 웬델 홈즈(Oliver Wendell Holmes)와 루이스 브랜다이스(Louis D. Brandeis)는 산적해 있는 소송사건을 가능한 한 빨리 재판하고, 판결은 확고해야 하며, 그리고 대법원 판사들끼리 어느 정도 평등을 유지해야 할 것을 강력히 주장하고 있었다.

대통령으로서는 무기력했던 태프트지만 대법원장으로서는 정말 역동적이었다. 그는 대법원장으로 있으면서 253건에 관한 자신의 소신을 적었고, 모든 판결문 중 6분의 1은 자신이 판사석에 있을 때 적었다. 대법원장으로 있으면서 거둔 더할 나위 없는 영광스러운 결과는 의회가 새로운 건물을

---

29) Manners, *TR and Will*, 305쪽.

지으려는 대법원의 요구를 승인한 것이다. 대리석으로 된 이 건물은 구의사당 감옥(Old Capitol Prison) 터에 세워졌다. 이곳은 남북전쟁 동안 영장이 발부되지 않은 죄수들이 투옥되어 있던 곳이었다. 1930년 2월 72세의 태프트는 건강이 악화되어 그렇게도 사랑했던 법정을 떠나지 않을 수 없었다. 한 달이 지난 후 그는 심장병으로 죽었고 알링턴 국립묘지에 안장되었다. 그는 이곳에 안장된 최초의 대통령이었다. 그 후 대통령으로서는 존 F. 케네디가 이 알링턴에 안장되었다.

대법원장에 임명된 지 오래지 않아 그는 옥스퍼드 대학에서 명예학위를 받았다. 런던에 머무르는 동안 그는 후에 에드워드 8세(King Edward VIII)가 된 영국 황태자를 포함하여 여러 고위 인사들을 소개받았다. 정치감각이 다소 명확하지 못하다고 할 수 있는 이 황태자는 태프트에게 이렇게 말했다. "대통령에서 물러난 후 장관직을 맡거나 내각에 입각하거나 그 어떤 다른 일을 하지 그랬어요?"30)

---

30) Burton, *William Howard Taft*, 129쪽.

벤저민 해리슨

Benjamin Harrison

1889~1893
냉담함과 사교성 부족으로
국민들의 마음을 떠나게 만든 대통령

벤저민 해리슨이 최악의 대통령으로 선정된 이유

1 해리슨은 공화당 보스들의 꼭두각시였다. 대통령에 당선되는 과정에서 그는 미국 최초의 대통령직을 훔친 1876년 선거에 버금 가는 정의롭지 못한 방법으로 대통령에 당선되었다. 공화당 보스들은 제한적인 능력과 한정적인 일을 처리하는 데에만 급급한 벤저민 해리슨을 사기(fraud), 표 매수(vote buying), 부정투표를 통한 득표수 늘리기(ballot-box stuffing) 등의 방법을 동원하여 대통령으로 만들었다. 그는 자기 직책인 대통령의 제한된 범위 안에서 제한된 시각만 가지고 움직일 뿐 다른 면에서는 거의 무능한 무(無)활동의 전형이었다. 그는 일을 독창적으로 제안하거나 처리하지도 못했다. 앞에서 이끌어가는 지도자라기보다 오히려 뒤에서 추종하는 쪽이 적합했던 해리슨은 당시 이 나라를 실제로 좌지우지한 공화당 보스들과 거대기업의 기업인들의 고매하고 명목상의 대표인 얼굴 마담으로 있었다.

2 그 결과 해리슨은 대통령으로 있는 4년 동안 행정부는 물론 입법부, 사법부 등에도 자신의 의지가 반영된 능동적인 인사를 거의 할 수 없었다. 그는 대통령의 지도력을 평가할 때 대단히 중요한 위치를 차지하는 인사권 행사에서 완전히 실패하여 지도력 행사에서 절대적으로 부족함을 드러냈다. 공화당 후보를 백악관에 입성시켜 준 대가로 공화당은 당의 모든 정파가 요구하는 것에 부응하겠다고 약속했다. 동부 실업가들에게는 고율관세를 약속하고, 연방군 퇴역군인들에게는 더 많은 연금과 자유로운 연금을 약속했다. 또 농업지역에서는 농산물 가격을 올려줄 것이고, 개혁가들에게는 공무원의 역할을 확대하여 시민봉사를 강화할 것이며, 선거를 도와준 이권운동가들에게 일자리를 약속했다. 그의 내각은 소위 '실업가 내각'으로 불렸고, 연방상원은 '백만장자 클럽'으로 불렸다. 공화당 보스들과 거대기업이 결탁된 이 정부에서 해리슨은 어떤 일도 성공적으로 해낼 수 없었다.

3 사회성이 부족했던 해리슨은 대통령으로서의 인간적인 따뜻함과 서민적인 감각이 거의 없었다. 사람들이 대통령 집무실을 방문해도 특별히 오래 머물지 않는 한 해리슨은 좀처럼 의자에 앉으라는 말을 하지 않았다. 대통령은 그들과의 만남을 시간낭비로 여기며 자신의 짜증을 확실히 표현했다. 이것은 해리슨이 의원들을 대면하는 아주 나쁜 버릇 중 하나였다. 해리슨은 집무실을 방문한 한 상원의원에게 인사를 하면서, 팔목 시계를 확인하고 책상 위에 놓인 한 뭉치의 서류를 가리키며 이렇게 말했다. "난 이 모든 서류를 살펴보아야 한다. 그리고 2시에는 낚시를 가기로 했다." 그리고는 딱! 소리가 나게 시계를 닫고 방문자가 용무를 말하기를 무표정하게 기다렸다. 얼음같이 차갑고 형식에 치우치며, 특색 없이 재미도 없으며, 늘 어두침침해 보이는 해리슨을 두고 어느날 그를 방문한 한 사람이 그와 악수를 나눈 후 "마치 그는 시들어 버린 피튜니아 같다"고 말했다. 해리슨을 보면서 우리는 명문가문의 자손이라고 해서 반드시 국민들에게 봉사하고 헌신하는 높은 덕성을 가지고 있는 것은 아님을 알 수 있다.

… 남아 있는 것은
천천히 움직이는 타성뿐이었다.

벤저민 해리슨이 1888년 미국 제23대 대통령으로 당선이 확정된 후 그는
연방 상원의원 마태오 키이(Matthew C. Quay)에게로 가서 그의 손을 잡고
아주 신앙심 깊은 사람처럼 기도문을 외우듯 이렇게 말했다. "하나님이
우리에게 이 승리를 주셨다." 그러나 대통령선거에서 벤저민이 어떻게
해서 누구의 도움으로 승리했는지를 잘 알고 있는 펜실베이니아 주 출신의
공화당 보스로 성마르고 화를 잘 내는 성격의 키이는 깜짝 놀라지 않을
수 없었다. 그는 "하나님만 생각하고 우리 당 사람은 생각하지 못하는
군! 그가 대통령으로 당선되는 데 하나님은 정말 눈꼽만치도 관여하지
않았다는 걸 모르는 거야?" 하며 씩씩거렸다. 그리고는 "그를 대통령으로
만들려고 얼마나 많은 사람들이 교도소 문을 들락거렸는지 결코 알지 못했
다"고 푸념했다.[1)]

물론 1888년 선거는 공화당이 대통령직을 훔쳐 러더퍼드 헤이스
(Rutherford B. Hayes)에게 갖다준 것이 분명한 1876년 선거와는 많은 면에서
차이가 있다. 하지만 이 선거도 그에 못지않게 지독한 악취를 풍겼다. 사기,

---

1) Josephson, *The Politicos*, 433쪽.

표 매수, 부정투표로 득표수 늘리기 등 온갖 방법이 동원되어 현직 대통령인 그로버 클리블런드(Grover Cleveland)를 패배시켰다. 클리블런드는 일반투표에서는 해리슨보다 1000표 가까이 많았음에도 선거인단 투표에서 패배하였다. 클리블런드는 해리슨의 출신 주인 인디애나와 자신의 출신 주인 뉴욕에서 속임수에 당해 재선에 실패한 것이다. 뉴욕 주에서는 현직 대통령의 개혁적 경향을 달가워하지 않던 뉴욕의 부패한 정당조직 태머니 홀(Tammany Hall) 보스들이 클리블런드의 재선을 철저히 방해했다.

해리슨이 전국적인 차원의 명사로 떠오르게 된 것은 기본적으로 그의 가문 때문이었다. 즉 그는 이 나라 제9대 대통령이었던 윌리엄 헨리 해리슨의 손자였고, 독립선언서에 서명한 버지니아 주지사 벤저민 해리슨의 증손자였다. 그에게는 어떤 특별한 능력도 보이지 않고, 창조적인 비전도 부족한 보잘것없는 정치가였지만, 그 정도 배경이라면 그가 대통령이 되는 데는 충분했다. 할아버지 윌리엄 해리슨은 억수같이 쏟아지는 비와 진눈깨비로 뒤범벅이 된 3월, 모자도 장갑도 오버코트도 걸치지 않고 우산도 쓰지 않은 채 스스로 고집해서 두 시간 동안 취임식 연설을 하고 난 지 정확히 한 달 후 폐렴으로 죽었다. 그때 나이 68세였다. 손자 벤저민 해리슨은 4년의 임기를 다 채웠다. 그는 취임식 날 새미 가죽으로 된 옷을 입고 사전에 준비를 했다. 그러나 그를 두고 빈정대는 많은 사람들은 그가 대통령으로 있으면서 얻은 성과는 그의 할아버지 '티피커누'(Tippecanoe : 인디언을 상대로 한 1811년 티피커누 전투에서 대대적인 승리를 거두고 얻어진 별명)와 거의 비슷하다고 비꼬았다. 사실 그는 대부분의 미국 역사교과서에서 거의 언급조차 안 된다. 심지어 미국사 책으로 매우 인기 높은 장장 685쪽에 달하는 책에서도 그의 이름은 찾아볼 수 없다(Allan Nevins and Henry Steele Commager, *A Pocket History of the United States,* New York : Washington Square Press, 1986).

얼음같이 차갑고 형식을 중시하는 해리슨에게는 어떤 특색도 재미도 찾아볼 수 없고 늘상 어두침침한 얼굴을 하고 있었다. 그를 방문하여 악수를 나눈 한 사람은 그런 그를 두고 "마치 시들어 버린 피튜니아 같다"고 표현하였다. 해리슨은 리처드 닉슨과 제임스 뷰캐넌처럼 나쁘고 불량하다는 의미에서 나쁘고 불량한 대통령은 아니다. 그는 단지 자기의 직책인 대통령의 제한된 범위 내에서 제한된 시각만 가지고 움직였을 뿐, 다른 면에서는 거의 무능한 무(無)활동의 전형이었다. 그는 일을 독창적으로 제안하거나 처리하지도 않았다. 앞에서 이끌어가는 지도자라기보다 오히려 뒤에서 추종하는 쪽이 적합했던 해리슨은 당시 이 나라를 실제로 좌지우지하고 있던 공화당 보스들과 거대기업의 기업인들의 고매한 얼굴마담이었을 뿐이다. 나중에 해리슨은 "내가 대통령이 되었을 때 당의 지배세력들이 오직 자신들만을 위해 모든 권력을 행사한다는 것을 알았다. 나는 나의 내각을 결코 구성할 수 없었다. 그들은 선거비용의 본전을 뽑기 위해 모든 직책을 매수했다"고 한탄했다.[2]

해리슨의 대통령직은 여러 가지 이유로 그에게 헛된 것이었을 뿐 아니라 결과적으로 국가에 좌절감만 안겨주었다. 그는 남의 간섭을 받지 않는 사적인 자유를 너무나 소중히 생각했고, 백악관에 있는 자신과 자신의 가족에게 쏟아지는 대중의 압력을 몹시 불편해하였다. 그러다보니 그와 언론과의 관계는 거의 적대적인 수준이었다. 의회의 권한을 비롯한 의회와의 관계에서도 스스로 내세울 만한 자신만의 독자적인 의견도 없었다. 유권자들은 일반투표에서 클리블런드에게 다수의 표를 몰아줌으로써 해리슨을 원하지 않는다는 사실을 분명히 했고, 이에 클리블런드는 1892년 대통령 선거에서 해리슨을 압도적인 표차로 누르고 승리하였다. 결국 해리슨의 무능하고 흐리멍텅한 대통령직 수행은 유능한 한 대통령의 두 차례

2) *Ibid.*, 438쪽.

임기 사이에 낀 샌드위치가 된 것이다. 이제 해리슨이라는 유명한 이름은 두 가지 의미로 이해되었다. 하나는 무능하고 흐리멍텅한 이미지고, 다른 하나는 해리슨이 대통령에 선출되는 데 도움을 주었는데, 오랜 역사를 통해 국가에 봉사해 온 그의 가문이 사람들에게 기대감을 불러일으켰던 것이다.

"빌어먹을 대통령!" 해리슨 대통령이 개혁의지를 실천하는 데 실패한 후 자기 행정부를 장식하기 위해 만든 미국 공무원위원회의 위원장이 된 시어도어 루즈벨트가 화를 내며 투덜거린 말이다. "그는 냉혈한 같고 좀생이에 편견 강하고 고집불통에 겁 많고 소심한 사람으로 케케묵은 찬송가나 부르는 인디애나폴리스의 정치가에 지나지 않는다"고 비난했다.[3] 이에 해리슨은 "루즈벨트는 해가 떠서 해가 지는 단 하룻만에 이 세상의 모든 악을 뿌리 뽑고 싶어한다"며 역시 신랄하게 비난했다.[4]

해리슨은 매사에 애정과 열의가 없어서가 아니라 사실 키가 작아서 작은 벤(LittleBen)으로 불렸다. 5피트 반밖에 안 되는 작달막한 키에 붉은빛 도는 턱수염, 올챙이처럼 툭 튀어나온 배, 거기에 가느다란 다리를 가진 해리슨은 그야말로 중세 난쟁이의 모습과 다름이 없었다. 그가 해리슨 1세(할아버지)의 손자라는 이유로 공화당 지도부가 선택한 선거의 슬로건은 "할아버지의 모자는 벤에게 잘 어울린다"였다. 상대 민주당은 작은 벤을 비버 가죽으로 만든 할아버지 모자에 덮여 거의 모습이 보이지 않는 난쟁이 피그미로 풍자하였다. 그들은 또 지나치게 멋을 내고 무관심하고 냉담한 해리슨을 키드 장갑을 낀 미지근한 사람으로 묘사하였다.

그렇다고 해서 해리슨에게 재능이 없었던 것은 아니다. 그는 지적인 사람으로 인디애나폴리스 변호사업계를 주도하는 변호사였고, 장로교회의 장로로서 주일학교에서 성경을 가르쳤으며, 남북전쟁 동안 많은 북부군을

---

3) Morris, *The Rise of Theodore Roosevelt*, 426쪽.
4) Miller, *Theodore Roosevelt*, 205쪽.

남부연합군의 손에서 구해내어 장군으로 진급하기도 했다. 과장되고 허풍이 심한 해리슨은 연설을 할 때마다 다른 사람의 적개심을 부채질했다. 그는 남북전쟁이 한창인 전장을 "충성하는 사람들의 피로 전장을 흠뻑 적시는"이라고 표현했고, 영국의 외교관들에 대해서는 "욕심 많은 탐욕자"라고 표현했다.5)

그는 개별적인 인간관계에서도 최악이었다. 그를 비판하는 사람들은 물론 심지어 그를 가까이서 지켜보며 보좌하는 사람들까지도 "그는 2만명의 군중을 매료시킬 수 있지만, 그들과 단 한 번 나눈 악수만 갖고도 그들 모두를 적으로 만들어 버리는 사람"이라는 데 동의했다. 그의 친구들도 그가 자신은 물론 다른 사람들에까지 무조건 높은 기준을 정해 놓고 결과가 예상과 다르면 이를 용납하지 않았기 때문에 그를 얼음장 같은 사람이라고 말했다. 자신들을 소개하려고 해리슨 주위로 모여든 사람들에게 해리슨을 잘 아는 어떤 사람은 이런 주의를 주었다. "그가 당신에게 무례하게 구는 것에 크게 신경쓰지 말라. 그는 늘 그런 식이다."6)

그는 열차로 선거운동을 하면서 종종 역으로 나와 연설을 하였는데 이 연설은 대중들로부터 큰 열광을 받았다. 그러나 거의 모든 사람들이 그와 악수만 하고 나면 아무말 없이 풀이 죽은 채 자리를 떠 버렸다. 문제를 감지한 그의 보좌관 중 한 명이 해리슨의 연설이 끝나기 무섭게 열차를 출발시켰다. 유권자들을 다 만나보기도 전에 서둘러 해리슨을 열차에 다시 태워 출발시키는 것에 대해 항의가 들어오자 그 보좌관의 대답이 이랬다. "나한테 항의하지 말라. 나는 내가 무슨 일을 해야 하는지 아는 사람이다. 벤저민 해리슨은 군중을 열렬히 환호하게 만든다. 그러한 그가 군중들과 악수를 나누었다가 그들을 냉담하게 만들어 버리기를 원치 않는다."

해리슨 행정부가 활동한 시기는 미국이 농업중심에서 산업중심의 경제구

---

5) Carraty, *The New Commonwealth*, 297쪽.
6) Boller, *Presidential Anecdotes*, 184쪽.

조로 바뀌고 있던 시기였다. 그는 이러한 성장에 대해 큰 자부심을 가지고 있었지만, 당시 대부분의 지도층들이 그랬듯이 그 역시 이러한 변화가 평범한 노동자들에게 어떤 영향을 미치는지에 대해서는 거의 알지 못했다. 산업자본주의의 경제적 실체와 그 결과에 안주해 있던 그는 자본가와 노동자 사이의 증가하는 갈등과 비인간성, 그저 최저한의 생계를 위해서조차 격심한 경쟁을 각오해야 하는 현실, 그리고 대부분의 미숙련 노동자들의 지루하고 힘든 일에 대해 거의 아는 바가 없었다. 그는 산업화의 진행과 함께 나타나는 이러한 계급간의 긴장과 갈등, 경제적 탈구현상, 고통 등을 줄이고 해소시킬 어떤 정책도 기획하거나 시행하지 못했다.

해리슨에 대한 평가를 쇄신하기 위해 몇몇 연구자들은 그가 대통령으로 있는 동안 트러스트, 관세, 그리고 금융에 대한 법을 만드는 데 서명을 하는 등 핵심적인 역할을 했다고 하면서 높은 점수를 주기도 한다. 그러나 사실 이러한 법을 만들 때 그가 한 일이라곤 말 그대로 서명뿐이었고 법을 만드는 데는 거의 관여하지 않았다. 심지어 그에 관한 전기를 쓴 한 인기작가도 "해리슨은 대통령으로서보다 사람으로서 더 위대한 것 같다"고 쓰고 있다.

벤저민 해리슨은 미국의 정치제도가 대변혁을 겪고 있는 시기에 백악관에 입성했다. 앤드류 잭슨(Andrew Jackson) 대통령 시기에 혁신적인 제도로 보였던 엽관제(spoils system)는 그 사이 보수주의자들의 든든한 방어벽으로 발전하여 이제는 개혁세력들의 표적이 되어 있었다.[7] 당의 지도부는 엽관제 같은 후원제도는 정치세계에서 모유(母乳)와도 같은 존재라고 고집했다. 노동자들 앞에서 일자리라는 달콤한 미끼를 들고 믿음직스럽게 유혹하지 않는 한 노동자 집단을 모아 자기 당에 유리한 유권자로 활용하기란 쉽지

---

7) 정치적인 변화에 대해서는 Carraty, *The New Commonwealth*, 제6장과 Wiebe, *The Search for Order*에 잘 설명되어 있다.

않았다. 따라서 각 당의 지도부는 우편사무원, 연방정부 공무원, 그리고 각 지도부에서 인정한 후보를 위해 선거에 임하는 주, 시, 지방 소속 노동자들의 힘이 무시하지 못할 정도로 막강해진 것을 알고 이를 재정비했다. 그들의 주 관심은 노동자들의 일을 얼마나 효율적으로 발전시킬 것인가에 있지 않고, 오로지 어떻게 하면 그들로부터 더 많은 표를 얻어낼 수 있는가에만 쏠려 있었다. 각종 후원금을 비롯한 기부금이 당의 정치자금으로, 선거자금으로 이용되었다. 뉴욕의 강력한 정치보스 로스코 콩클링(Roscoe Conkling) 같은 현실주의자들은 '우는 소리'로 끊임없이 요구를 해대는 개혁세력들이 "정당이라는 것은 단순히 바른 행동을 해서, 혹은 여성들의 순진한 요구에 의해, 혹은 과장된 열의에 의해 쉽게 결정되는 것이 아님을 전혀 이해하지 못했다"고 말했다.

1883년에 팬들턴 서정 쇄신법(Pendleton Civil Service Act)이라는 것이 제정되었다. 이 법은 정부 공무원을 선발할 때 노골적인 정치적 거래나 후원 개념의 엽관제 대신 공개시험을 치르게 하고, 나아가 공직희망자로 하여금 정당조직에 정치헌금을 내지 못하게 하여 당의 지도부 매파(媒婆)들이 선거운동을 위해 기존의 상황을 유리하게 이용하지 못하게 했다. 이 법은 기존의 여러 통로를 통해 자행되고 있던 다양한 갈취 현상을 원초적으로 막아버리는 것이었기 때문에 당 지도부로서는 새로운 수익원을 찾아나설 수밖에 없게 되었다. 동시에 이것은 선거운동 비용의 엄청난 증가를 의미했다. 빠른 경제적 성장과 유권자의 대대적인 확대 속에서 당시의 정치지도자들에게는 대중여론을 이끌어 가기 위한 보다 확고하고 정력적인 노력이 요구되었다. 여기에는 막대한 돈이 필요했고, 그래서 당시 정치가들은 점차 돈 많은 실업계 거물들에게 추파를 던졌다.

오래지 않아 미국 설탕회사(American Sugar), 스탠다드 오일회사(Standard Oil), 뉴욕 센트럴 철도회사(New York Central Railroad) 등과 같은 거대기업의 기부가 과거 (엽관제의 실시를 배경으로 하여) 공무원들에게서 받아내던 정치자금을 훨씬 능가해 버렸다. 상황이 이렇다 보니 정치지도자들은 남북 전쟁을 전후로 한 시기의 당파적인 정치 현상보다는 경제적 영향력을 발휘하는 쪽에 더 관심을 기울이게 되었다. 그들은 '설탕회사', '철강회사', '철도회사' 등을 이 나라 최고의 위원회를 대표할 만한 실체로 보았다. 그리고 이제 미국은 거대한 이익을 만들어 내는 데 주 관심을 갖고 있다고, 널리 그러나 암묵적으로 믿고 있었다. 그들은 정부의 최고 의무란 기업을 도와 최대한의 이익을 내도록 만드는 것으로, 가능한 한 간섭이 적은 상태에서 이익의 분배를 최소화하는 데 있다고 보았다. 기업인들은 펜실베이니아의 키이나 또 뉴욕의 콩클링을 계승한 톰 플랫(Tom Platt) 같은 당의 보스들과 손잡고 일을 꾸며 나갔다. 이쯤 되면 미숙한 형태의 정치자금성 뇌물이나 독직현상 같은 건 더 이상 문제가 아니었다. 당시 워싱턴에서 권력을 잡고 있는 당은 이전의 그 어떤 부정이득보다 훨씬 자주, 훨씬 대규모의 이득을 안겨줄 자리에 있었다.

이러한 이득 가운데 가장 최고가 보호관세였다. 거대기업은 고율 관세가 '미국적 체제'의 통합된 일부이며, 이 나라 경제의 지속적 성장을 위해 반드시 필요한 것이라고 보았다. 일반적으로 고율 관세는 아직 발달되지 못한 산업을 보호해줄 뿐 아니라 애국적인 처사로 간주되었다. 이것은 국내의 경제적 번영에 이바지할 뿐만 아니라 높은 생활수준을 약속해 주었기 때문이다. 당시 오하이오 주 연방 하원의원이자 오하이오 주 제조업자들의 대변인인 윌리엄 매킨리는 값싼 외제상품을 수입하려는 생각을 비판하고 이를 수치스러운 것으로 여겼다. 그는 "값싸다(cheap)는 말은 희망의 단어가 아니다. 이 말은 영감을 불러일으키는 고무적인 말이 아니다. 이 말은 가난을 상징한다. 그리고 이 말은 빈곤의 징후이기도 하다"고 말했다.

미국 도금시대의 사회적 가치를 누구보다도 가장 잘 대변해 주는 인물은 아마 메인 주의 제임스 블레인(James G. Blaine)일 것이다. 연방 하원의원으로 하원의장이며, 일류 상원의원으로 국무장관을 지냈으며, 여러 차례에 걸쳐 대통령을 꿈꾼 '깃털장식을 단 기사 같은 모습'(Plumed Knight)의 블레인은 공화당의 여러 위원회에서뿐만 아니라 국가 대소사에서 핵심적 인물이었다. 번뜩이는 눈매에 수많은 관객을 매혹시키는 목소리를 가진 매력적인 지도자 블레인은 거의 최근 30년 동안 유권자들의 표를 따라다니다 옆길로 샌 사람이었다.

거의 해마다, 선거가 있을 때마다, 그의 이름은 북소리와 같이 온 나라에 울려퍼졌다. "블레인! 블레인! 제임스 G. 블레인!" 그러나 그는 악한 사람은 아니었지만 다수의 미국인들에게 확신을 주지는 못했다. 블레인의 정치계에 대한 기여는 그가 기초한 법이나 의회활동을 통해 신중하게 관여한 여러 법안들에 있지 않았다. 그의 진정한 기여는 바로 공화당과 거대기업 사이의 관계를 돈독히 강화시킨 것이었다. 공화당의 발전과정을 보면 원 출발점이 되었던 서부 농업중심의 주를 근간으로 해서 발전해 나가기보다, 은행업자와 제조업자의 당으로 또 동부 도시를 대표하는 당으로 발전해 나갔는데, 바로 그 과정에서 큰 기여를 한 인물이 블레인이었다.

1884년 그로버 클리블런드는 간신히 블레인을 누르고 남북전쟁 이후 최초로 민주당 후보로 대통령에 당선되었다. 당시 공화당 대통령 후보 지명자(블레인)가 오점을 가진 인물이라는 평판을 두려워한 공화당내 개혁 세력들이 그들의 지지를 클리블런드 쪽으로 옮겼던 것이다8)〔당시 헨리 애덤스(Henry Adams)의 출판되지 않은 소설 *Democracy*에서 블레인은 타락한 연방 상원의원 랫클리프(Ratcliffe)로 등장한다〕. 대통령의 임기가 끝나갈 무렵 충실한 민주당원들의 충고를 무시한 클리블런드는, 고율로 유지되고 있던 관세를 엄청나게 인하하라는 요구를 들이댔다. 그는 특히

---

8) 블레인의 경력에 대해서는 Hofstadter, *The American Political Tradition*, 171~174 쪽. 특히 Josephson, The Politicos에서는 블레인이 핵심 인물로 등장한다.

대중국 관세장벽이 소비자들의 희생을 가중시킬 뿐만 아니라, 역시 트러스트의 성장을 돕는다고 역설했다. 그는 "불필요한 세금의 근원이 되고 있는 불완전하고, 불평등하며, 비논리적인 우리의 현재 관세법은 지금 즉시 개정되고 수정되어야 한다"고 선언했다. 거기에다 고율 관세는 정부에 자금의 과잉상태를 불러와 의회를 유혹해서 돈을 흥청망청 쓰게 만든다고 주장했다.

관세를 개혁하고자 하는 클리블런드의 기습적인 제안은 공화당의 입장에서 보면 그야말로 굴러들어온 복이었다. 공화당 지도부와 열성당원들은 이 기회를 놓치지 않았다. 클리블런드를 미국의 산업자본가들과 노동자들을 지배하려 하는 영국의 제조업자들과 산업가들을 좋아하는 자유무역업자로 몰아갔다. 이 상황에 대해 제임스 블레인은 기쁨을 감추지 못하고 "보호무역 정책으로 나간다면 우리에게 또 다른 대통령이 나올 수 있다"고 말했다. 분명 '깃털 장식을 단 기사 같은 모습의' 블레인이 그 자리를 노리고 있었음에 틀림없다. 그러나 그에 대한 일반 대중들의 평판이 공화당내 지도부들의 마음을 흡족하게 만들기는 그리 쉽지 않았다. 이를 알고 있었던 블레인은 이내 마음을 바꾸어 공화당 지명자를 찾는 데 관심을 집중했다. 스스로 킹메이커의 역할을 하기로 결심한 것이다. 말하자면 자신의 은혜를 흠뻑 받을 순진하고 변변치 않은 사람을 골랐고, 거기에 걸린 사람이 작고 소심한 벤저민 해리슨이었다.

해리슨이라는 이름에는 이 나라 미국의 기원이 스며 있었다. 미국에서 벤저민이라는 이름을 가진 해리슨 집안의 첫 조상이 1632년 버지니아에 정착했다. 그곳에서 벤저민 해리슨은 미국 최초의 의회인 버지니아 의회의 의원으로 활동했고 당시 미국 식민지에서 가장 큰 농장주의 한 사람이 되었다.[9] 그 후 해리슨 집안 사람들은 버지니아의 여러 크고 작은 일에서

---

9) 해리슨의 전기는 Sievers, *Benjamin Harrison* vols. 1, 2가 중심이다.

중요한 역할을 했다. 그들 중에서 벤저민 V. 해리슨은 독립선언서에 서명을 한 명사였다. 그의 아들 윌리엄 헨리 해리슨은 1811년 티페카누 전투에서 골칫거리였던 인디언 쇼니 족(Shawnees)을 이끄는 티컴서(Tecumseh)를 쳐부수고 국가적 영웅이 되었다.

윌리엄 헨리 해리슨의 자식 중 다섯번 째 아들인 존 스콧 해리슨(John Scott Harrison)은 1804년 인디애나 주 진세네스에서 태어났다. 당시 헨리 해리슨은 이곳에서 장교로 복무하고 있었다. 그 후 스콧은 오하이오 주에서 농장주로 대성공을 거두고, 1853년에서 1857년까지 새로 구성된 휘그당원으로 연방 하원에서 활동했다. 그러면서 그는 노예제도를 확대하고자 하는 모든 법안에 대해 극도의 반대를 표명하였다. 그는 1824년에 결혼했는데, 첫 아내가 병으로 죽고, 1831년에 엘리자베스 어윈(Elizabeth Irwin)이라는 여성과 재혼했다. 이 둘 사이에서 6명의 자녀가 태어났는데 그 안에 미래의 대통령이 들어 있었다(그러나 정작 스콧은 무시무시한 종말을 맞았다. 1878년 그가 죽은 후 무덤 도둑들이 무덤을 파헤치고 그의 몸을 훔쳤던 것이다. 도둑들은 그것을 신시내티에 있는 오하이오 의과대학에 팔았고, 그의 몸은 의과 대학생들에 의해 해부되었다. 스콧의 아들 중 한 명이 이 학교 의대생으로 이 해부실습에 참여하였는데, 시체 해부실 한쪽 옆에 로프에 걸려 달랑거리는 시체의 머리를 보고 자신의 아버지임을 확인했다. DeGregorio, *The Complete Book of Presidents*, 139쪽).

벤저민 해리슨은 1833년 8월에 신시내티의 아래쪽을 흐르는 오하이오 강 어귀의 노스벤드에 있는 증조할아버지의 집에서 태어났다. 얼마 후 그의 가족은 대통령에 당선된 할아버지 해리슨이 물려준 6백 에이커의 농장이 있는 더 포인트로 이사했다. 할아버지가 대통령에 당선되었을 때 벤저민은 일곱 살이었다. 성인이 된 벤저민은 농장의 허드렛일을 담당했다. 사실 벤저민은 말년에 자신은 도시생활보다 농촌생활을 더 좋아했다고 고백했다. 이곳 더 포인트에는 학교가 없었기 때문에 아버지 스콧 해리슨은 농장에 통나무로 교실 하나를 지어 자기 아이들과 이웃 아이들이 공부하도록 해주었다. 이 학교 최초의 교사가 된 해리엇 루트(Harriet Root)는 벤저민이 '지독한 고집쟁이'로 모든 걸 하고자 했다고 말했다.

그의 아버지가 경제적으로 어려움을 겪고 있던 시기에 해리슨은 1847년에서 1850년까지 신시내티에 있는 사립 아카데미에서 공부했다. 그곳에서 역사와 정치를 전공한 그는 평생 이 분야에 관심을 가졌다. 당시 그는 이곳에서 다음과 같은 식견을 피력했다. "여성에 대한 태도는 어떤 사회가 얼마나 진실한가를 판단하는 좋은 기준이 된다. 만약 우리가 여성들의 미래를 알 수 있다면 국가의 나머지 미래도 쉽게 판단할 수 있을 것이다'라고 말했다. 해리슨은 오하이오의 옥스퍼드에 있는 마이애미 대학 3학년으로 편입해서 2년 후 상위권으로 졸업했다. 졸업후 신앙심 깊은 젊은 해리슨은 법 분야와 목회직 사이에서 갈등을 겪다가 결국 법을 선택했다. 그 후 2년 동안 그는 신시내티에 있는 가장 주도적인 법률회사인 스토르와 귀네 (Storer and Gwynne) 법률사무소에서 일을 하면서 공부를 했다. 그는 1854년에 변호사 시험에 합격했다.

그 해가 다 가기 전에 해리슨은 자신과 같은 대학에 다닌 애인 캐롤라인 스콧(Caroline L. Scott)과 결혼했다. 그녀는 마이애미 대학 여성 아카데미 학장의 딸이었다. 그녀는 21세였고 그는 27세였다. 젊은 변호사는 인디애나폴리스에서 개업을 했다. 이곳은 빠르게 성장하는 서부도시였지만 그러나 그의 변호사 사무실에 고객은 많지 않았다. 후에 그는 "당시 내 사무실은 문을 닫았을 때가 많았다. … 단 5달러짜리 소송도 하나의 사건이었다"고 회고했다. 그러나 해가 지남에 따라 그는 인디애나폴리스에서 가장 잘 나가는 변호사의 한 사람으로 성장했다. 당시 한 이웃은 해리슨을 "친절하고, 사근사근하며, 세심하며, 겸손할 줄 아는 사람이다. … 그러나 나는 그가 성미 급하고 열의가 가득한 사람들과는 친한 관계를 유지해 가리라 생각하지 않는다"고 기억했다.

1856년 해리슨은 새롭게 만들어진 공화당에 입당해서 공화당 최초의 대통령 후보 지명자인 존 프리몬트(John Fremont)를 위해 선거운동에 가담했다. '정치에 대한 유혹'을 피하라는 아버지의 충고에도 불구하고 젊은 해리슨은 이듬해에 인디애나폴리스 시의 소속 검사에 당선되었다. 얼마 후 그는 주 대법원의 서기관으로 활동했으며 남북전쟁이 발발할 무렵 그의 능력과 성실성을 인정받았다.

1865년 7월에 해리슨은 인디애나 지원병으로 구성된 연대를 지휘하라는 명령을 받고 비록 당시 두 아이의 아버지였지만 이를 수락했다. 갓 만들어진 연대의 지휘관은 군사적 경험이 턱없이 부족했다. 그러나 그는 부하들을 채찍질하여 그들이 사실 그러하건 그러하지 않던 간에 군인 같은 모습으로 변모시켰다. 어떤 사람은 엄격한 훈련을 적용해야 했고, 어떤 사람은 애정으로 감싸야 했다. 그러나 해리슨은 정작 이런 일은 하지 않았다. 그의 얼음같이 차가운 태도와 터무니없는 행동 때문에 부하장교들은 물론 장병들도 그를 별로 좋아하지 않았다. 그러나 셔먼 애틀랜타 전투에서 여러 차례에 걸쳐 용감하게 수많은 남부연합군을 뚫고 군을 전투장소로 이동시킨 공로를 인정받아 해리슨은 육군준장으로 승진했다. 그 이후부터 그의 아내와 그를 지지하는 사람들은 그를 장군 해리슨이라고 불렀다.

전쟁이 끝나고 해리슨은 다시 주 대법원의 서기관으로 일하다가 곧 변호사 일을 했다. 전쟁중의 그의 업적, 정치적 연줄, 그리고 복잡한 문제를 단순하게 표현하는 요령 등에 힘입어 그는 인디애나 주에서 가장 촉망받는 변호사가 되었다. 그럼에도 불구하고 그는 일반적인 사회생활에서 늘 긴장상태에 있었고 편안하지 못했다. 또한 그의 차가운 태도는 좀처럼 허물없는 친밀한 관계를 끌어 내지 못했다. 골치를 썩히는 복잡하고 어려운 문제가 있을 때는, 거리에서 안면이 있는 사람도 알아보지 못하고 심지어 그들의 인사도 받아 주지 않은 채 그냥 지나쳤다. 그러나 일의 압력에서만 벗어나면 전혀 딴 사람으로 돌변했다. 그의 한 친구는 "그와 낚시여행을 떠날 때에는 술을 좋아하는 다른 사람들과 함께 아침에 위스키를 즐긴다. 그는 뒷주머니에서 씹는 담배를 끄집어 내 씹고, 물고기가 물리는 행운을 위해 낚시밥인 벌레에 침을 뱉고, 미끼를 물려다 도망친 물고기를 저주하는 욕설을 퍼부었다"고 쓰고 있다.10)

해리슨은 앤드류 존슨이 불운한 행정부를 이끌고 있는 동안 공화당 급진파를 지지하면서 여러 사람들을 위해 선거운동을 했다. 그러나 정작 자신은 당이 주지사로 공천을 하기 전인 1876년까지 어떤 정치적 자리를 위해 노력하지 않았다. 주지사에 출마한 해리슨은 링컨의 솔직담백한 태도에 감명을 받아 정치를 하기로 마음먹은 농부 출신의 '블루 진'(Blue Jeans) 짐 윌리엄스(Jim Williams)를 상대로 힘겨운 선거운동을 펼쳤지만 5천 표 차이로 패배의 쓴 잔을 마셨다. 1880년 공화당 전당대회에서 그는 연방군의 동료 장군 출신인 제임스 가필드(James Garfield)의 대통령 당선을 위해 적극적으로 활동하였다. 대통령에 당선된 가필드는 그에게 장관직을 제의했으나 해리슨은 이를 거절했다. 그는 이미 인디애나 주 입법부에 의해 연방 상원의원으로 당선되어 있었다.

상원에서 해리슨은 주제넘지 않은 겸손한 의원이었다. 일반적으로 당의 정통 노선에 따르면서도 그는 일정하게 '합리적'이라는 평판을 얻었다. 그는 합리의 사도요, 합리의 기념비였다. 그는 합리적인 보호관세, 합리적인 노동입법, 합리적인 철도입법, 그리고 연방군으로 퇴역한 군인들에 대한 합리적인 연금지급을 지지했다. 여러 보수적인 공화당원들과 달리 해리슨은 인디언 문제와 자작농장 소유자 문제에 대해 상당히 동정적이었고, 또한

---

10) Morgan, *From Hayes to McKinley*, 326쪽.

헌법을 근거로 들면서 중국이민을 배제하는 법안에 대해 거부권을 행사했다.

지나치리만큼 합리와 분별을 추구한 해리슨은 본질이 아닌 부차적인 문제에 더 많은 관심을 피력했다. 그는 펜들턴 서정 쇄신법에 적극 찬성한 반면, 정부 공무원 및 정부 고용인이 정치기부금에 대해 부정이득을 취하지 못하게 하기 위해 만들어진 법에는 노골적으로 반대했다. 그는 모든 사람은 그들이 원하는 대로 자신의 부(富)를 이용할 권리를 가지고 있다고 주장했다. 그는 미시시피 강의 항해를 개선하기 위해 연방자금을 쓰는 데 기꺼이 찬성했지만, 홍수통제나 간척사업 프로젝트에는 극구 반대했다. 그는 이러한 주장을 뒷받침하기 위해 헌법을 인용하였지만, 연방의회 속기록 페이지 페이지를 '박식하지만 무의미한 말들'(learned nonsense)로 가득 채워 갔다.11) 그러나 해리슨에게는 불행하게도 민주당이 주 입법부를 장악했다. 1887년에 그는 단 한 번의 선거에서 상원의원 재선에 실패했다. 그러나 그에게 이것은 문제가 되지 않았다. 이듬해에 제임스 블레인이 그를 공화당 대통령 후보로 선택했던 것이다.

1888년 선거에서 민주당이 대통령 후보로 다시 지명한 현직 대통령 클리블런드는 선거운동에 적극적으로 나서지 않았다. 적극적인 선거운동은 대통령의 권위와 위신에 관계되는 문제라고 생각했기 때문이다. 반면 해리슨은 인디애나폴리스에 있는 그의 안락한 집에서 소위 '집 현관'(front porch) 선거운동을 전개했다. 준비된 특별열차를 타고 수많은 유권자―퇴역군인, 흑인, 철도 노동자, 독일계 미국인―들이 인디애나폴리스의 대통령 후보자 집 현관에 도착하였다. 이곳에서 일시적으로 집을 떠난 유권자들은 해리슨 측으로부터 융숭한 대접을 받았다. "나는 진정 여러분을 존경합니다. 나는 여러분에게 깊은 관심을 가지고 있습니다. 유색인 여러분 … 여러분은

---

11) Carraty, *The New Commonwealth*, 296~297쪽.

이 공화국의 열차가 전진하도록 근본을 깔아 주었습니다. … 나의 독일계 미국인 친구 여러분, 여러분은 이 나라를 사랑하는 진정한 국민입니다." 해리슨의 선거운동은 이런 식으로 계속 진행되었다.12)

해리슨이 상투적인 말로 선거운동에 임하는 동안 토머스 플랫(Tomas Platt)과 마태오 키이를 비롯한 공화당의 다른 보스들은 그를 대통령으로 당선시키기 위해 본격적인 작업에 착수했다. 보호관세를 공격한 클리블랜드는 거대기업과 주식회사에 대한 공격자로 대변되었다. 따라서 기업인들은 자연히 공화당 후보 쪽으로 모여들었다. 공화당 지도부는 자금과 후원을 확보하여 대세를 확고히 다지기 위해 당시 미국 최고의 은행업자인 리바이 머턴(Levi P. Morton)을 공화당 부통령 후보로 삼았다. 자신의 경력에 정치 고위직을 더하고 싶었던 필라델피아 최고의 상인인 백화점 소유주 존 워너메이커(John Wanamaker)는 해리슨을 위해 기업가들에게서 헌금을 거두어들이는 일을 도맡았다. 해리슨 선거본부의 재정담당 책임자로 워너메이커는 기업방식을 정치현장에 적용시켜 상당한 성공을 거두었다. 그가 착수한 첫 번째 일은 모임 하나를 만들어 필라델피아의 주도적인 기업인 10명을 초대하고 이들에게 당의 금고에 각각 최소 10,000달러씩을 기부하게 하는 일이었다. 워너메이커 자신은 가장 먼저 50,000달러를 기부하여 당의 금고를 두툼하게 했다.

워너메이커는 미국의 주요 산업자본가들에게 공화당이 백악관을 탈환하게 되면 받게 될 이익과 혜택에 대해 널리 알렸다. 이에 자본가들은 해리슨의 승리로부터 보장받을 수 있는 이익의 일부를 기꺼이 기부하고자 했다. 온 나라가 지역별로 조직되어 선거자금 모금은 더욱 효과가 있었다. 오하이오 서부지역의 클리블랜드 시에서 활동하는 유명 사업가인 마르쿠스 한나(Marcus Alonzo Hanna)는 순식간에 백만 달러를 모금했다. 뉴욕에서 톰

---

12) *Ibid.*, 297~298쪽.

플랫은 자본가와 기업가들을 모아 놓고 10만 달러짜리 수표 다발을 들고 이리저리 돌아다녔다. 이렇게 해서 모금된 돈은 엄청나서-총액이 400만 달러 가까이 되었다-1888년 선거는 정치적 뇌물선거로 알려지게 되었다. 이에 비해 민주당이 모금한 돈은 공화당 기금의 1/4도 못 되었다. 공화당과 거대기업의 결탁은 서로에게 대성공을 가져다주었다.

도대체 이 엄청난 자금을 가지고 무엇을 했는가? 물론 선거에 필요한 일상적인 비용-선전물 인쇄비, 각종 연설문 및 자료에 대한 편집 보조비, 그리고 유권자들을 인디애나폴리스로 초대한 여행 경비 등-이 있었다. 공화당원들은 보호관세에 적극 찬성하는 홍보를 펼치면서 이를 반대하는 클리블런드를 맹공격했다. 또한 그들은 남북전쟁 당시 노획한 남부연합의 전쟁 군기를 남부 주들에게 돌려주고자 하는 클리블런드의 계획과 퇴역군인들의 연금 인상에 연방의 잉여자금을 사용하도록 하는 법안에 대해 그가 거부권을 행사한 것에 대해 맹공격을 했다. 공화당원들은 미국주재 영국대사인 라이오넬 색빌 웨스트(Lionel Sackville West) 경을 매수하여 클리블런드가 이중적이며 국민들을 잘 속이는 사람이라는 글을 쓰도록 했다. 그리고 이 글을 수만 부씩 복사하여 전국적으로 뿌렸다. 영국관리가 미국인들에게 보내는 형식의 이 충고의 글은 민주당을 지지하는 여러 아일랜드계 유권자들을 분노케 하였고, 여러 사람이 해리슨에게 표를 던졌다.

자금의 상당 부분은 비공개 운영비로 책정되어 표를 매수한다든가 하는 일에 쓰였다.[13] 여기에다 기업인으로서 정치에 임하는 사람들이 그야말로 아낌없이 솜씨를 발휘했다. 최고 입찰자에게 표를 팔고자 하는 부동표를 사들였으며, 일찌감치 투표를 끝낸 후 종종 두 번 이상 투표하는 부정투표자들을 이용하는 행위가 비일비재했다. 심지어 그들은 유권자가 해리슨에게 투표하는 것을 보고 나서야 그들에게 돈을 지불하기까지 했다.

---

13) Josephson, *The Politicos*, 430~433쪽.

해리슨의 고향인 인디애나 주에서는 특별히 추잡하고 노골적이었다. 이곳에서 마테오 키이는 공화당의 승리를 보장해줄 핵심 주에 그의 펜실베이니아 도당들로 이루어진 충성파 지지자들을 열차에 가득 실어 오게 했다. 연방군 출신으로 한쪽 다리를 잃은 퇴역군인인 더들리(W. W. Dudley) 대령은 인디애나주 공화당 도당들의 보스로, 또 공화당 전국위원회 출납 당당관으로 일했다. 그는 자신의 영향력을 이용해 부동표들을 움직이게 했다. 인디애나 주의 부동표는 약 2만 표 이상 되는 것으로 추측되었다. 이들 중 거의 대부분이 매수되었는데, 금화로는 15달러, 달러 지폐로는 20달러에 이 표들을 사들였다. 더들리는 자기 보좌관에게 "부동표 유권자를 다섯 단위로 나누라. 그리고 이 다섯 단위의 표를 확보하기 위해 필요한 자금을 가장 신뢰할 만한 사람에게 건네주라. 그에게 책임을 지워 모든 부동표를 우리 표로 만들라"고 지시했다. 당시 이러한 상황은 너무나 일반적이어서 심지어 선거당일 선거감시인이 경찰이 쳐놓은 저지선을 넘는다고 외쳤을 때 이를 신경 쓰는 사람은 아무도 없었다. "투표를 끝내고 나서 다시 투표를 하려는 사람이 얼마나 되겠는가?" 하며 무관심했다.[14]

이렇게까지 했음에도 불구하고 인디애나 주에서 더들리의 부하들이 해리슨에게 가져다준 승리는 아슬아슬한 것이었다. 표를 사는 데 거의 70만 달러를 뿌렸음에도 불구하고 더들리는 단지 2,300표 정도를 더 얻었을 뿐이다. 다른 중요한 격전지인 뉴욕은 톰 플랫이 태머니 홀의 표를 살 수 있다는 전망 하에 여러 공작을 벌였기 때문에 압도적인 승리를 기대했지만, 결과는 총 130만 표에서 해리슨이 12,000표만 더 얻었을 뿐이다. 공화당이 그토록 전력을 기울였건만 이 두 주에서 해리슨은 선거인단투표에서 간발의 차로 승리했을 뿐이고 일반투표에서는 클리블런드에게 패배했던 것이다.

할아버지가 미국 대통령으로서 선서를 한 지 정확히 48년이 지난 1889년

---

14) Miller, *Stealing From America*, 254쪽.

4월 3일, 손자 벤저민 해리슨이 미국 대통령에 취임했다. 비가 많이 내렸지만 아무 것도 쓰지 않은 채, 키는 작았지만 똑바로 서서, 마치 멀떠구니를 내밀며 우는 집비둘기처럼 입을 내밀고 앞으로 장장 1시간이나 계속될 취임식 연설을 시작하였다. 이 연설에서 그는 이 나라를 이야기하면서 "너무나 위대하고, 기쁜 나날이 기대되며, 기업인은 물론 노동자에게도 얼마나 풍요로운 미래가 기대되는지"에 대해 말했다. 그러나 해리슨을 따라 워싱턴으로 떼지어 모여든 공화당 패거리들의 머리에는 국가의 미래에 대한 보다 초보적이고 간단한 전망이 들어 있었다. 그들 중의 한 사람이 말했다. "하나님은 더 많은 이익을 가져다줄 거야."

공화당은 자당 후보를 백악관으로 보내준 대가로 당의 모든 정파의 요구에 부응하겠다고 약속했다. 동부 실업가들에게는 고율 관세를 약속했고, 클리블런드 대통령의 거부권 행사에 몹시도 화를 내고 있었던 연방군 퇴역군인들에게는 더 많은 연금과 자유로운 연금을 약속했다. 또 농업지역에서는 농산물 가격을 상승시켜줄 것이고, 개혁가들에게는 공무원의 역할을 확대하여 시민봉사를 강화할 것이며, 선거를 도와준 이권운동가들에게는 일자리를 약속했다. 이러한 것들이 곧 이루어질 것이라고 약속했다.

여러 신문의 시사만화가들은 새로 임명된 체신장관 존 워너메이커를 체신부의 여러 공직을 매매하는 인물로 풍자했는데, (공직의 정도를 재기 위한) 줄자를 들고 '돈'을 요구하는 모습을 하고 있었다. 해리슨은 '완전히 예외 없이' 펜들턴 법을 집행하겠노라고 선언했지만, 이미 공화당은 공무원 직책 사냥을 시작하고 있었다. 워너메이커는 제4종 우편물을 운반하는 약 3만에 달하는 공무원을 모조리 해고하고 그 자리를 공화당원이나 공화당 동조자들로 채웠다. 개혁가들의 비위를 맞추기 위한 선물로서 새로 임명된 사람들은 정권이 바뀌더라도 민주당에 의해 해고당하지 않을 것이라는 확신을 받으면서 국가 공무원 자리에 임명되었다. 이 시기 워너메이커와 공무원위원회의 의장으로 임명된 시어도어 루즈벨트 사이의 갈등은 어쩔 수 없는 것이었다. 결국 해리슨의 임기 동안 내내 그들 간의 내분은 끊이지 않아 충돌이 계속되었다. 원래 루즈벨트는 선거운동을 해준 대가로 해군차관 자리를 기대했었다. 루즈벨트를 잘 알고 있고 또 그에게 이 직책을 주게 될 것이라고 말한 블레인은 밤새 잠을 이룰 수 없었다. 왜냐하면 블레인이 루즈벨트는 이 자리를 담당할 수 없다는 것을 확인했을 때에도 루즈벨트는 이 자리를 위해 무엇인가를 열심히 했기 때문이다.

부자로서 해리슨 내각에 가담한 것은 워너메이커만이 아니었다. 여러 산업계와 실업계 대표들이 해리슨 행정부에서 요직을 꿰찼다. 그 결과 그의 행정부는 '실업가 내각'으로 알려졌다. 짐 블레인은 국무장관을 요구했고 행정부 내에서 막후 영향력을 행사하는 역할을 당연하게 여겼다. 버몬트주의 최고 대리석업자인 레드필드 프록터(Redfield Proctor)는 전쟁장관에 임명되었다. 해리슨의 변호사 동업자였던 윌리엄 밀러(William H. H. Miller)는 법무장관에 임명되었고, 톰 플랫은 재무장관 자리를 원했지만 해리슨으로부터 무시당했다. 대신 그를 달래고 위로해 준다는 차원에서 플랫의 변호사 동업자인 벤저민 트래시(Benjamin F. Tracy)를 해군장관에 임명했다. 그러나 원하던 것을 얻지 못한 서운함을 못내 풀 길 없던 플랫은 앞으로 대통령이 되는 "오하이오 출신 사람들을 다시는 신뢰하지 않을 것"이라고 말했다.15)

해리슨 행정부의 탄생에 절대적인 역할을 한 산업계 대표들은 내각에서 자리 몇 개를 차지한 것으로는 결코 만족하지 않았다. 그들은 실질적으로 권력의 핵심이 되는 자리를 차지해 나갔다. 부유한 사람들이 연방 상원의 다수를 점하게 된 것은 물론 중요 요직을 차지함으로써 연방 상원은 마치 백만장자 클럽으로 보였다. 캔자스 주에서 활동하고 있던 신문편집자인

---

15) Josephson, *The Politicos*, 439쪽.

윌리엄 알렌 화이트(William Allen White)는 "지금의 상원의원들은 어떤 주 그 이상을, 어떤 지역 그 이상을 대표하고 있다. 그들은 실업가의 주권과 힘을 대표하고 있다"고 평했다. 당시 주의회 역시 거의 모두 돈으로 좌우되는 입법부로서 편협한 보스들의 통제정치로 일관되었다. 이런 현상은 1913년 새로운 상원이 탄생하기까지 계속되었다. 로드아일랜드 주 연방 상원의원인 넬슨 올드리치(Nelson Aldrich)는 동부의 부자들과 보호관세를 옹호하는 대변인과 같은 역할을 했다. 캘리포니아 주 상원의원인 조지 허스트(George Hearst)는 은광업자들의 이익을 우선하고 캘리포니아는 그 다음이었다. 천시 디퓨(Chauncey Depew)는 밴더빌트(Vanderbilt) 철도 회사의 이익을 대변하는 사절과도 같았다. 마태오 키이는 펜실베이니아 제조업자들의 요구를 해결해 주는 해리슨 행정부의 실력자였다. 이리하여 당시 약 24명에 달하는 실업계와 산업계의 고관대작들이 연방 상원에서 중요 자리를 확보하고 있었다.

대통령직을 차지하여 백악관을 장악하고 14년 만에 처음으로 상하양원에서 다수당을 차지하게 된 공화당은 즉시 멋대로 일을 처리하면서 정부에 남아 있던 잉여자본을 모조리 써버렸다. '남북전쟁 당시 연방군인 북군'(boys in blue)에 대한 약속을 잊지 않고, 의회는 그가 어떤 불구건, 그의 불구가 군사복무와 관계 있건 없건 북군 출신의 모든 퇴역군인에게는 연금을 지급했다. 북군을 가족으로 둔 과부, 고아, 혼자 살게 된 부모들 역시 연금을 받았다. 연금지출은 단 1년 만에 9천 8백만 달러에서 1억 5천 7백만 달러로 급상승했다. 강과 항구의 개량사업, 연안 방비사업, 새로운 공공건물 조성, 정부에서 주는 선거자금 및 선거보조금 역시 정부자금을 축내는 데 일익을 담당했다. 따라서 정부의 잉여자본은 순식간에 4월의 태양 빛에 눈 녹듯 녹아 없어졌다. 워싱턴 전역에서 공화당원들은 그들의 잔을 들어 비슷한 건배를 했다. '연방군과 정부 지출금'을 위하여.

이러한 무모한 재정 지출로 인하여 제51차 의회는 10억 달러 의회(Billion Dollar Congress)로 불렸다. 그러나 최근 당선된 하원의장 토머스 리드 (Thomas B. Reed)는 보다 큰 사회적 가치를 위해 많은 돈을 기부하고 대중들의 권리를 신장시키겠다고 하면서 다음과 같이 말했다. 미국은 "10억 달러 나라다."

리드는 미국 정치사 안에서 아주 매력적인 인물 중 한 사람이었다. 6피트 이상의 키에 약 300파운드에 달하는 몸무게를 가진 리드는 깨끗하게 면도를 한 아기 같은 얼굴을 하고 있었다. 뉴잉글랜드판 부처 같은 분위기를 풍기는 그는 의회에서 아주 유능한 토론가로서 냉철한 풍자가로 유명했다. 언젠가 한 의원이 자신은 대통령보다 훨씬 정직하다고 주장했을 때, 이 하원의장은 다음과 같은 말을 했다. "진정 정직한 사람은 누구와 비교하는 것 등에 마음 졸일 필요가 없다. 정직한 사람은 마음을 졸이지도 않을 것이다." 또 다른 의원이 어떤 안건을 내놓으면서 "저기, … 생각건대, 하원의장님, 제 생각으로는…" 하며 주저주저했을 때, 리드는 "훌륭한 목적과 과정을 가진 새 제도에 대해 방해를 할 사람은 없습니다"라고 말했다. 의회에서 민주당 출신 의원들이 출석을 통해 정족수를 막아 공화당이 발의한 법률안을 무조건 차단시키려 했을 때 리드는 냉정하게 그들름을 '투표 방해자'로 기록하도록 했다.[16]

대통령과 퍼스트 레이디 해리슨 부인은 백악관이 누추하고 2류급 호텔에 지나지 않는 분위기에 휩싸여 있다는 것을 알았다. 그들의 눈에 비친 백악관은 그야말로 인디애나폴리스에 있는 그들의 집보다도 못했다. 일상사에 대한 처사는 너무하다싶을 정도로 무신경하였다. 청소도구를 옮기는 사람이나 온실에서 가져온 식물을 관리하는 사람들은 방문객 앞을 마음대로 돌아다녔다. 백악관의 음향장치는 어찌나 형편없던지 리셉션에 참가한 손님들은

---

16) 리드에 대해서는 Tuchman, *The proud Tower* 제11장에 잘 언급되어 있다.

마린 밴드의 소리를 거의 들을 수 없었다. 퍼스트 레이디인 캐롤라인 해리슨은 백악관에서 지낸 첫 1년 동안은 쥐를 잡는 데 거의 대부분의 시간을 낭비했다. 쥐가 떼를 지어 백악관 여기저기를 돌아다녔고 모든 것을 먹어 치웠다. 그녀는 쥐와의 전쟁을 위해 의회에 35,000달러의 비용을 청구해 받아 냈다. 백악관 주방의 바닥과 벽은 망가질 대로 망가져 결국 쥐와 벌레들을 잡아 없애는 과정에서 다시 만들어졌다. 쥐 문제는 백악관의 주인이 바뀌어도 여전히 골칫거리였다. 클리블런드의 2차 임기 동안 백악관에서 일하던 한 관리는 "큰 쥐가 카나리아 새의 새장을 부수고 연약한 작은 카나리아를 죽이는 것을 보았다"고 말했다(Billings, "Social and Economic Life in Washington in the 1890's," *Records of the Columbia Historical Society of Washington, D.C.*, 1966~1968). 백악관의 낡은 전기선을 새롭게 정비했지만, 해리슨 부부는 안심하지 못하고 관리자가 스위치를 끌 때까지 불을 켜 두었다.

해리슨은 인간적인 따뜻함과 서민적 감각이 워낙 부족했기 때문에 대통령으로서 그에게 가장 잘 어울리는 것은 역시 행정부 일이었다. 그러나 행정부에서 그가 하는 일이란 주고받는 정치(give and take of politics) 그 이상도 그 이하도 아니었다. 그는 관료정치를 하면서 지엽적인 일에는 훤하였다. 여러 행정부서의 새로운 스타일의 필적에 대해 많은 정보를 가지고 있었고 이에 몰두했다. 특히 연금국(Pension Bureau)의 체계와 질서에 관심을 내보였고, 인사에서는 절차상의 문제에 관심을 쏟았다. 그 결과 해리슨 정권 당시 행정부에 의해 발의된 법안들이란 하나같이 사소한 것들밖에 없었다.

대통령 집무실을 방문한 사람들은 오랫동안 머물지 않는 한 해리슨으로부터 좀처럼 의자에 앉으라는 요청을 받지 못했다. 대통령은 이런 시간을 낭비로 느끼고 짜증을 확실히 표현했다. 이것은 해리슨이 의원들을 대면하는 아주 나쁜 버릇 중 하나였다. 해리슨은 집무실을 방문한 한 상원의원에게 인사를 하면서, 팔목에 있는 시계를 확인하고 책상 위에 놓인 한 뭉치의 서류를 가리키며 이렇게 말했다. "나는 이 모든 서류를 살펴보아야 한다. 그리고 2시에는 낚시를 가기로 했다." 그러고는 딱 소리가 나게 시계를 닫고 방문자가 용무를 말하기를 무표정하게 기다렸다.[17]

사소하기 짝이 없는 것에 관심을 집중하는 강박관념, 대통령으로서의 권위 행사에서 보이는 무능, 어쩔 수 없이 궁여지책으로 권위를 행사하는 태도, 과도한 초과 근무 경향, 속좁고 무뚝뚝한 성격 등은 해리슨이 발휘하고자 했던 지도력을 보잘것 없게 만들어 버렸다. 예를 들면 이런 식이었다. 그는 어떤 부탁과 요구를 들어주기는 했다. 그러나 한 입회자의 말에 따르면, "마치 그 부탁을 들어 주지 않는 것 같은 부정적인 방식으로 이를 들어주었다." 반면 국무장관 블레인은 마치 자기가 호의를 배푸는 당사자나 되는 것처럼 그런 부탁들을 들어주지 않았다.[18] "대통령은 상하 양원의 의원들 모두로부터 전혀 인기가 없었다"고 하면서 법무차관인 윌리엄 태프트는 이렇게 표현하였다. "의원들을 다루는 그의 태도는 유쾌한 분위기를 자아내지 못했고 분위기를 띄우지도 못했다. 그와 대화를 하다 보면 의원들은 거의 미칠 지경이 된다."

해리슨 부부는 둘 다 허물없이 터놓고 이야기할 수 있는 사회성이 풍부한 그런 사람들이 아니었다. 그들이 그나마 약간이라도 사교성을 발휘한 때는 공식적인 상황에서 꼭 사교성을 발휘해야 할 때뿐이었다. 대통령은 시간이 한가하면 주로 백악관 정원을 거닐거나 마구간을 살피고, 라파이에트 광장을 거닐고, 펜실베이니아 거리를 따라 즐비하게 늘어선 상점들의 유리 안을 들여다보면서 보냈다. 워싱턴을 관광하는 사람들이 거리에서 종종 그를 알아보았다. 산책을 할 때 그는 주로 영국 빅토리아 여왕의 부군 앨버트 공(Prince Albert)이 하는 것처럼 단추를 꽉 조여 옷을 입고 키드

17) Morgan, *From Hayes to McKinley*, 329쪽.
18) Josephson, *The Politicos*, 437쪽.

가죽장갑(kid gloves)을 끼고 접어 올린 우산을 들고 돌아다녔다. 그를 알아보고 시민들과 관광객들이 인사를 보내도 그는 좀처럼 관심을 보이지 않았다. 나는 이러한 해리슨과는 너무나 대조적인 사람을 경험한 적이 있다. 워싱턴에서 대학생활을 보내고 있을 때인데, 나는 아침 일찍 산책을 하고 있는 트루먼 대통령을 보았다. "좋은 아침입니다. 대통령 각하" 하고 말을 건네자 그는 곧바로 활기찬 목소리로 "좋은 아침입니다"라는 인사와 함께 들고 다니는 지팡이를 기운차게 흔들어 인사를 했다. 해리슨은 워싱턴 산책 후 백악관으로 돌아올 때면 신문기자들에게 인사를 하며 "나의 감옥이네"라고 말했다.19)

해리슨이 지도력을 거의 발휘하지 못하는 동안 그의 행정부는 세 가지의 중요 법률안을 통과시켰다. 우선 대중들의 압력 속에서 당시 미국 경제를 좌지우지하고 있던 독점과 트러스트의 힘을 약화시키고 차단시키고자 하였다. 이런 분위기 속에서 의회는 1890년에 셔먼 트러스트 금지법(Sherman Antitrust Act)을 통과시켰다. 이 법은 어떤 기업이 합병을 통해 거래를 억제하는 행위를 불법으로 규정하고, 독점을 조장하는 그 어떤 시도도 불법으로 규정했다. 또한 이 법은 이 법의 집행권을 연방법원에게 주었다. 그러나 몇 년 전에 철도회사를 규제하기 위해 만들어진 주간통상법처럼 기업가형 정치가들은 이 법을 대수롭게 여기지 않았다. 규제가 엄격히 시행되지 않는 데 대해 불만을 품은 사람들의 비위를 맞추기 위한 던져준 단순한 선물 정도로 생각했기 때문이다. 그런데 이 셔먼법은 오히려 기업인들 쪽에 이용되어 기업인들이 노동자조직을 상대하는 효과적인 무기가 되었다. 가공 인물인 아일랜드인 술집주인이자 비판적인 정치철학가 '둘리 씨'(Mr. Dooley)는 이를 두고 "평범한 사람들에게는 장벽과 같이 보이는

19) Morgan, *From Hayes to McKinley*, 395쪽.

것이 기업에 소속된 변호사에게는 승리의 아치와 같았다"고 말했다.

의회는 역시 셔먼 은 매입법(Sherman Silver Purchase Act)을 통과시켰다. 오하이오 주 연방 상원의원으로 형인 존 셔먼(John Sherman)과 아우 셔먼 장군은 중요한 법률안에 자신들의 이름을 붙이는 능력을 발휘했다. 농산물 가격이 오르기를 학수고대하는 농민들과 부채가 많은 채무자들은 경제를 활성화시켜 통화량의 증가를 가져오게 하기 위해 은화의 자유 주조와 같은 통화 인플레이션 정책을 수년 전부터 요구해 오고 있었다. 이것은 유통통화 량의 증대를 가져와 달러 가치를 하락시켰으며, 결국 가치가 하락된 돈으로 담보와 다른 부채를 상환하기 쉽게 만들어 주었다. 이 '은화의 자유롭고 무제한적인 주조'는 은광업자들로부터 적극적인 지지를 받았다. 그러나 건실한 통화제도를 바라는 사람들은 "정부가 은을 매입하고 금으로 지불해 주는" 이 일을 위험스러운 급진주의로 여기고 이를 거절했다.

정부가 직접 나서서 매달 확정된 양만큼의 은을 구입하도록 하고 금이나 은으로 이를 보상해 주는 셔먼 은 매입법은 타협의 산물이었다. 그러나 이것은 경제의 활성화라는 측면에서 별 효과가 없었다. 사실 이 법은 1888년 해리슨의 당선을 위해 '돈'을 내놓은 사람들에 대한 대가로서 보호관세를 통한 관세인상을 요구하는 서부 출신 의원들의 지지를 얻기 위해 부분적으로 만들어졌던 것이다.

오하이오 주의 윌리엄 매킨리(William McKinley)에 의해 만들어진 것으로 나폴레옹의 보호무역과 같은 이 보호관세법은 당시의 경제 현상에 새로운 개념을 제공해 주었다. 이것은 미국의 산업을 보호해줄 뿐 아니라 배제의 도구로서 작용했다. 관세가 너무 높게 책정되어 어떤 외국상품은 미국으로 들어올 수가 없었다. 이 매킨리 관세법에 의해 미국 내의 유아단계에 있던 산업들이이 보호를 받았을 뿐 아니라, 심지어 미국에서 생산되지 않는 주석 같은 상품의 경우에는 수입 규제비율이 정해져 있었다. 이는 미국

투자자본가들에게 외국상품의 경쟁력에 대해 걱정함이 없이 과감하게 새로운 산업을 설립할 수 있도록 해주었다. 따라서 이 매킨리 관세법은 독점주의자들에게는 마음대로 먹을 수 있는 점심과도 같은 것이었다.

그러나 역설적이게도 국무장관 블레인은 고율 관세에 의한 보호무역 장벽에 반대한 사람 중 한 명이었다. 외교업무를 다루는 블레인은, 특히 라틴아메리카와의 관계에서 그가 보여준 입장은, 뚜렷한 차이점을 볼 수 없는 해리슨 행정부에서 두드러지게 독특한 측면을 보여주는 것이었다. 초기의 보호무역주의적 견해에도 불구하고, 국무장관으로서 그는 외국과의 통상 확대를 희망했고, 이 때문에 그는 국제아메리카공화국사무국(International Bureau of the American Republics) 지도자로도 일하였다. 얼마 후 이 단체는 범아메리카연방(Pan American Union)으로 바뀌었고 지금은 아메리카국가협회(Organization of American States)로 되어 있다.

블레인은 관세품목들을 정해 자유무역을 행하지 않는 것은 남아메리카와의 무역에서 미국에 손해를 주는 조치라고 항의하였다. 그는 목장주로 이루어진 유권자들이 던져주는 얼마 안 되는 표로는, 비싼 값에 신발을 사야 하는 소비자들의 잃어버리게 될 표를 보충할 수 없다고 경고했다. 그는 "이런 보호무역조치는 공화당을 정권에서 밀어내게 될 것이다"라고 경고했다.[20] 곧바로 블레인은 선견지명이 있는 사람임이 입증되었다. 매킨리 관세법이 발효되자마자 즉시 가격이 상승했고, 이것은 1890년 중간선거에서 하나의 정치적 혁명을 불러일으키는 거대한 항의를 가져왔다. 연방 하원에 민주당 출신이 235명이 의원으로 당선된 데 비해 공화당 출신 당선자는 88명에 불과했다. 연방 상원에서는 다수당이었던 공화당이 극서부 지방에서 여덟 개의 의석을 상실했다. 윌리엄 매킨리는 이때 낙선된 사람 중 한 사람이었다.

---

20) *Ibid.*, 338쪽.

임기의 절반도 지나지 않아 해리슨은 이미 불신을 받기 시작했다. 매킨리 관세법에 엄청난 비난이 쏟아지는 사이 대통령 해리슨은 당시의 대중적인 바램과 분위기와 적절히 조화를 꾀하는 정치를 펴지 못했고, 결국 정치와 사회의 여러 불안 요소 속에서 지도력 발휘에 실패했다. 농축산물 가격의 하락, 가뭄, 과잉생산, 고율의 관세, 고율의 금리 등에 남서부 지방의 농민들과 목동들은 크게 분노했다. 이러한 상황을 배경으로 하여 일종의 반란적인 신 정당이 탄생하였다. 바로 민중당(Populist Party)이 그것이다.

이것은 과거에 나타났던 정당과는 달랐다. 민중주의는 농민들 외에 불만을 품은 다른 집단의 지지도 확보했다. 즉, 사회주의자, 여성유권자, 단일 물건 과세제의 찬성자들, 그리고 은화의 자유주조를 옹호하는 사람들이 민중당으로 들어왔다. 심지어 여기에는 남부의 완고한 보수주의자들의 기본 틀을 깰 수 있는 흑인들의 인종적인 선(racialline)을 넘나드는 시도가 있었다. 1890년에 새로운 정당은 남서부의 12개 주를 휩쓸었다. 이는 다가올 1892년 대통령선거에서 중요 변수로 작용할 것이었다.

해리슨의 정치운명은 쇠약해져 가는 당과 운명을 함께하였다. 비록 돈이 많이 들어가는 공화당 주도의 프로그램들이 진행되고 있었지만 민주당이 연방 하원을 압도하게 되자 공화당은 여러 면에서 입법활동의 주도권을 장악할 기회가 없어졌다. 거기에다 대통령 해리슨은 논공행상을 놓고 플랫과 키이 사이에서 갈등을 겪고 있었다. 이 두 핵심 참모는 대통령을 뒷전으로 밀어둔 채 일을 처리하는 경우가 많았다. 이런 상황을 본 한 전문가는 다음과 같은 말을 했다. "위협은 없었다. 공개적인 반대도 없었다. 그러나 해리슨 대통령은 수레바퀴가 돌아가지 않는다는 것을 갑자기 깨달았다. … 각종 인사 과정이 삐꺽거렸다. 행정부서는 기능을 발휘하지 못했다. … 남아 있는 것은 천천히 움직이는 타성뿐이었다."21)

---

21) Stoddard, *As I Knew Them*, 178쪽.

해리슨에 대한 신뢰를 바닥으로까지 떨어뜨린 가장 심각한 사건은 공화당 원인 하버드 대학 총장 찰스 엘리어트(Charles W. Eliot)가 탈당 후 민주당에 입당한 것이었다. 그는 자신이 당을 바꾸는 이유로서 매킨리 관세법, 낭비하는 연금, 공무(公務)에 대한 해리슨과 클리블랜드의 차이 등을 들었다. 상황을 감지한 해리슨은 그의 임기 말에 은퇴를 계획했다. 그러나 재지명에 대한 강한 반대가 오히려 그로 하여금 다시 한 번 대통령후보가 될 것이라고 선언하게 만들었다. 게다가 그는 재지명을 포기할 경우 "정치적으로 소심한 사람으로 낙인 찍히게 되지나 않을까 두려워했다."[22] 병든 그의 아내 캐롤라인 해리슨은 "왜 그러세요. 장군? 당신을 위해 많은 사람들이 그렇게 애를 쓰고 있는데, 왜 그러세요?"라고 말했다.

해리슨은 대통령후보자 결정선거 1차전에서 후보로 결정되었지만, 경쟁 자였던 블레인과 매킨리를 선택한 표들은 해리슨이 본선에서 실패할 수밖에 없음을 알고 있었다. 민주당은 클리블랜드를 대통령 후보로 다시 지명했다. 선거는 점강적으로 진행되었다. 클리블랜드는 일반투표에서 46.1%인 약 5백 5십만 표 이상을 얻고, 선거인단투표에서 277표를 얻어 승리를 했다. 민중주의 후보는 비록 남서부에 국한된 것이기는 하지만 약 100만 표를 얻었다. 선거가 있기 2주 전에 해리슨 대통령은 또 다른 사건으로 의기소침해 있었다. 아내가 결핵에 걸려 심한 고통을 받고 있었던 것이다.

의회에 보낸 그의 마지막 연설에서 해리슨은 매킨리 관세법을 통해 획득한 부(富)를 들어 강력히 호소했다. "현재의 상태와 이 나라 역사상 가장 잘 살았던 시대를 비교해 보면, 지금 우리가 누리는 고도의 번영과 전반적으로 확산된 안락한 생활은 과거에 결코 누린 바 없음을 알게 될 것입니다." 그러나 이 연설이 있고 난 지 6개월 후 이 나라는 남북전쟁 이래 최악의 경제침체기를 맞이하였다.

---

22) Socolofsky and Specter, *The Presidency of Benjamin Harrison*, 81쪽.

백악관을 떠날 당시 59세였던 해리슨은 아직 정력적이었지만 아내의 사망으로 많이 쇠약해져 있었다. 인디애나폴리스로 되돌아온 해리슨은 서서히 절망에서 벗어나 변호사에 다시 복귀했다. 1896년 전직 대통령 해리슨은 캐롤라인의 조카딸이자 과부인 당시 37세의 마리 스콧 로드 딤믹 (Mary Scott Lord Dimmick)과 재혼했다. 캐롤라인과의 사이에서 낳은 성장한 해리슨의 자식들은 이 결혼에 끝까지 반대하여 결혼을 인정하지 않았다. 그러나 새로운 부부는 딸 하나를 두었다.

　1897년에서 1899년까지 영국령 기아나와 접해 있는 베네수엘라 국경선에서 일어난 영국과의 국경선 분쟁에서 그는 베네수엘라를 위한 수석 법률고문으로 있으면서 파리에서 열리고 있는 중재위원회에서 일했다. 엄청난 노력을 들인 그의 세부적인 연구는 5일 동안 무려 800쪽에 달하는 개요로 25시간에 걸쳐 발표되었다. 그러나 이 위원회는 논란이 된 영토의 90%를 영국에게 주었다. 2년 후 1901년 3월 13일 해리슨은 폐렴에 걸려 죽었다. 새로 결혼한 해리슨 부인은 그 후 50년이나 더 살았다.

　1896년으로 되돌아가 공화당은 해리슨에게 다시 대통령 출마를 제안했다. 그러나 그는 "왜 한 사람을 불행하게 만들려고 하느냐?"고 반문했다. 그의 대통령직은 미국에게 절대적인 의미의 재앙은 아니었지만, 그러나 이때는 지도력과 미래에 대한 비전이 절대적으로 부족했던 시대로 특징지워진다. 그리고 해리슨은 우리에게 명문가의 자손이라고 해서 반드시 국민에게 봉사하고 헌신할 수 있는 높은 덕성을 갖추고 있는 것은 아니라는 예를 잘 보여주었다.

캘빈 쿨리지

Calvin Coolidge

1923~1929
거의 아무일도 하지 않은 채 무위도식한 대통령

쿨리지가 최악의 대통령으로 선정된 이유

1 쿨리지는 대통령으로서의 일을 거의 하지 않았다. 그의 철저한 자유방임 주의적 태도는 대공황의 원인과 결코 무관하지 않다. 1929년 10월 거품이 사라지면서 미국과 나머지 세계는 대공황으로 급속도로 휘말려 들어갔고, 궁극적으로 제2차 세계대전의 구렁텅이로 빠져들었다. 비록 대통령직에서 물러나 있었지만, 쿨리지는 붕괴에 대한 책임을 면할 수는 없다. 투기를 막지 못한 그의 실정(失政)은 경기침체의 중요 원인이 되었기 때문이다. 주식 중개인의 늘어가는 차입 장부에 대해 많은 의문이 제기되었지만 쿨리지는 이를 '기업의 자연스러운 확장'으로 여기고 무시해 버렸다. 쿨리지가 조금만 신중했더라도, 또 그가 당시의 사회·경제적 현상에서 발생하는 일에 조금만 더 관심을 보였더라도, 그리고 대통령으로서의 정치력과 지도력 발휘에 조금만 더 노력했더라도 역사상 가장 큰 대재앙은 막을 수 있었을 것이다. 뿐만 아니라 이 대재앙이 가져온 여러 악영향도 줄일 수 있었을 것이다. 최소한의 기능이라도 발휘해야 했는데 쿨리지는 침묵과 무활동을 정부의 최고 기능이라고 보았고, 그렇게 행동했다.

2 쿨리지는 활동력 넘치는 포효의 20년대(Roaring Twenties)에 백악관을 이끌어간 시대에 어울리지 않은 인물이었다. 윌리엄 알렌 화이트는 쿨리지를 '바빌론의 퓨리턴'(Puritan in Babylon)으로 불렀다. 날카로운 코, 얇게 오므린 입술, 그리고 cow를 3음절로 나누어 발음하는 버몬트 주의 코맹맹이 소리를 하는 쿨리지는 완전히 플래퍼들(flapper : 1920년대에 미국사회에서 자유를 외치며 복장과 행동 등에서 기존의 관습을 깨뜨린 말괄량이 소녀)의 세계, 일확천금을 꿈꾸는 사람들의 세계, 밀주를 하는 사람들의 세계, 그리고 섹스를 생각하는 사람들의 세계와는 완전히 동떨어진 세계에 있었다. 하딩 시대의 각종 스캔들로 만신창이 된 나라에서 쿨리지는 청렴결백을 유지하려고

노력했다. 정치적 냉소주의와 정신적 의심으로 가득한 속에서 그는 애국심 같은 구식의 경건한 정신을 강조했다. 자신들의 전통적인 가치가 상실될 것을 두려워한 많은 미국인들은 그 방종의 한계를 정하고자 했을 때 그가 이상적인 대통령인 줄 알았다. 쿨리지는 번영의 시대에 필요한 역동적인 지도력과 정치력에 침묵했다.

3 쿨리지는 대통령으로서 검소를 넘어 너무나 인색했다. 그는 제일 싼 담배를 피웠고, 손님들에게는 더 싼 담배를 권했다. 그는 대통령이 되어 백악관으로 들어오면서 아내 그레이스에게 찢어진 양말이 든 가방 한 개를 건네주었다. 그는 거스름돈 5센트를 돌려주지 않는 보좌관을 혼냈다. … 그는 베르사유 조약에서 독일에 부과된 330억 달러에 달하는 배상금에 대해 지불유예 내지 삭감을 절대로 허락하지 않았다. 이는 곤궁한 독일을 더욱 궁지로 몰아 당시 미미한 조직에 불과하던 히틀러가 득세하는 데 적잖은 도움을 주었다. 노스앰턴에 있는 한 은행이 파산한 후 그는 이전의 자기의 법률 파트너였던 한 친구가 손으로 머리를 감싸쥐고 책상 위에 엎드려 실의에 빠져 있는 모습을 보았다. 쿨리지는 그에게 다가가 옆에다 수표 5,000달러를 놔두고 조용히 나갔다. 그래서 후대에 많은 사람들은 그를 두고 지방의 어느 작은 마을의 은행원이 가장 적합했다고 말을 한다.

어떻게 그에게
전직 대통령이라는 말을
쓸 수 있나요?

캘빈 쿨리지는 뉴잉글랜드 지방의 작은 마을에 있는 은행의 행원이 갖추고
있어야 할 덕목을 모두 가지고 있었다. 그는 정직하고, 검소하고, 꼼꼼하며,
과묵하고, 세심하고, 소박하고, 조심성이 많고, 보수적이고, 그리고 도덕적
이었다. 진실한 청교도인 그는 정직하게 하나님에 대한 굳은 믿음 아래
복식부기(複式簿記)를 생활 속에서 활용했다. 대통령이 되어서도 그는 이런
꼼꼼한 양키 이미지에 적합한 생활을 했다. 1923년 8월 3일 자정이 약간
지난 시간에 현직 대통령 워렌 하딩이 갑작스럽게 죽었다는 소식을 들었을
때 그는 버몬트 주에 있는 자신의 가족 농가에서 자고 있었다. 소식을
듣고 놀라서 약간 멍하기는 했지만 그렇다고 결코 냉정을 잃지는 않았다.
곧바로 그는 깜박거리는 등유램프 불빛 아래서 즉석으로 아버지를 공증인으
로 하여 대통령에 취임하는 맹세를 했다. 대통령의 취임이었지만 그에게는
이런 절차만으로도 거의 완벽했다. 왜냐하면 미국의 이 제30대 대통령은
모든 면에서 19세기에 적합한 사람으로, 20세기로 마지못해 넘어온 사람이
었기 때문이다.

누군가가 쿨리지가 대통령으로 있는 동안 당시 미국인들은 아무것도

이루어지기를 원하지 않았고 "쿨리지는 바로 그것을 했다"고 말했다. 그는 가장 작은 정부야말로 최고의 정부라는 격언을 너무나 성실하게 추구했다. 백악관에 들어가면서 새 대통령은 백악관의 우아한 주랑에 흔들의자 하나를 가져다 두었다. 그 후 대통령으로 있는 5년 7개월 동안 다른 세계는 역동적으로 움직이고 있었지만 그는 백악관 집무실의 흔들의자에 앉아 거의 모든 일에 흡족해하면서 담배 연기를 뿜어냈다. 쿨리지는 50센트짜리 담배 코르나를 피웠고, 백악관에 온 손님들에게는 5센트짜리 길쭉하고 값싼 엽궐련을 권했다.

그는 역대의 그 어떤 대통령보다 잠은 많이 자고 일은 적게 했다. 하루 중 밤에는 반드시 9시간의 수면을 취했으며 오후에는 2시간씩 또 낮잠을 잤다. 어느 날 저녁 그가 연극 '*Animal Cracker*'를 보기 위해 극장에 갔을 때 이 연극의 주인공인 그라우초 막스(Groucho Marx)가 청중 속에 있는 쿨리지를 발견하고 "잘 시간이 지나지 않았나요, 캘빈?" 하고 장난기 섞인 질문을 던졌다.[1] 당시에 유명한 저널리스트이자 작가인 멍켄(H. L. Menken)은 "로마가 불타는 동안 네로는 바이올린을 켰지만, 쿨리지는 단지 코만 골았을 뿐이다"고 비꼬았다.[2]

장기적으로 번영이 지속되고 쿨리지가 졸고 있는 동안, 증권거래소에 모여든 수많은 사람들은 뉴욕의 증권거래소에서 주식이 상한가를 치기를 기대하며 증권시세 표시기를 노려보고 있었다. 대부분의 미국인들은 1차 세계대전 당시 자유공채(Liberty Loan) 운동으로 인하여 생긴 주식을 소유하고 있었다. 이들은 높아져 가는 주식가격에 매혹되었고 더 많은 투기를 하는 데 온통 관심을 집중하고 있었다. 당시 미국의 경제는 무한히 성장할 것이고 아울러 주식가격 역시 무한대로 상승하게 될 것이라는 검증되지 않은 낙관주의를 주창한 백만장자 제너럴 모터스의 회장인 존 라스코브

---

1) McCoy, *Calvin Coolidge*, 159쪽.
2) Manchester, *Disturber of the Peace*, 217쪽.

(John J. Raskob)는 "누구든지 부자가 될 수 있을 뿐 아니라 누구든지 부자가 되어야 한다"고 주장했다.

투자가들은 자신들의 주식 지분 가치의 단지 5%도 안 되는 돈을 치르고, 주식 중개인을 통해 은행에서 돈을 빌려 그 나머지를 치름으로써 당시 주식투기의 대부분은 막대한 이익을 남겼다. 빌딩의 관리인들이 그들의 돈을 몽고메리 워드사(Montgomery Ward)의 주식을 사는 데 투자했다. 주유소 안내원은 아메리칸 캔사(American Can)의 주식을 사서 이익을 셈하고 있었다. 아기 보는 여자들은 주식시장에서 엄청난 이익을 보리라고 기대하는 자신들의 고용인의 이야기를 엿들었다. 미국철강회사의 주식은 261 3/4이고, 아나콘다 구리회사(Anaconda Cooper)는 130 7/8,. 에이티엔티사 (AT&T)는 302, 제너럴 일렉트릭사는 395였다. 주식가격은 이제 더 이상 생산성이나 회사의 실제 수익이나 가치에 근거하지 않았다. 지주회사와 투자회사는 다른 모든 회사 위에서 이익을 보았다. 전체 사회구조가 제어되지 않는 투기의 구렁텅이로 들어가고 있었다.

쿨리지 시대의 번영은 평등하게 골고루 분배되지 않았을 뿐만 아니라 수백만 사람들의 일상생활에 영향을 주지 못했다. 1차 세계대전 후 하락된 농산물 가격은 회복되지 않았다. 임금상승, 증대된 산업생산성, 그리고 높아지는 공용비율 등에 대한 눈부신 통계는 수익 분배가 해가 갈수록 악화되어 간다는 사실을 은폐했다. 당시 정부통계에 따르면, 4인 가족이 '어지간한' 생활수준을 유지하는 데 1년에 2,500달러가 필요하였지만, 미국 가정의 절반 이상이 연간 1,500달러나 그 이하밖에 벌지 못했다. 대법원 판사 루이스 브랜다이스(Louis Brandeis)는 "투기에 들어가는 이 많은 돈이 대체 어디에서 나오는지 알 수가 없다. 우리는 우리 미국인들의 20%의 이익을 위해 80% 사람들의 이익을 착취해야만 하는 게 아닌가 생각한다"고 한탄했다.[3]

1929년 10월에 거품은 사라지고 미국과 나머지 세계는 대공황에 급속히 휘말렸고, 궁극적으로 제2차 세계대전의 구렁텅이로 빠져 들어갔다. 비록 대통령에서 물러나 있었지만, 쿨리지는 이 붕괴에 대한 비난을 면할 수 없다. 투기를 막지 못한 그의 실정(失政)은 경기침체의 중요한 원인이 되었기 때문이다. 주식 중개인의 늘어가는 차입 장부에 대해 많은 의문이 제기되었지만 쿨리지는 이를 '기업의 자연스러운 확장'으로 여기고 무시해 버렸다. 쿨리지가 조금만 신중했더라도, 또 그가 당시의 사회·경제적 현상에서 발생하는 일에 조금만 더 관심을 보였더라도, 그리고 대통령으로서의 지도력 발휘에 조금만 더 노력을 했더라도 역사상 가장 큰 대재앙은 막을 수 있었을 것이다. 뿐만 아니라 이 대재앙이 가져온 여러 악영향도 줄일 수 있었을 것이다. 하지만 그가 그렇게 할 수 있었다면 아마 그는 결코 캘빈 쿨리지가 아닐 것이다.

운명이 쿨리지를 그의 능력과 비전의 범위를 넘어서는 상황으로 끌고 갔다. 내가 쓰고 있는 최악의 미국 대통령들 리스트에 오른 대부분의 대통령들은 그들이 행한 어떤 일 때문에 이 불명예의 전당에 올랐다. 그러나 벤저민 해리슨과 쿨리지는 한 일이 없기 때문에 리스트에 올랐다. 쿨리지는 아무것도 하지 않는 정지상태를 하나의 기교적 형태로 변화시켰다. 정치평론가인 월터 리프먼(Walter Lippman)은 "쿨리지 대통령의 움직임 없는 천재적인 무(無)활동은 최고의 경지에 달했다. 이것은 게을러서 활동하지 않는 무활동과는 거리가 멀었다. 이것은 엄격히 통제되고, 굳게 결심하고, 그리고 늘 신중한 판단에 따른 무활동이었다"고 평했다.[4] 쿨리지는 단 한 문장으로 자신의 철학을 요약했다. "우리 인생에서 모든 문제의 5분의 4는 단지 우리가 가만히 앉아 침묵만 한다면 절로 해결될 것이다."[5] 이

---

3) Parrish, *Anxious Decades*, 93쪽.
4) Lathem, *Meet Calvin Coolidge*, 52쪽.
5) *Memoirs of Herbert Hoover* vol. 2, 22쪽.

같은 '무활동의 천재'에 대해 많은 비판이 뒤따랐지만, 그러나 쿨리지는 계속되리라 생각되었던 번영의 상징이었다. 그리고 대부분의 미국인들은 번영이 지속되는 한 여기에 만족했다.

쿨리지를 뒤이어 대통령이 된 상무장관인 허버트 후버는 1925년에 이미 그는 '투기 열병'을 우려했다고 후에 말했다. 해와 달이 지나고 이러한 걱정이 점점 현실화되는 징후를 보여주더니 급기야는 경고 상태로 변해 버렸다. 그러나 월스트리트를 제정신의 정상 상태로 되돌려 놓으려는 모든 노력은 쿨리지와 그의 충실한 재무장관인 앤드류 멜론(Aldrew W. Mellon), 그리고 연방준비은행 등에 의해 좌절되었다. 이들은 모두 정부 당국의 무활동을 열렬히 주창하는 사람이었다. 한참 후에 후버는 즐겨 이렇게 말했다. "자본주의가 가지고 있는 유일한 어려움은 자본주의자들이다. 그들은 너무나 지독하게 탐욕스럽다."[6] 역설적이게도 후버는 이 대재앙에 대해 대통령으로서의 책임을 다하지 못한 것에 대해 엄청난 비난을 받았다. 이에 비해 정작 쿨리지를 비롯한 그의 충실한 일꾼들은 대재앙에 대한 비난에서 벗어나 있다.

쿨리지 정책의 핵심에는 다음과 같은 것들이 있다. 기업에 대한 정부의 최소한의 간섭, 공급측면(supply-side)의 세금감면, 균형예산, 낮은 이자율, 경제국민주의, 이민 반대 등이다. 1996년 레이건 행정부 당시 공화당의 정강에는 쿨리지의 이러한 정책과 비슷한 것이 많이 포함되어 있었다. 사실 빛나는 갑옷을 입고 잘못된 일을 하기 위해 앞으로 말을 달리는 기사는 없을 것이다. 당시 백악관의 유일한 선택의 말은 자연스럽게 선택된 말이다. 현상이 그대로 유지되길 바라는 시대에 쿨리지는 최고 적격자였다. 그의 지배 하에서 시어도어 루즈벨트나 우드로 윌슨의 혁신주의 흔적은 설령 남아 있더라도 그런 것은 조용히 마취당한 상태로 사라져 버렸다. 그는

---

6) Burner, *Herbert Hoover*, 247쪽.

"미국인의 일은 사업이다"라는 말을 자주 했다. 그는 "하나의 공장을 건설하는 사람은 하나의 사원을 짓는 사람과 같고, 이 공장에서 일하는 사람은 그것을 숭배하는 사람과 같다"고 믿었다.

쿨리지는 활동력 넘치는 포효하는 20년대에 백악관을 이끌어간 시대에 적합하지 않은 인물이었다. 윌리엄 알렌 화이트는 쿨리지를 '바빌론의 퓨리턴'으로 불렀다. 날카로운 코, 얇게 오므린 모습의 입술, 그리고 cow를 3음절로 나누어 발음하는 버몬트 주의 코맹맹이 말을 하는 쿨리지는 완전히 플레퍼들의 세계, 일확천금을 꿈꾸는 사람들의 세계, 밀주를 마시는 사람들의 세계, 그리고 섹스를 생각하는 사람들과 전혀 다른 세계에 있었다. 그는 어찌나 성격이 엄하고 생활이 간소했던지 지나가는 농담으로 앨리스 롱워스 (Alice Longworth)는 "그는 이제 막 장난꾸러기 티를 벗은 사람처럼 보인다"고 말했다.7) 그러나 하딩 시대의 각종 스캔들로 만신창이 된 나라에 대해 쿨리지는 정확한 판단을 통해 청렴결백을 유지하려고 노력했다. 정치적 냉소주의와 정신적 의심으로 가득한 중에 그는 애국심과 같은 구식의 경건한 정신을 강조했다. 많은 미국인들은 자신들의 전통적인 가치가 상실될 것을 두려워하여 그들의 방종의 한계를 정하고자 했을 때에는 그가 이상적인 대통령인 줄 알았다.

쿨리지의 정치적 경력은 자질과 재능에 의해서라기보다 타성에 의한 것으로 훌륭한 본보기가 된다. 영국의 정치평론가인 해럴드 라스키(Harold J. Raski)는 그를 "길을 헤매다 우연히 큰 일을 하게 된 어느 시골 교구의 교회위원"으로 보았다.8) 1898년 선거를 통해 그는 매사추세츠 주 노스앰턴 시 시의회 의원이 되었다. 그는 암허스트 대학을 3년간 다닌 것을 제외하고 이때부터 1929년 대통령직을 떠나기까지 공직에서 단 한 번도 떠나 있지 않았다. 그는 시 고문 변호사, 법원 사무관, 주의회 의원, 노스앰턴 시

---

7) Longworth, *Crowded Houes*, 337쪽.
8) McCoy, *Calvin Coolidge*, 6쪽.

시장, 주 상원의원, 매사추세츠 주 부지사, 지사 등을 역임했다. 평범하고 결코 영웅적이지 않은 그는 이런 모든 직책을 지내면서도 주목할 만한 어떤 뚜렷한 것을 보여주지 못했다. 그러다 1919년 보스턴 경찰관 파업을 분쇄시킨 것으로 거의 특별한 노력도 없이 전국적인 인물로 급부상하였다.

1920년 그는 하딩을 대통령 후보로 미는 선거에서 공화당 부통령 후보가 되는 행운을 얻게 되었다. 그 유명한 '담배연기 자욱한 방'에서 하딩의 지명을 공작한 음모꾼 같은 당 간부들은 하딩의 보수적인 성향에 맞추어 겸손한 중도적 자유주의자를 부통령 후보로 내세우고자 했다. 그래서 처음에 그들이 생각해 낸 인물이 위스콘신 주 연방 상원의원인 어빙 렌룻(Irving Lenroot)이었다. 그러나 렌룻은 일반 대중에게 인기가 없었다. 렌룻의 이름이 거명되었을 때 한 대의원이 일어나 "그는 여러분들이 살아 있는 동안 안 될 것이다"고 외쳤다. 약간의 소동이 지난 후 오리건 주를 대표하여 온 대의원이 쿨리지의 이름을 거명했고 첫 번째 후보자 결정선거에서 쿨리지는 674대 146라는 압도적인 표차로 부통령 후보가 되었다.

과대선전과 대중들의 역할이 확대되고 있던 이 시대에, 쿨리지는 대통령 신분으로는 너무나 보기 드문 두 가지 특성을 자신의 정치적 자산으로 삼았다. 그것은 그가 입을 굳게 다물고 말을 하지 않았으며, 그리고 너무나 인색한 구두쇠 생활을 한 것이다. 기자들과 코미디언들은 쿨리지의 이러한 특성에 대해 어떤 것은 사실에 근거하여 또 어떤 것은 과장해서 이야기를 했다. 이러한 이야기가 본질적으로 아무 재미도 특색도 없는 그를 전국적인 인물로 만들었다. 누군가가 너무나 말수가 적은 쿨리지를 빗대어 "그가 입을 벌릴 때마다, 거기에서 좀나방이 날아 나온다"고 말했다.[9] 그런데 대중적으로 그의 이미지는 침묵을 고수하는 사람이었지만, 어떤 때는 다소 말이 많았던 것 같다. 한 신문기자가 인터뷰를 하기 위해 쿨리지를 방문하였

---

9) Boller, *Presidential Anecdotes*, 234쪽.

다. 무려 두 시간 동안 쿨리지는 많은 담배를 피우면서 송어 낚시에 대한 이야기를 장광설로 늘어놓았다. 비록 그는 성실한 태도로 이야기를 해 나갔지만 질문은 결코 용납하지 않았다. 이러한 태도는 그가 언론과 이야기 할 때 더욱 그러했다. 그러나 곧바로 쿨리지는 겉으로 풍기는 외모보다는 더 현명해 보이는 교활하고 간결한 양키 시골뜨기를 의미하는 '침묵의 칼'(Silent Cal)로 자신의 이미지를 만들어 갔다.

신문기자들은 그가 대통령에 당선된 1924년 대통령선거전이 열리는 동안 쿨리지에 대해 이미 어떤 판단을 내렸다. 한 신문기자가 쿨리지에게 "당신은 어떤 선언을 할 것입니까?" 하고 물었다. 이에 쿨리지는 "아니오"라 고 대답했다. 또 다른 기자가 "현재 세계 상황에 대해 우리에게 말해줄 수 있나요?"라고 물었다. "없습니다." "금주법에 관한 어떤 정보가 있나요?" "없습니다." 기자들이 다른 사람에게 관심을 돌리자 쿨리지는 "자 이제부터 명심해 주세요. 나를 두고 이러쿵저러쿵하지 말아 주세요"라고 주의를 주었다.10) 또 쿨리지는 한 언론에 대해 자신은 여러 지방의 시장(市場)을 방문할 것이라고 말했다. 이에 한 기자가 물었다. "거기에서는 말을 할 것입니까?" "아니오" "나는 단지 방문만 할 것이오"라고 대답했다.11) 쿨리지 의 침묵의 이미지를 설명해 주는 전형적인 사례는 백악관을 방문한 한 여인을 대하는 과정에서도 볼 수 있다. 그녀는 쿨리지에게 "당신은 나에게 말을 해야만 해요. 대통령 각하. 난 오늘 당신이 두 마디 이상 말을 하도록 할 수 있는지 내기를 걸었거든요." 이에 쿨리지의 대답은 이랬다. "당신이 졌습니다."12) 대통령직을 떠나기 전 쿨리지는 다음 대통령인 후버에게 장광설을 늘어놓는 지루한 방문객을 다루는 방법에 대해 약간의 충고를 했다. "만약 당신이 죽은 척하고 가만히 있으면 그들은 3분이니 4분 안에

---

11) Parrish, *Anxious Decades*, 50쪽.
12) McCoy, *Calvin Coolidge*, 161쪽.

지쳐 버릴 것이다."13)

그러나 겉으로 드러나는 외적인 면에서 쿨리지가 침묵을 고수한 것은 분명하지만, 내적인 면에서 광범위한 마음의 영역까지 감추지는 않았다. 그는 세계사에 대해서는 잘 몰랐지만 미국 역사에 대해서는 잘 알고 있었다. 차분한 연설문을 작성하거나 자서전을 쓰는 것은 자신의 불면증을 이기는 확실한 방법이었다. 그런데 그의 글들을 읽어보면 흥미로운 점을 발견할 수 있다. 그의 글들이 거의 독창적이지 못하다는 사실이다. 그야말로 여러 자료에서 정확히 복사한 격언들로 가득차 있을 뿐이다. 가령 "인생에서 이루어지는 성공은 얼마만큼 많은 노력을 하는가에 따라 거의 정확히 판단된다. … 나는 어떤 확신을 가지고 있는 유일한 정치적 전략이 있다. 그것은 다름 아닌 올바른 일을 하려고 노력하는 것이다. … 만약 사회가 지식과 덕성이 부족하다면 그 사회는 점점 나빠지게 될 것이다" 같은 것이다.

쿨리지의 검소함, 아니 검소하다기보다는 인색하다는 표현이 더 어울릴 그의 생활태도는 믿기 어려울 정도였다. 노스앰턴에서 그의 가족은 두세 가족이 살고 있는 집에서 한 달에 36달러의 집세를 내고 살았다. 쿨리지가 사용한 전화는 공용이었다. 그는 차도 없었다. 그는 아마도 백악관에 있으면서 돈을 저축한 유일한 대통령일 것이다. 쿨리지는 죽을 때 약 700,000달러의 부동산을 남겼다. 이 중 대부분이 공직을 지내면서 받은 급료를 저축한 것이었다. 어느 날 부엌을 기웃거리던 쿨리지는 60인분의 한 끼 저녁식사로 6조각의 돼지고기를 사용하는 것은 지나친 낭비라고 불평했다. 언제인가 한 번은 한 보좌관에게 잡지를 사오라며 10센트를 주었는데 그가 거스름돈 5센트를 돌려주지 않은 것에 대해 불평했다. 그의 비밀 경호원이었던 에드워드 스탈링(Edward Starling) 대령은 대통령과 함께 오후 산책을 마치고 백악관의 식료품 저장소에서 샌드위치 두 개를 준비했는데, 대통령이 샌드

---

13) Lathem, *Meet Calvin Coolidge*, 59쪽.

위치에 들어간 치즈 값을 지불해야 하는데… 하고 중얼거렸다고 회고했다.[14] 대통령 임기 말에 그는 그동안 당연시되었던 국무회의 때 대통령이 앉을 안락의자를 구입하는 데 반대했다. 이에 상무장관 후버와 재무장관 멜론이 쿨리지를 위해 그것을 마련해 주었다. 쿨리지가 부통령이 된 후 얼마 지나지 않아 그는 워싱턴의 배타적인 단체인 코스모스 클럽(Cosmos Club)으로부터 회원으로 선출되었으며 입회비를 내라는 통지서를 받았다. 그는 입회비 내기를 거절했다.

쿨리지는 또한 다른 사람들에게 거부감을 주는 저음으로 농담을 진지하게 응수하는 졸렬한 측면도 있었다. 오랫동안 실제로 백악관을 운영해 온 후버는 "쿨리지는 항상 어떤 것이 자신을 속이는 게 아닌가 하는 의심 없이 있는 그대로 보려고 했다'고 말했다.[15] 때때로 그는 국빈 초대 만찬회에서 디저트를 빨리 끝내고 식탁을 떠나 버리는 일이 많았다. 그럴 때면 같이 식사하고 있던 손님들은 당황하기 일쑤였다. 뿐만 아니라 쿨리지의 의지를 거스르는 가족이나 백악관 보좌관들, 심지어 관리들까지 그의 엄청난 독설이나 서릿발 같은 침묵의 고통을 견뎌내야 했다. 그는 의도적으로 백악관 마룻바닥을 경쾌하게 걸어가면서 여러 사람을 놀라게 하고는, 긴장한 경호원이 침입자를 찾고 있는 사이 커튼 뒤에 숨곤 했다. 낚시여행을 하는 동안 대통령의 낚싯바늘에 미끼를 달아줄 것인가에 대해 물은 한 비밀 경호원은 그때 쿨리지가 일부러 교묘하게 자신을 방해했다고 고백했다. 1927년 미시시피 강이 범람하여 중서부와 남부 지역을 휩쓸어 약 1백만 명의 이주민이 발생했을 때 지역의 관리들로부터 많은 요청이 있었음에도 불구하고 쿨리지는 홍수 피해지역을 방문하기를 거절했다.

1929년 주식시장의 붕괴 이후 쿨리지의 평가는 곤두박질쳤지만 그러나 최근 상승기류를 타고 있다. 특히 제한된 작은 정부를 주장하는 보수주의자

---

14) *Ibid.*, 80쪽.
15) Hoover, *Forty-two Years in the White House*, 251쪽.

들 사이에서 더욱 그러하다. 쿨리지가 대통령이 되었을 당시에 10대였던 로널드 레이건은 그를 너무나 존경한 나머지 1981년 자신이 대통령이 되었을 때 진열장에 있는 토머스 제퍼슨의 초상화를 치우고 대신 캘빈 쿨리지의 초상화를 두라고 명령했다. 레이건은 "이 기록을 보게. 그는 무려 네 번이나 세금을 삭감했다. 아마도 그 시대가 우리가 지금까지 알고 있는 가장 위대한 성장과 번영의 시대였음에 틀림없다"고 말했다.[16] 그러나 레이건은 쿨리지의 번영에 뒤이은 파괴적인 날에 대해서는 언급하지 않았다. 레이건은 쿨리지의 시대에 대해 "어떤 일이든, 무슨 일이든 최고의 성공을 장식했다"고 했다.[17]

레이건과 쿨리지는 인격적인 면에서는 많이 다르지만 다른 면에서는 대단히 유사하다. 두 사람 다 주지사 출신이었다. 레이건은 캘리포니아 주지사였고 쿨리지는 매사추세츠 주지사였다. 두 사람 다 엄격한 법과 질서를 주창함으로써 전국적으로 명성을 얻었다. 레이건은 파업중인 항공 관제관들을 분쇄했다. 쿨리지는 보스턴 경찰관 파업을 분쇄시켰다. 두 사람 다 일반적인 문제를 보다 폭넓은 교훈과 훈계를 적용시켜 해결하고자 한 특정 이데올로기의 창도자였다. 말하자면 미국의 사회와 경제 질서는 건실하며 이에 대한 비판은 그릇된 인식에 불과하고 심지어 위험스러운 급진적인 것이라고 보았다. 그리고 개인 기업을 국가의 중추적 기반으로 보았다. 특히 이 두 사람은 정부의 역할은 가능한 작아야 한다고 생각했고, 더더욱 기업을 규제하는 데 있어서는 반드시 최소한의 기능만 발휘해야 한다고 보았다. 최고 수준의 미국의 제도와 문명화된 도덕성 덕분에 미국은 이 세계의 여러 국가들 중에서 가장 뛰어난 나라라고 보았다. 그러나 레이건과 달리 쿨리지는 정치와 외교에서 모험주의에 반대하여 거의 아무런 일도 하지 않았다.

---

16) DeGregorio, *The Complete Book of Presidents*, 460쪽.
17) *Time*, January 5, 1981.

대학을 졸업한 후 존(John)을 떼어낸 캘빈 쿨리지는 1872년 7월 4일에 태어난 유일한 7월 4일생 대통령이다. 그는 버몬트 주 플리머스 노치의 외딴 작은 촌락에 친척들이 운영하는 잡화도매상이 있는 마을 부근에서 태어났다. 쿨리지 가문은 혁명 이후 줄곧 그린마운틴 지역(버몬트 주의 산악지역)에서 살아왔고, 양키 자유민(Yankee yeomen)의 신분으로 보스턴의 대구 귀족(대구를 팔아 많은 돈을 번 사람들)들과 다소 관계가 있었다. 쿨리지 가문은 하나님이 자신들에게 한량없는 은혜를 베풀어준 데 대해 만족하면서 이것을 뛰어넘는 그 어떤 새로운 것도 시도하려 하지 않았다. 미래의 대통령의 아버지인 존 캘빈(John Calvin) 역시 부유한 농민이자 상점 주인이었으며 지역 공무원이었다. 아버지로부터 젊은 캘빈은 과묵함과 1달러에도 엄격한 옹색함, 그리고 공적인 일에 대한 관심 등을 물려받았다.

역시 버몬트 주 토박이로 그의 어머니인 버지니아 무어 쿨리지(Virginia Moor Coolidge)는 예쁘고 감수성 풍부한 여인이었지만, 타고난 성품상 '신비주의와 시(詩)'에 쉽게 감동받는 여린 마음의 소유자였다. 그녀는 아들에 따르면 "보랏빛을 발산하며 서산에 지는 일몰을 바라보는 것을 좋아했고 밤하늘의 별을 쳐다보는 것"을 즐겼다. 버지니아는 아마 결핵으로 추정되는데 쿨리지가 12세가 되던 해에 39세의 젊은 나이로 죽었다. 어린 소년은 어머니의 죽음을 몹시도 슬퍼했지만 분명하게 자기 표현을 하지 않는 쿨리지와 아버지는 똑같이 슬픔을 내면으로 삼키곤 했다. 일생 동안 쿨리지는 버지니아의 사진을 자신의 회중시계 속에 넣어가지고 다녔고 종종 어머니에 대해 이야기를 했다. 어머니 사망 후 소년과 여동생 애비(Abbie)를 키워준 것은 증조할머니였다.

비록 쿨리지 가문은 당시의 생활 수준에서 보면 부유한 편에 속했지만 그래도 노치에서의 생활은 풍요롭지 못했다. 성장하면서 쿨리지는 이런저런 허드렛일을 했다. 단풍나무에서 수액을 채취하는 일, 울타리를 수리하는 일, 겨울에 쓸 목재를 준비하는 일, 쟁기질 등 혼자서 하루에 12시간 이상씩 일을 했다. 그의 아버지는 "칼은 내가 아는 그 어떤 소년보다도 많은 단풍나무의 수액을 채취해 온다"고 말했다. 소년 쿨리지는 자주 벌을 받은 것은 것은 아니지만 벌을 받을 때면 너무너무 무서워했다. 그는 홀로 여러 시간 동안 어둡고 거미줄로 가득한 다락방에 감금되어 있었다. 몸이 건실하지 못한 이 소년은 여러 가지 알레르기 때문으로 추정되지만 자주 재채기와 기침을 했다. 후에 그가 말을 할 때 콧소리를 내거나 다른 사람의 신경을 거슬리는 꽥꽥하는 듯한 이상한 소리를 내게 된 것은 이 때문이다. 나이가 들면서 생긴 그 악명 높은 움직임 없는 태도와 침묵은 에너지가 부족해서라기보다는 건강이 좋지 않아서라는 것이 더 타당할지도 모른다.

아마 이상한 목소리와 병 때문에 그랬던 것으로 여겨지는데 그는 어릴 때 친구가 거의 없었다. 후에 그는 인생을 다음과 같이 회고했다. "정치를 하는 사람은 누구든 많은 사람을 만나야 한다. 그것은 나에게 결코 쉽지 않은 일이었다. … 내가 기억할 수 있는 한, 어린아이였을 때 우리 집 부엌에서 익숙하지 않은 사람들의 목소리를 들릴 때면 그것은 하나의 고통이었다. 나는 그 사람들과 만날 수 없는 것은 물론 악수도 할 수 없을 것이라 생각했다. … 어린 시절 이 세상에서 가장 하기 힘든 일은 부엌으로 나가 잘 모르는 사람들에게 인사를 하는 것이었다. 나는 열 살 전에는 거의 부엌에 가서 인사를 하지 못했던 것 같다. 엄청난 갈등과 고통을 겪고 난 뒤에야 부엌문의 의식을 통과했다. 내 친구들을 만날 때는 만사 오케이였다. 그러나 일단 낯선 사람과 만나기만 하면 그 옛날 부엌문을 통과하는 기분이 들어 얼른 집으로 돌아와 버리지만 마음은 불편했다."[18]

그가 허드렛일에서 벗어났을 때 캘빈은 이 지역의 교실이 하나밖에 없는

---

18) McCoy, *Calvin Coolidge*, 8쪽.

학교에 입학했다. 14세 나던 해인 1886년 그는 블랙 리버 아카데미(Black River Academy)에 들어갔다. 이 학교는 집에서 언덕을 지나 약 12마일이나 떨어져 있는 루드로우에 있는 침례교회가 운영하는 학교로, 그들의 양친은 이 침례교회에 다녔다. 수줍음과 외로움을 타는 소년 캘빈은 평범한 학생으로, 다른 과외활동이나 운동에는 거의 참석하지 않았다. 그러나 예쁘고 활기찬 13세의 소녀로 우수한 학생인 여동생 애비가 1888년에 그와 같이 생활하게 되면서 그의 인생은 활기를 찾았다. 그러나 1890년 3월 그녀가 갑자기 맹장염에 걸려 그 주에 죽어 버렸다. "애비가 없는 이곳은 너무나 외로워요" 하고 캘빈은 아버지에게 편지를 썼다. 평상시의 쿨리지 가문으로 본다면 이는 엄청난 감정 표현이었다.

캘빈은 쿨리지 가문에서 대학에 들어간 최초의 인물이었다. 그는 자신을 가르친 선생 중 한 명의 주선으로 매사추세츠 주에 있는 암허스트 대학에 입학하였다. 그는 입학시험에 낙방했으나 1년에 걸친 준비 후 입학허가를 얻어 1891년에 이 학교에 입학했다. 말수가 적고 잘 나서지 못하는 이 신입생은 여러 학교활동을 어떻게 습득해 나갈 것인가에 대해 생각도 없이 무조건 참가하기를 원했다. 남학생 단체클럽은 암허스트 대학에서 매우 중요한 역할을 했다. 그가 "입회를 하는 데" 방해를 하는 것은 아무것도 없었다. 그는 아버지에게 "빨리 가입하라고 강요하지 않는 것 같다"고 편지를 썼다.

상급생이 되고 캘빈은 클럽에 입회했다. 바로 얼마 전에 형성된 남학생 단체클럽에 들어간 한 친구가 캘빈도 역시 받아들이자고 주장해서 가능했다. 그 후 그의 성적은 상당히 향상되었고, 쿨리지는 자신에게 정치의 길을 걷게 만든 철학 교육과정에서 봉사의 원리를 강조한 찰스 거먼(Charles E. Garman)의 영향을 많이 받았다. 암허스트에서 그는 두 명의 친구를 만났는데, 하나는 드와이트 모로우(Dwight W. Morrow)고, 다른 하나는 하랜 스톤(Harlan F. Stone)이었다. 이들은 앞으로 그의 성공에 중요한 역할을 하게 될 인물들이었다. 학교 동료들 중 몇몇은 완고한 겉모브을 가진 이 버몬트 인에게 무미건조하지만 재치스러운 면이 숨어 있다는 사실을 인식했다. 그는 전통적인 행사로 치러지는 익살스러운 졸업기념일 연설인 일명 작은 숲 연설(Grove Oration)자로 선발되었다. 또한 그는 미국혁명의 아들들(Sons of the American Revolution)이라는 단체가 후원한 논문발표대회에서 1등을 하여 150달러에 달하는 황금 메달을 받았고, 1895년에 이 학교를 우등으로 졸업했다.

쿨리지는 사회에 나갔지만 특별한 야망은 없었다. 뿐만 아니라 그는 항상 자신의 시야를 둘러싸고 있는 익숙한 버몬트의 언덕을 넘는다는 건 생각도 하지 않았다. 그는 자신이 가게주인이나 법에 관계되는 일을 할 것이라 생각했다. 궁극적으로 그는 후자를 택했다. 한 친구가 어디에 정착할 것인가를 물었을 때 쿨리지는 너무나 간결하게 "노스앰턴에서 가장 가까운 법원에"라고 대답했다. 그는 법학 대학원인 로스쿨에 다니지 않고 공화국 초기의 전통에 따라 여러 지역 변호사들과 마찬가지로 법학을 스스로 공부했다. 그는 법률사무실 밖에 앉아서 영장을 준비하고 증서를 발부하고 유언장 쓰는 법 등을 배웠다. 그러면서 여가시간을 이용하여 법률학 서적을 읽었다. 그는 봉급을 받지 않았다.

그는 이곳에서 조심성 있게 그러나 이해할 수 없을 정도로 말수가 적은 인물로 20개월을 보냈다. 그러던 어느 날 그의 책상 위에 놓여 있는 책들이 한눈에 들어왔고 그 길로 그는 시험을 보러 갔다. 그는 변호사 시험에 쉽게 합격했다. 1897년에 그는 작은 유산을 이용해 자신의 변호사 사무실을 열었다. 얼마 지나지 않아 그는 공화당 소속으로 정치세계에 발을 들여놓게 된다.

노스앰턴 시는 20년 전에 세워진 스미스 대학(Smith College)을 배경으로 하여 성장한 산업도시로, 인구 약 1만 5천명의 도시였다. 이곳의 전통적인 직업을 가진 사람들이나 전문직 종사자들은 제 길을 벗어나지 않는 견고한 공화당원이었지만, 아일랜드계 노동자들과 프랑스계 캐나다인 공장노동자들은 민주당이었고 숫적으로 우세했다. 여기에서 쿨리지는 정치적으로 성공하는 데 필수적인 두 가지 장점을 가지고 있었다. 그는 너무나 행운아였다. 자신의 철저한 과묵함에도 불구하고 노동자 계급 유권자들로부터 호의를 얻는 요령을 터득하고 있었다. 사실 그는 노스앰턴의 엘리트들보다도 이발사, 구두 수선공, 그리고 술집 종업원들에게 더 인기가 있었다. 어떤 이들은 쿨리지에게 투표를 하기 위해 그들이 전통적으로 지지해 왔던 당을 버리기도 했다.

1898년 시의회 의원에 당선된 쿨리지는 전혀 새로운 스타일로 매사추세츠 주 공화당 출세코스를 달려 체계적인 수순을 밟아 나갔다. 만약 이 신진 정치가가 그에게 기대되고 있었던 그 무엇을 훌륭히 해냈다면, 그는 원활하게 출세 기구를 타고 보호적이고 후원적인 정치세계에서 보스턴의 가식 가득한 주 청사로 자리를 옮겼을 것이고 그 후 아마도 한 은행의 인정받는 보안요원이나 생명보험회사의 감독관이 되었을지 모를 일이다. 그러나 그동안 쿨리지의 평온한 상태를 방해하는 것은 없었다. 2년 후 그는 1년에 600달러를 받고 시 고문 변호사가 되었다. 그는 재선을 위해 선거에 나섰으나 낙방했다. 이 때의 패배는 그가 일생동안 공직에 출마하여 낙방한 유일한 사건이었다. 그러나 공화당은 그를 그냥 두지 않았다. 그는 순회재판소의 서기관에 임명되어 일하다가 얼마 후 주의회 의원에 당선되었다. 그의 깔끔한 검정색 양복, 꼼꼼한 태도, 그리고 꽉 쥔 듯한 딱딱한 얼굴 등으로 인해 때때로 사람들은 그를 장의사로 착각하기도 하였다.

그동안 쿨리지는 귀머거리들을 위한 교육기관인 클라크 학교(Clarke

Institute) 건너편에 있는 라운드 힐의 방 하나를 빌려 그야말로 조용히 살고 있었다. 종종 그는 길을 가다가 노천의 맥주집에서 맥주 한 잔을 마시곤 했다. 그러나 그는 대부분의 저녁시간을 자신의 방에서 생물학, 역사학, 법학에 관련된 서적을 읽는 데 시간을 보냈다. 그는 춤도 추지 않았고 카드놀이도 하지 않았다. 수줍음이 너무 많아서 여자들에게는 접근조차 하지 못했다. 1904년 언제인가 농아자들을 교육하는 독순술(讀脣術) 교사로 검은머리칼의 매력적인 여인인 그레이스 굿휴(Grace Goodhue)가 학교 화단에 물을 주고 있었다. 그때 그녀는 우연히 근처 어떤 집의 열린 창문을 흘끗 바라다보았다. 그녀는 이상한 광경―긴 속옷을 걸치고 중절모만 쓴 채 거울 앞에 서서 면도를 하고 있는 남자―을 보았던 것이다. 그녀는 웃음을 터뜨리지 않을 수 없었다. 깜짝 놀란 쿨리지는 그녀를 흘끗 보았고 그녀는 당황하면서 다른 쪽으로 눈을 돌렸다.

그 후 두 사람은 자주 만나는 시간을 가졌다. 어느 날 쿨리지가 자신의 머리털은 흩트러지기가 쉬워 면도를 할 때 방해가 되므로 모자를 써서 머리털을 눌러준다고 그레이스에게 말했다. 쿨리지와 같이 그레이스도 버몬트 주에 살고 있는 평범한 집안 출신이었다. 그러나 버링턴의 기계 엔지니어의 딸인 그녀는 출세 길의 사닥다리에서 보면 그보다 다소 아래였다. 비록 그들은 어울리지 않은 짝이었지만 서로에게 매력을 느꼈다. 그러나 버몬트 대학을 졸업하고 성적이 우수한 미국 대학생과 졸업생으로 구성된 파이 베타 카파 클럽(Phi Beta Kappa)의 회원인 그레이스는 외향적이었고 그녀를 아는 모든 사람이 그녀를 좋아했다. 그녀의 친구들은 그레이스가 왜 마치 늙은 처녀 같고 딱딱하고 재미없는 변호사를 좋아하는지 이해하지 못했다. 쿨리지는 그레이스의 호감을 사기 위해 춤도 열심히 배웠지만, 이에 대한 그녀의 반응은 별 특별한 것이 없었다. 또한 쿨리지는 공식적인 교회모임이나 기타 사교모임에 그녀를 에스코트하면서 그녀의 마음을 끌려고 노력했다. 아주 애타는 마음에서 쿨리지는 "그녀가 귀머거리들이 들을 수 있게 만들고 난 후 분명 이 말없는 과묵한 인간(쿨리지 자신)을 말할 수 있게 만들어 줄 것이라고 희망했다."[19]

오래 지속되었지만 거의 말이 없는 조용한 침묵의 구애 후 어느 날 숲속을 산책하는 동안 쿨리지는 평상시 자신의 모습인 솔직하고 정직한 태도로 그녀에게 프로포즈 했다. "나는 당신과 결혼할 예정입니다"고 선언했다. 그녀는 그의 구애를 수락했다. 이 말이 있는 후 아무 말도 없이 15분을 걸었다. 답답해진 그녀가 자신에게 달리 할 말이 더 있느냐고 질문했을 때 그는 이미 너무 많은 말을 했다고 대답했다. 이 결혼에 대해 그레이스의 어머니는 반대를 했지만 그들은 1905년 10월 4일에 결혼을 했다. 그는 33세였고 그녀는 28세였다. 사위를 끝까지 좋아하지 않았던 그레이스의 어머니는 후에 쿨리지가 거둔 정치적 성공의 대부분이 자신의 딸 덕분이라고 생각했다.

쿨리지 부부는 워싱턴으로 옮기기 전까지 그들의 두 아들과 함께 노스앰턴 시의 단풍나무가 그늘진 거리에 있는 2가구 주택의 절반을 세내어 살았다. 그레이스는 남편의 남다른 이상함과 별스러움에 재빨리 익숙해졌다. 그녀는 쿨리지와의 연애기간을 통하여 그가 남몰래 단테의 신곡 중 지옥편을 영어로 번역했다는 것을 알았다. 그는 역시 이 나라에서 가장 많은 양의 양말을 가지고 있었다. 그러나 그 대부분은 구멍 난 양말이었다. 언제인가 그는 그레이스에게 꿰매어야 할 52켤레의 양말이 들어 있는 가방을 건네주었다. 이것을 받아든 그녀는 쿨리지에게 당신 양말을 기우려고 나와 결혼했느냐고 물었다. "아니오." 그는 대답하기를 "하지만 이것들은 당연히 수선되어야 한다고 생각하고 있소"라고 대답했다.[20]

1909년에 쿨리지는 다음 단계의 정치적 사다리를 타고 올라갈 준비가

19) *Ibid.*, 31쪽.
20) Lathem, *Meet Calvin Coolidge*, 64쪽.

되어 있었고 곧 노스앰턴 시의 시장에 출마했다. 선거운동을 하면서 자신의 숫기 없는 성격이 다소 방해가 되었지만 그럼에도 자신을 소개하면서 또 "나는 여러분의 표를 원합니다. 나는 그것을 필요로 합니다. 나는 그것에 감사하고 진가를 인정할 것입니다"라고 말하면서 시의 모든 선거구를 일일이 찾아다녔다. 그는 심지어 평상시 민주당 우세지역인 시의 노동자 계층이 살고 있는 지역에까지 선거운동을 하고 다녔다. 쿨리지는 두 번에 걸쳐 시장직을 지냈다. 시장을 하면서 그는 정직, 효능, 절약 등을 강조했다.

어느 날 쿨리지 부부는 이 시에서 신앙 부흥집회를 인도하는 한 침례교 목사를 접대하게 되었다. 그때 목사는 금식과 절제는 설교의 능력을 향상시켜 준다고 설명하면서 준비되어 있는 음식에 거의 손을 대지 않았다. 신앙 부흥집회가 끝난 후 쿨리지는 그레이스에게 아주 간결한 말로 목사의 집회에 대해 다음과 같이 이야기했다. "그래도 조금은 먹는 편이 나았을 텐데."[21]

그 후 주의회 상원의원을 세 번 연달아 지내고, 마지막 임기 동안에 주 상원의 의장직을 지냈다. 주지사와 부지사직을 민주당이 장악하고 있는 곳에서 그는 주에서 가장 높은 공화당 출신 관리가 되었다. 쿨리지는 주의회 의장직을 지내면서 공화당 동지들에게 많은 도움을 주었고, 더불어 상대당 인사들과도 유화적인 화해를 이끌었다. 결국 1915년에 그는 부지사 출마를 선언하고 쉽게 당선되었다. 이 기간 동안 그는 강력한 영향력을 지닌 두 명의 후원자를 확보했다. 한 사람은 보스턴의 부유한 상인인 프랭크 스턴(Frank Stearns)이고 다른 한 사람은 암허스트 대학 동창이자 모건사(J.P. Morgan)의 공동경영자인 드와이트 모로우였다.

전통적으로 부지사는 주지사로 가기 전에 1년 임기를 세 번 연임하는 것으로 되어 있었다. 자신의 때를 기다리면서 쿨리지는 1918년에 드디어 주지사 자리에 앉았다. 주지사로 있으면서 그는 20년의 정치경력에도 불구

---

21) McCoy, *Calvin Coolidge*, 50쪽.

하고 한 일이 아무것도 없었다. 그 때문에 그 누구로부터도 적대감을 사지 않았다. 그는 "성공의 80%는 미리 눈에 보인다"고 한 우디 알렌(Woody Allen)의 말에 딱 맞아떨어지는 그런 인물이었다.

"당신의 취미는 무엇입니까?" 한 신문기자가 신임 주지사에게 물었다. 이에 쿨리지는 "공직을 차지하는 것입니다"고 간단히 대답했다.[22] 사실 평상시의 그를 생각하면 이 대답도 너무나 긴 것이었다. 쿨리지는 절대로 필요하지 않는 말을 하거나, 돈을 쓰거나, 행동을 하지 않았다. 매일 아침 그는 몇몇 방문객과 만나고 서류에 서명을 하고 나서 점심은 유니언 클럽에서 늘 혼자 먹었다. 그리고 주 청사 뒤뜰을 산책하고 나서, 자신의 집무실로 돌아와 큰 책상에 다리를 걸치고 의자에 등을 기대고 앉아 담배를 피우면서, *Boston Transcript*의 조간신문을 읽었다. 그러고 나서 한참 동안 졸다가 집으로 돌아왔다.

쿨리지의 이러한 한가한 생활은 1919년 9월에 끝이 났다. 이때 보스턴 경찰력의 약 75% 이상이 깊은 절망 속에서 자신들의 노동조합을 인정해줄 것과 형편없이 낮은 임금의 인상을 요구하면서 파업에 들어갔다.[23] 이에 당시 보스턴 시장이었던 앤드류 피터(Andrew Peter)는 질서의 회복과 유지를 위해 쿨리지에게 주 민병대를 파견해 달라고 요청했다. 그러나 주지사로서는 한 시의 사건에 간섭할 권한과 힘이 부족하다고 하면서, 그 책임을 다시 시장에게 돌려보냈다. 이것을 보건대, 쿨리지는 분명 파업 파괴자로서의 평판이 자신의 재선에 악영향을 줄 것이라고 걱정했음에 틀림없다. 그가 행동을 자제하고 있는 동안 보스턴의 폭동은 더욱 격화되었고, 언론들은 보스턴의 파업자들을 '볼셰비키' 또는 '유기자'라고 부르며 비난했다. 이에 피터는 자신의 통제권 아래 있는 지역 민병대에 질서의 회복을 명령했다. 비록 파업은 계속되고 있었지만 이 명령만으로도 질서의 회복에는

---

22) Boller, *Presidential Anecdotes*, 245쪽.
23) 보스턴 경찰 파업에 관한 설명은 Russell, *A City in Terror*에 잘 설명되어 있다.

충분했다. 시장 피터는 이제 사건의 진두지휘에 나섰다. 그러나 파업 3일째 되던 날 쿨리지는 보스턴에 주 민병대를 파견하여 질서를 회복하였다. 아무도 예상치 못한 일이었다. 이는 파업의 모든 진상을 뒤엎는 결과를 가져왔다.

자신들의 심각한 전략적 실수를 깨닫고 파업에 참가한 경찰들은 투표를 통해 다시 업무 복귀를 결정했다. 그러나 쿨리지는 이 결정을 받아들이지 않았다. 미국노동총연맹(American Federation of Labor)의 회장인 새뮤얼 곰퍼즈(Samuel Gompers)는 파업 참가자들의 해고문제를 제고해 달라고 쿨리지에게 요청했다. 그러나 쿨리지는 큰 소리로 다음과 같이 거절했다. "그 누구도, 어느 곳이건, 어느 때건, 국민 대중의 안정과 질서에 반하는 파업을 할 권한은 없다." 이 말은 전국을 통하여 대대적으로 퍼져나갔다. 이 사건 하나로 그는 전국적인 인물로 급부상하였다. 사실 쿨리지는 파업을 끝내는 과정에서 뒤늦게 등장하여 아주 작은 역할만 했음에도 불구하고 파업종결의 공을 대부분 독차지했다. 부통령으로의 길―백악관으로 가는 길―이 이제 그에게 넓게 열려 있었다.

누군가가 캘빈 쿨리지에게 하딩이 죽고 이제 자신이 미국 대통령이 된다는 소리를 들었을 때 맨 처음 무엇을 생각했는지에 대해 질문을 했다. 이에 쿨리지는 "나는 잘 해 나갈 수 있으리라 생각했다"고 대답했다.[24] 그럼에도 불구하고 그는 여러 가지 도전에 직면했다. 말하자면 그는 '우연 각하'(accidental president)로서 조심성 있게 일을 처리해야 했다. 무엇보다도 그는 하딩의 죽음 이후 정부의 안정성에 대해 대중의 신뢰를 확보해야 했다. 막 폭로되기 시작한 하딩 행정부의 스캔들은 쿨리지의 행정부를 괴롭혔는데, 그에게는 이 의구심으로 점철된 현실을 처리해야 하는 숙제가

---

24) 쿨리지의 대통령직에 대해서는 McCoy, Calvin Coolidge와 Goodfellow, Calvin
   Coolidge에 잘 설명되어 있다.

떨어졌다. 또한 그는 1924년 대통령 선거에서 다시 공화당 후보로 지명받아야만 했다. 자신의 정치적 기반이 거의 없던 쿨리지로서는 대통령 후보로 지명받기 위해 당내의 갈등 세력 속에서 교묘하게 행동해야만 했다. 쿨리지는 최소한의 과시적인 행동을 통해 이런 모든 목표를 달성했다.

새 대통령은 술도 마시지 않았고, 카드도 하지 않았고, 여성과의 스캔들도 없었다. 일반 국민들은 곧바로 그들의 새 대통령이 전임 대통령과는 다르다는 것을 알았다. 쿨리지는 재빨리 자신을 하딩 시대의 과도한 무절제로부터 단절시켰다. 그레이스 쿨리지는 아름다움과 위엄을 가지고서 백악관의 사소한 일을 처리했고, 그녀의 주도 아래 백악관을 훈증소독하여 새롭게 말끔히 청소했다. 처음으로 앨리스 롱워스(Alice Longworth)가 쿨리지의 백악관을 방문했을 때 그녀는 "단장된 뉴잉글랜드 풍 백악관의 응접실이 무허가 술집 밀매점의 비밀 방과는 확연한 차이를 보여 주듯" 백악관 전체가 하딩 시대와는 완전히 다르다는 것을 알았다.[25] 쿨리지는 하딩 내각에서 가장 능력 있는 내각 인사들인 후버(Hoover), 멜론(Mellon), 찰스 휴즈(Charles Evans Hughes)를 그대로 유임시켰다. 그러나 그 누구에게도 항상 적대적으로 대하지 않는 쿨리지도 스캔들로 점철된 법무장관 해리 도허티(Harry Daugherty)와 해군장관 에드윈 덴비(Edwin Denby)는 교묘한 조정을 통해 자신의 내각에서 추방시켰다. 그리고 새 법무장관으로 하랜 스톤(Harlan F. Stone)을 임명했다. 컬럼비아 로스쿨의 학장을 지낸 그는 쿨리지가 암허스트에서 알고 지냈던 사람으로, 능력과 성격이 문제시되지 않았다. 또한 쿨리지는 도허티와 공모하여 여러 스캔들을 일으키며 부정을 저지른 것으로 지적되고 있던 수사국 국장인 윌리엄 번스(William Burns)를 해고했다. 그리고 번스를 대신하여 수사국의 정보부 부장인 야심 차고 열성적인 에드거 후버(Edgar Hoover)를 국장에 임명하였다. 이와 동시에 수사국은 연방수사국으로 재편되었다.

1924년 대통령 선거에서 공화당의 대통령후보가 되지 못할 수도 있다는 점에 신중을 기하면서 쿨리지는 내키지 않았지만 자신에게 불리하게 작용할 것으로 여겨지는 것들을 정리해 나갔다. 그러나 이를 두고 어떤 사람은 쿨리지에 대해 '너무나 신중한 부동성'(cautiousimmobility)이라고 평했다. 결국 그는 두 명의 특별검사를 임명하여 티폿돔(Teapot Dome) 사건을

---

25) McCoy, *Calvin Coolidge*, 157쪽.

조사하도록 했다. 그러나 이것 역시 의회내 민주당 의원들이 그에게 특별검사를 강력히 요구했기 때문이다. "유죄는 벌을 받아야 한다"고 선언하면서 그는 부패와의 전쟁을 통해 큰 수확을 거둬들였다. 쿨리지가 한참 운 좋게 여러 성과물들을 통해 국민들의 신용을 확보하고 있을 때, 1920년 대통령 선거에서 민주당 부통령 후보였던 프랭클린 루즈벨트는 이는 마치 보스턴 경찰관 파업 이후의 결과와 같은 경우라고 달갑지 않게 말했다.

쿨리지는 자신을 '반석과 같은 안정성' 위에 놓기 위해 최선을 다했다. 언론과의 첫 기자회견을 통해 그는 "하딩의 정책이 무엇이든 간에 나의 정책은 나의 것이다"라고 말했다. 그는 연방정부와 기업과의 관계에서 '새로운 시대'(new era)를 열 것이라고 맹세했다. 하나의 새로운 개념으로 경제적 안정성을 강조하면서 그는 정치적 안정성의 필요성을 요구했다. 기업에게 보다 높은 이익을 보장하는 것은 국가 번영을 위한 보증수표였다. 그래서 그는 연방정부의 소비를 줄여 늘어나는 세금에 대한 필요성을 줄였다. 그는 "나는 경제를 위해 존재한다. 그 다음에도 나는 보다 번영하는 경제를 위해 존재한다"고 선언했다.

백악관은 대통령이 주장한 '정당한 경비절감'의 실례를 보여주었다. 백악관에서 필요치 않은 전기불은 다 꺼져 있어야 했다. 종이컵은 구식 유리컵으로 대치되었다. 화장실에 걸려 있는 타월 수도 감소되었다. 백악관을 방문하는 신문기자들은 자기 스스로 펜을 구입해야만 했다. 그러나 이러한 쿨리지가 포토맥 강에서 주말에 순항하는 데 사용한 대통령 전용 요트인 'Mayflower' 호 때문에 많은 비난을 샀다. 쿨리지는 이 배를 군함으로 분류하여 해군예산에서 연간 50만 달러를 유용했다. 만약 그렇지 않았다면 군사비는 여지없이 삭감되었을지 모를 일이다.

나이 지긋한 빈정거리는 '스캔들 폭로가' 링컨 스테펜스(Lincoln Steffens)는 하딩 행정부 때까지 연방정부는 단지 기업으로부터 몰래 부양을 받고 있는 기업의 첩과 같았지만, 이제 월 스트리트와 워싱턴은 결혼을 했다고 말했다.[26] 1924년에 선거권을 가진 대부분의 미국인들은 이 결혼식에 축복을 보냈다. 하딩 시대의 스캔들은 점차 줄어들고 있고, 경제는 최대한의 고속 기어를 달고 움직이고 있었다. 겉으로 국내외의 위기가 보이지 않는 상태에서 쿨리지는 너무나 쉽게 1차 예비 선거에서 공화당 후보로 지명되었다. 그리고 11월에 있을 대통령선거는 민주당 내의 혹독한 내분에 편승하여 그가 승리할 것이라 예상되었다.

민주당은 대통령선거전에서 하딩의 스캔들을 충분히 이용하고자 했다. 그러나 민주당이 이길 수 있는 기회가 무엇이었든 간에, 그들은 언뜻 보기에 정직한 쿨리지의 모습과 그들 스스로의 내적 분열에 의해 쿨리지에게 완전히 패배했다. 당시 민주당의 내부 분열은 지역적 라이벌 간의 분열이었고, 또한 갈등으로 점철된 도덕에 대한 서로 다른 의견 때문이었다. 한 당파는 도시와 북동부 지역을 기반으로 이민세력들의 지지를 받았다. 이들은 금주법에 반대했으며, 대부분이 가톨릭 신자였다. 반면 다른 한 당파는 농촌과 남서부 지역을 기반으로 토착민들의 지지를 받았다. 이들은 술을 마시지 못하게 하는 금주법에 찬성했으며, 대부분이 프로테스탄티즘을 믿고 있었다. 이러한 차이는 어중이떠중이로 모여 사는 도시 하층시민들에 의해 문화적으로 압도당하지 않을까 하는 미국 농촌지역의 의구심과 두려움을 가중시킨 인종적·종교적 아집에 의해 더욱 악화되었다. 이와 같은 아집과 적대감을 배경으로 하여 다시 생겨난 쿠 클럭스 클랜(Ku Klux Klan)이 그 세력을 확대해 나갈 수 있었다. 1824년경에 보이지 않는 제국(Invisible Empire)은 그 영향력을 남부 전역으로 확대해 나갔다. 이 단체는 오리건, 캘리포니아, 오클라호마, 캔자스, 인디애나 주 등에서 강력한 정치력을 형성했다.

---

26) Ables, *In the Time of Silent Cal*, 43쪽.

뉴욕 주지사 후보인 알 스미스(Al Smith)는 이러한 모든 적대감을 온 몸으로 받는 일종의 피뢰침과 같은 사람이었다. 가톨릭을 신봉하고, 갈색의 중산모자를 늘 쓰고 다니면서, 담배를 피우고, 심지어 귀에 거슬리는 발음을 내는 알 스미스는 당시의 미국 농촌지역 사람들이 적대시하고 두려워하던 모든 것을 상징하고 있었다. 따라서 농촌 지역 사람들은 민주당 대통령 후보로 우드로 윌슨 대통령의 양자인 윌리엄 맥아두(William G. MacAdoo)를 지지했다. 이런 상황에서 뉴욕 시 매디슨 스퀘어 가든에서 열린 민주당 전당대회는 교착상태에 빠지지 않을 수가 없었다. 스미스는 물론 맥아두도 2/3의 다수표를 획득하지 못하고 있었던 것이다. 이 전당대회는 전국으로 방송된 최초의 미국 전당대회였다. 무려 2주 동안이나 미국 국민들은 서로에게 위협을 가하고 저주를 퍼부으며, 심지어 주먹다짐까지 하는 양상을 드러내는 민주당의 사분오열된 모습을 생생하게 듣게 되었다.[27] 결국 103차 예비선거에서 이제 아무런 가치도 없게 된 민주당 대통령후보 지명은 극단적 보수주의자이자 윌슨 행정부에서 법무차관을 지낸 월스트리트의 고문 변호사인 존 데이비스(John W. Davis)에게 돌아갔다.

격렬한 갈등을 일으킨 민주당 전당대회 이후 1924년 선거에서 민주당이 이길 수 있다고 예견할 만한 요소는 거의 아무것도 없었다. 그렇다고 쿨리지가 데이비스를 완전히 무시해도 좋을 상태는 아니었다. 때때로 데이비스는 쿨리지보다 오히려 더 공화당의 후보와 같은 목소리를 냈던 것이다. 그러나 쿨리지가 진짜 상대해야 할 세력은 재건된 독립혁신당의 후보인 위스콘신 주 상원의원 로버트 라폴레트(Robert M. La Follette)였다. 공화당내 반대분자, 사회당, 농민-노동당, 그리고 철도노조 등의 협력을 받아 혁신당은 두 개의 큰 도시에서 농민과 노동자들의 후원을 받는 등 대대적인 약진을 보였다.

---

27) 1924년 민주당 전당대회와 그 여파에 대해서는 Murray, *The 103rd Ballot*에 명확하게 설명되어 있다.

그러나 예상했던 것과 같이 쿨리지의 승리를 위한 항해는 순조로웠다. 중간에 갑자기 쿨리지의 16세 난 아들인 캘빈 쿨리지 2세가 죽는 바람에 일시 이 승리에 먹구름이 이는 듯하였다. 쿨리지 2세는 백악관 잔디밭에서 양말을 신지 않은 채 고무창 운동화를 신고 테니스를 치다 생긴 발가락 물집이 패혈증으로 발전하여 죽었다. 쿨리지는 아들의 죽음에 망연자실했으며, 후에 다음과 같이 한탄했다. "그가 죽었을 때 대통령직의 영광은 그와 함께 가버렸다. … 백악관에 입성하기 위해 왜 내가 그런 대가를 치렀는지 도저히 이해할 수가 없다."[28]

"나는 변하는 것이 거의 없으리라 생각한다." 쿨리지가 자신의 힘으로 대통령에 당선된 후 곧바로 한 말이다.[29] 쿨리지는 "국가는 이미 필요한 과정을 거쳐 채택된 여러 정책이 급진적으로 변화하는 것을 요구하지 않을 것"이라고 선언했다. 새롭게 필요한 것이 거의 없다고 믿은 쿨리지는 아무일도 하지 않았다. 그러나 당시 미국은 쿨리지가 '완벽의 시대'라고 부른 것에 보다 가까이 다가가고 있었기 때문에 열심히 일을 하고 있는 것처럼 보였다. 1925년에서 1929년까지 무려 22,800개의 제조업체가 사업을 위해 문을 열었다. 산업생산은 26%나 상승했고 새로운 일자리도 그만큼 늘어났다. 자동차, 라디오, 기타 다른 상품들에 대한 소비수요가 급상승했다. 만약 노동자들이 경제성장에 비해 자신들의 임금상승이 더디다고 불평한다면 그들은 상대적으로 안정된 수입을 획득하여 위안을 삼을 수가 있었다.

주식시장 역시 급속도의 상승곡선을 긋고 있었다. 1924년 5월 말에 *New York Times*에서 보여주는 25개 산업의 주식의 평균지수는 106포인트였다. 그 해 12월에는 주가가 134로 올랐고, 1년이 지난 1925년 12월에는 181로 상승했다. 주식과 비슷한 탐욕과 사기 풍조가 플로리다 주의 토지가격의 상승 붐을 일으켰다. 수만 명의 미국인들이 흔들리는 야자수 아래의 땅을

---

28) Coolidge, *Autobiography*, 190쪽.
29) Goodfellow, *Calvin Coolidge*, 372쪽.

구입하여 자신들의 집터로 사용할 수 있다는 기대에 유혹 받아 일생 동안 저축한 돈을 털어넣었다. 그러나 플로리다의 개발은 단지 서류상으로만 움직였고, 그곳은 악어들이 들끓는 망그로브 습지에 불과했다. 마르크스 브라더스(Marx Brothers)의 영화 *Cocoanuts*에서 플로리다의 부동산 개발업자인 그라우초(Groucho)는 다음과 같이 선언했다. "땅을 사세요! 당신은 당신이 원하는 그 어떤 종류의 집을 가질 수가 있습니다! 당신은 나무로 혹은 벽돌로 혹은 장식벽돌로 지은 집을 소유할 수 있습니다. ―아, 당신 말이에요. 장식벽돌로 지은 집을 가지시라니까요!" 그리고 벼락경기가 예기치 않게 갑자기 붕괴하기 시작했을 때 수만 명의 미국인들은 이미 장식벽돌로 만든 집에 대한 환상 속에 젖어 있었다.

주식시장과 플로리다 주 부동산의 벼락경기는 '알렉산더 해밀턴(Alexander Hamilton) 이후 가장 위대한 재무장관'이라는 소리를 듣고 있는 앤드류 멜론이 주식회사와 개인의 수입세를 삭감시키는 정책을 내놓음으로써 더욱 가열되었다. 그러나 멜론의 정책으로 극히 높은 수입에 대한 소득세는 절반으로 삭감되었지만, 40,000달러 이하의 수입에 대한 소득세는 단지 4~3%만이 줄어들었을 뿐이다. 상속세와 증여세 역시 폐지되었다. 더 많은 세금삭감이 1925년, 1926년, 1928년에 이루어졌고, 그 결과 많은 부자들이 법의 허점을 이용해서 세금을 한 푼도 내지 않는 경우도 허다하였다. 심지어 장관인 멜론의 요청에 따라 내국세 수입국장은 세금을 피할 수 있는 다양한 방법을 적은 메모를 장관이 사용하도록 건네주었다.

쿨리지는 관세를 고율로 유지했다. 이는 주로 소비자들의 주머니를 우려내는 결과가 되었다. 그는 앨라배마 주 테네시 강가의 머슬숄즈(Muscle Shoals)와 같은 가치 있는 자연자원을 개인개발업자에게 내주려고 했으나, 의회 내의 일반 대중의 지지를 받는 세력들에 의해 차단당했다. 이 머슬숄즈는 후에 테네시 계곡 개발공사(TVA)의 핵심이 되었다. 그는 1945년까지

지불하기로 되어 있는 1차 세계대전의 참전용사에게 주는 보너스 법안에 대해 거부권을 행사했다. 이 거부권 행사의 이유로 그는 보너스가 너무 과도하게 책정되었으며, 이것을 유지하기 위해서는 엄청난 양의 자금이 필요하므로, 따라서 정부가 솔선수범하여 검소함을 보여야 한다는 것을 들었다. 쿨리지의 인색한 정책에 따라 정부 규제를 받는 기구들의 예산이 축소되었다. 그 결과 식량, 의약, 고기 등을 검사하는 검열관들이 구조조정 되어 자리를 떠나지 않을 수 없었다. 또한 풍년에도 불구하고 농산물 가격이 하락하여 농업이 피폐해지는 상황을 막기 위해 마련된 농업구제법안에 대해 쿨리지는 만약 이렇게 되면 기업의 이익이 너무 많이 줄어든다는 이유를 들어 두 번이나 거부권을 행사했다.

쿨리지는 역시 인종문제에 대해 강경한 견해를 피력했다. 그는 "우리는 생물학적인 법을 통해서 북유럽 사람들이 다른 인종과 섞여 잡종이 될 때 그 질이 저하된다는 것을 알고 있다"고 선언했다. 그는 의회에서 의회를 통해 아무일도 하지 않았다. 린치를 금지하는 법안이 통과되어야 한다는 발언만 했을 뿐이지, 쿠 클럭스 클랜을 통제하는 그 어떤 기록이나 흑인을 공무원으로 임명한 기록은 눈을 씻고도 찾아볼 수가 없었다. 클랜이 주의 전반적인 상황을 거의 모두 장악하고 있는 오클라호마 주의 주지사가 질서유지를 위해 연방군의 파견을 요청했을 때 쿨리지는 이를 철저히 무시해 버렸다. 그는 1924년 이민법을 지지하면서 "미국은 미국인을 유지해야 한다"고 말했다. 이 법은 총체적으로는 이민의 무분별한 유입을 차단하고, 특별히 남동유럽에서 들어오는 이민을 억제할 것을 목표로 만들어진 이민법 이다. 이 법으로 이미 미국과 일본의 긴장관계가 악화되고 있었기 때문에 일본인 이민은 완전히 배제되었다.

한 연구자는 쿨리지를 두고 "그의 머리 속에는 국제적인 감각이 거의 들어 있지 않다"고 말했다. 외교정책에서 그가 근본적으로 관심을 갖고 있었던 것은 오로지 1차 세계대전 동안 연합군이 미국에 진 100억 달러의 부채를 받아내는 것이었다. 뉴잉글랜드의 작은 마을의 지성을 벗어나지 못하는 쿨리지가 계획대로 빌려준 돈을 고스란히 받아내겠다는 생각은 마치 종교적인 독단과도 같았다. 그러나 당시는 이미 채무국들이 돈을 지불할 수 없다고 주장하고 나서고 있었다. 그들은 자기 나라의 정화 준비액이 형편없으며, 계속되는 고율 관세가 자신들의 상품을 미국에 팔 길을 막고 있기 때문이라고 주장했다. 그래서 그들은 전쟁기의 대부금은 연합국의 승리를 위해 미국이 기여한 일부로 여겨야 한다고 주장하면서 부채의 말소를 요구했다. 이에 쿨리지는 채무국들의 주장을 일축하면서 다음과 같이 말했다. "당신들이 돈을 빌려갔다. 그렇지 않은가?" 쿨리지가 어떤 기자회견에서 이 말을 했는지에 대해서는 확인되지 않는다. 그래서 이 말에 대한 출처가 적이 의심스럽지만, 그럼에도 이것은 시대 상황을 제대로 이해하지 못했던 쿨리지에게 잘 어울리는 표현이다.

채무국의 부채를 말소시키는 것에 대한 쿨리지의 인색한 거절은 어찌되었건 결과적으로 히틀러의 성장에 크게 기여했다고 볼 수 있다. 미국에 진 빚을 갚기 위해 프랑스와 영국은 베르사유 조약으로 독일에게 부과한 무려 330억 달러에 달하는 배상금을 갚으라고 혹독하게 요구했다. 극도의 인플레이션과 붕괴된 경제는 독일을 채무불능 상태로 몰고 갔다. 이에 프랑스는 독일에 대한 보복조치로서 루르 지방을 점령했는데, 이는 독일의 곤궁을 더욱 가속화시켜 당시 미미한 조직에 불과했던 히틀러와 나치가 득세하는 데 큰 도움을 주었다. 그 후 10년간에 걸쳐 부채와 배상금 문제를 다루는 여러 가지 제안이 나왔지만 모두 실패했다. 결국 미국은 빌려준 돈을 거의 받지 못했다. 바로 히틀러와 2차 세계대전과 함께 말이다.

일반적으로는 미국이 쿨리지의 통치기간 동안에 고립주의를 유지한 것으로 보고 있다. 그러나 정작 미국인들은 세계 여러 나라들과 기꺼이 접촉하고

자 했다. 하딩과 같이 쿨리지는 국제연맹과는 아무런 연관관계도 갖고 싶어하지 않았지만 국제사법재판소에 대해서는 강한 집착을 보였다. 국제연맹에 대해 미국이 미온적인 태도를 보이자 다른 나라 대표들이 미국을 인정하지 않는 많은 조치들을 내놓았지만, 결국 연방상원은 국제사법재판소에 미국의 대표파견을 인준했다. 쿨리지 대통령 시절에 이루어진 중요한 외교적 업적은 1928년에 이루어진 파리 평화협정이다. 이 협정을 바탕으로 국무장관 프랭크 켈로그(Frank B. Kellogg)의 주도 아래 62개 국가가, 집단안보체제의 약한 단계이지만 국가정책으로서 더 이상 전쟁을 하지 않겠다는데 조인하였다. 정말 웃기는 일이지만 당시 조인국들의 훌륭한 의도를 제외하면 어떤 강제조치도 없었던 1929년 켈로그·브리앙 조약은, 미국인들이 금주법이 시행되는 동안 술을 안 마시겠다고 맹세한 정도의 효과밖에 없었다.

번영이 최고조로 달하고 있을 때 캘빈 쿨리지는 다시 한 번 더 대통령을 하고 싶어하지 않았을까? 만약 쿨리지가 그런 질문을 받았다면 그는 어떻게 했을까? 그러나 그는 이 질문을 받지 않았다. 이런 질이 나올 수 있는 시기 훨씬 이전인 1927년 8월 2일에, 이때는 전형적인 긴 여름 휴가기간인데, 사우스다코타 주의 블랙 힐이라는 곳에서 휴가를 보내고 있던 쿨리지가 즐기던 숭어낚시를 잠시 멈추고 언론 기자들을 불렀다. 그는 각 기자들에게 12개의 단어가 적힌 작은 메모쪽지를 건네주었다. 거기에는 이렇게 적혀 있었다. "나는 1928년 대통령에 출마하지 않겠다." 이에 충격을 받은 기자들은 그 일에 대한 더 많은 이유와 논평을 요구했지만 강철 자물쇠 같은 쿨리지의 입술은 굳게 닫혀 버렸다. 그리고 그는 점심을 먹으러 가버렸다. 대통령 취임 4주년 기념일을 하루 앞둔 날이었다. 그의 아내도 그의 보좌관 그 누구도 쿨리지가 이런 발표를 하리라는 사실을 눈치채지 못했다.

추측컨대 쿨리지가 대통령선거에 다시 나서지 않겠다고 결정한 데에는 여러 가지 이유가 있었던 것으로 보인다. 혹시 뭔가가 임박하고 있음을 알고 있었던 것은 아닌가? 후에 퍼스트 레이디는 쿨리지가 한 친구에게 "불경기가 다가오고 있다"라고 말했다고 증언했다.30) 어떤 면에서 보면 이는 쿨리지가 아직 구체화되지 않았던 현상에 대해 미리 예지하고 있었다는 것을 나타내 준다. 그래서 그는 더 이상 대통령직에 의욕을 갖지 않았고 따라서 이 일에 자신의 역량을 쓰고 싶어하지 않았다는 것을 보여준다. 활기가 부족했던 쿨리지가 걱정한 것은 워싱턴의 변덕스러운 날씨에 건강이 좋지 않은 아내와 자신의 건강뿐이었다. 게다가 그는 아들 캘빈이 죽은 이후 크게 상심하고 있었다. 유명한 저널리스트인 멍켄(Henry Mencken)은 대통령직을 떠나는 쿨리지에 대해 "그가 정권을 잡고 있는 동안은 그 어떤 감격도 흥분도 없었고, 뿐만 아니라 골치 아픈 일도 하나도 없었다. 그는 어떤 이상적인 상상력도 가지고 있지 않았고, 단 한 번도 남을 성가시게 굴지 않았다"고 평가했다.31)

전설과 같은 쿨리지의 이상한 행운은 멈추고 그가 백악관을 떠나자 월스트리트의 마지막 주연은 끝을 보이고 있었다. 미친 듯한 주식시장에서의 결함을 면밀히 들여다보는 사람은 이미 이를 보고 있었다. 물론 농업분야 종사자, 탄광분야 종사자, 그리고 섬유분야 종사자들은 이미 수년 전부터 어려움을 겪고 있었다. 그러나 이제 어려움으로 인한 진동을 다른 산업 분야에서도 느끼게 되었다. 주식시장이 붕괴하자 실업률은 가파르게 상승했고, 생산량은 급강하했다. 팔리지 않은 라디오가 가게 선반을 그득 채웠다. 자동차는 판매소의 차고에 쌓여 있게 되었다. 건설경기 역시 사라졌고, 하루에 몇 개씩 은행이 파산하였다. 쿨리지는 이러한 파산적 현상을 전혀 보지 않았다. 그는 대통령직을 떠나기 얼마 전에 "이 나라는 현재를 만족하고

---

30) White, *A Puritan in Babylon*, 366쪽.
31) Lathem, *Meet Calvin Coolidge*, 58쪽.

있으며 미래를 낙관하고 있다"고 선언했다. 그가 대통령직을 떠난 후 6개월이 지나고 나서 주식시장은 붕괴되었고 장기적인 대공황으로의 추락이 시작되었다.

노스앰턴으로 은퇴하여 역사의 뒤안길로 사라진 전직 대통령은 공장들이 문을 닫고, 은행이 파산하고, 사람들이 일자리를 잃고, 그들의 저축과 희망이 사라져 가는 것을 바라보았다. 노스앰턴에 있는 한 은행이 파산한 후 그는 과거 자신의 법률 파트너였던 한 친구가 자신의 머리를 손으로 감싸쥐고 책상 위에 엎드려 실의에 빠져 있는 모습을 보았다. 쿨리지는 그에게 다가가 옆에다 수표 5,000달러를 놓고 조용히 나갔다.[32] 위기가 한창 진행되는 중에도 그는 다음과 같은 말로 자신의 부담을 덜었다.

> 우리의 은행제도는 아직은 완전하지 않다.
> 공무원들은 전혀 오류가 없는 것이 아니다.
> 미래는 좋을 수도 있고 좋지 않을 수도 있다.
> 지금 세율을 올리는 것은 좋은 것처럼 보이지 않는다.
> 실업에 대한 최종 해결은 일을 하는 것이다.[33]

쿨리지는 1933년 1월 5일 노스앰턴에 있는 집의 목욕실에서 면도를 하다 심장마비에 걸려 죽었다. '전직 대통령'이 죽었다는 소리를 들었을 때 작가 도로시 파커(Dorothy Parker)는 이렇게 반문했다. "어떻게 그에게 '전직 대통령'이라는 말을 할 수 있나요?"

---

32) *Ibid.*, 171쪽.
33) Boller, *Presidential Anecdotes*, 235쪽.

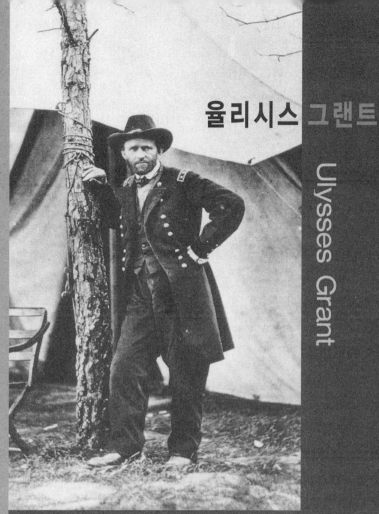

율리시스 그랜트

Ulysses Grant

1869~1877
자신의 무능함으로 인사와
친구와 친인척 관리에 실패한 대통령

그랜트가 최악의 대통령으로 선정된 이유

1 그랜트는 대통령직을 공적인 책임과 의무의 영역으로보다 사적인 영달과 보상의 영역으로 다루었다. 그는 남북전쟁 이후 정도에서 벗어난 사적이고 사악한 목적에서 연방정부의 여러 분야를 지배해 온 엽관제(spoils system)를 운영하던 수완가 기질이 다분한 자신의 참모들에게 교묘히 이용되었다. 도금시대(Gilded Age)가 최고조에 달한 시기에 이권을 추구하던 엽관자들과 거대기업의 주인인 거물들이 국가를 좌우하고 이권이 있는 대부분의 사안을 훔치는 동안 대통령인 그랜트는 백악관만 멍청히 지키고 있었다.

그랜트의 인사는 그의 최고의 실패작이었다. 그는 자신의 군 시절 동료들, 고향 친구, 선거 때 자금을 동원한 사람, 그리고 무엇보다 친인척들을 자신의 보좌관이나 정부 공직에 임명했다. 문제는 이들이 거의 모두 무능했으며 사리사욕적인 사람들이었다는 사실이다. 8년 동안 있어서는 안 될 자리에 있으면서 그는 어떤 비전도 제시하지 못한 그저 평범한 사람, 이기적이고 사적인 자기본위의 사람, 그리고 구제불능의 불량배들에게 둘러싸여 있었다. 이들은 자신들을 찾아와 정치적 청탁을 하는 사람들의 말을 들어주고, 또 그들을 편애함으로써 그랜트 행정부를 고비용의 요금징수소로 만들었다. 이 때문에 그랜트는 하딩과 더불어 미국 역사상 가장 추잡한 스캔들로 가득한 대통령이 되었다. 모든 것을 훔치고, 사기 치고, 거짓으로 가득한 시기였다.

2 그래서 그랜트 이후의 대통령선거는 거짓과 사기가 난무하는 선거가 되었다. 그랜트는 근면하지도 성실하지도 양심적이지도 않았다. 지데온 웰리스(Gideon Welles)는 "그랜트는 공적인 일을 연구하거나 바르게 처리하기 위해 참모들에게 문제를 제안한다든가 하는 일은 좀처럼 하지 않았다. 그는 이런 일을 지루하고 따분하게 생각하였고, 그럴 의도조차 가지고 있지 않았다. 심지어 그는 책이나 지적인 능력이 발휘되어야 하는 일과 사람에게는 조금도

관심이 없었다"고 관찰했다. 공세적인 입장을 취하고 있는 의회에 대해서 그랜트는 의회가 국민들의 의지를 가장 잘 대표하고 있다고 무작정 믿고서 그가 시행해야 할 정책을 의회가 결정해 주는 것에 만족했다. 그랜트는 전임인 앤드류 존슨의 권력행사가 의회로부터 당하는 것을 보고 침묵이 최고의 상책이라고 생각하면서 그저 침묵 속에서 대통령직을 보냈다.

3 그는 법은 물론 심지어 헌법에 대해서도 잘 알지 못했고 이것들에 대해 어떻게든 배워 보겠다는 생각도 없었다. 심지어 내각회의를 소집해 놓고도 때때로 이를 까맣게 잊어버리곤 했다. 태도가 분명치 못하고 늘 기력이 없어 보이며 감상적이고 게으르고 결단력이 없는 그랜트는 중요한 국가문서를 읽지도 않은 채 그냥 책상 위에 던져두는 것이 태반이었다. 잦은 휴가로 당면한 현안 문제에 답하기를 싫어했을 뿐 아니라 거의 모든 일에 미온적이고 수동적이었다. 모든 면에서 그랜트는 국민들을 위한 비전을 마련할 정치가로서 진정한 열의가 부족했다. 한 마디로 그는 주어진 현실을 즐기기만 했을 뿐, 미래에 대한, 국민을 위한, 국가를 위한 비전은 그 어떤 것도 제시하지 못한 대통령이었다.

취임 직후 이렇게 많은 가족군단을 데리고
백악관에 입성한 대통령은 없었다

몇 년 전 빌 모이어(Bill Moyers)가 뛰어난 한 역사가에게 "왜 율리시스 심슨 그랜트는 모든 사진이나 초상에서 그리 슬픈 모습을 하고 있는가"라고 물었다. 이에 대한 그 역사가의 대답은 이랬다. "만약 그의 친구들이 당신 친구들이었다면, 당신 역시 시무룩한 슬픈 모습일 것이다." 그랜트는 욕심 많고 불미스러운 가족과 친구들의 범죄행위 때문에 많은 면에서 대통령직에 대해 최하점을 받았다. 가족과 친구들 때문에 그의 행정부는 미국 역사상 가장 심한 스캔들로 얼룩졌다. 역전의 용사인 이 군인은 연방의 보존에 중요한 역할을 했고, 이 때문에 전혀 어울리지 않음에도 불구하고 영웅을 찬양하기 좋아하는 미국인들이 그에게 가장 큰 영예를 안겨주었다. 그랜트의 생각과 같이 당시 미국인들은 대통령직을 공적인 책임과 의무에 대한 영역보다 사적인 영달과 보상의 영역으로 다루었던 것이다. 이것이 하나의 재앙이 되었다.

그랜트는 8년간에 걸친 대통령직을 애기하면서 "나는 대통령 자리를 원하지 않았다. 그래서 나는 대통령직을 수락하기 위해 군 총사령관 자리를 사퇴한 내 자신을 결코 용서할 수 없다"고 말했다. "그러나 나는 이를 받아들이지 않을 수가 없었다. 나의 명예와 나의 기회는 적지 않게 공화당에 힘입은 바가 크다. 그래서 만약 나의 이름이 공화당에 도움을 줄 수 있다면 이를 받아들이지 않을 수가 없었다."[1]

그랜트의 이러한 솔직한 감정 표현은 후에 능력 있는 대통령 가운데 한 명인 우드로 윌슨에 의해 다시 확인되었다. "이 정직하고 우직한 군인은 대통령직에 위신과 명예를 더하지는 못했다. 그도 자신이 대통령으로서는 실패했다는 것을 알고 있었고, 그가 대통령이 되지 않았어야 한다는 것을 알고 있었다."[2] 그랜트는 남북전쟁 이후 정도에서 벗어난 사적이고 사악한 목적에서 연방정부의 여러 분야를 지배해 온 엽관제를 운영하는 수완가 기질 다분한 자신의 참모들에게 교묘히 이용당하였다. 도금시대가 최고조에 달하는 시기에 이권을 추구하는 엽관자들과 거대기업의 주인인 거물들이 국가를 좌우하고 이권이 있는 대부분의 사안을 훔치고 있는 동안 대통령인 그랜트는 백악관만 멍청히 지키고 있었다.

그랜트는 대통령직에 대해 너무 무지하여 어리둥절한 혼란 속에서 지냈다. 8년 동안 있어서는 안 될 자리에 있으면서 그는 어떤 비전도 가지지 못한 그저 평범한 사람, 이기적이고 사적인 자기본위의 사람, 그리고 구제불능의 불량배들에게 둘러싸여 있었다. 이들은 자신들을 찾아오는 사람들의 정치적 청탁을 들어줌으로써, 또 그들을 편애함으로써 그랜트 행정부를 고비용의 요금징수소로 만들었다. 여기에다 그랜트에게 더욱 나쁘게 작용한 것은 자기에게 충심으로 지지를 보내준, 최근에 법적으로 해방된 흑인들의 권리를 보호해 주지 못했다는 점이다. 뉴욕 시 허드슨 강 상류에 위치하고 있는 그의 묘비에는 "우리 평화를 유지하자"라는 말이 새겨져 있다. 이 말은 그가 1868년에 정식으로 군복을 벗고 정계에 입문하면서 한 말이다.

---

1) Edmund Wilson, *Patriotic Gore*, 169쪽.
2) Woodrow Wilson, *A History of America n People* vol. 5, 112쪽.

이 말은 또한 8년 후 그가 백악관을 떠나기를 간절히 바라는 사람들의 입속말로 회자된 말이다.

전쟁에서는 그토록 명석하게 행동했던 사람이 대통령으로서는 왜 그렇게 바보같이 어리석은 짓을 일삼았을까? 물론 이에 대한 답은 그렇게 간단하게 나올 수 있는 것은 아니다. 아마도 말(horse)을 사랑했던 그랜트는 정치적인 말인 일상적인 지혜나 정치적 상식(political horse sense)은 가지고 있지 못했다는 것이 가장 적합한 대답이 아닌가 한다. 사실 그는 민간인으로서는 단 한 번도 공무원을 지내본 적이 없고 어떤 정치적 공직도 경험하지 못했다. 딱 한 번 뷰캐넌을 위해 1856년에 대통령 선거운동에 동참하였다. 그는 대통령으로서의 의무와 책임, 그리고 대통령의 권력행사에 대해 명확한 이해도 없었다. 게다가 이때는 이미 재건을 둘러싸고 앤드류 존슨과 의회 사이에 벌어진 장기적인 투쟁으로 대통령직은 만신창이가 되어 있었다. 그는 법은 물론 심지어 헌법에 대해서도 잘 알지 못했고 이것들을 배우려는 관심도 없었다. 심지어 내각회의를 소집해 놓고는 이를 까맣게 잊어버리곤 했다. 태도가 분명치 못하고 늘 기력이 없어 보이며 감상적이고 게으르고 결단력 없는 그랜트는 중요한 국가문서를 읽지도 않고 책상 위에 그냥 내팽개쳐 두는 것이 태반이었다. 그는 잦은 휴가로 당면한 현안 문제를 해결하기 싫어했을 뿐 아니라 거의 모든 일에 미온적이고 수동적이었다. 모든 면에서 그랜트는 국민들을 위한 미래에 대한 비전이나 정치가로서의 진정한 열의가 부족했다. 그는 항상 토착민 우월주의적 시각을 가지고 있었고 심지어 공립학교를 위한 지원문제에서도 가톨릭 교도에게는 반대를 역설했다.[3] 1862년 그는 유대인들이 면화산업에 투기를 조장한다는 이유를 들어 자신의 군대에서 모든 유대인들을 추방하라는 명령을 내렸다. 이에 대해 링컨 대통령은 그랜트가 내린 소위 이 '유대 명령'(Jew order)을 취소했

---

3) Morgan, ed., *The Gilded Age.*

다. 그런데도 수백만 미국인들은 그랜트의 단순하고 순박한 정치적 감각에서 위안과 만족감을 찾았다. 그래서 그는 대통령으로 선출되었고 그것도 두 번이나 연이어 당선되었다.

1868년에 그랜트를 대통령으로 선출한 대부분의 유권자들은 복잡한 정치현상에 지쳐 있었다. 거의 10년 동안 남북전쟁과 재건의 소용돌이에 휩싸인 국민들은 사분오열되어 있었다. 존슨의 탄핵재판을 둘러싼 불미스러운 정치적 책략은 국민들에게 적지 않은 혐오감을 주었다. 그런 국민들에게 최대의 위안은 무조건 소인배 같은 좀스러운 정치가는 멀리하는 것이었다. 그리고 국가를 위해 헌신한 국가적 영웅들이 모셔져 있는 사당인 발할라(Valhalla)에 이미 올라 있는 사람을 그들의 지도자로 삼는 것이 기쁨이었다. 따라서 국민들에게 그랜트는 워싱턴의 정치현장에 위엄과 능률과 개혁을 가지고 올 결단력과 도덕성, 강함, 단순함을 가지고 있으며 과묵한 군인으로 국가적 영웅의 반열에 있는 사람으로 여겨졌다. 이러한 판단 때문에 후에 국민들은 비참할 정도로 실망을 맛보게 된다.

그러나 최근 남북전쟁 이후 시대를 어떤 시대와도 비교할 수 없는 타락의 시대로 보았던 그동안의 일반적 견해와 시각을 달리하는 역사가들이 있다. 그들은 그랜트와 당시의 여러 정치가들이 국가의 발전과 전진을 위해 진지하게 노력했기 때문에 이 시대의 독직(瀆職)은 일반적으로 알려진 독직과는 차이가 있으며 이것에 대해 너무 심한 악평을 퍼붓는 것은 논란의 여지가 있다고 주장하였다. 또한 그들은 그랜트는 도금시대에 대해 노골적으로 비판을 가하는 논리적인 개혁가 집단 때문에 언론으로부터 부당하게 나쁜 평가를 받았다고 주장했다.

사실 그랜트를 싸잡아서 비난만 하는 것은 분명 잘못일 것이다. 남북전쟁에서 거둔 북부의 승리는 분명 그의 노력에 힘입은 바가 크다. 그리고 바로 이 때문에 그에게 미국 최고의 권력이 주어졌던 것이다. 토머스 제퍼슨

이래로 국가를 운영하는 데 중요한 역할을 했던 남부의 농장주들은 거의 힘을 상실했다. 이제 새로운 계급이 그들을 대신했다. 즉, 겉만 번지르르한 싸구려 가짜 물건을 정부에 판매함으로써, 또 생활필수품을 매점매석함으로써, 그리고 공공자금을 교묘히 착복함으로써 부를 획득하고자 하고, 사회와 국가의 공적인 문제에 대해서는 백안시하고 냉소적이지만 자신의 사적인 문제에 대해서는 나서기 좋아하는 뱃심좋은 사람들이 그들이다. 전쟁 말기에는 이들 패거리가 욕심 많은 정치가들과 손잡고 이익을 착복함으로써 현실을 탐욕과 무모함으로 가득 채웠다. 잡지 *Nation*의 편집자인 에드윈 갓킨(Edwin L. Godkin)은 이런 현실에 대해 "어떤 의미에서 볼 때 가난한 사람의 전쟁이 부자의 평화로 바뀌었다. 현재 모든 사람들은 말 그대로 적절한 수완을 통해 살아가야 한다고 말하고 있다. 총체적인 결과는 도덕적 무정부주의 상태라 아니할 수 없다"고 꼬집었다.4)

개혁가들이 인식한 이러한 도덕적 타락은 워싱턴으로만 국한되지 않았다. 수도 워싱턴은 단지 국가 전체의 타락상을 보여주는 하나의 거울에 지나지 않았다. 적자생존의 원리를 강조한 찰스 다윈(Charles Darwin)의 진화론은 사회적 진화론의 원리로 변형되어 가고 있었다. 이 새로운 과학은 전후 새롭고 강한 힘을 얻은 패거리들이 성취한 부와 권력은 가치로운 것이고, 사회적으로 인정받는 성공적인 것으로 보이도록 치장했다. 거기에다 이제 대부분의 미국인들은 노예제도에 반대하는 십자군운동이나 전쟁 동안의 연방보존과 같은 공공을 위한 투쟁, 그리고 전후 재건을 둘러싼 격심한 갈등에 넌더리를 내고 있었다. 지역주의(sectionalism) 문제와 인종문제를 해결하지 못하여 생긴 갈등으로 많은 미국인들은 어떤 형태의 이상주의에도 불신을 보내는 전반적인 환멸감에 사로잡혀 있었다.

표면적으로 볼 때 사회는 엄격한 빅토리아 도덕률(Victorian moral code)에

---

4) White, *The Republica n Era*, 8~9쪽.

지배되었다. 그러나 그 이면에는 새로운 흥분과 격앙된 열망이 숨어 있었다. 경건하고 도덕적인 행위가 표리부동과 보조를 맞추어 나란히 걸어가고 있었다. 당시 미국에서 가장 경건하고 자칭 공공도덕 질서를 잘 지키는 사람이었던 헨리 비처(Henry Ward Beecher) 목사는 여신도를 유혹하여 희롱함으로써 놀랄 만한 성공을 거둔 것으로 드러났다. 뉴욕 주 상원의원 로스코 콩클링(Roscoe Conkling)은 자기 친구의 미인 아내 케이트 스프라그(Kate C. Sprague)와 오랫동안 밀애관계에 있었다는 사실이 폭로되었다. 이들의 관계는 화가 난 남편의 엽총으로 위협당한 콩클링이 달아남으로써 우스꽝스러운 모습으로 막을 내렸다. 코모도 코넬리우스 밴더빌트(Commodore C. Vanderbilt)는 비료수송계약을 맺으면서 자신의 아들 윌리엄(William)을 기꺼이 즐겁게 속였고, 심지어 새로운 집으로 이사하기 거부하는 아내를 여러 달 동안 정신병원에 감금해 버렸다. 당시 기업인의 도덕체계의 전형은 대니얼 드루(Daniel Drew)인데, 그는 월스트리트의 그 누구보다도 성서 속의 교훈을 많이 알고 있었지만 그 누구보다 자선행위는 적게 한 사람으로 여겨지고 있다. 그는 신학교 하나를 세울 정도의 돈을 남겼다.

타락상은 한 지역과 한 분야, 한 정당으로만 국한되지 않았다. '낭인들'(carpetbaggers)과 쿠 클럭스 클랜이 쥐고 주무르는 남부는 타락의 한 전형에 지나지 않았다. 남부 대부분의 주(州)자금은 약탈되었다. 전후 지방정부를 지배한다고 여겨진 교육받지 못한 흑인 노예들에게 가해진 비난은 전설이 되어 유포되었다. 사실상 재건기간에 가장 최악의 범죄를 저지른 것은 백인 낭인들과 그들의 동조자인 남부의 부역자들이었다. 북부의 대도시에서도 정치적 타락과 도둑행위가 자행되었다. 뉴욕 시를 지배한 것은 부패한 정치가들 집단인 트위드 도당(Tweed Ring)이었다. 필라델피아를 지배한 것은 석유산업의 이권에 개입한 개스 하우스 갱(Gas House Gang)이었다. 아이오와에서는 손버릇이 안 좋은 교육 관계자들이 주(州)농업대학의 공급을 대부분 착복했다.5) 당시 유럽을 방문한 미국인에게 유럽인들은 이런 질문을 던졌다. "미국은 모든 사람이 타락하지 않았나요?"

이러한 극단적인 위기 상황 속에서 대통령에게 요구되는 것은 이를 극복하고 국가를 바른 길로 이끌 수 있는 상당한 도덕적 노력과 열정이었다. 그러나 그랜트는 이 일을 할 능력도, 의욕도 없었다. 남북전쟁 기간에 연방을 지켰던 그의 뜨거운 열정은 백악관으로 들어오면서 하얀 재로 변해 버렸다. 이를 두고 헨리 애덤스(Henry Adams)는 "워싱턴으로부터 그랜트까지 진화의 법칙은 다윈을 혼란스럽게 만드는 데 충분하다"고 말했다.

본래 이름이 하이럼 율리시스 그랜트(Hiram Ulysses Grant)인 그는 1822년 4월 27일 오하이오 주 포인트플리젠트에 있는 방 두 칸짜리 통나무집에서 태어났다. 이곳은 신시내티로부터 오하이오 강 상류로 약 25마일 떨어진 곳이다.6) 그의 아버지 제시 룻 그랜트(Jesse Root Grant)는 말 많고 욕심 많은 사람으로 주로 부자들을 위해 가죽을 무두질하고 가죽옷을 만들어 파는 사람이었다. 그는 이를 통해 상당한 재산을 모았다. 어머니 한나 심슨 그랜트(Hannah Simpson Grant)는 그런 아버지와는 정반대의 성향을 가진 사람이었다. 그녀는 침착했고 수줍음이 많았으며 독실한 기독교인이었다. 그랜트가 태어난 후 오래지 않아 그의 가족은 오하이오 조지타운으로 이사했는데 이곳에서 그와 그의 다섯 형제자매가 성장했다.

어린 그랜트는 오하이오 조지타운 지방학교에서 초등교육을 받았다. 후에는 집에서 멀리 떨어진 보다 큰 학교에서 교육을 받았다. 그는 수학을 좋아했고 다른 과목도 곧잘 했다. 수줍음이 많고 말수가 적은 그는 냉담한 부모 밑에서 애정을 많이 받지 못했고 친구도 거의 없었다. 이때 그는 자신의 과거를 회고하는 일을 극도로 싫어하는 일종의 공포증을 앓고 있었

---

5) Nevins, *The Emergence of Modern America*, 181~182쪽.
6) 그랜트의 전기는 McFeely, *Grant* 와 Carpenter, *Ulysses S. Grant* 가 유명하다.

다. 만약 어떤 목적지를 향해 과거로 가야 한다면 아마도 그는 그 목적지로 가기보다 어떤 교차로에서 다시 되돌아오는 일만 되풀이할 그런 사람이었다.

어릴 때부터 그는 말(horse)을 특히 잘 다루었고 말을 이용한 허드렛일을 잘 해냈다. 그는 나무를 날랐고, 밭을 갈았으며, 손님을 실어 날랐다. 아버지의 직업인 무두질에 관련된 모든 일을 도왔다. 이러한 성장 과정 때문에 그랜트는 동물의 생가죽만 보면 넌더리를 냈다. 후에 그가 전쟁에서 수많은 사람의 피는 보면서도 동물의 피는 절대로 보지 않으려고 했고 실제로 거의 보지 않았던 것도 이 때문일 것이다. 그는 사냥도 하지 않았을 뿐 아니라, 설익은 스테이크에 대해서도 몹시 불쾌감을 내보였다. 멕시코를 방문했을 때는 투우경기를 보고 너무나 슬퍼했다.

1839년 아버지 제시가 아들과는 아무런 상의도 없이 지역 유지로 하원의원인 토머스 하머(Thomas L. Hamer)의 추천으로 아들을 웨스트포인트 육군사관학교에 입학시켰다. 실패를 두려워한 그랜트는 집을 떠나기 두려워했지만 그대로 집에 머무를 경우 틀림없이 하게 될 넌더리나는 무두질 일에서 벗어나기 위해 이 명령에 기꺼이 따랐다. 아버지 제시 그랜트는 아들에게 주어질 웨스트포인트 교육에 대해 강한 열의를 가지고 있었다. 육군사관학교는 교육비도 무료였고 또 졸업 후 아들에게 어떤 직업이 주어진다는 사실을 확신하고 있었기 때문이다.

그가 웨스트포인트로 떠나기 전에 누군가가 그의 큰 짐가방에다 이름의 첫 머릿글자를 적어 두라고 귀뜸해 주었다. 이에 그랜트가 이름의 첫 글자인 H.U.G를 쓰고 보니 그 것이 '꼭 껴안다. 고집하다'는 뜻이어서 앞의 두 자를 바꾸어 웨스트포인트로 보냈다. 따라서 웨스트 포인트는 그의 이름을 율리시스 하이럼 그랜트로 알고 있었다. 그러나 그를 추천한 하원의원 하머가 무심코 그를 율리시스 심슨 그랜트라는 이름으로 사관학교에 등록시켰다. 그 후 이 이름이 계속 사용되었고 그랜트 자신도 이 이름을 싫어하지 않아 그의 이름이 되었다. 그의 동료 생도들은 그를 미국정부나 전형적인 미국인을 뜻하는 엉클 샘(Uncle Sam)이나 샘으로 불렀다.

웨스트포인트는 이 자신 없고 소심한 젊은이에게 잘 어울리지 않았고, 그는 더욱 위축되지 않을 수 없었다. 그는 수학과 말타기에는 재주가 있었지만 다른 어떤 과목도 다른 생도들보다 뛰어나지 못했다. 항상 향수병에 걸려 있었던 그는 의회에서 논의중에 있던 사관학교의 폐교건이 통과되기만을 간절히 바랬다고 후에 고백했다. 사관학교 관계자에 따르면, 늘 사회적 기품과 예의범절이 부족했던 그는 세련된 동료들, 특히 남부 출신 생도들에게 많은 열등감을 느꼈고, 이는 평생 동안 계속되었다. 웨스트포인트에서 지낸 4년 동안 그는 단 한 번도 춤을 추러 간 적이 없었고, 한 여자와 단 한 번만 데이트를 했으며, 개인 집에 단 한 차례만 손님이 되어 방문했을 뿐이다.

그럼에도 사관학교에서 그랜트는 친구들이 많았고, 후에 남북전쟁에서 장군으로 활약한 50명의 생도들과 가까이 지냈다. 연방군이 되어 동료가 되건 남부동맹군이 되어 적이 되건, 이들의 장단점을 알고 있었기 때문에 그랜트는 전쟁 과정에서 많은 도움을 받았다. 그러나 그는 군인경력에 대해서는 큰 관심을 두지 않았다. 후에 그랜트가 퇴임 대통령으로 포츠담을 여행할 때 독일 재상 비스마르크에게 "사실 나는 군인보다 농삿일에 관심이 더 많았습니다. 나는 군대 일에 대해서는 아무런 흥미도 느끼지 못합니다"고 말했다. 비스마르크와 만나기에 앞서 그는 웰링턴(Wellington) 공작의 아들과 만나는 자리에서 너무나 순진한 바보 같은 말을 했다. "당신 아버지도 역시 군인이었다면서요?"[7]

1843년 39명의 생도 중 21등으로 그럭저럭 졸업을 한 그랜트는 최근에 만든 번쩍거리는 중위계급장이 달린 유니폼을 입고 최초로 맛보는 성취감을

---

7) Wecter, *The Hero in America*, 320쪽.

그랜트 대통령의 부인 줄리아

안고 오하이오의 집으로 돌아왔다. 의기양양했던 그랜트는 장교복을 모방하여 푸른 판탈롱 바지에 면화 줄무늬를 옆에 박음질한 옷을 입고 거들먹거리며 걷는 마부를 마을 여관에서 보고는 기가 죽었다. 이때부터 그의 유니폼은 자신에게 의미 있는 것이 되지 못했다. 결국 그는 다른 사람들에게 옷을 아무렇게나 입는 사람으로 인식되었다.

그는 자신의 능력을 고려하여 기병에서 복무하기를 원했지만, 전형적인 군대의 기준에 따라 세인트 루이스 근처 제퍼슨 바라크(Jefferson Barracks)의 제4 보병연대에서 복무하게 되었다. 이 젊은 장교는 웨스트포인트 룸메이트였고 하이트 해븐이라 불리는 남부 대농장 가까이에 살고 있는 프리드 덴트(Fred Dent)의 가족과 친밀하게 지냈다. 노예소유주이자 자칭 대령인 이 집안의 아버지는 그랜트를 환대했다. 그러나 그랜트의 주요 관심은 18세의 줄리아 덴트(Julia Dent)에게 집중되었다. 그녀는 명랑했고 생기가 넘쳤으며 말을 잘 다루었다. 그녀의 눈도 제대로 쳐다볼 수 없을 만큼 수줍음을 타는 그랜트는 그녀에게 완전히 빠져 버렸다.

사이가 가까워진 그랜트와 줄리아 덴트는 종종 말을 같이 탔다. 너무 열중해서 말을 달리다 그만 두 사람은 갑자기 물이 불어난 데까지 가게 되었다. 줄리아는 이곳을 건너가려 했지만 그랜트가 이를 말렸다. 확실한 것은 아니지만 그녀는 그랜트의 팔을 잡으면서 "나는 무슨 일이 일어나든 당신에게 꼭 붙어 있을 거예요."라고 말했다. 이곳을 안전하게 벗어난 후 그는 그녀에게 "당신의 인생 나머지도 나에게 붙어 있는 것이 어때요?"라고 청혼을 했다.[8] 줄리아는 이 청혼을 받아들였고, 그들은 멕시코인과의 전쟁 때문에 한 번 별거한 것을 포함하여 4년 동안 약혼상태에 있었다.

후에 그랜트는 "인류 역사상 멕시코에서 미국인이 자행한 전쟁보다 더 사악한 전쟁은 없었다고 생각한다. 당시 나는 많지 않은 나이로 이 전쟁을 피하기 위해 군을 제대할 도덕적인 용기가 없었다"고 말했다. 그럼에도 그는 연대에 배속된 병참장교로 대부분의 전투에 참가하면서 전쟁을 잘 치러내 많은 신뢰를 얻었다. 그러나 그는 로버트 리(Robert Lee)나 다른 장교들이 거둔 뛰어난 전과는 올리지 못했고, 중위 계급으로 이들과 계속되는 경쟁을 하는 것이 두려워 일시적으로 군을 떠났다. 전쟁이 끝나자 그는 미주리로 돌아와 줄리아와 결혼을 했다. 그랜트의 군 동료 중 한 사람인 제임스 롱스트리트(James Longstreet)가 이 결혼의 들러리를 섰다. 세월이 지나면서 이 부부는 우여곡절 끝에 가난뱅이에서 부자로, 다시 가난뱅이가 되었다. 그러면서도 두 사람은 서로의 사랑을 확인하곤 했다. 다소 수줍음은 있지만 서로 손을 잡고 다니기도 했다. 단조로운 생활에 짜증도 날 만했지만 이들의 연애시절과 같은 사랑은 그들의 생활에서 유일한 열정이었다.

다시 군에 들어간 그랜트는 웨스트포인트의 수학교관 자리를 원했지만

---

8) Boller, *Presidential Anecdotes*, 159쪽.

바램과 달리 지루한 여러 주둔지로 돌아다니게 되었다. 마지막으로 오리건 주와 북부 캘리포니아로 가게 된 그는 사랑하는 줄리아와 이제 한창 자라나고 있는 아이들과 헤어져 살아야 했다. 외로움에 지치고 기운이 빠진 그는 늘 술병을 달고 다녔다. 그러나 그는 세간에 알려진 것처럼 그런 전설적인 술주정뱅이는 아니었다. 에이브러햄 링컨(Abraham Lincoln)은 남북전쟁 동안 그랜트의 음주에 대한 보고를 보면서 다음과 같은 유명한 말로 응수하여 간단히 처리해 버렸다는 이야기가 있는데, 이것이 사실이라는 증거는 어디에도 없다. "그래요. 나는 여러분들 중 누군가가 그랜트가 마신 위스키가 어떤 종류인지 나에게 말해 주기를 원합니다. 나는 이 위스키를 여러 병 구해다가 나의 다른 장군들에게도 보내고 싶습니다." 이 말은 *New York Herald*의 한 기자가 조작한 것이며 1863년 11월 26일에 기사화되었다. 링컨은 이런 말을 했다는 사실을 단호하게 부정했다. 사실 빅스부르크 전투에서 패배한 후 술을 마시고 흥청망청한 것을 제외하면 그랜트는 전쟁 동안 거의 절제를 했다. 그러나 분명 그는 술에 몹시도 약했고 홀짝홀짝하는 정도에도 취하는 그런 사람이었다. 1854년에 그랜트는 비록 대위로 승진했지만, 그의 직속 상관은 술을 이기지 못하는 그의 습관을 지적하며 군대를 제대하든지 군법회의에 회부되든지 둘 중 하나를 택하라고 권했다. 그랜트는 제대를 결정했다. 이 사건은 그의 군대 경력을 더럽힌 일이 되었고 32세의 나이임에도 불구하고 아주 가난한 생활을 감수해야 하는 계기가 되었다.

그 후 7년 동안 쓰라린 실패가 그랜트를 지겹게 따라다녔다. 그는 장인인 줄리아의 아버지가 준 세인트 루이스 근처의 한 토지에서 농사를 지었다. 이와 동시에 돈을 벌기 위해 세인트 루이스 시가 거리에서 땔감으로 쓸 장작 행상을 하기도 했다. 많은 사람들은 이때의 그랜트를 단정치 못하고 늘 허름한 차림에 얼굴에는 진흙이 묻어 있었으며 낡은 군복을 입고 있는 사람으로, 그리고 이때부터 턱수염을 기른 것으로 기억하고 있다. 장인과 장모인 덴트 부부는 이때의 그랜트를 경멸했다. 그러나 그들은 딸자식과 자라나는 외손자들 때문에 마지못해 물심양면으로 계속 후원을 했다. 이때는 그랜트와 돈거래가 있었던 오랜 친구들조차 그를 피했다. 어느 해 크리스마스 때에는 그는 가족에게 줄 선물을 사기 위해 자신의 시계를 전당포에 저당 잡히기도 했다. 1858년 그랜트는 농민으로서 자신의 실패를 인정하고 비굴하게 몸을 굽히며 한 달에 50달러를 받고 일리노이 주 걸리나에 있는 아버지가 운영하는 가죽과 철물가게의 점원으로 일하게 되었다.

그러한 그에게 새출발의 계기를 가져다준 것이 남북전쟁이었다. 전쟁이 발발하자 그는 연방군에 자신의 잘못을 뉘우치고 명예회복의 기회를 달라고 요청했지만 전쟁부로부터는 특별한 대답이 없었다. 수년이 지난 후 밝혀졌는데 이때 그가 보낸 서한은 읽히지도 않은 채 먼지투성이가 되어 있었다. 그 대신 그는 최근에 소집된 일리노이 주 지원병으로 구성된 연대에서 훈련교관 자리를 얻게 되었다. 땅딸막하고 아무렇게나 수염을 깎은 모습에 군복의 일부만을 걸친 그랜트는 대령 계급장은 달았지만 얼핏 전혀 믿음이 가지 않는 사람으로 보였다. 그러나 그는 미숙한 농민의 자녀들을 훌륭한 군인으로 변신시켜 나갔다. 어찌된 일인지 장교가 되기를 좀처럼 원하지 않고 군대생활 자체를 싫어하던 사람들도 그랜트에게서 훈련을 받고 나면 영낙없이 훌륭한 군인으로 변모되어 있었다.

인생을 정리하는 마지막 단계에 이르러 그랜트는 자신의 자서전에서 이때의 상황에 대해 다음과 같이 이야기했다. "인간은 일을 꾸미고 하나님은 일을 처리한다. 모든 인간사의 중요한 일 중에서 인간 스스로의 선택으로 이루어지는 것은 거의 없다." 이때의 기회는 그의 인생에서 분명 대단히 큰 역할을 했다. 그가 훈련교관을 담당한 지 한 달이 되어 일리노이 주의 주선으로 전쟁부로부터 육군소장 계급을 얻게 되었다. 재기가 뛰어났다기보다 오히려 단호하고 끈덕진 생활관의 소유자인 그는 연방군의 대부분의 다른 장군들과는 가장 대조적으로 인생의 역경에 직면하여 마지못해 후퇴를 했던 것으로 보인다. 컴벌랜드 강을 통제하고 있는 도넬슨 요새에서 항복 교섭을 위해 시몬 버커너(Simon B. Buckner : 버커너는 군대의 오랜 동지로 1854년에 그랜트가 고향집으로 돌아갈 여비를 마련해 준 사람이다)로부터 온 요청서에 대한 그랜트의 대답—"무조건 항복을 제외한 그 어떤 교섭도 받아들일 수 없다. 나는 즉시 그대들이 본래의 일로 돌아갈 것을 제안한다"— 은 절실히 영웅을 필요로 하던 기 죽은 북부사람들의 마음을 사로잡았다. 이제 그랜트의 이름 앞에 붙은 'U. S.'는 '무조건 항복'을 상징했다. 신문들은 그랜트가 곧 공격을 준비하고 있다는 냉담한 상황과 이빨로 담배를 물고 있는 단호한 모습과 그리고 그를 존경하는 어떤 이가 약 1만 상자의 담배를 보냈다는 내용을 보도했다. 그는 이 중 일부는 다른 사람에게 주었지만 나머지는 하루에 20개피 정도씩 피웠다고 하는데, 이는 결국 그를 죽음으로 이끈 목 암의 원인이 된 것으로 보인다.

미시시피 주에 남아 있는 남부 연합의 마지막 요새인 빅스버거를 점령한 그랜트는 적군을 둘로 분리해 그 세력을 약화시켰다. 조지아 주에 대한 침공의 길을 열어준 채터누가를 점령한 후 링컨은 1864년 3월에 그랜트를 워싱턴으로 불러올렸다. 그리고 그에게 연방군 총사령관직을 부여했다. 군인과 병참에서 압도적인 우세를 점한 그랜트는 엄청난 사상자를 내는 무모한 소모전에서 철저하게 남부연합군을 분쇄해 나갔다. 이로 인하여 북부의 언론들은 그를 '도살자 그랜트'(Grant the Butcher)로 불렀다. 그러나 이 모든 것은 1865년 4월 9일 애포매톡스에서 남군의 로버트 리 장군이 항복을 했을 때 이내 잊혀졌다. 승리를 확보한 그랜트는 관대함을 보였고 위엄을 가지고 패배한 적군을 처리하는 다정다감함을 보였다. 이때가 그의 인생에서 가장 멋진 때였다. 운이 없었다면 그는 5일 후 그 역시 포드 극장에서 암살을 당했을 수도 있다. 그랜트 부부는 링컨이 암살 당하던 그 날 밤 링컨으로부터 포드 극장으로 오라는 초대를 받았던 것이다. 그러나 줄리아 그랜트가 퍼스트 레이디인 토드 링컨(Todd Lincoln)을 몹시 싫어했던 바람에, 그들은 뉴저지 주 벌링턴에서 학교를 다니는 아이들을 만나러 가기로 했다면서 이 초대를 정중히 거절했던 것이다.

전쟁이 끝나고 그랜트에게는 믿어지지 않는 일이 일어났다. 1년도 채 되지 않았을 때에 그랜트는 완전히 빈털털이가 되었다. 그러나 전쟁으로 국민적 영웅이 된 당시의 그는 홍수처럼 밀려오는 아첨과 아부의 세계 속에 서 있었다. 부자들과 힘있는 사람들이 그와 친구가 되고자 했고 그에게 무한의 자금을 제공했다. 얼마 전까지만 해도 '무능한 그랜트'(Useless Grant)로 비아냥거리던 걸리나 시민들은 그에게 새 집을 제공해 주었다. 뉴욕의 여러 사람들은 무려 105,000달러에 달하는 수표를 주었고, 필라델피아 사람들은 호화롭게 꾸민 저택을 선물로 주었다. 또한 50명의 건실한 보스턴 사람들은 그에게 75,000달러에 달하는 장서를 선물로 주었다. 이것이야말로 독서를 거의 하지 않았던 그에게 사치에 지나지 않았다. 말들, 마차들, 다른 값비싼 선물들이 그에게 쏟아져 들어왔다. 이미 가난이 무엇인지를 알고 있던 그랜트와 그의 아내는 거리낌없이 기쁨을 드러내 보이면서 갑자기 닥쳐온 이 풍족한 생활을 즐겼다. 이에 대해 *New York Tribune*은 "리치먼드에서의 항복 이후 이 가혹하고 엄격한 군인은 낮에는 소비를 하면서 밤에는 시간을 늘려 타동사인 받다(receive)를 실천하는 데 열심이다"고 혹평했다.

말수가 적었던 그랜트는 만나는 곳마다 인사하고 환호를 보내는 사람들에게 거의 반응이 없었다. 그는 대중에게 말을 하는 것에 거의 익숙하지 못했고 심지어 자신의 권력을 키우기 위한 욕망도 없었다. 언제인가 군중들은 연설을 부탁한다고 외치고 이에 대해 장군은 평상시처럼 여전히 말을 하지 않고 있을 때, 그랜트의 일곱 살 난 아들인 제시 그랜트(Jesse Grant)가 뛰어나와 "소년은 불타는 갑판 위에 서 있었다"고 외침으로써 어색한 상황을 그럭저럭 처리하기도 했다.9)

이러한 인기는 어쩔 수 없이 그를 정치세계로 끌어들였다. 애당초 그는 "나는 나의 집으로부터 병참부까지 새로운 인도를 만들 수 있을 만큼의 기간 동안 걸리나 시장을 하고 싶다"고 말한 데서도 알 수 있듯이 그에게 대통령은 고려의 대상도 아니었다. 그러나 어떤 사람들은 이것을 농담으로 보아야 한다고 주장했다. 까다로운 성격의 소유자인 해군차관이자 그랜트의 신봉자인 지데온 웰리스(Gideon Welles)는 자신의 일기장에서 그랜트 장군은 "너무나 야심적이다. 그는 간계하지는 않지만 신뢰할 수는 없다"는 것을 알았다고 확신했다.10)

자신의 의지와 상관없이 그랜트는 이전에 남부연합에 속했던 주들을 다시 연방으로 통합시키는 문제를 둘러싸고 링컨의 계승자 앤드류 존슨과 의회 사이에 벌어지는 사악한 정치투쟁의 와중에 서 있었다. 남부에 대해 초기에는 신랄한 비판을 가했지만 곧바로 존슨은 남부의 주를 전쟁전 이곳을 지배했던 백인 지도자들에게 빨리 넘겨주어, 사실상 용서를 하는 온화한 정책을 고집했다. 그러나 급진파로 구성된 공화당 중심의 의회 지도자들은 존슨의 이러한 정책을 해방노예에 대한 노골적인 증오스러운 행위이며 전쟁에서 투쟁을 한 모든 사람에 대한 배반행위라고 주장했다. 게다가 공화당 급진파들은 존슨의 이러한 고집을 전쟁후 남부에서 민주당의 권력기반을 구축하기 위해 다시 한 번 민주당 출신 대통령을 내고자 하는 존슨의 음모라고 보았다.

그러나 그랜트가 어느 편에 관심이 더 쏠려 있는가에 대해 아무도 몰랐다. 심지어 그랜트 자신도 몰랐던 것이 분명하다.11) 우선 그랜트는 처음에는

---

9) Wecter, *The Hero in America*, 327쪽.
10) Welles, *Diary* vol. 3, 184~185쪽.

존슨 편에 가까웠다. 그러나 그는 대통령의 이러한 정책이 죽어간 수많은 사람들에게 다시 한 번 희생을 강요하는 것이라고 확신했다. 그래서 그는 급진파를 지지했다. 이를 두고 존슨은 후에 자신은 그랜트의 농간에 희생당했다고 주장했다. 미국 정치체제에서 의회가 대통령보다 우선한다고 본 그의 보좌관들의 전통적인 견해는 그랜트가 이런 판단을 하는 데 결정적인 요인으로 작용했다.

존슨 행정부에서 여러 가지 다른 시도를 했지만, 존슨에게서 믿음을 얻을 수 없었던 의회는 모든 사안을 심의하고 거부권을 행사했다. 심지어 의회는 정부 지출금 법안을 통과시켰다. 그리고 의회는 존슨을 상대로 전쟁을 선포했다. 그의 배경과 모든 경험을 통해 그랜트는 의회야말로 최고의 권위를 행사하는 존재라고 생각하였다. 그랜트는 대통령 존슨과 공화당 중심의 급진파 간에 벌어진 투쟁을 지켜보면서 대통령과 의회 사이가 틀어지면 어떤 일이 일어날 수 있는가, 또 자신이 백악관에 입성했을 때 대통령으로서 어떤 입장을 취해야 하는지 그 구체적인 교훈을 얻게 되었다. 이러한 사실은 역시 전문적인 직업군인을 대통령으로 뽑게 될 경우 미묘한 위험성이 상존한다는 실례를 보여준다. 그것은 역설적이지만 군인 출신의 대통령이 너무나 많은 권력과 권위를 행사하려 한 데서 발생하는 위험성이 아니라, 오히려 그가 가지고 있는 권력과 권위를 사용하는 데 주저함으로써 발생하는 위험성이다. 그랜트 정도는 아니지만 아이젠하워 대통령도 이런 현상의 또 다른 전형을 보여주었다.

1868년 5월에 연방 상원이 탄핵 위기에 몰린 대통령 존슨에 대한 마지막 남은 유일한 결정권을 행사하고 있을 때, 공화당은 그들의 대통령후보를 지명하기 위해 시카고에서 전당대회를 개최하고 있었다. 연방 상원은 마지

---

11) Foner, *Reconstruction*.

막 순간까지 결과를 알 수 없는 상황에서 존슨의 탄핵 이유인 '중대한 범죄와 비행'(high crimes and misdemeanors)에 대해 무죄석방을 결정했다. 그동안 시카고에서는 공화당의 유력자들이 '애포매톡스로부터 온 강하고 과묵한' U. S. 그랜트 주위로 모여들었고 그랜트는 자연히 유력한 후보자가 되었다. 다른 가능성 있는 인물들과 비교가 되기는 했지만 정치에 때묻지 않았다는 점이 무엇보다 강점으로 작용했다. 보다 구체적으로 말하자면 그는 정치가 무엇인지, 무엇을 해야 하는지 전혀 감을 잡지 못해서 때묻지 않은 것이기는 하지만 말이다. 공화당은 그랜트를 대통령후보로 선택하고 동시에 부통령 후보로 쉴러 콜팩스(Schuyler Colfax)를 선택했다. 인디애나 주 연방 하원의원으로 하원의장인 그는 늘 웃는 인상으로 '웃는 사람'이라는 별명을 가졌다. 그러나 그는 간계하게 이권추구를 일삼았다. 이로써 그는 부(副, vice)라는 말에 새로운 의미로 같은 철자를 가진 악(惡, vice)을 가져온 사람으로 비판받고 있다.

공화당의 대통령후보로 지명되고 "우리 평화를 유지하자"라는 마지막 말을 제외하면 기억할 만한 어떤 내용도 없는 간단한 후보 지명 수락연설을 하고 난 후 그랜트는 걸리나에 있는 선물 받은 자신의 집으로 가서 아무말도 하지 않았다. 마치 군복무를 위한 영장을 기다리는 단순한 군인의 모습으로, 그는 선거 당사자로서 가장 분주하게 움직여야 함에도 불구하고 아무일도 하지 않은 채 가만히 있었다. 대신 정치가들과 당시 대대적으로 활동하고 있던 이권을 추구하는 엽관자들이 움직였다. 돈 많은 상인으로 정치자금을 많이 바친 스티워트(A. T. Stewart)와 같은 '유력자'(fat cats), 콜리스 헌팅턴 (Collis Huntington), 윌리엄 애스터(William Astor), 밴더빌트, 윌리엄 닷지 (William Dodge)와 같은 '도둑귀족'(robberbaron)들이 선거비용을 충당하는 데 혈안이 되었다. 공화당에서 불신을 당한 존슨은 민주당 후보가 되고자 안간힘을 썼지만, 정작 민주당은 뉴욕 주지사 호레이쇼 세이모어(Horatio

Seymour)를 선택했다. 전쟁 동안 징병을 반대한 경력이 있는 세이모어와 당시 민주당은 남부주들의 연방 탈당과 반역을 지지했다는 오명을 뒤집어쓰고 있었다. 남부의 흑인 유권자들의 지지와 함께 그랜트는 8개 주를 제외한 모든 주에서 승리하여 대통령에 당선되었다. 화가 난 존슨은 취임식에도 참석하지 않았다.

46세의 그랜트는 당시까지 최연소 나이에 대통령이 되었다. 강건한 이미지로 높은 인기 속에서 그는 1869년 3월 4일에 제18대 대통령으로 선서를 했다. 그랜트 행정부는 화해와 개혁의 기치를 드높이는 행정부가 될 것이라는 희망과 함께 출발했다. 그러나 군인으로서 국가적 영웅이었던 그는 정치적으로는 아무런 경험도 없는 대통령이었다. 따라서 정상적이라면 당연히 그의 주위에는 선거운동에서 공을 세우고 관직 나눠갖기에만 열중하는 엽관자들보다, 정치 경험이 부족한 대통령을 보좌할 능력 있고 도덕적인 사람들이 많아야만 했다. 또한 능력 있고 도덕적인 사람들이 보좌관으로 구성되어 올바른 정책을 세우는 데 자유로운 재량을 발휘해만 했다. 당시 많은 사람들처럼 헨리 애덤스(Henry Adams)는 새 대통령에게 많은 것을 기대했다. "그랜트는 질서(order)를 상징한다. 그는 위대한 군인이었다. 군인은 항상 질서를 상징한다. 야전에서 50만 내지 100만을 조직하고 지휘하는 장군은 행정을 어떻게 해야 하는지를 틀림없이 알고 있을 것이다"라고 썼다.12)

그러나 그랜트가 발표한 내각은 즉각 환멸감을 불러일으켰다. 능력도 경험도 없는 상태에서 대통령이 된 사람이 성공한 대통령이 되기 위해서는 현명한 판단과 국민을 통합할 힘을 가장 필요로 한다는 것은 자명하다. 남북전쟁의 후유증과 재건을 둘러싼 갈등, 의회와 대통령의 갈등이 계속되는 어려운 시기에 정치적 능력과 도덕성을 갖춘 내각이 구성되어야 했음에도

---

12) Adams, *The Education of Henry Adams*, 260~262쪽.

불구하고 이 내각은 고향 걸리나 출신의 그랜트의 친구들, 군대동료, 그리고 선거운동에서 많은 자금을 동원했거나 값비싼 선물을 한 부자들로 채워졌다. 헨리 애덤스는 "그가 발표한 내각의 면면은 너무나 형편없어 발표되는 이름마다 수치심을 느끼게 할 정도"라고 말했다. 특히 새 행정부가 정치를 잘 해 나갈 것이라 기대했던 사람들에게는 더욱 그러했다. 능력 있는 소수— 이들은 대부분 곧바로 그랜트와 결별했다—를 제외하고 그가 선택한 보좌관들은 거의 모두 나름대로 이권을 챙기려는 욕망으로 똘똘 뭉친 사람들이었다. 이들은 결국 그랜트를 욕보이지 않을 수 없었다.

그랜트가 대통령으로 있는 8년 동안 내각에 대한 그의 인사정책은 거의 같았다. 혹시 발탁된 내각의 인사가 능력이 있으면 있을수록 그는 그만큼 빨리 사라졌다. 오랫동안 국무장관을 지낸 네덜란드계 뉴욕 이민 출신인 해밀턴 피쉬(Hamilton Fish)를 제외하고 그랜트는 거의 내내 변변치 못하고 황당하고 노골적인 사기꾼들에게 에워싸여 있었다. 이들의 거의 모두가 정치나 행정 경험이 미천했고 재능과 노력과 성실성도 없었다. 그랜트는 한때 수백을 지휘하던 군 총사령관이었지만 대통령으로서 사람을 쓰는 일에는 최하였다. 소년 시절의 애정 결핍과 30대의 인생 실패로 많은 고통을 겪은 결과 그랜트는 이런 상황이 있는 곳마다 마치 자신과 너무나 친한 관계로 이해하고 일을 처리했다. 그랜트는 자신에게 아첨하는 사람과 자기가 듣고자 하는 이야기를 해주는 사람, 그리고 자신의 이권을 위해 음모를 꾸미는 사람들에게 너무나 쉽게 잘 속아 넘어가는, 일종의 봉이었던 셈이다.

새 대통령은 돈벌이에 비상한 재주를 가진 수완가와 선동가들인 '실업계 거물들'에게 현혹 당했다. 엄청난 정치자금을 바친 스티워트는 재무장관에 임명되었으나 이익을 둘러싼 지독한 갈등 때문에 그의 임명은 곧 취소되었다. 필라델피아에 그랜트의 집을 새로 짓는 데 들어간 자금 모금의 총책을 맡은 아돌프 보리(Adolf E. Borie)는 해군장관에 임명되었다. 보리는 권력남용을 통해 보다 많은 이권을 추구한 사실이 밝혀졌고, 3개월도 되지 않아 사퇴했다. 그랜트의 군 시절 참모장이었던 존 로린스(John Rawlins) 장군은 전쟁장관에 임명되었다. 그는 스페인에 반대하여 미국의 지원을 구하는 쿠바 혁명정권을 지지하는 한 로비스트로부터 28,000달러의 뇌물을 받은 것이 밝혀졌고, 이에 충격을 받아 곧바로 죽었다.

그랜트가 대통령으로 있는 동안 입법부 역시 고약한 냄새를 풍겼다. 화려한 흰색 플라넬 바지와 붉은색 조끼를 즐겨 입고 거들먹거리며 걷는 공화당 출신의 뉴욕의 보스 정치가인 상원의원 로스코 콩클링(Roscoe Conkling)은 상원에서 그랜트 행정부의 대변인으로 활동했다. 경솔하기 짝이 없는 미시간 주 상원의원 재크리 챈들러(Zachary Chandler)는 상원에서 음모를 꾸미는 비밀 방 하나를 가지고 있었다. 그들은 엽관정치의 완벽한 거두인 인디애나 주 상원의원 올리버 몰턴(Oliver Morton)의 지지를 받았다. 한때 사기꾼이었다는 이유로 링컨의 전시내각에서 추방된 펜실베이니아 주의 정치 보스인 시몬 카메론(Simon Cameron)은 그랜트가 자장 좋아하는 동료 중 한 사람이었다. 전쟁 동안 무능하고 간악한 부정을 저지른 내사시의 눈(cross-eted)을 가진 벤 버틀러(Ben Butler)는 그랜트가 대통령이 되자 모든 잘못을 용서받고 권력 핵심부의 측근그룹이 되었다.

그랜트의 가장 가까이서 일한 백악관의 보좌관들 역시 능력과 도덕성과는 거리가 먼 친인척들로 채워졌다. 그랜트는 자신의 가까운 친척들에게 백악관의 일자리를 나누어주는 데 인색하지 않았다. 그의 처남인 프리드 덴트(Fred Dent)는 백악관의 수석 안내인이 되었다. 그의 장인인 '대령' 덴트는 위스키에 설탕을 넣은 음료수인 줄렙 수(juleps)를 마시면서 양키들이 저주를 받을 것이라고 떠들면서 백악관을 돌아다녔다. 그랜트의 아버지 제시 그랜트와 형 오르빌 그랜트(Orvil Grant)는 백악관 인근으로 이사 와서 끝도 없는 뇌물과 대접을 받았다. 오리건 주에서 소 장사를 하고 있던 사촌

실래스 허드슨(Silas A. Hudson)은 과테말라 주재 미국 공사에 임명되었다. 매형인 크래머(M. J. Cramer)는 목사로서 독일 중부의 라이프치히 주재 미국영사로 임명되었다. 아내 줄리아의 형부인 제임스 케이시(James F. Casey)는 뉴올리언스에서 가장 수익을 많이 챙길 수 있는 직책인 관세와 세금을 거두는 자리에 책임자로 임명되었다. 대통령과 부인 줄리아의 친척 40명 이상이 정부 요직을 차지하고 사소한 일에까지 영향력을 행사하였고 그들 모두 수많은 돈을 착복했다. 이를 보다 못한 뉴욕의 한 신문 편집자인 존 비젤로우(John Bigelow)는 "취임 바로 직후 이렇게 많은 가족군단을 데리고 백악관에 입성한 대통령은 없었다"고 말했다. 그랜트의 어머니 한나 심슨 그랜트는 이러한 친인척의 부당행위를 피해 백악관에는 얼씬도 하지 않았다. 그랜트의 친인척 중 유일하게 권력을 행사하지 않은 사람은 어머니뿐이었다.13)

그랜트는 근면하지도 성실하지도 양심적이지도 않았다. 지데온 웰리스(Gideon Welles)는 "그랜트는 공적인 일을 연구하고 바르게 처리하기 위해 참모들에게 문제를 제안하는 일은 좀처럼 하지 않았다. 그는 이런 일을 지루하고 따분한 것으로 보고 그럴 의도도 갖고 있지 않았다. 심지어 그는 책이나 지적인 능력이 발휘되어야 하는 일과 사람에게는 조금의 관심도 없었다"고 관찰했다. 공세적인 입장을 견지하고 있는 의회에 대해서는, 의회가 국민들의 의지를 가장 잘 대표하고 있다고 무작정 믿고서 그가 시행해야 할 정책을 의회가 결정해 주는 것에 만족했다.

그랜트는 항상 오전 10시에 일을 시작해서 오후 3시에 마감했다. 자주 그는 대통령 전용마를 기르는 마구간을 방문해 휴식을 취하곤 했다. 또 종종 장기간 휴가를 떠나곤 했는데, 그랜트는 장기휴가를 간 최초의 대통령이었다. 휴가 때마다 그 비용은 매번 부유한 친구가 대신 냈다. 너무나

---

13) Rugoff, *America's Gilded Age*, 29쪽.

오랫동안 가난하고 형편없이 초라한 생활을 하다 사회계층의 최고 위치에 올라선 줄리아는 매사에 그녀와 남편 그랜트가 좋아하는 과시하는 듯한 야한 스타일의 의상을 즐겨 입었다. 그랜트 부부는 각각 25개 종류의 요리가 나오고 3코스마다 서로 다른 종류의 와인이 나오는 만찬회에 36명의 손님들을 초대해 놓고 좀처럼 앉으려고 하지 않았다.

전쟁 전 여러 해 동안 경험한 가난과 굴욕에 몸서리치도록 무기력했던 그랜트는 재능 있고, 지적이고, 학문적이며, 교양 있는 사람들 앞에서는 표정이 굳어졌다. 그랜트는 음악에 대한 조예도 전혀 없었다. 그러나 항상 그랜트의 평판과 지위에 압도당한 사람들은 이러한 어색한 상황을 탈피할 방법을 거의 몰랐고, 늘 서먹서먹한 불편함으로 끝났다. 한 번은 당시 아직은 그리 유명하지 않았던 작가인 마크 트웨인(Mark Twain)을 소개받았다. 그랜트는 마크 트웨인과 악수를 나눈 후 평상시처럼 아무말도 하지 않았다. 당황한 마크 트웨인은 무슨 말을 해야 할지 생각이 나지 않았다. 조금 후 그는 다음과 같이 더듬거리며 말을 했다. "장군, 전 어리둥절합니다. 당신은 그렇지 않은가요?"[14]

그렇다고 그랜트의 대통령직이 완전히 실패작은 아니었다. 어떤 면에서 칭찬할 마음을 갖고 백악관에서의 그에 대한 기록을 잘 살펴보면 그는 많은 일을 했다. 우선 전쟁으로 인한 경제적 파탄 현상을 크게 일소시켰다. 전후 인플레이션이 누그러졌고 안정된 통화가 등장하였다. 다소 어려웠던 금융 위기도 극복했다. 또한 대륙간 횡단철도의 완성으로 서부가 정착을 위해 개방되었다. 비록 해방노예들의 근본적인 권리를 희생으로 한 것이지만 남부가 다시 연방에 편입되었다. 국무장관 해밀턴 피쉬의 확고한 지도 아래, 영국이 앨라배마 주를 약탈했고 영국이 주도가 된 상인들이 착복을

---

14) Boller, *Presidential Anecdotes*, 160쪽.

했다는 사실을 확인하고서 영국으로부터 1억 5,500만 달러의 보상금을 받고 문제를 해결했다.15)

그러나 이러한 성공은 모두 그랜트 행정부를 더럽힌 부패와 타락행위에 의해 빛이 바랬다. 그의 체제를 악명 높게 만든 대부분의 스캔들이 그가 두 번째 임기로 들어가고 난 후에야 폭로되기 시작했다. 그가 대통령이 되고 곧바로 지독한 스캔들이 백악관에서 진행되었고 그의 집에서는 더욱 안전하게 이루어지고 있었다. 그가 취임한 지 얼마 지나지 않아 사실 그랜트는 자신의 윤리적인 무감각 때문에 금융상 부당한 해적질로 이익을 취한 제이 굴드(Jay Gould)와 짐 피스크(Jim Fisk)를 도와주었다는 사실을 알았다. 이들은 금시장의 금을 매점매석해서 수백만 달러의 부당이득을 챙겼다.16)

굴드와 피스크는 심지어 만사를 튼튼히 하기 위해 혹시나 그랜트 정부가 재무부에 보유하고 있는 금을 처분하여 그들의 계획을 무산시키거나 않을까 하여 그랜트의 또 다른 먼 친척이자 월스트리트의 암거래의 명수인 아벨 코빈(Abel Corbin)을 고용하여 그로 하여금 대통령에게 영향력을 행사하게 하였다. 그 대가로서 25,000달러를 받고 또한 부정이득의 일정한 몫을 약속 받은 코빈은 황금을 보다 높은 가격으로 유지하는 것이 미국의 농업생산물을 수출하는 데 유리하다고 그랜트를 설득했다. 굴드와 피스크는 심지어 이 부당거래에 대통령도 동참시켰으며 퍼스트 레이디 줄리아와 백악관의 다른 보좌관들까지도 이 거래에서 한 몫 챙기도록 주선해 주었다. 사실 이 상황에서 그랜트가 대통령으로서 어떤 행동을 취하는 것이 올바른지에 대해 감각을 가지고 있었다면 이런 고약한 인물들을 만나지 않았을 것이다.

그랜트는 일상적인 휴가로 떠나온 아바나 항에서 황금가격을 둘러싼

---

15) 그랜트 행정부의 업적에 대해서는 Hesseltine, *Ulysses S. Grant, Politician* 에 잘 설명되어 있다.

16) 황금 사기사건은 Ackerman, *The Gold Ring* 에서 그 진위가 은폐되었다.

모종의 음모를 듣고 어리둥절했겠지만 아무말도 하지 않았다. 그 후 며칠이 지나고 나서 그는 황금가격의 안정을 위한 조치로 평상시의 판매 가격으로 거래를 하지 말도록 재무부에 명령했다. 그러나 그의 명령은 아무런 제동장치 없이 누설되었다. 뉴욕에 있는 재무부 분국의 책임을 맡고 있는 재무부 국장으로 이 음모에 동참하고 있던 그랜트의 또 다른 군대 친구인 대니얼 버터필드(Daniel Butterfield) 장군이 그랜트의 명령을 굴드와 피스크에게 전해주었다. 이에 굴드와 피스크는 황금을 사들였다. 황금가격은 1온스당 135달러에서 1869년 9월 24일 163.50달러까지 올라갔다. 미국의 금융연보는 바로 이 날을 악명 높은 검은 금요일(Black Friday)로 기록하고 있다. 공황이 월스트리트를 뒤흔들었고 안정되어 가던 국가의 교역이 위협받았다. 곧 그랜트는 속았다는 사실을 알고서 아연실색했지만 때늦은 조치로 마지못해 재무부에 명령을 내려 연방정부의 보유황금 중 4백만 달러어치를 팔도록 했다. 이것은 황금가격을 불과 15분 안에 133달러로 폭락시켰고, 이 가격 폭락은 수많은 사람들에게 재정적 손실을 가져다주었다.

굴드와 피스크는 또 다른 금융사기를 꾸미려고 했다. 그러나 그들의 부당행위는 그랜트에게 하나의 걱정거리로 남게 되었고, 곧 하원 조사위원회가 구성되어 사건 수사에 착수하였다. 그러나 다수당을 점하고 있던 공화당 출신 조사위원들은 이 사건에 대한 대통령의 개입과 관련한 의문을 능란하고 교묘하게 변호했으며 나아가 대통령과 퍼스트 레이디의 증언을 요구하는 민주당원들을 차단시켰다. 사실 그랜트가 공공연한 부정행위를 저질러 유죄라고 믿는 사람은 거의 없다. 그러나 공정과 정의의 최고 신봉자여야 할 대통령이 경솔한 행동으로 악당이나 진배 없는 굴드와 피스크의 행위에 동참하게 되었다는 것은 대통령으로서의 판단에 관해 심각한 의문을 제기했다. 이에 대해 헨리 애덤스는 "누구든 조사를 받고 그 조사 내용이 언론화되는 것을 두려워한다. 왜냐하면 그들은 너무나 많은 것이 밝혀지지 않을까 걱정하기 때문이다"고 논평했다.

1869년에 또 다른 스캔들이 폭로되었다. 1869년 그랜트는 오늘날의 도미니카 공화국으로 당시 산토도밍고(Santo Domingo)로 불리던 지역을 합병하려 하는 이상한 계획에 깊숙이 개입되어 있었다. 이 계획은 원래 한 몫을 노리는 양키 투기업자들과 카리브해 지역의 파산한 이 나라 대통령이 한패를 지어 요리하고 있었다. 이들은 제각기 합병을 하게 될 경우 막대한 돈을 벌 수 있다는 꿈을 꾸고 있었다. 여기에는 또 다른 강력한 영향력을 가진 금융과 상업 관계자들이 개입해 있었는데, 이들은 모두 윤리에 반하는 인물들로 그랜트의 군대 동료인 존 로린스(John Rawlins), 벤 버틀러(Ben Butler), 그리고 그랜트의 개인비서인 오르빌 밥콕(Orville E. Bobcock) 등이 그들이다. 산토도밍고의 동쪽 끝에 있는 사마나 만(Samana Bay)에 해군기지를 건설하고자 했던 그랜트는 이 계획의 열렬한 지지자가 되었다. 거기에다 그랜트는 다소 허무맹랑하게 들리는 장기적인 계획도 염두에 두고 있었다. 즉, 그는 해방노예들을 이 섬으로 이주시켜 미국에서 인종적 갈등을 종식시키고 나아가 여러 흑인국가를 건설할 수 있게 해줌으로써 정의도 실현한다는 생각을 가지고 있었다.

죽음에 임박해서 그랜트는 이런 반신반의한 자신의 계획이 그가 지금까지 생각했던 것들 중 최고의 생각이었다고 믿었다. 그러나 이것은 그가 한 생각들의 특성을 전형적으로 보여주었다. 그랜트 스스로는 최고의 생각이었다고 믿었겠지만, 서투른 아마추어 방식으로 일을 추진하여 성공할 수 있는 기회는 요원했다. 당연히 합병조약을 협상하기 위해서는 국무장관인 피쉬를 파견해야 했지만, 그는 개인비서인 밥콕을 산토도밍고에 파견하여 일을 처리하도록 했다. 이에 밥콕은 자신의 수중에 약속 하나를 들고 워싱턴으로 돌아왔다. 그것은 합병을 둘러싼 사악한 악취에도 불구하고 적당한 때에 연방상원에서 합병에 관한 비준을 받는다는 조건이 달려 있었다.

그러나 그랜트는 거만하고 영향력 있는 상원외교통상위원회 위원장인 상원
의원 찰스 섬너(Charles Sumner)와 여러 가지 사소한 일로 인해 적대관계에
있었다. 결국 상원에서의 비준은 이루어지지 않았다. 이 사건 후 그랜트는
이 매사추세츠 주 상원의원의 집 근처를 지날 때마다 그냥 지나지 않고
반드시 쑥떡을 먹였다.[17]

황금 사기사건과 산토도밍고 사건은 사안 그 자체로 볼 때는 그리 중요한
것이 아니었다. 그러나 이 사건들은 그랜트가 얼마나 쉽사리 미덥지 못한
인간들에게 속아 넘어가는가를 너무나 잘 보여주는 사례다. 그랜트 행정부
를 위태롭게 만든 부패와 타락의 규모가 어느 정도인지 그의 첫 번째 임기가
끝나기 전까지는 알려지지 않았지만 그랜트는 개혁가들과 자유주의자들을
분노하게 만드는 것이 무엇인지 충분히 고려하고 의심을 했어야만 했다.
이전에 아이오와 주 연방 상원의원이었던 제임스 그림스(James W. Grimes)
는 공화당을 한탄하며 "지금 공화당은 개판이 되어 가는 것 같다. 현재의
공화당은 계속해서 부패하고 있고 그동안 있어 온 그 어떤 정당들보다도
가장 타락하고 부패하였다"고 말했다.[18]

당의 노선에 충실한 공화당원들이 1872년에도 그랜트를 대통령후보로
지명했을 때 부패와 타락의 온상이 될 또 다른 4년을 참고 있을 수 없었던
당내 개혁가들은 당의 노선을 깨뜨리고 자유공화당을 만들어 대통령 후보로
New York Tribune의 편집자인 호레이스 그릴리(Horace Greeley)를 선택했
다. 이렇게 되자 노예제에 반대한 그릴리의 경력에도 불구하고 민주당
역시 또 다른 그랜트의 4년을 피하기 위한 절박한 심정에서 그릴리를 대통령
후보로 지명했다. 그럼에도 그릴리의 승리는 가망이 없는 것으로 보였다.
그러나 대통령선거가 있기 6주 전에 터진 크레딧 모빌리어(Cedit Mobilier)

---

17) 산토도밍고 사건은 Nevins, *Hamilton Fish : The Inner History of the Grant
   Administration* 에 잘 설명되어 있다.
18) Rugoff, *America's Gilded Age*, 26~27쪽.

스캔들이 온 나라를 뒤흔들었다. 이 사건은 그릴리에게 승리를 가져다줄 가망성을 올려주는 것처럼 보였다.[19]

크레딧 모빌리어는 유니온 퍼시픽의 발기인을 중심으로 한 회사의 중역들이 만든 건설회사였다. 이 사건은 유니온 퍼시픽 철도회사의 발기인들이 철도 건설을 위해 할당된 연방자금에서 막대한 이익을 사취함으로써 저질러진 사기사건이었다. 의회의 조사 가능성을 사전에 차단하고 그들을 보호하기 위해 회사의 중역들은 그랜트의 부통령이자 하원의장인 골팩스(Colfax), 골팩스를 이어 하원의장이 되고 나중에 대통령이 되는 제임스 가필드(James A. Garfield), 그리고 그랜트 행정부에서 권력이 있는 여러 사람을 포함하여 의회에 영향력이 있는 의원들에게 회사 주식의 일부를 양도해 주었다. 그랜트는 이 스캔들에 연루되지 않았다. 그러나 개혁가들은 이 사건이야말로 워싱턴에 만연된 타락한 도덕성의 또 다른 증거라고 보았다. 많은 사람들이 그랜트 행정부 내에서는 유일하게 스캔들로부터 자유로웠던 국무장관 해밀턴 피쉬가 헨리 애덤스에게 한 말에 동조했다. "당신은 그 하원의장과 대화를 할 필요조차 없다! 이 하원의장은 야비하고 욕심 많은 돼지 같은 놈이다! 당신은 몽둥이를 들고 이 야비한 돼지의 코를 내리쳐야만 한다."[20]

이런 상황에서 그릴리는 스캔들을 최대한 이용하고자 했다. 골팩스는 공화당 부통령 후보에서 탈락했고, 그 대신에 역시 크레딧 모빌리어 사건에 연루되어 있는 매사추세츠 주 상원의원 헨리 윌슨이 선택되었다. 그러나 대부분의 유권자들은 이 스캔들을 선거운동에 초점을 맞추어 각색된 이야기쯤으로 치부하였다. 다소 차이는 있지만 미래의 워터게이트 사건이나 화이트워터 사건을 선거와 관련시켜 액면 그대로 받아들이려 하지 않았던 것과 같다. 이에 더하여 평상시 도둑귀족들과의 친분으로 많은 선거자금을 받고, 뿐만 아니라 해방노예들과 이전에 군인이었던 유권자들의 도움을 받아

---

19) 이 사건은 Hesseltine, *Ulysses S. Grant, Politician*에 잘 설명되어 있다.
20) Adams, *The Education of Henry Adams*, 261쪽.

그랜트는 상대 그릴리를 압도적인 지지로 잠재우고 대통령에 다시 당선되었다. 그러나 당시 *New York Sun*의 헤드라인은 '협잡과 부패의 또 다른 4년'으로 이 선거를 평가했다.

선거가 끝나자마자 그랜트에 대한 비판이 강화된 것과 동시에 그랜트 행정부의 부패와 타락과 관련한 엄청난 사실들이 폭로되기 시작하였다.[21] 거의 모든 행정 부서가 다양한 부패사건에 연루되었다는 사실이 속속들이 밝혀졌다. 그럼에도 불구하고 이전과 마찬가지로 이번에도 그랜트는 맹목적으로 자신의 입장만 변호했을 뿐이고, 사실 이런 사건들은 자신을 겨냥한 정치적 음모에 불과하다고 터무니없는 주장을 했다.

그의 해군장관 조지 로베슨(George M. Robeson)은 해군부와 여러 기업과의 우선계약을 통해 320,000달러의 부정이득을 취했다. 함선을 재장비하는 데 들어갈 자금을 그가 빼돌린 것이다. 따라서 로베슨이 해군장관으로 있는 동안 함선을 다시 바다에 진출시킨다는 것은 거의 불가능했다. 그랜트의 내무장관 콜럼버스 델라노(Columbus Delano)는 정부의 토지 무상불하정책에 부정개입을 함으로써 뇌물을 취했다. 재무장관 윌리엄 리처드슨(William A. Richardson)은 세금징수에서의 직무태만 등 부정한 방법을 통한 벤 버틀러의 돈벌이를 묵인하고 이로부터 이득을 취했다. 퍼스트 레이디의 동생인 제임스 케이시(James F. Casey)는 뉴올리언스 관세청을 돈 받는 개인 창구쯤으로 여기고 엄청난 부정이득을 취하였는데, 이에 대한 하원의 명백한 조사가 있었는데도 불구하고 그는 다시 같은 자리에 임명되었다.

브라질 주재 미국대사 제임스 웹(James W. Webb)은 계약위반으로 인한 잘못된 배상청구를 함으로써 브라질 정부로부터 100,000달러를 착복했다. 그랜트의 군대 친구인 밴 뷰런(T. B. Van Buren) 장군은 비엔나에서 열리는

---

21) 그랜트 시대의 스캔들은 Hesseltine, *Ulysses S. Grant, Politician* 에서 그 진위가 은폐되었다.

국제박람회에 미국대표로 참가하여 다른 미국인들을 속여 부정이득을 취했다. 이로 인해 그는 해임되고 대신 미래에 미국 대통령이 되는 시어도어 루즈벨트의 아버지가 미국대표가 되었다. 영국 주재 미국대사 로버트 센크(Robert C. Shenck)는 유타 주의 수익성이 적은 은광을 영국인에게 사기를 쳐서 부정이득을 취했다. 그는 이 사건이 밝혀져 체포구속되는 것을 피하기 위해 외교관으로서의 면책특권을 주장했다. 심지어 그랜트 행정부에서 능력과 자질을 갖춘 인물로 평가받고 있던 법무장관 조지 윌리엄스(George H. Williams)조차 부정을 저질렀다. 그는 정부 돈을 유용하여 자신을 위해 값비싼 마차를 운용하였을 뿐만 아니라 국가 공무원도 마음대로 이용했다. 프리드 덴트는 내각회의의 핵심적인 내막을 다 알 수 있었기 때문에 필요로 하는 사람들에게 이러한 정보를 팔아 막대한 이득을 취했다. 이에 화가 난 국무장관 피쉬는 다음과 같이 말을 했다. "도대체 얼마나 추잡한 인간인가. 그는 늘상 술에 취해 있고, 어리석은 판단에, 거짓을 일삼고, 부정한 돈으로 모든 것을 해결하려고 하고, 정치적이고 사회적인 식견이란 아무것도 없는 인간이다."

부정과 악행은 계속되었고, 이는 모두 그랜트 행정부에서 발생했다. 민주당은 1874년에 남북전쟁 이후 처음으로 의회선거에서 승리를 했다. 따라서 민주당 중심의 의회는 큰 관심과 의욕 속에서 여러 가지 의심스러운 사안에 대해 조사를 시작하였다. 전쟁장관 윌리엄 벨크넙(William W. Belknap)은 소위 인디언 상무관의 관직을 유지시켜 주는 대가로 일년에 100,000달러 이상씩을 뇌물로 받아 착복했다. 그는 인디언 보호지역에 모여 사는 인디언들에게 싸구려 제품으로 이루어진 다양한 공급품을 분배할 권한을 인디언 상무관에 팔아먹었던 것이다. 간단히 말해 운이 없는 인디언들은 물론 정부당국도 벨크넙으로부터 사기를 당한 것이다. 그랜트의 형 오르빌이 이 사기행각에 연루되어 상당한 부정이득을 취한 것으로 밝혀졌다.

벨크넙의 행위가 폭로되자 그랜트는 백악관에서 눈물을 흘리며 크게 '유감을 표시하면서' 제출한 그의 사임을 받음으로써 벨크넙을 탄핵하고자 하는 시도를 차단하고자 했다. 그런데 이 말은 그랜트가 벨크넙의 부정행위에 대해 유감을 표시했다는 의미인가? 아니면 그가 친구를 잃게 되는 것에 대한 유감의 표시인가? 알 수가 없었다.

'위스키 도당'(Whiskey Ring) 사건의 폭로는 또 한 번 더러운 수치심을 자극하는 행위를 백악관에 들여놓았다. 수년 동안 연방정부 재무부 관리들의 묵인 하에 중서부 지역의 양주업자들이 수백만 달러에 달하는 주류 관련 세금을 포탈하고 있었다. 세인트 루이스 지역 한 곳에서만 포탈 세금은 연간 무려 1천 2백만 달러를 넘었다. 1874년 그랜트 자신도 10일 동안 위스키 도당의 간부들이 제공하는 후한 대접을 받으면서 유력한 경마상품권과 값비싼 마구(馬具)를 선물로 받았다. 스스로가 부패한 자들의 춤사위에 놀아났음에도 불구하고 위스키 도당들에 대한 의회 조사가 강화되자 그랜트는 자신은 마치 청렴 강직한 사람이나 되는 듯이 "죄 있는 사람은 도망가지 못하게 하자"고 말했다. 그러나 자신이 너무나 좋아하던 개인비서인 밥콕이 이 사건에 연루되었다는 사실이 폭로되자 재빨리 태도를 바꾸어 사건을 흐지부지 무마시키고자 했다.

그러나 밥콕을 돕기 위한 증언을 하고자 대통령 자신이 직접 움직인다는 것은 너무나 어려운 일이었고, 그랜트는 이 점을 몹시도 안타까워했다. 대신 백악관에서 밥콕이 유죄 판결을 피할 수 있는 조치란 조치는 죄다 취했다. 연방검사는 어느 사건의 핵심 피고인을 추려내기 위해 보잘것없는 피고인들을 골라내 사면을 부여하는 관행을 자의적으로 행하지 말라는 지시를 그랜트로부터 받았다. 그리고 그랜트는 밥콕에 대한 재판에서 이용될 피고인의 정직과 무죄를 집요하게 입증하기 위한 선서증언을 만들었다. 밥콕이 죄가 있다는 확고한 증거에도 불구하고 그랜트의 선서증언과 그에 대한 무죄석방을 바라는 그랜트의 노골적인 갈망은 배심원들에게 큰 영향력을 행사했다. 대부분의 사람들은 비록 밥콕이 유죄라고 생각했지만, 결국 그는 단지 위스키 도당들이 저지른 세금 탈루사건에서 무죄판결을 받은 110명 가운데 한 명에 지나지 않았다.

그러나 그랜트의 가장 큰 실패작이라면 뭐니뭐니해도 자신에게 압도적으로 표를 몰아준 과거 노예신분이었던 사람들을 보호해주지 못했다는 점이다. 남부 전체를 통해 백인 우월주의자들은 흑인 유권자들에게 조직적인 협박과 린치를 가했다. 여러 법정에서 시민권법을 바로 세우고자 하는 합법적인 노력은 매번 실패로 돌아갔다. 흑인들의 정치적 집회는 철저히 파괴되었고 참가한 흑인들은 죽임을 당하기 일쑤였다. 1875년 9월에 공화당 출신의 미시시피 주지사는 이곳의 질서를 회복하기 위해 연방군의 파견을 워싱턴에 요구했다. 그러나 그랜트는 이를 철저히 무시해 버렸다. 비록 살인자들에게 화가 나긴 했지만, 그랜트는 보다 큰 인종전쟁의 대살육이 일어날 수 있다는 두려움에서 군대 파견을 달갑지 않게 여겼다. 그 결과 백인들의 역(逆)반란은 성공을 거두고 상황은 다시 남북전쟁 이전 시대로 돌아갔다. 이제 흑인들의 희망과 열의는 산산조각 나 버렸다. 다시 완전한 자유를 위해 흑인들은 1세기를 더 기다려야 했다.

시간은 흘러 그 지긋지긋한 그랜트의 임기도 끝을 보이고 있었다. 그러나 그랜트는 조용히 물러나지 않았다. 백악관에서 그동안 저질러 온 부적절하고 어리석은 행위에도 불구하고 아무런 비판도 받지 않았다는 사실에 고무되어 1876년, 역사적으로 신성하게 금지되어 있는 전통인 3선에 도전하기 위해 교묘한 기초공작에 착수했다. 그러나 연방 하원은 대통령을 신랄하게 비판하고 양당은 233대 18이라는 압도적인 표차로 3선 반대결의안을 채택하여 통과시켰다. 그랜트의 임기는 끝이 났다. 그러나 이 끝은 결코 완전한 끝이 아니었다. 그랜트 이후 바로 미국 역사상 최초로 대통령선거를 도둑질하는 사태가 발생했던 것이다.

왜 안 그러겠는가? 대통령직은 물론 모든 것을 도둑질할 수 있는 그러한 토대가 되어 있었는데.

그랜트에 관한 나머지 이야기는 좀 신속하게 진행시킬 수 있겠다. 1861년 이래로 그동안 단 한 번도 쉴 새 없었던 그랜트 부부는 2년 반 동안이나 세계일주여행을 떠났다. 그들은 뚜렷한 목적지도 없이 유럽, 중동, 극동지역을 돌아다녔다. 이 여행에서 그들은 거의 대부분 왕족 같은 접대를 받았다. 전직 대통령 신분의 그랜트 부부의 이 여행중 행적에 대해서는 기억될 만한 게 아무것도 없다. 단지 그랜트가 한 영국인에게 "만약 배수시설만 잘 갖추어졌다면 베니스는 좋은 도시가 될 수 있을 것 같다"고 무심코 한 말만 전해진다.

그러나 그랜트의 요란한 여행에 관한 신문보도는 그가 잃어버린 영광(?)의 일부를 되찾게 해주었다. 엽관자들은 '또 한 번의 선한 절도의 시대(good stealing) 4년'을 기대하면서 그랜트를 지지했다. 1880년에 그는 공화당 대통령 후보지명을 받기 위해 노력했다. 비록 그가 처음에는 35개 예비선거에서 선두를 달렸지만, 막바지 교착상태에 빠진 공화당 전당대회는 궁극적으로 역시 크레딧 모빌리어 사건에 연루된 것으로 잘 알려져 있는 후보임에도 불구하고 다크호스인 제임스 가필드를 낙점했다. 그리고 가필드는 쉽게 대통령에 당선되었다. 변절과 거짓이 난무하던 시대에 대통령이 된 가필드는 개혁운동을 추진했다. 그러나 능력과 자질을 기준으로 공무원을 선발하는 서정쇄신을 실시하고자 한 그의 시도는 인사정책에 불만을 품은 엽관자의 총에 물거품이 되었다.

그랜트의 말년은 비극과 환희의 교차를 보여준다. 그랜트에게 당연한 귀결인지 모르지만 그는 큰 사기사건에 휘말린 최고의 희생자가 되었다.

그는 모든 재산을 그의 아들 중 하나가 동업자로 참가하고 있던 월스트리트의 투자회사인 그랜트와 워드(Grant & Ward)에 투자했다. 그러나 이 회사의 사장은 사기꾼이었다. 회사는 1884년에 파산했고 그랜트는 62세의 나이에 다시 알거지가 되었다. 그의 주머니에는 80달러밖에 들어 있지 않았고, 줄리아는 단 130달러를 쥐고 있었다. 이것이 그들의 미래를 위한 모든 것이었다. 이와 동시에 그는 목암을 앓고 있다는 진단을 받았다. 죽음에 직면해서 또 거의 무일푼으로 아내를 남겨놓게 될 것이 걱정된 그랜트는 자서전을 집필하기 시작했다. 이 책의 출판에 동의한 마크 트웨인은 이 책의 국내 판매의 75%를 그랜트에게 준다는 계약을 체결했다.

그랜트는 20년전 로버트 리가 이끄는 남부연합에 맹포격을 가한 것처럼 이 원고를 탈고하기 위해 죽음과 필사적으로 싸웠다. 초고 일부는 그가 말하는 것을 한 비서가 받아 적었다. 그러나 암은 더욱 악화되었고 고통은 심해졌다. 하는 수 없이 그는 자서전의 나머지를 고통을 누그러뜨려 주는 많은 양의 코카인을 복용하고서 한줄 한줄, 한 페이지 한 페이지 써나갔다. 그러나 시간이 지남에 따라 그는 더욱 쇠약해졌다. 그럼에도 그는 안간힘을 다해 실롯의 절벽 위에 모여 있는 엉망이 된 연방군에 대해 썼다. 또한 연방군 함대가 빅스버거에 포탄을 퍼부은 밤 … 힘들었지만 구름 사이를 뚫고 룩아웃 산을 오른 것 … 마침내 애포매톡스에서 정장 차림의 남부연합 사령관 리를 보게 된 것을 가물가물하게 기록했다.

너무나 멀리서 많은 사람들이 율리시스 그랜트의 마지막 전투의 밤을 약간의 호기심을 가지고 바라보았다. 그리고 심장 하나가 그 운동을 멈추었다. 그랜트는 1885년 7월 23일에 죽었다. 그의 자서전 초안이 마지막 손질을 마치기 일주일 전이었다. 용기와 단호함을 통해서 그는 전쟁에서 마지막 승리를 얻었다. 그러나 그는 인생에서 궁극적인 승리를 얻고자 했지만 미국 국민들의 존경과 찬사는 얻지 못했다.

앤드류 존슨

Andrew Johnson

1865~1869
고집불통으로

타협과 협조의 민주주의 원리를 저버린 대통령

앤드류 존슨이 최악의 대통령으로 선정된 이유

1 존슨은 독단과 아집으로 상생(相生)의 정치를 이끌어 내지 못한 대통령이었다. 완고하고 음울한 표정의 그는 늘 혼자였고, 의심이 많았으며, 남의 비판과 비평을 잘 받아들이지 못하고 곧잘 흥분하는 고집 센 사람이었다. 그는 링컨이 가지고 있었던 능란한 정치력과 대중들에 대한 예리하고 깊은 이해력이 부족했다. 그는 자신의 생각과 목표에 어긋나고 이와 갈등을 겪는 정치적 실체에 대해서는 조금도 굽힐 줄 몰랐다. 존슨에게 정치적 투쟁은 개인적인 성공과 같은 것이었다. 그에게서 타협이란 자신의 본질을 저버리는 것과 같은 것이었다. 그래서 그는 그 누구에게서도 협조를 받지 못한 대통령이 되었다. 대중의 힘을 얻어 성공한 것을 영광으로 여기던 존슨은 부자, 귀족, 좋은 교육을 받은 사람들, 그리고 무엇보다 자신의 어린 시절에 대해 경멸과 모욕의 눈길을 보내는 사람들에게 복수를 하도록 자신을 보낸 것으로 생각했다. 그는 자신의 출신 주(州)인 테네시에서도 어울리지 못하고 독단적인 결정을 내렸다. … 전후 재건을 놓고 공화당 급진파가 지배하고 있는 연방의회와 극한적으로 대립하게 되어 미국 역사상 처음으로 의회에 의해 탄핵재판을 받은 불명예스러운 대통령이 되었다.

2 존슨은 자신의 입장이 어떠한가를 바로 보지 못한 말 그대로 안하무인이었다. 자신의 정치적 뿌리가 느슨한 민주당원이었음에도 불구하고, 그는 자신이 마치 진짜 잭슨파(Jacksonian)나 된 것처럼 연방 재건의 책임은 최고 행정가인 대통령에게 있는 것이지 의회는 그럴 책임이 없다고 확신했다. 그러나 전쟁이 끝난 마당에 그동안 침묵을 지키고 있던 의회는 대통령에게 존슨이 원하는 그러한 자유재량권을 넘겨주려 하지 않았다. 또한 존슨은 역시 북부의 대중여론이 남부연합이 패배를 받아들이고 이에 대한 대가를 치른다는 명백한 증거를 보여주지 않으면 남부를 절대 연방에 받아들이지 않겠다는 쪽이었음을

인정하지 않았다. 거기에다 존슨은 비록 자신이 민주당원이지만 공화당 권력에 입각하여 대통령이 되었다는 사실을 무시해 버렸다. 말하자면 자신의 정치적 기반이 아닌 공화당에 충성을 하지 않는다면 그를 당선시킨 사람들로부터 언제든 모종의 조치가 취해질 수 있다는 사실을 망각했다.

3 정치적 이유 때문에 대통령을 탄핵하는 것은 잘못된 처사라는 판결이 내렸다. 그러나 존슨은 자신이 1표 차로 탄핵을 면할 수 있었던 것은 그가 우수해서가 아니라, 중도파 상원의원들이 급진파 지도자인 벤 웨이드에게 대통령직이 넘어가는 것을 바라지 않았기 때문이라는 사실을 알지 못했다. 또 다른 상원의원들은 만약에 대통령이 탄핵당한다면 입법부와 행정부 사이에 유지되고 있는 권력의 헌법적 균형이 영원히 바뀔 수 있다는 것을 두려워했기 때문이다. 그럼에도 불구하고 존슨은 터무니없는 규모로 어리석은 정치적인 행동을 했다. 어찌되었든 존슨의 무죄석방은 남부에 새로운 희망을 가져다주었다. 남부는 '백인의 나라'(white man's country)로 남아 있었다. 그리고 그것은 미국이 향후 100년 간 인권의 사각지대에 놓여 있게 되었음을 의미했다.

당신의 의견은 무엇입니까?
피고인 대통령 존슨은
이 심각한 범죄에 대해
유죄입니까 무죄입니까?

오랫동안 계속된 존슨에 대한 탄핵재판의 평결이 나올 시간이 되었다.
대통령에 대한 유무죄 판결을 위한 재판을 하고 있는 54명의 상원의원들(공
화당 42명, 민주당 12명)은 아주 인상적인 법복을 입은 대법원장 샐몬
체이스(Salmon P. Chase)가 이 문제를 상정할 때 모두 일어섰다. 상원의원,
하원의원, 신문기자, 방청객 등 수많은 사람들의 지대한 관심과 흥분에서
나오는 시끄러운 소리는 이내 사라졌고, 1868년 5월 6일 상원의 회의실은
안에 있는 모든 사람을 숨막히게 했다. 갑자기 침묵이 흘렀다. 밖에서는
수많은 군중들이 의사당 안에서 일어나는 일에 촉각을 세우고 상원 마당으로
몰려들었다. 상원의원들이 할 수 있는 유일한 대답은 '유죄' 혹은 '무죄'였다.
더 이상의 말이 필요 없었고, 이 평결을 거부할 수 있는 상원의원도 없었다.
드디어 사무관이 알파벳 순서에 입각해 상원의원의 이름을 불렀다.
  "로드 아일랜드 상원의원 앤서니(Anthony)."
  "유죄."
  예상된 결과였다. 이를 구경하고 있던 한 방청객은 다음과 같이 당시
상황을 기록했다. "호명이 계속됨에 따라 긴장 속에서 사람들은 얼굴이
창백해져 몹시 아픈 사람처럼 보였다. 내부는 극도의 정적만 흘러 의사당

안에 있는 사람들의 숨소리까지 들릴 정도였다." 관객들이 판결을 예상할 수 없었던 상원의원이 투표를 할 때면 그가 어떤 판결을 내릴 것인지에 신경을 곤두세웠다. 메인 주 상원의원 윌리엄 페센던(William Fessenden)이 대답을 하기 전 잠시 머뭇거렸을 때는 여성들의 귀걸이가 딸랑이는 소리까지 들렸다. 그는 무죄에 투표했다.

펜실베이니아 거리에 있는 백악관에서 존슨은 애타게 투표의 결과를 기다리고 있었다. 보좌관들이 교대로 소식을 가지고 왔다. 대통령은 냉정함 그 자체로 보였다. 그러나 그의 동료들의 감정은 들어오는 소식에 따라 오르락내리락 했다.

거의 3년 동안 미국은 제17대 대통령과 의회를 장악한 공화당 급진파들 사이에서 일어난 격심한 투쟁으로 심각한 갈등을 겪고 있었다. 겉으로 드러난 표면적인 투쟁의 원인은 이전 남부연합의 주들이 다시 연방에 가입하는 문제와 4백만에 달하는 해방노예에 대한 취급문제를 둘러싼 갈등이었다. 1865년 4월 14일 밤 에이브러햄 링컨 대통령의 암살로 대통령이 된 존슨은 남부주들의 신속한 연방 복귀를 허락하고 이전의 지배자들(대농장주)에게 지배권을 돌려주는 온건책을 지지했다. 이에 전쟁 전에 노예제도에 반대했던 급진파들이 연방정부는 해방노예의 기본적 권리를 보호해 주어야 하며, 나아가 반역한 남부주들은 해방노예의 시민권을 완전히 보장해줄 때까지 북부의 군정으로 다스려야 한다는 쓰라린 평화(bitter peace)를 주장했다.

그러나 실제 이유는 국가를 누가 통제하느냐는 문제를 둘러싼 갈등이었다. 공화당 중심의 급진파들은 남부주들의 빠른 재건을 "고집세고, 제멋대로며, 투쟁적인 존슨"의 음모로 보았다. 급진파들은 비록 존슨이 연방파에 동참해서 연방파의 공천으로 부통령에 당선되었지만 원래 민주당원인 그가 남부 민주당을 위한 권력의 초석을 회복시키고 나아가 자신이 다음에 민주당 후보로 대통령에 당선되기 위한 음모라고 보았다. 반면에 만약 남부의 백인들에게서 선거권을 빼앗고 흑인들에게 선거권을 준다면, 1860년 이래 그동안 소수파였던 공화당은 정부를 지배할 수 있게 된다. 이것은 북부의 기업인과 산업자본가들에게 특히 유리하게 작용하여, 그들은 공화당 급진파들이 추진하는 사항을 적극 후원했다. 유리한 관세와 금융관련 법률을 자신들 마음대로 할 수 있을 것이기 때문이다.

급진파들은 존슨의 목을 조이기 시작했다. 처음에는 대통령의 권한을 침해함으로써, 그리고 탄핵을 통해 그를 제거함으로써 그들의 목적을 이루고자 했다. 이에 존슨 대통령이 급진파들의 강력한 동지인 전쟁장관 에드윈 스탠톤(Edwin M. Stanton)을 해고하고, 스스로 대통령은 상원의 동의 없이 연방내각의 인사들을 해임시킬 수 없음을 명시한 공직보장법(Tenure of Office Act)을 위반하여 시험을 해 보려 하자, 급진파들이 이 기회를 놓치지 않았다. 당시 부통령이 없었기 때문에 만약 존슨이 추방된다면 급진파들의 지도자인 오하이오 상원의원 벤 웨이드(Ben Wade)가 임시 대통령으로 그를 대신하게 될 것이었다.

아무도 대통령과 의회의 이 갈등의 끝을 확신할 수 없었다. 존슨을 탄핵하는 쪽에 표를 던진 상원은 35명이었고, 반대표를 던진 사람은 19명이었다. 이는 탄핵 실행에 필요한 2/3의 정족수에서 1표가 모자라는 결과였다. 투표결과에서 승리를 거두고 상대편을 방해하기 위해 의원 개개인에 대한 압력이 자행되고, 양쪽은 강력한 로비활동을 전개하였다. 보복과 신체적 폭력을 가하겠다는 위협이 난무했다. 심지어 존슨을 지지하는 자들 중 몇몇을 납치하여 투표를 행사하지 못하게 하자는 이야기도 나왔다.

최근에 병에 걸려 마비증세를 보이고 있던 아이오와 주 상원의원 제임스 그림스(James Grimes)는 사무관에 의해 호명되자 대법원장은 그에게 자리에 앉아서 투표를 행사해도 된다고 했다. 그러나 수척한 모습의 그림스는 고통을 참고 자신의 발로 걸어 들어와 투표권을 행사했다. "무죄."

지금까지 35표가 탄핵 쪽에 표를 던졌다. 그러나 탄핵을 위한 정족수 2/3가 되려면 1표가 모자랐다. 이제 결과는 어느 편도 아닌 캔자스 주 상원의원 에드문트 로사(Edmund G. Ross)의 판단에 달려 있게 되었다. 모든 사람의 눈이 그에게로 집중되었다. 캔자스는 급진파가 우세한 지역이었다. 그리고 최근에 상원이 된 로사는 만약 공화당에 반대표를 던질 경우 앞으로 정치생명은 끝이라는 경고를 받았다. 투표가 계속되는 동안 그는 격심한 갈등과 초조감 속에서 앞에 놓인 신문을 조각조각 내면서 멍하니 앉아 있었다. 드디어 사무관이 그의 이름을 호명했을 때 그가 일어났고 신문조각들이 그의 무릎에서 흩어져 내렸다. 질문이 던져졌고 대법장은 대답을 듣기 위해 몸을 앞으로 기울였다.

"무죄."

로사는 작지만 스스럼없는 목소리로 말했다.

상원 의사당의 한쪽에서는 안도의 숨소리가 새어나왔고, 다른 쪽 급진파들에게서는 불평과 불만의 목소리가 흘러나왔다. 최종 결과는 35대 19, 탄핵을 위해서는 단 1표가 부족했다. 7명의 공화당 온건파가 존슨을 무죄로 판결하여 민주당에 합류했다. 탄핵으로 대통령을 제거하려 한 최초의 시도이자 유일한 시도(클린턴의 소위 지퍼 게이트로 이루어진 탄핵재판의 경우를 제외하고)는 실패로 끝났다. 그러나 존슨은 지옥과도 같은 상황에서 남은 임기를 채워야 했다. 그리고 10개월 후 대통령 임기가 끝난 존슨은 테네시의 집으로 되돌아왔다. 1875년 그는 다시 상원의원이 되었고 그것은 이전에 대통령을 지낸 사람으로는 유일한 경력이었다. 존슨은 이 경력을 명예회복을 위한 변호의 기회로 삼고자 했다. 그러나 역사의 평판은 그렇게 간단하지 않았다.[1]

아마도 앤드류 존슨에 대한 평가만큼 변화가 심한 대통령도 없을 것이다.[2]

---

1) 존슨의 탄핵에 대한 것은 Thomas, *The First President Johnson*, 597~603쪽과 Trefousse, *Andrew Johnson*, 325~327쪽에 잘 설명되어 있다.

존슨에 대한 평가는 살아있는 동안 평생 또 그 이후에도 계속 악평과 모멸감으로 가득차 있었다. 왜냐하면 그의 친(親)남부적인 재건정책은 남북전쟁에서 싸운 모든 사람들에 대한 배반행위로 간주되었기 때문이다. 그러나 시간이 많이 지나고 후에 그를 연구한 학자들은 대충 급조해서 만들어진 링컨의 계승자라는 존슨의 이미지를 헌법 권력분산의 원리를 옹호한 사람으로 일신시켜 주었다. 1926년 대법원이 공직보장법에 대해 위헌판결을 내린 것은 존슨에 대한 평판을 다시 생각하게 만들었다. 존슨에 대한 새로운 어떤 연구들은 폭력을 포함한 모든 수단들이 급진파와 이들과 한패가 된 낭인, 그리고 그들이 앞잡이로 이용한 무식한 해방노예들의 구속으로부터 패배한 남부를 구제하는 데 존슨이 노력했다는 견해를 피력하기도 했다. 이러한 견해의 가장 전형적인 예는 그리피스(D. W. Griffith)가 1915년에 만든 영화 'The Birth of a Nation'이다. 이 영화는 남북전쟁 이후를 매우 긍정적으로 평가하였는데 우드로 윌슨은 이 영화에 격찬을 보냈다. 또한 1942년에 'Tennessee Johnson'이라는 영화에서 밴 헤플린(Van Heflin)은 앤드류 존슨을 영웅적 인물로 그렸다.

그러나 소위 제2차 재건이라 불리는 1960년대의 시민권운동의 혁명이 메아리 칠 때 존슨을 평가하는 잣대는 또 다른 방향으로 움직였다. 이제 존슨은 남부를 '백인의 지역'(a white man's country)으로 보존하고자 재건을 방해하고, 흑인을 인종주의와 억압의 대상으로 삼고자 한 백인지상주의자로 그려졌다. 이러한 이유로 인하여 그는 이 책을 쓰고 있는 나는 물론이고 대통령에 대한 평가를 내릴 때마다 거의 모두 최하위 가까이에 위치하거나 최악의 대통령에 위치하게 되었다.

그러나 여러 다른 면에서 존슨은 그렇게 심하게 비난받지 않아도 될 근거가 전혀 없지는 않다. 그는 순교자 링컨보다 더 궁색한 어려운 가정환경

---

2) Castel, *The Presidency of Andrew Johnson*, 218~230쪽.

에서 성공한 디킨즈류(Dickensian)의 배경을 가지고 백악관에 입성했다. 가난한 선술집의 종업원 아들로 태어난 그는 문맹이었고 평생 학교라고는 문턱에도 가보지 못한 유일한 미국 대통령이었다. 13세가 되자 그는 재봉일을 하면서 스스로 읽고 쓰기를 배웠다. 그는 거의 자력으로 테네시와 전국의 거친 정치무대로 진출한 자수성가형 인물로, 시의원, 주의원, 연방 하원의원, 주지사, 연방 상원의원, 그리고 군정지사와 부통령을 지냈다.

그러나 불행히도 존슨은 링컨의 갑작스러운 죽음으로 떠안게 된 엄청난 책임을 요하는 문제를 능란하게 다룰 만한 능력이 없었고 그럴 인물도 아니었다. 재건시대에 관한 뛰어난 현대 역사가 에릭 포너(Eric Foner)는 "남북전쟁 이후 대통령직은 다른 사람의 마음을 잘 알고 대처하는 빈틈없는 재치, 융통성, 그리고 대중여론의 뉘앙스를 감지하는 뛰어난 감수성을 요구했다. 링컨은 이런 요소를 풍부하게 갖추고 있었지만 존슨에게는 너무나 부족하였다"고 평가함으로써 존슨에 대한 하향 평가를 당연시했다.[3] 완고하고 음울한 표정의 그는 늘 혼자였고, 의심이 많았으며, 남의 비판과 비평을 잘 참지 못하고 곧잘 흥분하는 고집 센 사람이었다. 그에게는 링컨이 가지고 있던 능란한 정치력과 북부 대중들에 대한 예리하고 깊은 이해력이 부족했다. 링컨과 달리 그는 정당에서 성장하지 않았고 그래서 다른 사람에 대한 배려가 부족했다. 그는 자신의 생각과 목표에 어긋나고 갈등을 겪는 정치적 실체에 대해서는 조금도 굽힐 줄 몰랐다.

더욱 중요한 것은, 존슨이 남북전쟁 동안 노예해방을 지지하기는 했지만 이는 흑인노예에 대해 동정심에서 나온 것이라기보다 노예소유자의 권력을 약화시킨다는 차원에서였고, 사실상 그는 굽힐 줄 모르는 인종주의자였다. 프레더릭 더글라스(Frederick Douglass)는 그에게서 '흑인을 가혹하게 경멸하는 모습'을 간파했다.[4] 1867년 12월 의회에 보내는 연두교서에서 존슨은

---

3) Foner, *Reconstruction*, 176~177쪽.
4) Castel, *The Presidency of Andrew Johnson*, 30쪽.

"흑인들은 그 어떤 다른 인종들보다 정부를 소유할 능력이 부족하다"고 주장했다. 반대로 "흑인들을 그들 스스로에게 맡겨 두면 끊임없이 미개한 야만상태로 퇴보하게 된다"고 주장했다. 에릭 포너는 "존슨의 이 발언은 미국 대통령이 관련된 공식문서에 나타난 가장 극단적인 인종주의자의 발언"이라고 말했다(Eric Foner, *Reconstruction : America's Unfinished Revolution*, New York : Harper & Row, 1980, 180쪽). 이에 대해 존슨은 더글라스를 '위험한 선동가'로 보았다. 남부의 가난한 백인농부와 노동자들의 고집센 옹호자인 존슨은 전통적인 농장주 계급을 비난했다. 그가 남부의 탈퇴에 대해 비난을 가했을 때 그 비난의 화살은 바로 이들에게 향해 있었다. 그러나 그는 재건이나 남부의 미래를 건설해 가는 데는 흑인들의 역할이 필요 없다고 보았고 그래서 흑인들은 다른 지역으로 이주시킬 수 있으리라고 생각했다. "이 저주받을 흑인들! 나는 흑인들의 주인인 반역의 귀족들과 싸운다!"고 선언했다.[5]

존슨이 연방과 헌법에 헌신하고 고결하고 용기 있는 사람이라는 점은 부정할 것이 없지만, 그의 조바심과 경직성, 자제심의 부족, 성급함과 심술, 그리고 종종 내보이는 촌스러운 행동 등은 자신이 파멸의 길을 걸을 수밖에 없었던 원인을 입증해 준다. 어떤 역사가들은 비록 존슨 대통령이 탄핵의 위기까지 몰렸지만 공화당을 중심으로 한 의회 급진파들의 공격을 물리침으로써 대통령직을 강화시켰다는 이유로 존슨을 칭찬하기도 했다. 그러나 이러한 견해는 진실과는 거리가 멀다. 사실 그를 이어 대통령이 된 사람들은 그가 링컨에게서 물려받은 대통령직보다 더 약한 대통령이 되었다. 의회의 탄핵을 간신히 모면한 무의미한 승리는 그의 실수 때문에 흑인이든 백인이든 수백만의 미국인에게 닥쳐온 불행을 보상해 주지 못했다.

존슨의 지지자들은 존슨이 링컨의 자리에서 그 대신 희생양이 되었다는

---

5) *Ibid.*, 8쪽.

신화를 만들어 냈다. 존슨 스스로도 1866년에 "만약 내 전임자가 살아 있었다면 분노의 화살은 그에게로 향했을 것임에 틀림없다"고 말하여 이러한 견해를 피력했다. 그리고 대통령을 계승한 존슨은 링컨이 죽기 전에 계획하고 실행했던 것과 똑같은 정책을 펼쳤다고 주장했다. 1세기가 지난 후에 테네시 출신의 재봉사와 같이 아주 완고하고 냉정한 성격을 지니고 역사를 취미로 공부한 해리 트루먼(Harry Truman) 대통령은 존슨을 '위대한 대통령'으로 평가했다. "만약 링컨이 살아 있었다면 그는 존슨보다 못한 일을 했을 것이다"고 트루먼은 말했다.6)

"진리로부터 멀어질 수 있는 것은 아무것도 없다"고 최근 존슨에 관한 전기를 쓴 한스 트레포우즈(Hans L. Trefousse)가 단언했다.7) 링컨은 남북 전쟁 후 권력의 흐름을 장악하려 한 의회와 마찰과 갈등을 빚기는 했지만, 그러나 전쟁에서 승리한 지도자로서 그리고 당의 확고부동한 우두머리로서 그는 존슨보다 훨씬 유리한 입장에 있었다. 존슨은 단지 우연히 대통령이 되었을 뿐이고 견고한 공화당원도 아니었다. 심지어 공화당에는 그와 친밀한 관계를 유지하고 있는 의원도 거의 없었다. 링컨은 예민하고 빈틈없는 정치가이자 최상의 현실주의자였다. 그는 연방보존이라는 근본적인 원리에 확고한 신념을 가지고 행동한 내부갈등을 희석시키는 정치적 계략을 소유한 대가였다. 결코 링컨은 자신을 탄핵으로까지 가져가도록 내버려둘 그런 인물이 아니었다.

전쟁 동안 링컨이 탈당한 남부주들에게 전쟁 전 그들 유권자의 10%가 노예제도의 폐지를 받아들이고 연방에 충성을 서약한다면 다시 연방에 가입하게 한 것은 사실이다. 그러나 이것은 엄격히 따져 보면 전쟁을 수월하게 이끌고 나가기 위한 전략적 차원의 것이었고, 연방의 승리를 보다 빨리 확보하기 위한 하나의 계책이었다. 만약 몇몇 주가 링컨의 이러한 계획을

---

6) Bailey, *Presidential Greatness*, 204쪽.

7) Trefousse, *Andrew Johnson*, 196쪽.

받아들인다면 남부주에 강타를 날릴 수 있다는 것이 그의 믿음이었다. 1864년 초 의회 급진파들은 링컨의 이 '10%안'이 너무나 온건하고 실패할 것이 분명하기 때문에 남부 흑인들의 권리를 보호해줄 수 없다고 하여 반대했다.

그러나 의회의 급진파와 링컨의 불화는 돌이킬 수 없는 것이 아니었다. 대통령인 링컨과 의회 급진파들은 서로 협력하여 현안 문제인 노예제도를 폐지한 13차 수정헌법을 승인했다. 또한 곧이어 대통령과 의회는 해방노예의 법적인 권리를 보호하고 노예에서 자유인으로 변화된 생활을 하게 될 흑인을 지원하기 위해 협의를 통해 해방흑인국(Freedmen's Bureau)을 만들었다. 물론 만약 링컨이 암살 당하지 않았다면 과연 그가 하고자 한 일들을 모두 달성했을지에 대해서는 의문이다. 그럼에도 불구하고 링컨은 존슨과 달리 남부연합에 속했던 주들에 대해 보다 엄격한 태도를 견지했다는 증거가 많이 있다. 링컨은 암살 당하기 얼마 전 남부연합으로부터 탈퇴를 위해 버지니아 입법부가 회합을 열겠다는 계획을 허락하지 않았으며, 또한 1862년 이래 연방에 점령당한 루이지애나에는 한정적인 흑인투표권을 제안했다.

해방노예의 권리에 대한 두 사람의 견해 역시 확연히 달랐다. 존슨은 남부의 가난한 백인들에게서 일반적으로 나타나는 흑인에 대한 뿌리깊은 반감을 드러냈다. 반면, 링컨은 해방노예의 장래에 대한 보다 확고한 견해를 나타냈다. 암살되기 며칠 전 행한 마지막 연설에서 링컨은 글을 알고 스스로 책임질 줄 아는 흑인에게 투표권을 주고 나아가 연방군에서 복무할 수 있게 한다는 내용에 동의한다고 선언했다. 또한 링컨은 해방노예들을 이전 주인의 자비에만 맡겨 둘 수는 없다고 선언했다. 그러나 "존슨은 이 같은 금지조항을 두지 않았다"고 트레포우즈가 밝혔다.

역설적이지만 급진파들은 존슨이 백악관의 링컨 자리를 대신하는 초기에는 존슨에 대해 호의적이었다. 전쟁을 치르면서 존슨은 남부의 반역 지도자들에 대해 엄한 보복을 강력히 주장했었다. 따라서 급진파들은 존슨을 자기 편이라고 생각했다. 1865년 4월 15일 새 대통령 존슨이 집무를 처음 시작하는 날, 벤 웨이드(Ben Wade)를 비롯한 급진파들이 새로운 대통령을 방문했다. 대통령 역시 그들을 진심으로 환영했다.

"존슨, 우리는 당신을 믿습니다." 웨이드가 말했다. "하나님의 가호 아래 정부를 운영하는데 이제부터 그 어떤 어려움도 없을 것입니다."

이에 존슨은 자신은 방문한 급진파들에게 다음과 같이 말했다. "과거의 나의 정책을 판단해 보시오 누구든지 그것이 무엇인지 알고 있을 것입니다. 강도는 범죄입니다. 강탈도 범죄입니다. 반역도 범죄입니다. 이들 모두는 반드시 처벌받아야 합니다. 반역은 수치스러운 것이며 반역자는 처벌을 받아야 합니다."[8]

그러나 새 대통령 앤드류 존슨은 대통령이 된 지 한 달도 되지 않아 남부에 대해 온건정책을 채택했다. 이러한 놀랄 만한 변화를 자극한 것은 무엇인가? 그것은 그의 경험, 특별한 성격, 그리고 미래에 대한 전망 등에 숨어 있었다.

"나는 무시무시하고 야생의 짐승과 같은 굶주림과 싸워 왔다"고 존슨은 자주 말하곤 했다. 이것은 분명한 사실이었다.[9] 둘 다 문맹으로 선술집의 종업원으로 일한 야곱과 마리 존슨(Jacob and Mary Johnson)의 아들 앤드류 존슨은 1808년 12월 29일 노스캐롤라이나의 한 통나무집에서 태어났다. 아버지 야곱 존슨은 남부 버지니아에 있는 아멜리아 지방의 자유농민 출신이었다. 그러나 그들은 어려운 시기를 맞아 자신들의 땅을 잃고 말았다. 목적지 없이 떠돌던 그는 노스캐롤라이나의 어느 선술집 종업원으로 일하면서 여러 가지 잡일도 했다. 정직하고 믿음직한 그는 곧 시의 여러 가지 일을

---

8) *Ibid.*, 197~198쪽.
9) 존슨의 배경에 대해서는 Trefousse, *Andrew Johnson* 이 철저하고 정확하다. Thomas, *The First President Johnson* 은 잘못된 설명들로 차 있어 결점투성이다.

하는 순경으로 임명되었고 결혼식과 장례식, 그리고 공공행사를 알리는 시의 종치기로 일했다. 그러나 여전히 가난한 백인으로서 사회계층의 사다리에서는 맨 아래에 위치해 있었다.

1801년 9월 9일 야곱은 당시 다른 사람들이 폴리(Polly)라고 부르는 마리 맥드너프(Mary McDonough)와 결혼하였다. 그녀 역시 같은 선술집 종업원이었다. 그는 23세였고 폴리는 18세다. 앤드류 존슨이 세 살 나던 해에 아버지가 죽었고, 그는 지역 시민묘지에 매장되었다. 무일푼의 폴리는 앤드류와 형인 윌리엄을 먹이고 입히기 위해 바느질일과 세탁일을 했다. 존슨 형제는 교육 한 번 받지 못하고 거친 환경 속에서 자라났다. 사립학교는 꿈도 꾸지 못했다. 이러한 앤드류의 미천한 출신은 그에게 깊은 상처로 남아 있었다. 한때 존슨과 다른 소년이 그 지역 농장주가 소유한 땅을 가로질러 달아난 적이 있었다. 그때 존슨은 '이 가난한 백인 쓰레기들'을 추적하여 자신들의 오두막집으로 내몬 흑인 마부로부터 채찍질을 당했다.

1822년에 앤드류 존슨은 윌리엄이 이미 도제가 되어 있었던 제임스 셀비(James J. Selby)라는 지역 재봉사 아래서 같은 신분의 도제가 되었다. 그에게 이 일은 매우 어렵고 따분했지만 최소한 이것은 그가 21세까지 성장하는 데 생활비를 제공해 주었고 장사를 배울 수 있게 해주었다. 비록 책이나 학교교육을 접할 기회는 단 한 번도 없었지만 앤드류는 자신이 배움에 대해 강한 열정을 품고 있다는 것을 스스로 깨달았다. 사람들이 종종 셀비 가게로 와서 그에게 책을 읽어주었다. 하루에 15시간을 일한 후 존슨은 스스로 글을 배워 천천히 읽을 수 있게 되었다.

2년 후 존슨 형제는 우연한 일로 한 이웃에게 상처를 입히고 그곳을 도망쳤다. 셀비는 지역신문에 광고를 내 앤드류의 귀환에 10달러의 보상금을 내걸었다. 이 광고에서 셀비가 묘사한 앤드류의 인상은 "어두운 얼굴색과 검은색 머리와 눈을 가진" 사람이었다. 얼마 후 앤드류는 이곳에서 15마일 떨어진 카르타고라는 곳으로 도망가 날품팔이 직공 재봉사로 일하게 되었다. 이전의 주인에게 혹시 잡히지 않을까 두려워하여 그는 다시 사우스캐롤라이나의 로렌스로 이사했다. 그러는 동안 앤드류는 글을 읽고 쓸 수 있게 되었다. 1년 후 그는 셀비에게로 되돌아와 도제계약을 끝내고자 했지만 거절당했다. 하지만 앤드류는 서부로 가서 새로운 생활을 시작하기로 결심했다. 곧 앤드류는 어머니와 형제들과 더불어 눈먼 조랑말 한 마리가 끄는 바퀴 두 개 달린 짐수레를 끌고 그레이트 스모키 산맥을 넘어 테네시로 이사했다.

그러는 동안 존슨은 그린네빌 지역의 산악마을을 포함한 여러 곳에서 열심히 장사를 했다. 1827년 이 지역 재봉사가 죽자 그는 그린네빌로 와서 가게를 하나 얻어 존슨 재봉사(A. JOHNSON TAILOR)라는 작은 간판을 내걸고 재봉일을 했다. 두 달 후 18세가 된 존슨은 엘리자 맥카들(Eliza McCardle)이라는 여자와 결혼했다. 예쁘고 갈색 머리를 가진 두 살 연하의 그녀는 존슨이 이 지역을 처음 방문했을 때 반해버린 소녀였다. 제화업자인 엘리자의 아버지는 죽었고, 그녀와 그녀의 어머니는 침대덮개를 만들어 생계를 잇고 있었다.

존슨 부부는 가게 일을 하면서 근근히 살아갔다. 존슨이 재단하고 재봉을 하는 동안 비교적 좋은 기초교육을 받은 아내 엘리자는 큰 소리로 글을 읽어주었고, 존슨이 능숙하게 읽고 쓰고 셈할 수 있도록 꾸준히 도와주었다. 존슨 부부는 5명의 자식을 두었다. 중년이 되자 엘리자는 때늦은 소비욕구가 발동했고, 이후 그녀는 거의 무가치한 삶을 살았다. 그들은 종종 오랫동안 떨어져 지내기는 했지만 50년 동안 지속된 그들의 결혼생활은 대체로 행복했다. 그들의 한 친구는 이들을 두고 "두 개의 영혼과 마음이 하나가 되었다"고 말했다.

시간이 지나고 존슨은 능숙한 재봉사가 되었다. 그는 근면하였고 주문을 받으면 즉시 배달까지 해주었다. 그는 곧 그린네빌의 보다 부유한 시민들을 고객으로 확보하였다. 몇 년 후 그는 "나의 일은 결코 망하지 않을 것이다"고 자신 있게 선언했다. 그의 선언대로 얼마 가지 않아 사업은 번창하여 존슨은 조수 한 명을 두게 되었다. 다소 여유가 생기자 존슨은 자기수양에 대한 열망이 더욱 꿈틀거렸고 이러한 열망은 더욱 커져 갔다. 그는 곧 그린네빌 대학의 토론협회에 가입했다. 매주 금요일마다 존슨은 가게문을 닫고 4마일 씩 떨어져 있는 대학으로 가서 정치적이고 철학적인 문제에 대해 학생들과 논쟁을 벌였다. 그의 가게는 역시 정치에 꿈을 가진 젊은 사람들, 자기 주장이 강한 사업가들, 그리고 이러저러한 관계로 알게 된 사람들, 특히 그를 도와준 기계공들의 모임장소로 활용되었다. 그들은 당시 테네시 출신 인 앤드류 잭슨을 대통령으로 만든 민주화된 변화에 반응하여 작은 지역사회 내로 한정되어 있는 상황에 만족하지 못하고 있었다.

이러한 비공식적인 모임과 토론협회를 통하여 존슨이 지역의 정치판에 뛰어들기란 그리 어려운 일이 아니었다. 1828년 존슨은 기계공들의 지지 아래 시의원에 당선되었다. 6년 후 그의 동료 시민들로부터 정말 일 잘하는 의원이라는 평판을 얻은 그는 그린네빌 시장에 당선되었다. 1835년 존슨의 동료들은 그를 내쉬빌로 보내 표면상으로만 민주당원으로서 주 입법부 의원에 당선시켰다. 그러나 사실상 존슨은 스스로 많은 인기를 얻고 있었다. 여기에서 존슨은 초기 정치경력에서 처음으로 실수를 했다. 아직 완전히 개척되지 않은 변경지역인 동부 테네시 지역은 개량된 교통망을 절실히 필요로 하고 있었다. 그러나 존슨은 건설될 철도노선이 이 지역의 소규모 여관과 소몰이꾼들의 일을 빼앗는다는 이유를 들어 이 지역으로의 철도노선 확장에 반대했다. 그러나 존슨의 이러한 이유를 지역 주민들은 잘 이해하지 못했다. 결국 그는 다음 선거에서 낙방했다. 존슨의 독단적인 처사의 결과였다.

이 선거에서 낙방한 후 많은 교훈을 얻은 존슨은 2년 후 다시 주(州)하원에 당선되었는데 이때 그는 공식적으로 민주당원임을 선언했다. 1843년 연방하원에 당선된 그는 무려 다섯 번이나 연속 당선되는 기록을 세웠다. 워싱턴에서 그는 5년 동안 정착한 가족에게 160에이커에 달하는 공공용지를 불하하는 홈스테드 법안(homestead bill)을 만드는 데 거의 전력을 쏟았다. 그러나 노예제도를 금지하는 자유주(自由州)가 더 많이 탄생하는 것에 반대하는 존슨 동료들인 남부인들이 이 법안에 반대했다. 그는 멕시코 전쟁을 지지했고, 컬럼비아 자치구에서 노예제도의 폐지에 반대했으며, 그리고 스미스소니언 국립박물관과 웨스트 포인트 사관학교를 건설하는 데 들어갈 과다한 지출을 비난했다. 이 역시 자신을 후원하는 남부인들과 어울리지 못하는 존슨의 독단적 처사였다.

존슨의 이러한 생각에 대해 군사학교를 졸업한 미시시피 출신의 제퍼슨 데이비스(Jefferson Davis)가 연방하원 의회가 열리는 도중에 존슨을 비웃었다. "대장장이 일이나 재봉사 일을 했던 이가 어찌 나라를 지키는 튼튼한 보루를 만들 수 있겠는가?" 스스로 자수성가한 사실에 대해 자부심이 강했던 존슨으로서는 열을 받지 않을 수 없었다. "나는 내가 기계공이라는 것을 잊지 않고 있다. 나는 그것에 자부심을 가지고 있다. 아담 역시 재봉사로서 무화과 잎으로 옷을 만들어 입었다는 사실도 잊지 않고 있다. 우리를 구원한 사람도 목수의 아들이다."

어느새 존슨은 단순한 재봉사라기보다 능력 있는 기업가이자 전문 정치가가 되어 있었다. 그는 어머니가 살고 있는 농장을 포함하여 상당히 많은 부동산을 소유했다. 또한 여러 명의 노예, 그린네빌의 주요 거리에 좋은 집을 소유하고 있었다. 이 집 대문의 문패에 그는 자기 이름 앞에 군대계급을 넣어 이렇게 썼다. '대령 존슨'(Colonel Johnson). 검은 눈, 큰 머리, 땅딸막한 어깨 등은 쉰 목소리와 함께 존슨이 자신의 정적에 맹렬히 달려들 때의 특징으로 자리잡았다. 토론에서는 종종 재치 없고 노골적인 표현으로 청중들을 짜증나게 만들어 그들이 자리를 뜨게 만들기도 하였고 때로는 그들과 심한 논쟁을 벌이기도 했다.

여론조사를 통해 선거에서는 존슨을 이길 수 없음을 확인한 휘그당은 1852년에 존슨이 속해 있는 선거구를 개편하여 휘그당에 유리하게 만들었다. 그러나 이 계략은 실패로 끝났다. 그는 즉시 집으로 돌아와 테네시주 주지사에 출마했고, 그의 상대자가 상당한 이유를 가지고 자신을 민중선동가로 비난하는 힘든 선거전을 치른 후 주지사에 당선되었다. 존슨에게 정치적 투쟁은 개인적인 성공과 같은 것이었다. 그에게서 타협이란 자신의 본질을 저버리는 것과 동의어였다. 그래서 그는 그 누구에게서도 협조를 받지 못한 대통령이 되었다. 대중의 힘으로 성공하는 것을 영광으로 여기는 존슨은 부자, 귀족, 좋은 교육을 받은 사람들, 그리고 무엇보다 자신의 어린 시절에 대해 경멸과 모욕의 시선을 보내는 사람들에게 복수를 하도록 자신이 파견된 것이라고 생각했다. 이러한 존슨에 대해 그의 반대자 중 한 사람은 "그는 면도칼이 아니라 식탁용 칼을 가지고도 자르는 사람"이라고 말했다.[10] 존슨은 '평민'이라 부르는 자신과 같은 사람들에게 매사를 호소하면서 평민들이야말로 이 세상을 지탱하는 진정한 사람들이라고 말했다. 반면 존슨은 고급저택에서 살고 있는 거만하고 스스로 훌륭하다고 여기는 상류계층을 "불법적이고, 젠 체하며, 위선적이고, 그리고 인색하기 짝이 없는 귀족"이라고 보았다.

존슨은 소농(小農)과 소매상인을 좋아했고, 헌법은 성경과도 같은 것이며, 제퍼슨(Jefferson)과 잭슨(Jsckson)은 유일하고 진실한 정치적 종교(political religion)의 선구라고 보았다. 존슨은 미국 흑인은 열등하다는 변하지 않는 신념을 가지고 흑백 간의 근본적인 차이를 인정한 후 그 전제 아래 기본적

---

10) Castel, *The Presidency of Andrew Johnson*, 6쪽.

민주주의를 위해 헌신했다. 그는 하나님이 스스로 인종 간의 차별을 만들어 놓았다고 보았다. 존슨은 노예제도를 불법화하려는 노예제도 폐지론자들의 노력에 강력히 비난했다. 따라서 당연히 그는 노예제도를 남부의 생활방식의 필수적인 제도로 보았다.[11]

주지사로서 존슨의 주요 업적을 든다면, 비록 많은 발의가 휘그당에 의해 반대를 받기는 했지만 주(州)의 세금으로 운영하는 테네시 주에서 최초의 공립학교체계를 세운 것이다. 주지사를 지내면서 그는 순수한 미국 태생으로만 정권을 잡으려는 아메리카 당원(Know-Nothings : 1855년~56년의 American Party의 당원으로 당에 대해서 질문을 받으면 "아는것이 아무것도 없다"라고 대답한 데서 Know-Nothings으로 불렀다)과 온 나라를 휩쓰는 반가톨릭적 편견에 대해 노골적으로 반대를 표명했지만, 그럼에도 그는 1855년에 주지사에 재선되었다. 사실 테네시 주는 완고한 프로테스탄트 근본주의가 우위를 차지하는 곳으로 그는 대중들의 지지를 간신히 얻었다. 19세기 중반 미국에는 반(反)외국인 정서나 토착민우월주의가 특히 아일랜드계 이민과 독일계 이민이 증가하면서 그들을 대상으로 대대적으로 유행했다. 오늘날 반이민 히스테리와 비슷하게 이 역시 토착 미국인들에게 강력한 호소력을 지녔다. 2년 후 민주당은 다시 주 입법부를 장악하였고 존슨은 오랫동안 갈망하던 연방상원에 당선되었다. 무일푼의 가출소년이 이제 이 나라 엘리트 집단의 한 사람이 된 것이다.

상원에서 존슨은 정부의 경제정책에 대해 자주 발언을 했고, 노예제도를 지지했으며, 자신을 부통령이나 대통령후보로 올려주리라는 희망을 가지고 한때 주장한 홈스테드 법안을 다시 주장했다. 그의 동료들인 남부 민주당원들의 계속된 반대에도 불구하고 이 제안은 북부 출신 의원들의 지지 아래

---

11) Trefousse, *Andrew Johnson*, 119쪽.

상하원을 통과하였다. 그러나 이 법안은 남부의 환심을 사려 한 제임스 뷰캐넌 대통령에 의해 거부권이 행사되었다. 결국 이 법은 1862년 남부의 적들이 상원에서 거의 제거된 후에 법으로 만들어졌다.

남부주들의 연방 탈퇴 위기는 다른 모든 문제를 무색하게 만들었다. 남부의 주민들이 연방 파괴에 반대했기 때문에 존슨은 1860년 민주당 대통령후보에서 그 자신을 타협을 이끌어낼 적합한 후보로 생각했다. 테네시 주 찰스턴에서 열린 민주당 전당대회에서 테네시 주 대의원들은 존슨을 가장 적합한 후보로 지지했지만, 북부 출신의 민주당원들과 마찰을 빚은 끝에 대통령후보를 지명하지 못한 채 전당대회는 막을 내렸다. 얼마 후 북부 민주당원들은 스티븐 더글러스(Stephen A. Douglas)를 지지했고, 남부 민주당원은 존 브레킨리지(John C. Breckinridge)를 지지했다. 존슨은 후자를 위해 노력했다. 그러나 노예제를 열렬히 주장하는 남부인들이 공화당 대통령 후보인 에이브러햄 링컨의 당선을 연방탈퇴의 구실로 삼는다면 존슨이 어떻게 할 것인가 질문을 받았을 때, 그는 "만약 위기가 닥치면, 나는 연방을 지킬 것이다"라고 대답했다.

위에서 살펴본 존슨의 정치적 역정은 그가 다른 사람과 화합하지 못하는 독단적 판단과 아집으로 뭉친 인물임을 보여준다.

링컨이 대통령에 당선되고 1861년 3월 4일 취임을 하는 동안 남부출신 의원들 중에서 유일하게 존슨만이 남부의 연방탈퇴에 비난을 가했다. 비록 그는 주권(州權)을 신뢰하고 노예제도를 옹호했지만, 훌륭한 잭슨파(Jacksonian)로서 연방을 분리시킬 수 없음을 강력히 주장했던 것이다. 상원의사당에서 이루어진 날카로운 연설에서 그는 반(反)연방주의자를 반역자로 비난했으며, 그들이 연방뿐 아니라 정치적 민주주의를 파괴하려 한다고 강하게 혹평했다. 계속해서 그는 "나는 헌법을 사랑한다. 나는 헌법과 연방이 안전하게 구원받아야 한다고 믿는다. 나는 상원의원의 직책을 걸고 또 나의 목숨을 걸고서라도 연방을 구원할 것이다"고 선언했다. 그의 이 발언은 북부에서는 높은 점수를 받았지만, 남부에서는 비난의 화살이 쏟아져 들었다.

섬터 요새의 전투를 이어 링컨이 반역자들을 제압하기 위해 지원병을 모집하는 동안 존슨은 고향으로 달려가 테네시 주가 연방에 남아 있도록 필사적인 노력을 기울였다. 독단적인 존슨에 대해 생명을 위협하는 적대적인 항의가 뒤따랐다. 그럼에도 그는 모든 사람이 보는 단상에서 권총을 내동댕이치며 연설했다. 비록 산악지대와 계곡의 시골에 사는 사람들은 텍사스의 연방탈퇴에 반대했지만, 부자들과 보다 많은 인구가 분포된 테네시의 서부지역은 탈퇴를 간절히 원했다. 이제 남부인들에게 반역자로 낙인찍힌 존슨은 워싱턴으로 되돌아왔다. 여기에서 존슨은 남부연합을 비난하고 연방에 충성한 유일한 남부출신 상원의원이 되었다. 이 역시 남부가 볼 때는 물론이고 북부가 볼 때에도 존슨의 독단이었다.

존슨은 링컨의 정책을 지지했고 동부 테네시의 구원을 지휘했다. 이곳에 살고 있는 연방군의 동조자들은 남부인들에게 적지않은 괴로움을 당하고 있었다. 그들 중에는 자기 집에서 추방당한 존슨의 아내와 어린 막내아들도 끼여 있었다. 존슨의 아들 두 명은 연방군에서 복무를 했다. 그의 사위는 테네시 주 산악지대에서 게릴라로 전투를 벌였다. 1862년 초에 북부군 총사령관 그랜트가 테네시 서부를 점령한 후 링컨은 존슨에게 준장계급을 수여하여 그를 테네시 주 군정지사(military governor)로 임명했다. 테네시 주에서 사실상 독재자가 된 존슨은 이 주에서 남부연합의 영향을 제거해나가기 시작했다. 그는 연방정부에 충성을 맹세하기 꺼려하는 공무원을 강제 해고했으며, 반(反)연방적인 성향의 신문을 폐간시켰고, 종교계에서 친(親)남부연합 성향의 설교자들을 제거했다. 존슨의 독단이었다.

존슨의 성화에 이기지 못해 링컨은 테네시 주를 노예해방선언의 영향으로부터 제외시켜 주었다. 남부의 노예소유자들이 연방으로 복귀하는 데 영향을 주고자 한다는 이유에서였다. 결국 테네시 주는 노예해방선언의 영향에서 벗어난 유일한 탈퇴주가 되었다. 진퇴양난의 전쟁이 계속되었다. 1862년 가을 내쉬빌이 남부연합군에게 포위되었다. 이때 존슨은 시를 적의 위험으로부터 철수시켜야 한다는 모든 제안을 고집스레 반대했다. "나는 군인이 아닙니다"라고 투덜거리며 말을 했다. "항복을 이야기하는 사람은 그 누구든 내가 쏘아 죽일 것입니다"고 화를 내며 말했다. 전쟁이 끝나갈 무렵 존슨은 노예제도를 폐지하고자 하는 내용의 주(州)헌법을 수정하고 친연방 성향의 시민정부를 억지로 설치했다. 역시 존슨의 독단적인 처사였다.

존슨의 이러한 노력에 강렬한 인상을 받은 링컨은 1864년 그를 부통령후보로 지명했다. 선거전은 가혹하리 만큼 치열했다. 결국 존슨은 지칠 대로 지쳤고 심한 장티푸스에 걸려 극도로 쇠약해졌다. 그러나 승리는 다가왔고 존슨은 병세를 감지하면서도 취임식을 위해 워싱턴으로 왔다. 아내 엘리자는 그린네빌에 그대로 남아 있었다. 취임식 전날 밤 친구들과 어울려 축하를 하는 동안 너무나 많은 술을 마셨다.

1865년 3월 4일 취임식 날은 날씨가 맑지 않았고 비가 간간이 내렸다. 존슨은 퇴임하는 부통령 하니발 햄린(Hannibal Hamlin) 옆에 섰다. 자신이 부통령이 된 것 때문이었는지, 아니면 연방을 지키고자 하는 자신의 주장이 성사되어서인지, 어쨌든 마음이 불안정했던 존슨은 얼마간의 위스키를 주문했고 취임식을 하기 위해 상원 의사당으로 걸어가기 전에 여러 잔을 연거푸 마셔 버렸다. 좋지 않은 환기시설과 군중들의 열기, 그리고 연거푸 들이킨 위스키는 그를 단번에 취하게 만들었다. 결국 의사당에서 취임식이 진행되는 동안 존슨은 비틀거렸고 술에 취해 울면서 횡설수설 앞뒤가 맞지 않는 장광설을 늘어놓았다. "그래 … 나는 여러분에게 말하고자 한다. 여기에서 오늘, … 그래 나는 여러분에게 모든 것을 말하고자 한다. 나는 평민이다.

나는 이것을 영광스럽게 생각한다. 나는 평민 출신이다!" 구경꾼들이 킥킥 웃었다. 링컨이 몹시 면목 없어 했다. 햄린이 재빨리 존슨의 옆구리를 찔러 상황은 끝났다.[12]

술이 깨자 난처해진 존슨은 도망치다시피 워싱턴 근교의 친구 집으로 갔다. 그는 상원에서 휴회가 선언될 때까지 돌아오지도 않고 있었다. 그가 결석하자 이번에는 그가 계속 술을 진탕 마시고 있다는 소문이 번져나갔다. 이에 몇몇 상원의원은 그의 부통령 사퇴를 종용했다. 사실 존슨은 당시의 많은 미국인들이 그랬던 것처럼 술을 많이 마시기는 했지만 그렇다고 알코올 중독자는 아니었다. 링컨은 존슨을 부통령후보로 지명하기 전에 비밀요원들을 시켜 미래의 부통령이 될 사람을 조사하게 했다. 링컨은 존슨에 대해 우려하는 내각의 요인들에게 "나는 수년 동안 앤디 존슨을 지켜보아 잘 알고 있습니다. 그는 한때 좋지 않은 방향으로 나간 적이 있지만, 그러나 여러분들은 걱정할 필요가 없습니다. 앤디는 술주정뱅이가 아닙니다"라고 말했다.[13]

1865년 4월 14일 밤 10시 30분이 되기 직전에 부통령 존슨은 펜실베이니아 거리에 있는 2층짜리 건물인 커크우드 하우스(Kirkwood House) 호텔 스위트 룸에서 잠을 자다가 세게 문을 두드리는 소리에 잠을 깼다. 한 친구가 문을 열고 들어왔고 잠에서 막 깨어난 존슨은 무시무시한 뉴스를 들었다. 대통령 링컨이 포드 극장에서 총을 맞았다는 것이었다. 충격을 받은 존슨은 갈팡질팡했고 두 사람이 그를 부축했다. 아무말도 할 수 없었다. 혼란된 순간이 지나고 앤드류 존슨은 자신이 격동의 드라마 속에서 가장 중요한 역할을 하게 되리라는 것을 깨달았다.

---

12) Thomas, *The First President Johnson*, 294~297쪽. Castel, *The Presidency of Andrew Johnson*, 9~10쪽.
13) Trefousse, *Andrew Johnson*, 191쪽.

더 많은 사람이 왔고 새로운 소식과 소문이 밀어닥쳤다. 의식이 없는 링컨은 포드 극장 건너편의 한 하숙집에서 숨을 거두었다. 국무장관 윌리엄 시워드(William H. Seward)는 침대를 내리치면서 죽고 싶다고 말했다. 살인에 대한 공포가 도시 전체를 덮쳤고 무시무시한 음모가 진행되는 것처럼 보였다. 그 날 밤 내내 삼엄한 경비가 계속되었고 다음 날 아침 7시 30분에 링컨의 죽음을 애도하는 종소리가 울려 퍼졌다. 곧이어 존슨은 커크우드 호텔 특별 휴게실에서 대법원장 체이스(Chase)를 앞에 두고 미국 대통령 취임선서를 했다. 시워드를 포함한 링컨의 내각은 그대로 유지되었다.

1865년 12월까지 의회가 휴회하고 있을 때 존슨은 자신의 재건정책을 내놓았다. 이에 공화당 중심의 급진파는 물론 심지어 공화당 중도파와 남부인까지도 그의 지나치게 온건한 관용정책에 충격을 받았다. 존슨은 남부 백인들에게 흑인의 참정권도 요구하지 않았고 또 남부의 정치적 사회적 질서에 어떤 변화도 요구하지 않았다. 남부 반역자들을 처벌하겠다는 이전의 말에도 불구하고 그들에 대한 어떤 재판도 이루어지지 않았다. 남부연합의 대통령이었던 제퍼슨 데이비스(Jefferson Davis)는 감옥에 2년 있다가 아무런 재판도 받지 않고 81세까지 살다가 편안하게 죽었다. 남부연합의 부통령이었던 알렉산더 스티븐스(Alexander H. Stephens)는 잠시 동안 감옥에 있다가 의회로 되돌아와 후에 조지아 주지사가 되었다.

연방을 탈퇴하여 반역을 한 남부인에게 엄한 처벌을 가하는 대신 존슨의 계획은 남부연합의 지도자와 부유한 농장주―이들도 거의 모두 개인적 사면을 받았다―를 제외하고 연방에 충성을 서약하는 모든 남부 백인들에게 사면을 단행하는 것이었다. 탈퇴한 남부주에는 임시 주지사가 임명되었으며 백인에 의해서만 선출된 대표단으로 구성된 주 의회가 새로운 헌법을 만들기 위해 구성되었다. 노예제도를 폐지해야 하고, 연방탈퇴에 대한 비난과 처벌을 감수해야 하며, 막대한 액수의 남부연합의 빚을 갚아야 한다는 요구로부터 면죄부를 받게 된 남부의 새로운 주정부는 완전히 행동의 자유를 얻게 되었다. 흑인의 참정권 문제 역시 무시되었다. 이 역시 존슨의 독단이 아니라 할 수 없다.

이런 독단적인 재건계획을 발표하면서 존슨은 결코 회복할 길 없는 언어도 단의 실수들을 저질렀다. 그는 마치 자신이 진짜 잭슨파나 된 것처럼 최고 행정가인 대통령에게 연방 재건의 최고 책임이 있고, 의회에는 그럴 책임이 없다고 확신했다. 그러나 전쟁이 끝난 마당에 그동안 침묵을 지키고 있던 의회가 대통령에게 존슨이 원하는 그러한 자유재량권을 줄 리가 없었다. 존슨은 역시 북부의 대중여론이 남부연합이 패배를 받아들이고 이에 대한 대가를 치른다는 명백한 증거를 보여주지 않으면 남부를 절대 연방에 받아들 이지 않겠다는 쪽이었음을 인정하지 않았다. 거기에다 존슨은 비록 자신이 민주당원이지만 공화당 권력에 입각하여 대통령이 되었다는 사실을 무시해 버렸다. 말하자면 자신의 정치적 기반이 아닌 공화당에 충성을 하지 않는다 면 그를 당선시킨 사람들로부터 언제든 모종의 조치가 취해질 수 있다는 사실을 망각했다.

전쟁이 끝나고 물리적으로, 경제적으로, 심리적으로 북부중심의 연방정 부가 내릴 가혹한 처벌에 망연자실하고 두려움을 갖고 있던 남부인들은 존슨의 온건하기 짝이 없는 재건정책에 기뻐하지 않을 수 없었다. 그러나 북부 공화당 중심의 급진파들은 해방노예의 권한에 대한 대통령의 포기에 분노했고, 그의 정책 방향에 큰 우려를 나타냈다. 여러 가지 판단을 고려하여 그들은 존슨이 자기들을 기만한다고 생각했다. 해군장관 지데온 웰리스 (Gideon Welles)는 "다른 사람이 이야기할 동안 비록 자신이 동의는 하지 않지만 논박을 마음에 두지 않고 그냥 듣고만 있는 것이 존슨의 평상시 습관이다"라고 밝혔다.14) 따라서 급진파들은 존슨에게 흑인들에게 참정권

---

14) Castel, *The Presidency of Andrew Johnson*, 27쪽.

을 인정하라고 요구했을 때 보인 그의 침묵을 묵인으로 잘못 해석했을 수 있었다. 사실 존슨은 전혀 그렇게 생각하지 않았음에도 말이다. 그러나 통일과 평화만을 원하고 흑인 참정권에 대한 급진파들의 병적인 집착에는 관심이 없었던 다수의 북부인들은 존슨의 계획을 공정한 시도로 보기도 했다.

자신의 정책에 대한 관념적 생각과 자신이 직접 결정을 하게 되는 현실적 정치는 존슨의 예기치 않은 정책변화에서 중요한 역할을 했다. 첫째로, 존슨은 남부주들이 연합적인 형태가 아니라 개별적으로 연방헌법 아래에 있기 때문에 남부주는 결코 연방을 벗어나지 못할 것이라고 보았고 그래서 재건을 위한 특별 조치는 필요 없고 단지 복귀만 필요하다고 보았다. 흑인 참정권 문제 역시 연방 차원에서 간섭할 문제가 아닌 주의 권한에 속하는 사소한 문제라고 보았다. 그가 생각하기에 흑인의 참정권 문제는 어찌되었든 단지 투표할 자격만 주면 된다고 보았다. 당시 존슨은 영국대사인 프레더릭 브루스(Frederick Bruce)에게 해방노예들은 백인에게 의존하여 보호와 문명화된 영향을 받는 동안 "질서를 유지하면서 가만히 있어야 한다"고 말했다.15)

둘째로, 자기가 주장한 '평민'의 한 사람으로서 존슨이 품고 있는 분노는 전체 남부인이 아니라 남부 귀족들에게 맞추어져 있었다. 그는 남부의 농장주들로부터 정치적 권력을 옮겨받아 이를 자유농에게 넘겨주고자 했다. 그는 선거가 주의원, 주지사, 하원의원, 상원의원을 선출하기 위해 열릴 때 그들이 농장주들을 권력에서 배제시킬 수 있다고 확신했다.

셋째로, 남부인이자 민주당원인 존슨은 북부의 전쟁 전의 노예제 폐지론자들과 전후 공화당의 기본을 형성하고 있는 급진파들에게 달갑지 않은 인물이었다. 그는 대통령의 권한과 특권을 이용하여 정치판을 다시 짜고자

---

15) Foner, *Reconstruction*, 191쪽.

했다. 북부와 남부의 중도파들의 새로운 당을 조직함으로써 1868년 선거에 나가 다시 4년 더 백악관을 기대했다.

존슨과 급진파는 의회가 다시 열리는 1865년 12월까지 일단 침묵하고 있었다. 연두교서에서 존슨 대통령은 재건이 완성되었다고 선언했다. 모든 남부연합의 주들은 연방에 복귀할 자격을 가지고 있다고 선언했다. 그러나 사실 남부에서 반항이 계속될 불길한 징조가 완전히 사라진 것은 아니었다. 또한 와해되고 있는 노예제도를 다시 정착시키려는 노력이 남부 백인들 사이에서 이루어지고 있었다. 대통령이 기대했던 것처럼 선거에 의해 연방을 찬성하는 자유농에게 권력이 돌아가는 대신 남부의 유권자들은 과거의 남부 지배계급에게 권력을 돌려주었다.

해방노예들을 다시 농장으로 되돌려보내야 한다는 남부 농장주들의 요구에 따라 새로 만들어진 주(州)정부는 해방노예의 권리와 인간의 존엄성을 부정하는 흑인 단속법을 제정했다. 해방노예들은 이전의 주인과 노동계약을 하도록 요구받았다. 고용되지 않은 흑인들은 부랑자로 선언되었고, 체포되어 벌금을 내고 백인 토지소유주에 임대되었다. 플로리다에서 노동계약을 깬 흑인이 채찍질을 당하였고, 1년 동안의 노동을 위해 다른 사람에게 고용살이로 팔려갔다. 흑인들에게 개방된 직업에는 다양한 제한조치들이 마련되어 있었다. 흑인들은 땅을 소유할 수가 없었다. 남부에서는 흑인에 대한 공개된 폭력이 난무했다.

이러한 억압조치는 자유를 얻고자 노력하는 흑인들을 매우 어려운 상태로 몰아넣었다. 남부의 어떤 지역에서는 승리를 해서 의기양양한 양키 군인들을 본떠 이전에 노예신분으로서 자신들이 경작했던 농장을 스스로 관리 통제하면서, 대규모 농장을 개별적으로 소규모 단위로 나누어 경작함으로써 자영농민이 되고자 노력했다. 그러나 해방노예들의 자신과 가족들을 위한 안정된 정치적 경제적 기반을 구축하기 위한 이러한 노력은 새로운 백인지배 체제에 의해 완전히 물거품이 되었다.

여러 해가 지나고 이전 남부연합의 재무장관이었던 크리스토퍼 메밍저 (Christopher G. Memminger)와 같은 골수 남부인도 "1865년에 남부인은 가혹한 처벌을 감수하고 참회를 해야 했고, 흑인들을 인정하는 새로운 과정을 채택해야만 했다. 그러나 앤드류 존슨 덕분에 우리 남부는 '백인정부의 희망'을 갖게 되었다"고 말했다.[16]

대통령의 재건정책에 격심하고 노골적으로 불만을 표시한 공화당 중심의 급진파들은 남부에서 형성되고 있는 백인 단독정부를 무산시키고, 반역자들을 처벌하여 추방시키고, 나아가 흑인들이 투표할 수 있는 새로운 체제를 건립할 것을 요구했다. 대통령의 재건정책은 재건이 아니라고 뉴욕 출신의 한 급진파가 말했다. 급진파들은 의사당에서 새롭게 선출된 남부의 연방 상원의원과 하원의원의 자리도 준비해 주지 않았다. 이들 대부분은 의회의 통제권을 공화당의 손에서 빼앗기를 열렬히 바라는 민주당 출신이었기 때문이다. 그러나 연방의회를 구성하고 있는 의원들 중 공화당 출신 의원은 대부분 중도파였다. 공화당 중도파들은 비록 대통령의 계획에 결점이 있기는 하지만 대통령과 함께 협력하여 결점이 있는 계획을 수정해 나가기를 희망했다. 따라서 존슨은 다수를 포함하는 이들 중도파와 타협을 통해 협력 속에서 자신의 재건정책을 진행해 나가야 했다. 그러나 그는 싸움과 갈등 쪽을 선택하여 의회와 대중여론을 무시하는 무리수를 두었다. 이에 급진파와 중도파는 연합하여 남부 상황을 조사하기 위해 재건합동위원회를 만들고 결속을 다짐했다. 존슨의 독단과 아집이 낳은 결과였다.

이에 존슨은 자신의 정책에 반대하는 세력에 대해 인신공격을 가하는 것으로 반응했다. 우선 초대 대통령 워싱턴의 탄생일을 축하하기 위해

---

16) *Ibid.*, 192쪽.

백악관을 방문한 군중들에게 그는 이 합동위원회는 '음모단'에 지나지 않는다고 비난했다. 이어 그는 매사추세츠 주 상원의원 찰스 섬너와 펜실베이니아 하원의원 스티븐스(Thaddeus Stevens) 등과 같은 급진파가 남부의 탈당주의자들보다 연방에 훨씬 많은 위협이 되고 있다는 근거 없는 말을 했다. 존슨은 흑인 해방국의 활동시안을 연장하는 법안과 해방노예에게 시민권과 법적인 보호를 부여하는 시민권 법안에 대해 거부권을 행사하여 자신의 고집을 관철시키려고 했다.

그러나 상원은 물론 하원의 압도적인 지지 속에서 통과된 시민권 법안과 흑인해방국의 활동시안 연장 건에 대해 한 하원의원은 "지금까지 하원에 제출된 법안 중 가장 중요한 법안"이라고 규정지었다. 이것은 흑인단속법을 무력화시키고 나아가 이 법을 통해 연방정부에 평등의 원리를 보장해 주었다. 예상했던 대로 존슨은 이런 것들은 주(州)정부의 희생을 바탕으로 연방정부에 권력을 집중시키게 된다는 이유를 들어 거부권을 행사했다. 거기에다 그는 흑인들은 시민권을 받을 자격이 없다고 주장했다. 충격을 받은 중도파들도 급진파들과 합세하여 1866년 대통령의 거부권을 뒤집어 이를 압도했다.

이제 대통령과 의회의 다수당을 구성하는 공화당과의 불화는 어쩔 수 없는 것이 되었다. 급진파는 물론 중도파들까지도 "남부주들이 충성을 회복하는 데" 대통령이 방해가 된다고 생각했다. 이에 대해 존슨은 의회-급진파건 중도파건 모두 다—를 적으로 규정했다. 존슨은 "보다 유연한 태도로 의회의 요구를 대폭 수용하라"는 내각내 보좌관들의 충고를 철저히 무시했다. "내가 옳다." "내가 옳다는 것을 안다" "내가 이것을 고수하지 않는다면 나는 저주받을 것이다"고 개인비서에게 말했다.[17]

이때부터 대통령 존슨과 의회 다수파를 구성하는 공화당 의원들 간에

---

17) Castel, *The Presidency of Andrew Johnson*, 72쪽.

공개된 노골적인 투쟁이 벌어졌다. 의회는 대통령의 재건계획을 쓸어버리고 자신들의 재건계획을 채택하는 절차에 들어갔다. 핵심은 제14차 수정헌법이었다. 이는 대통령의 거부권 행사의 한계를 설정하고, 다수당 의회의 권한을 강화하며, 남북전쟁의 결과가 공화당에 의해 추진되는 내용으로 연방헌법에 명시되는 것이었다. 비록 이것은 흑인에게 투표권을 주지는 않았지만 그 어떤 주(州)도 '적법한 절차'에 의하지 아니하고, 또 법률에 의한 '평등한 보호'를 하지 아니하고는 생명, 자유, 재산을 박탈할 수 없음을 명시했다. 이러한 정치 현실에 대해 존슨은 독선과 아집으로 의회를 완전히 무시하고 남부주 출신 의원들을 충동질하여 수정헌법을 거부하도록 공작했다. 이러한 무책임한 행동은 대부분의 북부인들에게 연방을 재건하는 일에 있어서 존슨은 이제 더 이상 믿을 만한 지도자가 못 된다는 확신을 심어주는 계기가 되었다.

이제 대통령에 대한 신뢰성은, 의회와 존슨과의 투쟁과 더불어 남부 여러 도시에서 일어난 흑인에 대한 백인의 인종차별적인 노골적인 유혈 폭력사태로 더욱 의심을 사게 되었다. 쿠 클럭스 클랜(Ku Klux Klan)과 같은 야간의 기마 폭력단원(Night riders)이 흑인과 그들을 지지하는 백인에게 무자비한 테러를 가했다. 멤피스와 뉴올리언스에서는 유혈 인종폭동이 난무했다. 분노한 백인들은 흑인을 상대로 약탈, 방화, 강간, 살인 등을 저질렀다. 급진파들은 이러한 폭력사태를 존슨 정책의 실패의 증거로서 비난했다.

이에 전투태세를 갖춘 존슨은 지난 동안 항상 자신의 편에 서서 지지를 보내준 세력에게 호소했다. 바로 국민들에게 직접 호소하는 방법이었다. 북부의 대중여론이 자신의 편을 들어줄 것이라는 희망을 하면서 존슨은 특별열차를 타고 짧은 기간 동안 북부지역을 여행했다. 워싱턴에서 뉴욕 주 북부지역까지, 다시 미주리 주까지 갔다가 워싱턴으로 되돌아오면서 존슨은 유권자들에게 여러 번에 걸친 격한 연설을 통해 자신의 프로그램을 지지하는 의원 후보들을 지지해 주도록 요구했다. 존슨은 이때 북부지역을 여행하면서 미국 역사상 처음으로 '열차에서 잠시 멈추어 작은 역에서 행하는 짧은 연설'을 했다. 그러나 이것은 비참한 실패로 끝났다. 그의 기대와 달리 북부 대중들은 냉담하였다. 이제 존슨은 공화당 중심의 급진파들이 자신을 암살하려 한다는 얼토당토 않은 주장을 하기까지 했다. 그가 연설을 위해 멈추는 곳마다 야유와 조롱이 뒤따랐다. 충동적이고 화를 잘 내는 존슨은 이들의 조롱을 그냥 참아낼 수가 없었다. 그의 연설은 곧바로 고함이 오가는 설전으로 바뀌었다. 그리고 거의 폭력사태가 발생할 것 같은 상태로 변해 버렸다.

"제퍼슨 데이비스를 교수형에 처하시오!" 군중 속에서 누군가가 외쳤다.

"섬너를 교수형에 처하시오!" 군중을 향한 존슨의 외침이었다. "스티븐스를 교수형에 처하시오!"

정치연설대에서 이 정도의 심한 말을 하는 대통령을 보는 것에 익숙하지 않았던 미국인들은 충격을 받았다. 존슨의 적(敵)들은 절대 하지 말아야 하는 그의 과도한 폭언에 대해 맹렬히 비난을 가했다. *Nation* 지는 존슨의 이러한 말을 "천박하고, 독선적이며, 때때로 상스러운" 것으로 보았다. 어떤 기자들은 존슨의 이러한 모습을 술에 취해 나온 것으로 보았고, *North American Review*의 제임스 로웰(James R. Lowell) 기자는 존슨의 이 여행을 "추잡하게 마구 마시고 법석을 떠는 주연(酒宴)"으로 평가했다. 이러한 대통령에게 강한 반대를 표명한 공화당은 '대통령의 거부권 행사를 차단하는 의회'라는 이미지 아래 상하 양원에서 2/3 이상의 지지를 얻어 14차 수정헌법을 통과시켰다. 공화당은 오히려 존슨의 이러한 행동 때문에 더 많은 지지를 얻을 수 있었기 때문에 한편으로는 존슨을 고맙게 여겼다.

전통적으로 대통령들은 외교정책의 승리를 통해 자신들의 명성을 향상시켰다. 국무장관 시워드는 비록 링컨이 암살 당하던 밤에 입은 상처에서 완전히 회복되지는 않았지만 존슨 행정부에서 잘 봉사했다. 미국이 남북전쟁에 전념하는 동안 프랑스의 나폴레옹 3세가 멕시코에 군대를 파견하여 오스트리아 대공 맥시밀리언(Maximilian)을 멕시코 권좌에 앉혔다. 존슨의 승인을 얻어 시워드는 먼로 독트린을 거듭 주장하기 위해 움직였고 약 5천 명의 군인을 멕시코 국경지대로 파견했다. 미국으로부터 강경한 메시지를 받은 프랑스는 맥시밀리언을 멕시코인들의 온화한 자비심에 남겨두고 프랑스로 물러갔다. 프랑스가 물러가자마자 맥시밀리언은 처형되었다.

시워드의 가장 야심적인 성공작은 협상을 시작한 지 3주 만에 러시아에게 단지 720만 달러를 주고 알래스카를 구입한 일이다. 그러나 이러한 조치도 당시에는 별 인기가 없었다. 특히 알래스카의 구입을 두고 의회는 시워드의 어리석은 행동의 결과라고 보았다. 그러나 강력한 추진력과 강한 신념을 가진 시워드는 상원 외교관계위원회 의장인 상원의원 섬너를 설득하여 거래를 성사시켰다. 그러나 존슨은 사실상 이러한 업적을 이루는 데 아무일도 하지 않았다. 그리고 그의 재건계획은 지지부진한 가운데 계속되고 있었다.

존슨의 백악관 생활은 우울함 그 자체였다. 한 보좌관은 시무룩하고, 늘 화 나 있는 모습의, 웃음기 없는 존슨을 '엄한 대통령'으로 보았다. 퍼스트 레이디인 엘리자 존슨은 자주 아팠고 그 때문에 그녀는 대부분의 시간을 백악관의 침대에서 보냈다. 자연히 존슨의 딸인 마사(Martha)가 백악관의 안주인 역할을 하게 되었다. 존슨 대통령의 아들 중 하나인 로버트 존슨(Robert Johnson)은 알코올 중독자로 백악관의 대부분의 생활을 술로 보냈다. 이에 존슨은 해군장관 웰즈에게 절실하게 부탁하여 로버트를 장기간에 걸쳐 항해를 하는 함선에서 근무하도록 조치를 취했다. 그런데 로버트가 근무하게 될 함선이 정해지자 이 사실을 안 로버트가 진탕 마시고 나서는 실종되어 버렸다. 또한 대통령의 식충이 같은 동생인 윌리엄은 존슨에게 툭하면 돈을 달라고 손을 내밀었고 결국 그는 미국정부의 공무원 명부에 올라 급료를 받아갔다.

존슨의 비타협성과 노예해방의 현실을 받아들이려 하지 않는 남부인들의 고집에 분노한 의회는 재건계획을 총체적으로 통제하고자 했다. 1867년 3월에 공화당 중심의 의회는 대통령의 거부권에 대한 권한을 무시하고 새로운 재건법을 제정했다. 이 법은 현존하는 주(州)정부를 완전히 뒤엎는 것이었다. 이제 남부는 북부가 파견한 군정 아래 놓이게 되었고, 과거 남부연합 아래서 일한 많은 관리들이 일시적으로 공직에 취임할 수 없게 되었다. 이렇게 해서 북부에 충성하는 주정부가 탄생되었다. 공화당 내의 급진파들은 남부의 주들이 14차 수정헌법에 비준하고 흑인들에게 투표권을 준 후에야 연방에 다시 가입할 수 있다는 내용을 법령으로 포고했다.

존슨 대통령 시기의 갈등과 반목은 이 새로운 재건법의 통과로 끝나지 않았다. 이제 다수의 급진파들은 1866년 10월 초에 존슨 대통령의 탄핵을 강력히 주장하고 나섰다. 1년에 걸쳐 의회의 한 위원회가 존슨의 탄핵 사유를 증명할 증거를 수집하는 데 노력했지만 별 소득이 없었다. 이제 존슨은 오히려 급진파들이 너무 오랫동안 증거를 찾고 있다고 주장했다. 대통령의 간섭으로부터 그들의 정책을 보호하기 위해 급진파들은 공직보장법을 통과시켰다. 이 법은 상원의 동의 없이는 대통령이 내각의 인사는 물론 그 어떤 공직에 있는 사람도 그의 직책에서 해고시킬 수 없다고 규정했다. 이에 존슨은 급진파의 동료인 전쟁장관 에드윈 스탠튼(Edwin M. Stanton)을 해고하여 자신의 권위에 대한 의회의 비헌법적인 억제조치의 결과를 실험해 보고자 했다.

존슨과 의회가 스탠튼을 해고하는 대통령의 권리를 놓고 투쟁을 벌이게 되자 워싱턴에서는 이제 더 이상 멀쩡한 분위기를 찾아볼 수 없게 되었다.

남아 있는 건 격앙된 흥분뿐이었다. 투쟁과 반목이 격렬해지면서 어떤 급진파들은 심지어 존슨 대통령이 링컨 암살음모에 연루되었다고까지 주장했다. 결국 존슨은 비록 탄핵을 받을 위험이 있고, 또 의회가 스탠톤의 해고는 절대 있을 수 없다고 으름장을 놨음에도 불구하고 전쟁부장관직에서 스탠톤을 해고해 버렸다. 존슨은 스탠톤을 해고시키면서 "탄핵받아야 하고 비난받아야 할 사람은 내가 아니라 그대들이다"고 말했다. 이제부터 소위 의자 빼앗기 놀이가 진행되었다. 스탠톤은 사임을 요구하는 대통령의 명령에 따르지 않았다. 이에 존슨은 결정을 잠시 보류한 채 그 자리에 그랜트 장군을 임명하고자 했다. 처음에 그랜트는 존슨 편에 있는 것처럼 보였다. 그러나 그랜트는 1868년 대통령직에 대한 유혹이 들어오자 이내 마음을 바꾸었다. 그랜트는 문제가 되는 전쟁장관직을 노쇠하고 늘 술에 절어 있던 자신의 부관인 로렌조 토머스(Lorenzo Thomas)에게 넘겨주었다. 우여곡절 끝에 장관직의 열쇠는 다시 스탠톤에게 넘어갔다. 존슨은 급진파들이 공화당 대통령 후보로서 그랜트 자신을 지지해 주는 대가로 자신을 팔았다고 그랜트를 비난했다.

이러한 투쟁일변도의 대통령에 대해 윌리엄 셔먼(William T. Sherman) 장군은 "그는 다스리는 수단을 잃고 난 후에 지배를 하고자 했다. 존슨은 군대가 없이 싸우는 군인과 같다"고 말했다. 그럼에도 존슨은 내각 인사를 교체시킬 수 있는 대통령의 권한을 주장하면서 스탠톤을 해임하고 그 자리에 토머스를 임명하였음을 1868년 2월 21일에 상원에 알렸다. 그러나 약삭빠른 스탠톤은 엄중한 경비 아래 전쟁부에 바리케이드를 치고, 자신을 강제로 끌어내려는 모든 시도를 거부했다. 상원 의원들이 재빨리 전쟁부를 포위했다. 3일 후 하원은 존슨이 그의 고집센 주장으로 공직보장법을 위반했다는 이유를 들어 126 대 47이라는 압도적인 표차로 존슨을 탄핵하는 데 찬성했다.

35명의 상원의원은 분명 그렇다고 했다. 반대자는 19명이었다. 존슨이 탄핵되기 위해서는 1표가 더 필요했다. 결국 탄핵투표 결과 존슨은 탄핵을 받고 추방당할 위험에서 간신히 빠져나온 미국 최초의 대통령이 되었다. 연방대법원에 의해 확정된 역사의 평결은 공직보장법은 위헌이라고 판결했다. 또 무엇보다 정치적 이유 때문에 대통령을 탄핵하는 것은 잘못된 처사라고 판결했다. 그러나 존슨은 자신이 1표 차로 탄핵을 면할 수 있었던 것은 그가 우수해서가 아니라, 중도파 상원의원들이 급진파 지도자인 벤 웨이드에게 대통령직이 넘어가는 것을 바라지 않았기 때문이라는 사실을 알지 못했다. 또 다른 상원의원들은 만약에 대통령이 탄핵당한다면 입법부와 행정부 사이에 유지되고 있는 권력의 헌법적 균형이 영원히 바뀔 수 있다는 것을 두려워했기 때문이다.

분명 이러한 이유 때문에 그는 간신히 탄핵의 위험에서 벗어났음에도 불구하고 존슨은 터무니없는 차원에서 어리석은 정치적인 행동을 범했다. 그는 전임자 링컨과 북부연방군의 승리가 그에게 가져다준 대통령으로서의 권력과 호의적 분위기를 내동댕이쳐 버렸다. 그는 국가 전체의 정치적 질서와 생활을 혼란시켜 붕괴시켰다. 존슨은 자신도 모르게 실질적으로 남과 북의 화해를 차단시켰다. 한 역사가는 존슨의 행정부야말로 "국민들의 신뢰를 어떻게 하면 얻을 수 없는지 객관적인 교훈"을 제공해 준다고 말했다.[18]

어찌되었든 존슨의 무죄석방은 남부에 새로운 희망을 주었다. 그리고 남부는 '백인의 나라'로 남아 있게 되었다. 비록 급진파가 주도한 재건은 1877년 남부로부터 북부연방군이 철수하기까지 계속되었지만, 그럼에도

---

18) Thomas, *The First President Johnson*, 189~198쪽.

공화당 급진파에 의해 주도된 재건정책은 존슨에 의해 촉발된 남부의 저항이 계속됨으로써 상당히 약화되었다. 이런 상황을 보고 남부 출신의 한 연방주의자는 존슨에 대한 탄핵 실패 소식을 남부에 전달하고 난 후, "반항자들의 눈은 광포하여 날뛰는 악인의 눈과 같이 번쩍거렸다"고 말했다.[19] 여러 사람들 중에서 특히 스티븐스(Thaddeus Stevens)는 해방노예의 미래에 대해 크게 낙담했다.

대단히 요란스러운 갈등을 일으키면서 존슨은 남은 여생을 자신을 변호하고 명예를 회복하는 일에 전념했다. 대통령들의 '일종의 직업병'이기도 한 자기기만을 범하고 있던 존슨은 1868년 대통령 선거에서 민주당 대통령후보가 되고자 했다. 그러나 실패했다. 남부의 민주당은 존슨을 열렬히 환영했지만, 북부의 민주당이 그를 신뢰하지 않았다. 그럼에도 존슨은 백악관에서 나가자마자 테네시 주로 돌아가 1869년 연방 상원의원에 출마했다. 이 시도는 실패로 끝났고, 1872년에 다시 출마했지만 역시 실패했다. 그러나 3년 후 민주당 출신이 우위를 보인 테네시 주 입법부는 54명의 무기명 비밀투표를 통해 단 한 표 차로 존슨을 연방 상원의원으로 선출했다.

1875년 3월 5일 존슨은 상원에서 자신의 자리에 앉았다. 전임 대통령으로서 다시 상원의원이 된 최초이자 유일한 사례다. 의사당에서 존슨은 이리저리 둘러보았으나 알 만한 얼굴은 소수에 불과했다. 존슨은 "나는 오랜 나의 친구들을 보고 싶었다"고 슬프게 힘없이 말했다. "페센던(Fessenden), 포울러(Fowler), 트럼불(Trumbull), 그림스(Grimes), 헨더슨(Henderson), 로스(Ross), 모두가 보이지 않네." 정말 이들은 상원에서 사라졌다. 존슨은 자신의 무죄석방을 위해 정치적 경력을 희생한 공화당의 중도파 7명 중 6명의 이름을 차례로 불렀다.

존슨은 상원의원으로서 승리의 기쁨을 그렇게 오래 누리지는 못했다.

---

19) Dallek, *Hail to the Chief*, 180쪽.

1875년 7월 31일 테네시 주 카터 스테이션에 살고 있는 그의 딸과 손자손녀들의 집을 방문한 존슨은 66세의 나이에 뇌졸중으로 죽었다. 파란만장한 전직 대통령은 그의 요구대로 매장되었다. 그의 시신은 성조기로 감싸이고 그의 머리는 미국헌법의 복사본 위에 놓인 채 매장되었다. 결국 존슨은 재건을 재건으로 보지 않고 단지 복귀 차원으로 본 결과 향후 1세기 동안 계속될 인종적 억압이라는 유산을 남겨 놓았다.

프랭클린 피어스

Franklin Pierce

1853~1857
소심함으로 인해 정객들의 노리개감이 된 대통령

피어스가 최악의 대통령으로 선정된 이유

1 피어스는 자신의 의지와 능력에 반하여 대통령이 되었다. 민주당의 정치도 박꾼들이 피어스를 대통령으로 선택한 이유는 첫째 정치적으로 큰 오점이 없다는 것, 둘째 당의 노선을 철저히 따르고 특히 목소리 큰 당 지도부의 말에 충실하게 추종한다는 것, 셋째 그의 잘 생긴 외모였다. 이유는 단지 이것뿐이었다.

2 피어스는 너무나 소심하여 지도자로서 갖추어야 할 결단력과 소신은 어디에서도 찾아볼 수 없는 우유부단한 대통령이었다. 알맹이가 없고 겉만 번지르르한 외모의 유순한 피어스는 너무나 약해서 선천적으로 대통령직을 수행할 능력이 없었다. 그는 해결해야 할 현안 문제, 정책, 원리 등에 대해 거의 이해하지 못했으며, 무엇보다도 이런 것에 대해 관심이 없었다. 대통령으로서 해결해야 할 의사일정이나 협의사항에 대해서는 자신보다 강력한 주장을 하는 사람에게 무조건 넘겨버렸고, 이러한 태도는 그의 행정부 내내 계속되었다. 자신을 무시할 수 있는 사람과 직접 대면하기보다 자신에게 제출된 정책이 무엇이든, 관심이 있는 것이든 없는 것이든, 무조건 서명을 함으로써 편안을 유지하는 길을 택했다. 이 소심한 대통령을 끼고 민주당의 정치도박꾼들은 거칠 것 없이 마음대로 국가정책을 주무르면서 피어스 행정부를 친남부 방향으로, 또 노예제도를 옹호하는 방향으로 운영해 갔다. 이러한 현상은 결국 많은 북부출신 민주당 인사들을 따돌리는 결과를 초래했고, 나아가 미주리 타협 이후 잠재되어 있던 남북갈등에 불을 지르는 계기를 주었다.

그래서 그는 남부의 원리를 추종하는 소신 없는 북부 민주당원이라는 뜻으로 당시의 정치적 어투인 '도우페이스'(doughface)로 불렸다.

3 사적인 집안 문제를 공적인 백악관의 생활에까지 연장시켰다. 사고로 죽은 아들에 대한 슬픔을 백악관으로 가져와 피어스는 역대 대통령 중 가장 침울한 백악관 생활을 보냈다. 퍼스트 레이디는 죽은 아들 베니에 대한 슬픔에서 벗어나지 못하고 침대에서 대부분의 시간을 보냈다. 술과 신비한 종교적 신앙심 안에서 위안를 찾고 있던 대통령은 공식적으로 매일 그의 가족과 보좌관들을 위한 기도시간을 가졌다. 백악관이 대통령 개인의 집안문제로 완전히 우울한 분위기로 바뀌었고 거의 4년 동안 이 분위기가 계속되었다. 당시 백악관을 방문한 한 사람은 "이 저택의 모든 것이 을씨년스럽고 침울해 보였다. 나는 이곳보다 훨씬 행복해 보이는 수백 개의 통나무집을 보았다"고 말했다.

원 세상에!
지방의 3류 정치인이
미국 대통령이라니!

나다니엘 호손(Nathaniel Hawthorne)은 프랭클린 피어스가 대통령이 된데 대해 짧지만 매우 정확한 말로 표현했다. 그의 좋은 친구 프랭클린 피어스가 1852년 대통령 선거에서 당선되었다는 소식을 듣고서 그 유명한 『주홍글씨』의 저자는 친구 피어스에게 다음과 같은 편지를 썼다. "프랭크, 나는 네가 불쌍하다. 정말 걱정이다."[1] 사실 호손은 피어스에 대한 자신의 동정심을 미국 국민들에게로 확대했어야 했다. 왜냐하면 이 나라 제14대 대통령은 최악의 대통령 중 한 사람이기 때문이다. 피어스는 비록 잘 생기고 상냥하며 친절했지만 술을 지나치게 좋아했고, 1850년대의 지역갈등과 분규의 수렁으로 깊숙이 빠져들어간 대통령이었다. 당시 워싱턴의 백악관에는 정치적으로 유능한 거인이 필요한 시기였는데 피어스는 온화한 그저 평범한 사람에 지나지 않았던 것이다. 국가가 무능한 피어스에게 넘어갔다가 다시 무능한 뷰캐넌에게로 넘어갔다. 그리고 결국 이 나라에 동족상잔의 남북전쟁이 발생했다.

---

1) Rossiter, *The American Presidency*, 101쪽.

역대 대통령들은 후대의 대통령들에게 낮은 평가를 받는 경우가 극히 드물지만, 해리 트루먼 대통령은 "피어스는 지금까지 백악관의 대통령들 중 가장 잘 생긴 대통령이었다. 그러나 대통령으로서의 그는 뷰캐넌과 캘빈 쿨리지와 같은 반열로 평가된다"고 평했다.[2] 시어도어 루즈벨트는 "그는 작은 정치인이며, 능력이 보잘 것 없는 정치인, 그리고 비천한 환경에 둘러싸여 있던 정치인이다. 그리고 그는 강자에게는 침묵하고, 약자에게는 비열하게 구는 그런 종류의 사람이었다. 그는 노예제를 찬성하는 지도자들이 자신에게 어떤 일을 요구해도 그렇게 맞추어지도록 준비되어 있었다"고 폄하했다.[3]

프랭크 피어스는 소위 미국의 '은(銀)시대'ー정치적으로 위대한 인물이 두 번째로 나와서 활약한 시대ー의 중요 인물들이 차츰 그 영향력을 상실해 가는 시기에 미국 최고의 공직에 들어왔다. 조지 워싱턴과 에이브러햄 링컨 사이에 모든 대통령들 중에서 가장 위대한 대통령인 앤드류 잭슨이 그동안 수많은 투쟁 속에서 살아남았고 여러 전투를 잘 치러내어 평화롭게 죽었다. 위대한 타협가인 헨리 클레이(Henry Clay)는 1850년 죽기 전에 마지막으로 연방의 분열을 막는 일에 헌신하며 죽었다. 위엄 있는 인물로 주권(州權)의 주창자인 다니엘 웹스터(Daniel Webster)와 존 칼훈(John C. Calhoun) 역시 죽었다. 능변의 원로(Old Man Eloquent)인 존 퀸시 애덤스 역시 1848년 연방 하원 의사당의 자신의 초라한 의자에서 뇌졸중으로 넘어져 죽었다.

이처럼 기라성 같은 인물들과는 대조적으로 피어스는 지금까지 국민들이 직접 뽑은 미국 대통령 가운데 지미 카터를 제외하면 가장 세상에 알려지지 않은 인물이었다. 그는 연방 하원의원과 상원의원을 지낸 적이 있고, 또 멕시코 전쟁 동안 육군준장으로 복무했지만, 정치적 배려에 의해 장군에

---

2) Ferrell, ed., *Off the Record*, 266쪽.
3) Kenin and Wintle, eds., *Dictionary of Biographical Quotations*, 600쪽.

임명되어 장군으로는 가장 흐리멍텅한 인물이었다. 1852년 민주당이 그를 대통령후보로 지명했을 때도 그는 결코 전국적으로 알려진 인물이 아니었다. 피어스는 자신의 고향인 뉴햄프셔 주 이외에는 거의 알려져 있지 않았다. 그는 동료들과 사이가 좋다는 이유로 그저 자리를 지키는 주(州)민주당 보스 정도의 인물이었다. 따라서 그는 다크호스 중 다크호스였다. 피어스는 무려 49번이나 대통령 후보자 결정투표를 치른 민주당 전당대회에서 후보자 선정 요소 중 가장 밑바닥에 위치한 '누구에게도 화를 내거나 정치적으로 어떤 분명한 오점이 없다'는 사실이 크게 작용하여 민주당 대통령후보로 낙점되었다.

피어스가 얼마나 전국적으로 알려지지 않은 인물이었는지는, 그가 취임식 차 워싱턴으로 가던 도중에 뉴욕 시에 들러 사람들로 북적거리는 브로드웨이에 갔을 때 아무도 그를 알아보는 사람이 없었다는 사실로도 알 수 있다.[4] 심지어 그의 고향인 뉴햄프셔 주의 콩고드에 사는 그의 이웃조차 피어스가 대통령후보로 지명되었다는 소식을 듣고는 깜짝 놀랐다. "기가 막혀! 그 이슬처럼 연약한 사람이 어떻게 …" 어떤 사람이 말했다. "프랭크 피어스가 대통령에! 내가 인정하는데 프랭크는 분명 좋은 사람이고, 나는 앞으로도 그가 그러기를 진심으로 바란다. 그는 주(州)에서 활동하는 훌륭한 변호사다. 그는 분명 공정한 판결을 위해 노력하는 사람이고 … 그가 이런 사람이라는 데 부인할 사람은 아무도 없다. 그가 의원으로 활동하는 데 불만을 품은 사람도 아무도 없다. 그러나 프랭크가 워싱턴으로 가서 이 나라의 대통령이 된다고 한다면, 내 판단으로 보건대 생각조차 할 수 없는 일이다."[5]

자주 병으로 고생하면서 정치를 몹시도 싫어했던 피어스의 부인 제인 (Jane)은 남편이 민주당 대통령후보로 지명되었다는 소식을 듣고는 그만 기절을 해버렸다. 그녀는 남편으로부터 대통령직을 고려하고 있다는 이야기

---

4) Nichols, *Franklin Pierce*, 232쪽.
5) Boller, *Presidential Anecdotes*, 113쪽.

를 단 한 번도 듣지 못했던 것이다. 피어스는 자주 아내에게 자신은 적극적인 정치활동은 하지 않겠노라고 말해 왔다. 그녀는 남편 피어스가 연방 상원의원을 지내는 동안에도 워싱턴에서 살기를 거부했다. 워싱턴의 기후가 그녀의 건강에 좋지 않은 영향을 주었기 때문이다. 또한 피어스는 걷잡을 수 없을 정도로 술을 마시는 사람이라, 그녀의 강경한 주장에 따라 1842년에 상원의원직을 사임할 정도였다. 제인 피어스가 남편의 정치적 야심에 대해 가진 반감이 얼마나 깊었던지 그들의 열한 살짜리 아들 베니(Bennie)는 학교에서 그녀에게 이런 편지를 썼다. "에드워드 말이, 아버지가 대통령 후보가 되셨다고 합니다. 전 아버지가 이 선거에서 떨어졌으면 좋겠어요. 왜냐하면 나는 워싱턴에서 살고 싶지 않으며, 또 어머니도 나와 생각이 같다는 것을 알기 때문입니다."6)

　냉정하다 못해 냉소적이기까지 한 민주당 운영위원장은 대통령 후보로서 누구보다도 피어스를 우선적으로 추천했다. 피어스가 아무런 정치적 오점을 가지고 있지 않다는 이유에서였다. 민주당은 피어스를 이미 전설적인 위대한 인물이 된 앤드류 잭슨과 비교하면서 그를 그래닛 언덕 출신의 싱싱한 지팡이인 청년 히코리(Young Hickory)라고 부르면서 국민들에게 유세를 했다. 그는 남부는 물론 북부의 유권자들에게도 큰 호감을 얻었지만 정작 그를 알아보는 사람은 거의 없었다. 이 후보자의 유일한 장점이란 민주당과 당의 노선에 철저히 충성한다는 것이었다. 또한 그의 정치적 기반이란 당내에서 허물없이 관계를 유지하고 있다는 점이었고, 무엇보다도 잘 생긴 외모에 있었다.7) "하나님 맙소사!" *Two Years Before the Mast* 의 저자 리처드 다나(Richard Henry Dana)는 피어스의 당선에 얼토당토 않다는 표현을 했다. "원 세상에! 지방의 3류 정치인이 미국 대통령이라니!"8)

---

6) Nichols, *Franklin Pierce*, 205쪽.
7) Gara, *The Presidency of Franklin Pierce*, 29쪽.
8) Nichols, *Franklin Pierce*, 217쪽.

또한 조지아주 연방 하원의원인 로버트 툼스(Robert Toombs)는 이 새로운 대통령을 "부정직하고 비열한 정치도박꾼들에게 둘러싸여 자기 주장을 펼 줄도 모르고 능력이나 자격도 없는 사람"으로 표현했다.[9]

당시 코네티컷 주에서 활동하고 있던 논설위원 지데온 웰리스(Gideon Welles)의 말을 빌면 "알맹이 없고, 외모만 번지르르하고, 유순하기만 한"[10] 피어스는 너무나 약해서 선천적으로 대통령직을 수행할 능력이 없었다. 그는 해결해야 할 현안 문제, 정책, 원리 등에 대해 거의 이해를 하지 못했으며, 무엇보다도 이런 것에 관심이 없었다. 대통령으로서 해결해야 할 의사일정이나 협의사항은 자신보다 목소리가 큰 사람들에게 무조건 넘겨버렸고, 이런 태도는 그의 행정부 동안 내내 계속되었다. 자신을 무시할 수 있는 사람과 직접 대면하기보다 자신에게 제출된 정책이 무엇이든, 관심이 있는 것이든 없는 것이든 무조건 서명을 함으로써 편안을 유지하는 쪽을 택했다. 이러한 모습에 질려서 피어스를 떠난 사람들은 그의 불성실에 대해 가장 큰 불만을 가졌다.

대통령으로서 피어스는 자신의 주위에서 일어나고 있는 일들에 대해 그 진위는 물론 현상에 대해서도 거의 이해하지 못했을 뿐 아니라 알려고도 하지 않은 채 자신에게 닥쳐온 가혹한 현실을 피해 술과 신비주의적인 종교의 세계로 도망쳤다. 이루어질 수 있다는 굳은 신념과 이루고 말겠다는 강력한 의지가 너무나 부족했던 피어스는 그야말로 산뜻한 겉모양밖에는 볼 것이 없었다. 대통령직에 있던 4년 동안 거의 내내 그는 재선을 위해 계획된 당파정치의 놀림감이 되었다. 결국은 이것 때문에 그는 재선을 위한 행로에서 실패했다. 윌리엄 태프트를 제외하면 대통령 임기를 시작하면서 국민들이 그에게 보내준 그 많은 호의를 그토록 철저하게 낭비하고 쓸모 없이 만든 대통령도 없다. 피어스는 선출된 현직 대통령으로 자신이

9) Gara, *The Presidency of Franklin Pierce*, 41쪽.
10) Nichols, *Franklin Pierce*, 533쪽.

소속된 당에 의해 재지명을 거부당한 유일한 사람이었다.

얼핏 보면 피어스는 아주 매력적인 사람으로 보인다. 48세의 그는 당시까지 대통령이 된 사람들 중에서 최연소 대통령이었다. 윤곽이 뚜렷한 외모, 자부심 강해 보이는 태도, 검정색의 깨끗하게 쓸어내린 크게 굴곡진 곱슬머리를 가진 그는 이때까지 대통령이 된 사람들 중 가장 핸섬한 대통령 중 한 명이었다. 항상 외모를 의식하며 생활했던 피어스는 백악관에서 일을 할 때에도 화려한 값비싼 옷을 입고 있었다. 종종 그는 선홍색 비단 줄무늬가 수놓인 휘황찬란한 화장복을 입고 있기도 했다. 국민들은 이러한 피어스를 좋아했다. 단, 피어스가 과장해서 친밀감을 표현하는 것이나 평상시 점심과 저녁을 초대하는 것 이면에 아무것도 없다는 것을 알기까지 말이다.

피어스 대통령에게 최대의 비극은 국가가 남북전쟁의 소용돌이 속으로 빨려 들어가기 전 연방의 붕괴를 막을 수 있는 마지막 기회가 있었음에도 불구하고 아무런 능력도 발휘하지 못한 점이다. 제임스 먼로 이후 가장 많은 선거인단 수를 확보하여 대통령이 되었고 의회에서 다수당의 후원을 받으며 대통령직을 수행할 수 있었던 피어스는 당시 파탄을 일으키고 있던 노예문제를 어떤 대통령들보다 능란하게 해결할 수 있는 좋은 기회를 가지고 있었다. 만약 전쟁으로 클라이맥스에 도달한 태풍이 허리케인을 닮았다면 피어스는 그 태풍의 눈 속에서 백악관에 입성한 것이라 할 수 있다. 많은 미국인들에게 1850년의 타협안은 북부와 남부 사이의 중요한 차이점을 봉합시키는 것처럼 보였다. 사실 매사추세츠 주 상원의원 찰스 섬너가 1851년 연방 상원에 당선되어 의사당에 들어왔을 때 그는 다음과 같은 말을 들었다. "당신은 이곳에 너무 늦게 도착했습니다. 이제 노예제도 문제에 대한 아주 사소하고 당파적인 혼란을 제외하고 이 문제를 현명하게 처리해 갈 수 있는 요인은 아무것도 없습니다."[11]

---

[11] Donald, *Charles Sumner and the Coming of the Civil War*, 208쪽.

사실상 건국의 아버지들이 만들어 놓은 정치체제는 이 시기에 와서 일단락되고 있었다. 이제 대통령은 모든 국민을 대표하게 되었다. 그러나 노예제도에 대한 갈등은 국가적 일치감을 근본적으로 파괴시키고 있었다. 여기에다 피어스는 남북의 중간 경계선을 넘어서 남부에 대한 공개적인 지지자로 등장해 있었다. 만약 그가 시대 상황에 대한 이해력과 창조력이 조금만 뛰어났더라도 소농민들에게 값싼 토지를 제공해 주기 위한 자작농장법인 홈스테드 법(homestead act)과 모든 사람에게 개방된 토지무상증여제도를 만들기 위한 법안과 관세인하조치를 지지했을 것이고, 그렇게 되었다면 그는 잭슨 대통령과 같이 평민들의 막강한 지지를 받았을 것이다. 그러나 프랭클린 피어스는 다른 사람을 이해하는 덕성과 미래에 대한 폭넓은 비전, 도전적으로 다가오는 각종 현안 문제를 해결할 정치적 능력이 턱없이 부족했다. 어떤 의미에서 보면 그의 소심하고 자신감 없는 태도에만 책임을 물을 일이 아닐 수도 있다. 부분적으로는 1852년에서 1856년 사이에 위기에 능숙하게 대처할 만한 능력을 가진 후보자를 선택할 수 없도록 만든 변덕스러운 정치상황에도 그 이유가 있다. 유일하게 확실한 것은 승리를 위한 충분한 표를 얻을 사람이 아무도 없다는 사실뿐이었다.

남북전쟁 전에 "미국은 위대한 나라다! 미국은 위대한 나라다!"라고 외치면서 연방 하원 의사당 마룻바닥에서 한두 번 공중제비를 넘어 자신과 동료들을 주기적으로 즐겁게 해준 앨라배마 주 하원의원에 관한 전설적인 이야기가 있다. 이것은 미국이 어느 정도 커지고 있다는 것을 의미하지만, 피어스가 대통령으로 당선되었을 때 미국은 사실상 놀랄 만한 속도와 폭을 가지고 성장하고 있었다. 철도, 기선, 전신, 수확기, 탈곡기, 그리고 새로운 공장들과 철강공장이 국가의 형세를 바꾸어 가고 있었다. 그리고 그 이면에는 노예제도의 파괴를 강조하는 급진적 사상과 개인의 존엄성과 잠재력의

발휘를 강조하는 새로운 종교적 열의가 기존의 사회적 관례를 격변 속으로 끌어가고 있었다.[12]

당시에는 이미 브라질과 쿠바를 제외한 세계의 나머지 나라가 대부분 인간 노예제도를 불법화하고 있었다. 그러나 미국에서는 종래의 노예들 가운데 아직 절반이 노예로, 절반이 자유인으로 남아 있었다. 이를 두고 에이브러햄 링컨은 "노예제도를 두고 둘로 나누어진 하나의 집"이라는 표현을 사용하였다. 변화의 정신을 찬성하고 추구한 북부와 서부의 대부분의 사람들은 노예제도에 반대했다. 이에 반해 남부인들은 노예제도를 열렬히 주장하며 이미 존재하고 있는 곳의 번성을 약속해 주는 '독특한 제도'로서 유지 발전되어야 할 뿐 아니라, 면화산업이 토질을 황폐화시키기 때문에 새로운 준주(準州)지역으로 면화산업을 반드시 확대해야 하며 아울러 노예제도 역시 확대되어야 한다고 주장했다. 만약 노예제도가 확대되지 않는다면 노예제도는 이내 사라져 버릴 것이었다. 따라서 노예제도에 대해 도덕적으로 증오하는 세력보다 정치적 혹은 경제적으로 이해관계가 얽힌 지역적 경쟁자들이 당시 갈등의 핵심세력이었다.

1820년에 노예제도의 확대 문제는, 노예주로서 연방 가입을 요구하는 미주리 주 당국에 의해 촉발된 갈등을 해소하기 위해 의회가 마련한 미주리 타협안으로 인하여 얼마간 진정 기미를 보였다. 당시 미국연방은 절반은 자유주, 절반은 노예주로 구분되어 22개의 주가 포함되어 있었다. 만약 미주리가 노예주로서 연방에 가입하게 된다면 이 균형은 깨질 것이었다. 혹독하고 격렬한 논쟁 끝에 미주리주를 노예주로 인정하는 대신, 이전에 매사추세츠 주의 일부인 메인 주를 자유주에 속하게 한다는 타협안이 헨리 클레이(Henry Clay)의 주도로 이루어졌다. 이 안에는, 북위 36도 30분 이북으로 구입한 루이지애나 영토에서는 노예제도를 영원히 인정하지 않는다

___
12) 시대적 배경에 대한 설명은 Potter, *The Impending Crisis* 와 McPherson, *The Battle Cry of Freedom.*

266

는 내용이 담겨 있었다.

이 미주리 타협안은 미국이 멕시코와 전쟁을 치르고 나서 멕시코 법이 노예제도를 불법이라고 규정한 방대한 남서부 지역과 태평양 연안에 속한 지역을 새로운 영토로 획득해 가는 근 30년 동안 효력을 발휘하였다. 그때까지 노예제도는 기존의 노예제도가 존재하는 곳에서는 어떤 방해도 받는 일 없이 계속 유지되는 권리로서, 미주리 타협안의 한계를 넘어서지 않았다. 그러나 이제 남부인들은 자신의 피땀어린 노력으로 획득한 방대한 새로운 영토에 노예제도가 확대되기를 간절히 바랐고, 그럴 권리를 요구했다. 당시 텍사스는 독립된 나라로, 노예제도를 가지고 있었다. 그래서 텍사스 주는 노예주로 연방에 가입했다. 그러나 캘리포니아, 뉴멕시코, 유타 등은 어떻게 할 것인가? 다시 한 번 클레이는 죽어 가면서 1850년에 하나의 타협 계획을 이끌어내 파국으로 치닫는 위기를 모면하였다.

1850년 타협안은 여러 가지 내용을 포함하고 있었다. 이것은 캘리포니아 주를 자유주에 포함시켜 텍사스 주와 균형을 이루게 하고, 뉴멕시코 지역(이 지역은 오늘날의 뉴멕시코, 애리조나, 네바다가 포함되어 있는 곳이다)은 준주(準州) 신분으로 인정하고, 연방 당국이 도망노예를 그들의 이전 주인에게 되돌려주는 도망노예송환법을 인정하며, 그리고 컬럼비아 특별구에서는 노예제도가 아닌 노예매매를 폐지한다는 내용을 포함하고 있었다. 유타와 뉴멕시코 준주는 그들의 헌법이 규정하는 대로 노예제도를 허용하건 하지 않건 간에 주(州)로서 연방에 가입하는 것을 허용받았다. 이 타협안은 휘그당은 물론 민주당에서도 대다수의 지지를 받아 일단 휘발성 강한 노예제도의 확대문제는 완화되는 것처럼 보였다. 그러나 양 당의 극단주의자들은 이것이 현안 문제로서 계속 유지되기를 바랐다.

이 타협안을 둘러싼 치명적인 갈등은 도망노예송환법을 두고 일어났다. 북부인들은 이 법에 구역질을 느꼈고 여러 주에서 보안관을 비롯한 법

집행관들이 도망노예의 체포를 거절했다. 사실상 그들은 도망자들은 도망갈 수 있다고 주장했다. 심지어 북부주에는 도망노예가 쉬어 갈 수 있는 중간역이라 할 일명 '지하철도'(underground railroad)가 공공연하게 운영되었다. 노예제도에 반대하는 사람들은 노예제도를 국가 전체를 오염시키는 불쾌한 악취로 비난했다. 그들은 노예제도가 폐지될 날을 간절히 바라고 있었다. 바로 에이브러햄 링컨이 "악랄한 독과 같은 가증스러운 이 제도는 불명예를 안고 사라지게 될 것이다"고 주장하면서 노예제도를 폐지한 그 날을 간절히 기다렸다. 도망노예를 다시 잡아들이려는 노력은 여러 차례 폭동을 발생시켰다. 노예 소유주들은 양키들이 도망노예송환법을 지키지 않는 것을 남부의 제도와 생활방식에 반대하는 위험스러운 음모의 명확한 증거로 여겼다.

여기에다 신시내티 변경 도시에 살고 있던 뉴잉글랜드 지방의 신앙심 깊은 여성인 해리엇 스토(Harriet B. Stowe)는 누구보다도 강하게 갈등의 열기에 불을 당기는 역할을 했다. 도망노예송환법에 대해 몸서리를 치면서 그녀는 1852년에 소설 『톰 아저씨의 오두막』을 발간했다. 이 책은 빠른 속도로 노예제도 반대운동을 위한 빛나는 성배로 자리하게 되었다. 대대적인 호응과 반향을 불러일으킨 이 책은 출간된 첫 해만 무려 30만 부가 팔려나갔다. 뿐만 아니라 이 책을 바탕으로 만들어진 연극도 대대적인 인기를 모았다. 이 책은 노예들의 비참한 모습을 적나라하게 묘사하였고, 그래서 단순히 노예제도의 확대를 금지하는 정도가 아니라 영원히 노예제도를 폐지할 것을 요구하고 있었다. 도망노예송환법을 지키지 않는 거부운동이 확산되어 갔고, 노예제도가 금지된 지역으로 도망쳐 온 노예들을 잡으러 온 노예소유주들은 종종 성난 폭도들로부터 위협을 받고 빈손으로 고향으로 다시 돌아가야 하는 일이 자주 발생했다.

한편, 남부의 원리를 추종하는 소신 없는 북부 민주당원이라는 뜻으로 당시의 정치적 상투어인 '도우페이스'(doughface)로 불린 프랭클린 피어스는 노예제도 폐지론자들을 주류에서 벗어난 극단적 이탈자로 보았다. 그는 연방 하원의원과 상원의원을 지내는 동안 노예소유주들 쪽 편에 섰다. 그는 흑인들이 자유를 누리기에는 적합하지 않은 존재라고 보았고 나아가 민주주의 사회의 일원으로 살아가는 데도 적합하지 않다고 생각했다. 그는 연방헌법은 노예제도를 보호하고 있다고 주장했다. 또한 노예제도를 반대하도록 선동하는 사람들은 개인의 재산에 대해서는 물론 연방정부 자체에도 하나의 위협이라고 보았다. 그는 많은 다른 미국인들과 같이 노예제도가 언젠가 사라질 것이라고 생각은 했지만, 그것은 노예 소유주들의 이익이 보호를 받고 나서야 가능할 것이라고 보았다. 비록 북부주의 보다 많은 사람들이 새로운 준주(準州)나 주(州)에서는 노예제도를 폐지해야 한다고 강력히 주장하고 있었지만, 피어스는 맹목적으로 도망노예송환법의 강력한 적용을 강조했다. 이것은 그에게 불어올 비극의 서막이었다.

그의 가족들에게 '지갑'(purse)으로 불린 프랭클린 피어스는 말하자면 입에 정치적 은수저를 물고 태어났다.[13] 그의 아버지 벤저민 피어스 (Benjamin Pierce)는 고향 매사추세츠 주 첼럼스포드에서 농사를 짓고 있었다. 그는 1775년 4월 19일에 렉싱턴 근처에서 전투가 벌어졌고 미국 독립혁명이 시작되었다는 소식을 들었다. 곧바로 쟁기와 농사도구를 던져 두고 총을 들고 연방군에 입대했다. 그는 벙커힐 전투에서부터 요크타운 전투에 이르기까지 거의 모든 중요 전투에서 싸웠고, 1777년에서 1778년 사이 델라웨어의 악명 높은 펄지 계곡(Valley Forge)에서의 혹독한 겨울에도 살아남아 사병에서 대위로 진급했다. 전쟁이 끝나고 그는 뉴햄프셔 주 국경지역인 힐스버러 카운티로 이사하여 농부로서 성공을 하였다. 그는 결혼을 했으나 곧 사별하고 1790년에 뉴햄프셔 주 근처의 암허스트 출신인

---

13) 피어스의 배경에 대해서는 Nichols, *Franklin Pierce*에 잘 설명되어 있다.

애나 켄드릭(Anna Kendrick)과 재혼했다.

성장한 6명의 아이들 중 첫째인 미래의 대통령 프랭클린 피어스는 1804년 11월 23일 힐스버러 근처에 위치한 한 통나무 오두막집이지만 다소 안정된 가정에서 태어났다. 얼마 지나지 않아 그의 가족은 이 비좁은 지역을 벗어나 좀더 넓은 힐스버러 아랫마을에 있는 매우 인상적이고 넓은 집으로 이사했다. 이제 시골에서 '대지주'가 된 아버지 피어스는 뉴햄프셔 주에서 정치적인 지도자가 되어 있었다. 그는 지역 민병대에서 육군준장 계급을 달고 활동하면서, 주(州) 헌법위원회 대표를 지냈고 수년 동안 이 주의 주지사 자문위원으로 활동했다. 미국 제3대 대통령이 된 토머스 제퍼슨과 그의 민주-공화파의 충실한 지지자가 된 그는 연방파로서 제2대 대통령이 된 존 애덤스가 새로 만든 정규군의 육군대령 자리를 마다했다. 그 대신에 그는 힐스버러 카운티에서 수년 동안 보안관을 지내면서 뉴햄프셔 주지사에 두 번이나 당선되었다.

이러한 아버지 벤저민 피어스는 아들의 어린 시절에 크게 영향을 주었다. 프랭크는 난롯가에서 아버지가 참가한 자유를 위한 영광스러운 투쟁에 대한 이야기를 듣는 일을 너무나 좋아했다. 그리고 때때로 민병대 시절을 회고하면서 완전복장을 갖추고 있을 때면 약간의 경외심까지 느꼈다. 어머니에 대해 프랭클린은 "애정이 깊고 부드러운 사람이었으며, 많은 면에서 강직하신 분이었지만 또 다른 면에서 연약한 면을 보인 분이었다. 그러나 결국에 가서는 어머니는 친절과 깊은 애정의 편을 들어 연약한 면을 보이셨다"고 회고했다. 피어스는 어머니의 화려하고 유쾌한 분위기, 세련된 의상 감각을 이어받았을 뿐 아니라 그를 평생 따라다닌 두 가지 약점—우울증과 알코올 중독—역시 어머니로부터 영향을 받은 것이었다.

피어스의 어린 시절 중 최고로 중대한 시점은 1812년 전쟁이었다. 대부분 연방파들로서 전쟁에 반대한 많은 뉴잉글랜드 사람들과 달리 프랭크의 아버지는 이 전쟁을 열렬히 지지했다. 그의 두 명의 형은 물론 처남도 군에서 복무하면서 이 전쟁에 가담했다. 프랭크의 집이 있는 힐스버리는 캐나다 국경지역으로 가는 도로상에 위치하고 있었다. 몇몇 부대의 군인들은 항상 이곳을 지나가곤 했다. 전쟁이 한창일 때 프랭클린은 이곳의 작은 시골 학교를 다니고 있었는데, 사람들이 기억하는 당시의 프랭클린은 이해력이 빠르고 영리한 학생이었다. 그 후 그는 주위에 위치한 다양한 사립 아카데미에서 더 많은 교육을 받았다.

당시 교육을 받지 못한 많은 다른 사람들과 마찬가지로 벤저민 피어스는 교육 받는 일을 대단히 중요하게 생각했다. 당시 15세의 프랭클린은 대학입학을 허락 받았다. 어린 나이로 다른 학생들과 함께 다트머스(Dartmouth) 대학에 다닐 수 있게 되었지만, 그의 아버지는 이 대학에 대한 연방파의 영향력이 너무 강하다고 보았고, 결국 1820년 메인 주에 있는 바우두인 (Bowdoin) 대학에 입학했다. 바우두인 대학 2학년 때 프랭클린 피어스는 수줍음 많은 신입생 나다니엘 호손과 친구가 되었다. 서로 다른 개성에도 불구하고 그들은 평생 친한 친구로 지냈다. 피어스보다 1년 연하인 헨리 롱펠로(Henry W. Longfellow) 역시 대학에서 친해진 친구였다.

피어스는 바우두인에서 2년 동안 그저 평범한 학생에 불과했다. 그는 그리스와 로마의 고전, 대수학, 기하학, 역사 같은 공부보다는 느긋하게 시간을 즐기는 데 흥미를 가지고 있었다. 걸음걸이는 느릿느릿했고, 다른 사람들을 속이기도 하고 여러 가지를 빌려쓰기도 했지만 염치는 느끼지 못했다. 그러나 상급생이 되어 성적이 꼴찌를 기록하게 되자 충격을 받은 피어스는 그동안 받지 못한 점수를 보충하기 위해 열심히 공부했다. 한편으로는 채플시간에 반장으로 활동하고, 특히 존 로크의 작품들에 깊은 관심을 가졌다. 또한 그는 행진과 교련 클럽인 바우두인 대학 사관후보생의 대장이 되어 활동했다. 역시 종교에도 깊은 관심을 가지고 그와 그의 룸메이트인 제나스 캘드웰(Zenas Caldwell)은 무릎을 꿇고 밤새워 기도를 하기도 했다. 피어스는 14명 중 3등으로 1824년에 졸업을 했다. 그는 졸업식에서 「지적인 인물들에 대한 환경의 영향」이라는 제목으로 졸업 연설을 했다.

　뉴햄프셔 주에서 아버지 벤저민이 명사였던 점을 감안하면 젊은 프랭크가 법과 정치 분야에서 경력을 쌓아가는 것은 자연스러운 일이었다. 졸업후 그는 몇 년 동안 다른 사람들, 후에 대법원장이 된 레비 우드뷰리(Levi Woodbury) 등과 어울려 법을 공부했다. 그는 1827년 9월에 변호사 시험에 합격했다. 같은 해 아버지 프랭크는 주지사에 처음으로 당선되었다. 2년 후 프랭크는 주(州) 입법부의 의원으로 당선되어 정치의 사다리에 오르기 시작했다. 여기에서 그는 1년 임기의 주 의원직에 무려 네 번이나 연속 당선되어 26세의 나이에 의장이 되어 활동했다. 1833년 그는 다음 단계로 뛰어올라 가기 위해 노력했고 연방 하원의원직에 큰 반대 없이 당선되었다. 여기에서 그는 앤드류 잭슨의 강력한 지지자가 되었다. 처음부터 그는 노예제도에 찬성하는 입장을 견지했다. 그는 노예제도 폐지론자들을 '무모하게 미친 자'(reckless fanatics)로 부르면서 노예제도에 대한 토론을 금하는 토론금지령(gag rule)을 적극 지지했다.

　그의 30회 생일 바로 직전인 1834년 11월 10일 프랭클린 피어스는 바우두인 대학의 총장을 지낸 사람의 딸인 28세의 제인 애플턴(Jane M. Appelton)과 결혼했다. 그들이 어떻게 만났는지는 알려지지 않았지만, 사실 이들만큼 어울리지 않은 부부도 없었다. 제인은 맵시는 있었지만 몸집이 작고 수줍음이 많았으며, 우울증과 결핵을 앓고 있었다. 반면 남편 프랭크는 경쾌한 성격에 사교적이어서 정치모임이나 술집에서 다른 사람들과 잘 어울렸다. 사실 남편의 가계가 대부분 공화파 출신인 귀족적인 뉴잉글랜드 사람들과 연줄이 닿아 있어서 제인은 피어스의 가정에서 목소리를 낮출 수밖에 없었다. 왜냐하면 그녀의 조상들은 피어스 가문과 달리 과거의 연방파와 연관이 있었기 때문이다. 그러나 그들은 서로를 진정으로 사랑했다. 그들의 첫째 아이는 유아 때 죽었고, 둘째 아이는 네살 때 죽었다. 그리고 그들은 남은 셋째 아이 베니에게 온갖 사랑과 애정을 쏟았다.

1836년 고작 32세의 나이에 피어스는 상원의원에 당선되었다. 그때까지 최연소 상원의원이었다. 그는 나름대로 능력 있는 변호사로 잘 나가는 연설가였지만 클레이, 웹스터, 컬훈 등과 같은 거장들에 가려 빛을 보지 못하고 있었다. 상원의원으로 있는 동안 거의 내내 피어스는 민주당의 충실한 추종자이자 열렬한 노예제도 폐지반대론자의 입장을 견지했다. 뉴햄프셔 주에 아내를 남겨두고 그는 한 독신 남자와 함께 주량 이상의 술을 마시면서 떠들썩하고 명랑한 파티를 하며 생활했다. 그는 여러 차례 금주를 시도하였지만 술과의 싸움은 평생 계속되었다. 피어스를 반대하는 입장에 있었던 신문들은 그를 '술병과 싸우는 영웅'이라고 불렀다.

휘그당이 다수당이 되어 의회를 장악하고 민주당이 소수당이 된 상황에서 피어스는 연방 상원의원 일에 흥미를 잃었다. 이런 상황에서 아내 제인의 부탁을 받아 1842년에 상원의원직을 사임했다. 그는 뉴햄프셔 주 콩코드에서 변호사업을 개업하여 근 10년 동안 능숙한 웅변술과 개인적인 매력에 힘입어 변호사로서 상당한 성공을 거두었다. 그는 변호사 사무장으로 알버트 베이커(Albert Baker)를 두었는데 베이커는 크리스천 사이언스를 세운 마리 에디(Mary Baker Eddy)의 오빠였다. 이러한 배경을 바탕으로 그는 뉴햄프셔 주의 민주당 보스로 부상했다. 보스로 있으면서 정치적으로 어려운 시기에 민주당이 통일된 입장을 견지하도록 엄격한 기강을 적용했다. 1845년에 그는 제임스 포크(James Polk) 대통령이 제안한 뉴햄프셔 주 지방검사직을 받아들였다. 그러나 그 다음 해에 포크가 제안한 법무장관직은 받아들이지 않았다.

멕시코와의 전쟁이 발발하자 피어스는 아버지의 명성을 흉내내고자 했다. 아내 제인의 강력한 반대에도 불구하고 그는 사병으로 군에 입대했다. 그러나 이를 알게 된 포크가 그에게 대령계급을 수여했고, 군대 경험이라고는 그저 민병대에서 활동한 것뿐이었음에도 한 달도 안 되어 육군준장으로 승진했다. 1847년 6월 말 피어스가 속한 뉴잉글랜드 부대는 윈필드 스콧(Winfield Scott) 장군의 지휘 아래 멕시코시티로 행진하게 되었다. 그는 아버지처럼 군대 경험을 통해 영광을맛보려 하였지만 그의 꿈은 쉽사리 실현되지 않았다.

막 컨트리라스 전투(Battle of Contreras)를 앞두고 피어스가 탄 말이 폭발하는 포탄 소리에 깜짝 놀라 껑충 뛰어오르더니 그를 안장에서 강하게 내동댕이쳐 버렸다. 이 일로 인해 그는 사타구니에 큰 상처를 입고 극심한 고통 속에서 기절을 했다. 말에서 떨어지면서 무릎도 다쳤다. 얼마 후 그는 부하들이 또 다른 전투에 참가하는 동안 비슷한 사고로 같은 무릎을 다쳐 다시 한 번 기절을 했다. 이 일 때문에 그는 죽을 때까지 겁쟁이이라는 놀림을 받아야 했다.

군에서 제대명령을 받은 피어스는 뉴햄프셔 주로 돌아와 주(州) 민주당의 보스로 다시 지위를 확보했다. 그는 1850년 타협안을 지지했고 뉴햄프셔 주 민주당 주지사 후보 자리를 포기함으로써 남부에서 상당한 주목을 받았다. 주지사직을 포기한 대가로 그는 남부인들의 지지를 받으며 1852년 선거에서 부통령 후보가 되었다. 그러나 그의 아내가 여기에 강력히 반대했고 마지못해 그는 지지자들에게 자신은 이 일에 관심이 없다고 말했다.

그러나 민주당 대통령후보자 지명자로 거론되고 있던 가장 인기 있는 뉴햄프셔 주의 레비 우드뷰리(Levi Woodbury)가 갑자기 사망하면서 피어스의 이름이 전면으로 부각되었다. 이번에는 그의 이름이 대통령직으로 거론되었던 것이다. 6월 볼티모어에서 열리고 있던 민주당 전당대회는 대통령후보 자리를 놓고 사상 유래 없는 접전이 벌어져 지지자별로 민주당이 분열되는 조짐까지 보였다. 미시간 주의 루이스 캐스(Lewis Cass), 펜실베이니아 주의 제임스 뷰캐넌, 일리노이 주의 스티븐 더글러스(Stephen A. Douglas), 뉴욕 주에서 윌리엄 매르시(William L. Marcy), 그리고 플랭클린 피어스 등이었다. 후보자 선정을 놓고 너무 다툰 나머지 기진맥진한 전당대회 참가 대의원들 속에서 피어스의 지지자들은 피어스가 다크 호스 후보로 거론된다는 사실에 고무되었다.

프랭크의 지지자들은 프랭크야말로 모든 사람에게 그 무엇을 제공해줄 수 있다고 주장하였다. 그는 1850년 타협안을 지지하고 있고, 그야말로 북부인들에게 경계심을 유발시키지 않을 뿐만 아니라 대부분의 남부인들로부터 강한 지지를 받고 있었다. 거기에다 피어스는 대통령으로서의 시금석을 두루 갖추고 있었다. 즉, 비록 오랫동안 그 집에서 살지는 않았지만 통나무 오두막집에서 태어났고, 애국자 집안 출신이고, 다소 의문이 제기되기는 했지만 적당한 군대경력도 있었고, 주 입법부와 연방의회에서 일한 경험도 있었다. 지지자들의 열화와 같은 성원에 피어스는 만약 그럴 기회가 오면 아내에게 후보에 나선다는 계획을 알리지 않는다는 조건으로 마지못해 자신의 이름을 대통령후보로 상정하는 데 동의했다.

전당대회가 열리는 4일 동안 대의원들은 계속되는 대통령후보자 결정투표에 지쳐 버렸다. 예상된 일이지만 그 어떤 후보도 3분의 2 이상의 표를 획득하지 못했고, 그들 중 그 누구도 서로에게 양보할 조짐도 보이지 않았다. 볼티모어의 찌는 듯한 무더위에 녹초가 된 대의원들은 화가 치밀어올라 급기야는 서로에게 욕설을 퍼붓고 주먹다짐까지 하는 지경에 이르렀다. 35번째 결정투표에서 피어스의 지지자들은 절충 후보로서 피어스의 이름을 제시했다. 피어스는 점차적으로 지지를 확보해 갔다. 드디어 49번째 결정투표에서 갑자기 노스캐롤라이나 주 대의원들이 전원 피어스에게 지지를 보냈다. 이것은 피어스에게 구르는 눈덩이와 같은 효과를 발휘하였다. 그 해의 민주당 전당대회는 앨라배마 주의 윌리엄 킹(William R. King)을 부통령후보로, 피어스를 대통령후보로 결정하면서 끝이 났다.

역시 찌는 듯한 더위에 볼티모어에서 열리고 있던 상대 휘그당의 전당대회도 민주당 이상의 혼전을 거듭하고 있었다. 북부세력과 남부세력으로 나뉘어 어떤 돌파구도 없이 다투고 있던 대의원들은 재커리 테일러(Zachary Taylor)의 죽음으로 대통령직을 계승한 현직 대통령 밀라드 필모어(Millard Fillmore)와 멕시코 전쟁의 영웅인 윈필드 스콧(Winfield Scott)을 두고 선택의 순간에 직면했다. 남부 출신 대의원들은 1850년 타협안에 서명한 필모어를 지지했고, 반면 노예 소유주들의 영향을 받지 않는 버지니아 주 대의원들과 노예제도를 반대하는 북부 휘그당 대의원들은 스콧을 지지했다. 정말 민주당 전당대회 못지않게 휘그당 역시 무려 53차례의 대통령후보자 결정투표를 통해 스콧을 지명하였다. 그러나 휘그당의 스콧 선택은 역설적이었다. 왜냐하면 휘그당은 그가 승리를 거둔 멕시코 전쟁에 반대하는 입장에 있었기 때문이다.

당시 미국을 대표하는 군인인 스콧은 1812년 전쟁 이후로 미국 대중들의 관심을 받고 있었지만, 피어스는 사실상 자신의 고향 뉴햄프셔 주를 제외하면 그 이름이 거의 알려지지 않은 인물이었다. 그래서 민주당은 "프랭크 피어스가 누구야?"라는 휘그당의 비꼬는 말투에 재빨리 대응할 필요가 있었다. 피어스의 오랜 친구인 나다니엘 호손은 이에 부응하여 피어스를 유권자에게 알릴 수 있는 선거용 전기(傳記)를 쓰겠다고 자원했다. 호손은 "피어스야말로 애국심, 고결함, 용기 등을 보여주었다"고 썼다. 피어스는 "고귀한 재능과 같은 타고난 권위"를 가지고 있으며, 심원하고, 깊고, 충성스럽다'고 썼다. 호손이 쓴 피어스의 자서전은 피어스의 마음을 너무나 감동시켜 후에 그는 호손에게 영국 북서부 지역의 리버풀 주재 미국공사직을 그 대가로 주었다. 이곳에서 호손은 많은 작품을 쓸 충분한 시간을 가질 수 있었고, 유럽을 배경으로 한 그의 유일한 소설인 *The Marble Faun*의 집필을 위한 기본 자료를 모을 수가 있었다.

1852년 선거에서는 피어스와 스콧을 구분 지을 명확한 현안 문제가 없었다. 휘그당과 민주당은 둘 다 도망노예송환법의 엄격한 적용과 함께 1850년 타협안을 지지했다. 비록 남부 휘그당 인사 중 몇몇이 스콧의 능력에 대해 다소 의심을 제기했지만, 아직 노예문제를 놓고 지역적인 갈등은 촉발되지 않고 있었다. 따라서 현안 문제를 두고 대결을 할 거리가 없었기 때문에 두 후보는 서로에 대해 인신공격을 가하여 선거를 진흙탕 속으로 끌고 갔다. 스콧은 헛된 자만심이 강하고, 과시적이며, 반가톨릭 출신이고, 최고 권력을 탐하는 망상에 사로잡힌 독재자라는 비난을 받았다. 여기에 비해 휘그당은 피어스를 '소심하여 기절하는 장군', '확실한 술주정뱅이', '의회에서 아무일도 하지 않은 사람'으로 비난했다. 선거에 임박해서 휘그당은 노예제도 반대파와 찬성파로 양분된 반면, 민주당은 잭슨 시대 이후 그 어떤 선거에서보다도 똘똘 뭉쳤다. 결국 피어스는 스콧에게 등을 돌린 변절한 남부 휘그당 인사들의 지지를 얻어 쉽게 승리를 거두었다. 피어스는 당시 총 31개 주에서 4개 주를 제외한 전 지역에서 승리를 했지만, 일반투표에서는 겨우 약 20만 표 이상을 더 얻었을 뿐이다. 이 선거는 찢어진 휘그당의 운명을 재촉했다.

피어스가 승리의 감격을 맛보려는 순간 비극이 다가왔다. 1853년 1월 6일 취임식을 두 달 앞두고 대통령 당선자와 그의 가족은 보스턴에서 기차를 타고 콩코드로 여행을 하고 있었다. 갑자기 그들이 타고 있던 열차가 심하게 흔들리면서 옆으로 기울더니 트랙을 벗어나 둑으로 넘어졌다. 피어스와 아내는 깜짝 놀라는 정도로 그쳤지만 그들에게 마지막 남아 있던 아들 베니는 그들이 보는 앞에서 죽어 갔다. 사건이 있은 후 수주 동안 대통령 당선자와 퍼스트 레이디
가 될 두 사람은 자식의
죽음으로 고통스런 시간
을 보내고 있었다. 이 사건
으로 결국 제니는 평생을
침울 속에서 보내게 되었
다. 피어스는 아들의 죽음
을 자신이 지은 죄에 대한
대가로 생각하여 역시 우
울함을 술로 달래며 세월
을 보냈다. 죄에 대한 부담
감을 안고 프랭클린 피어

피어스의 아내 제니와 아들 베니

스는 의기소침하고 우울한 태도로 백악관에 들어왔다. 새 대통령과 새
퍼스트 레이디에게서는 성공을 약속하는 즐거움이나 확신에 찬 모습이
어디에서도 보이지 않았다.

1853년 3월 4일에 열린 취임식은 간소하기 짝이 없었다. 대통령 가족에게
불어닥친 비극을 감안하여 축하행사는 가능한 제한되었고 심지어 퍼스트
레이디는 남편을 따라 워싱턴으로 가지도 오지도 않았다. 눈보라를 동반한
돌풍이 대통령 선서를 하는 그의 어깨 위로 불어닥쳤다. 피어스는 역시
어떤 팜플렛이나 교본도 없이 대통령 취임연설을 함으로써 그동안의 전통에
서 벗어났다. 새로운 대통령은 1850년 타협안에 대한 보수적인 지지자들은
물론 타협안의 내용보다 더욱 확대되기를 바라는 급진파들 둘 다에게 그
어떤 것을 제공해줌으로써 조화를 이끌어 내고자 했다. 그는 도망노예송환
법이 포함되어 있는 이 타협안은 지극히 헌법적이며 엄격히 이를 적용해야
한다고 주장했다. 노예제도 문제에 대한 대중들의 관심을 다른 쪽으로

돌리기 위해 그는 쿠바와 남아메리카의 여러 땅에 성조기를 휘날리게 하는 활기찬 영토확장정책을 주장함으로써 무력을 사용하더라도 필요한 '명백한 운명'(Manifest Destiny)에 대해 빠른 말로 연설을 했다. 그는 "나의 행정부는 영토를 확장해 나가면서 어떤 소심하고 불길한 전조에도 의기소침해하지 않을 것이다"고 선언했다.14)

취임식 후의 축하무도회도 생략되었다. 대신 피어스는 백악관에서 오랜 시간 계속된 지겨운 리셉션을 주도했다. 형식적인 악수가 한없이 계속된 후 드디어 축하차 모인 대중들이 떠나고 백악관에는 진흙투성이의 융단과 깨진 접시와 유리, 그리고 침묵만이 남아 있었다. 피어스는 이제 좀 쉬고자 했다. 그러나 어디에서 잠을 자야 하나? 그의 휴식을 위해서는 아무런 준비도 되어 있지 않았다. 그는 보좌관 한 명과 함께 위층으로 올라가 촛불을 들고 침대가 있는 방을 찾아 돌아다녔다. 그러나 아무것도 준비되어 있지 않았다. 어쩔 수 없이 그는 포기했다. 그는 보좌관에게 지저분한 방 하나를 가리키며 "여기에서 마음을 바꾸는 것이 좋겠다. 나는 홀을 가로질러 침대를 찾아보겠다"고 말했다.15)

얼마 후 제인이 그녀의 친척 아주머니인 애비 민즈(Abbey Kent Means)를 데리고 백악관으로 왔다. 민즈는 백악관에서 자주 공식적으로 안주인 역할을 했다. 퍼스트 레이디가 아들 베니의 죽음으로 슬픔에 빠져 대부분의 시간을 침대에서 보냈기 때문이다. 술과 종교적 신앙심이 결합된 속에서 위안을 찾고 있던 대통령은 매일 그의 가족과 보좌관들을 위한 기도시간을 공식적으로 마련했다. 백악관은 완전히 우울한 분위기로 변해 있었다. 당시 백악관을 방문한 한 사람은 "이 저택의 모든 것이 을씨년스럽고 침울해 보였다. 나는 이곳보다 훨씬 행복해 보이는 수백 개의 통나무집을 보았다"고 말했다.16)

---

14) *Ibid.*
15) *Ibid.*

일단 권력을 잡고 난 후 피어스는 두 가지 정책노선에 대해 명백한 선택을 해야 했다. 그는 1850년 타협안이 노예제도와 관련된 갈등문제를 해소시킬 수 있다는 믿었고 이에 따라 다른 이견(異見)은 허용하지 않겠다고 단언했다. 피어스는 양 측 사람들을 회유하여 유연한 태도로 바꾸고자 했다. 그러기 위해서는 먼저 용기가 필요했다. 그래서 새 대통령은 북부와 남부 극단주의자들 간의 갈등 속으로 들어갔다. 두 번째 단계는 처음보다 쉬웠다. 그는 당의 갈등 속에서 부분적인 조화와 화해를 이끌어내고자 했다. 취임식에서 그는 첫 번째 과정을 선택했다. 그러나 피어스는 곧 그 속에 함몰되고 말았다. 사실상 당의 통일이란 미소와 화해의 몸짓으로 이루어질 것이 아니었고 명확한 원리에 입각한 뼈를 깎는 노력에 의해서만 가능한 것이었다. 당시 당의 통일보다 더 중요한 현안 문제는 남북 간의 갈등으로 인해 위협받고 있던 국가의 안전보장이었다. 그러나 피어스는 이에 대해 안목이 없었다.[17]

피어스의 경험부족과 서투른 행동은 그가 대통령이 되면서 여러 가지로 곤란한 상황을 불러왔다. 그는 자신의 오랜 친구이자 노예제 반대론자인 뉴욕 출신의 존 딕스(John A. Dix)에게 국무장관직을 제의했다. 이 조치에 남부인들이 반대를 했고, 그는 자신의 선택을 관철시키기 위해 노력하기보다 남부인들의 고집에 굴복하여 임명을 철회하는 쪽을 선택했다. 모든 면에서 정치지도자란 자신이 추진하는 정책이 혹 나약하고 영향력을 발휘하지 못하는 것이 아닌지 적절하게 주목해 한다. 그러나 피어스는 그러지 못하였다. 그의 소심한 행동을 지켜보면서 사람들은 새 대통령이 자신의 정책을 관철시킬 내적인 응집력과 지속력이 부족할 뿐 아니라, 위협과 협박에 굴복하는 나약한 사람이라고 인식하게 되었다.

피어스가 최종적으로 구성한 내각은 모든 사람들을 만족시키려 한 무리한

16) Gara, *The Presidency of Franklin Pierce*, 49쪽.
17) Nevins, *Ordeal of the Union* vol. 2, 43~44쪽.

결과물임이 여실했다. 예컨대 그는 가장 능력 있지만 그러나 전혀 양립할 수 없는 사람들로 구성된 어울리지 않는 단체에다 말 안장을 얹어 놓은 것이다.[18] 그의 인사 중 핵심 인물은 국무장관에 임명된 뉴욕 출신의 윌리엄 매르시(William Marcy)와 전쟁장관에 임명된 미시시피 출신의 제퍼슨 데이비스(Jefferson Davis)였다. 문제는 두 사람이 모든 면에서 입장을 전혀 달리한다는 사실이었다. 매르시는 열렬한 연방주의자로 노예제도의 확장에 반대했고, 반면 냉철하고 고집 센 데이비스는 만약 노예제도가 자유롭게 확대되지 못한다면 이미 연방은 파괴되고 있는 것이라고 공공연히 말하고 다니는 인물이었다.

의심할 여지 없이 새 대통령은 가장 정치적으로 노련한 매르시가 자신의 가장 가까운 보좌관이 되어주기를 기대했다. 그러나 이 뉴욕인은 내각이 출범하자마자 그와 입장을 달리하는 데이비스와 데이비스의 절친한 동료로 내각의 법무장관을 맡고 있는 매사추세츠 출신의 간계하고 도덕적 신념이라고는 눈씻고 찾아볼래야 볼 수 없는 도우페이스(줏대 없는 사람이라는 뜻으로 남부의 원리를 추종하는 소신 없는 북부인을 말한다)인 칼레브 커싱(Caleb Cushing)에게 따돌림을 받았다. 이는 이 나라에 잠재적인 재앙의 씨앗을 싹틔우는 결과를 가져왔다. 특히 피어스처럼 결단력이 부족하고 우유부단한 대통령에게는 더 그러했다. 전쟁장관과 법무장관은 둘 다 대단히 유능한 사람들이었다. 웨스트포인트를 졸업한 데이비스는 남북전쟁 동안 그가 이끈 반항군을 분쇄시킨 연방군의 체제정비를 위한 기초를 다진 인물이었고, 커싱 역시 대단히 능력 있는 사람이었다. 그러나 이들은 너무나 극단적이었고 그들이 추진하는 정책에 통제를 가할 존재가 없었다. 소심한 대통령으로부터 아무런 제재도 받지 않고 마음대로 정책을 펼쳐나간 데이비스와 커싱은 피어스 행정부를 친남부 방향, 또 노예제도를 옹호하는 방향으

---

18) 피어스의 내각에 대해서는 Gara, *The Presidency of Franklin Pierce*, 44~47쪽에 잘 설명되어 있다.

로 운영해 나갔다. 이러한 현상은 결국 많은 북부출신 민주당 인사들을 따돌리는 결과를 낳았다. 전 상원의원 토머스 벤턴(Thomas H. Benton)은 피어스 대통령의 임기 기간을 대통령의 권한과 지도력이 전혀 발휘되지 못한 시기로 표현했다. 그는 이때를 "연방파괴주의자들과 배반자들이 뻔뻔스럽고 범죄적인 자신들의 목적을 위해 대통령의 이름을 사용한 시기"로 규정지었다.[19]

민주당은 정권 4년 동안 권력의 뒷전으로 밀려나 있었다. 이제 다시 정권을 잡은 민주당 지지자들 중 뭔가 관직을 추구하는 많은 사람들이 피어스와 그의 내각 주위를 맴돌고 있었다. 이때의 상황을 보고 한 기자는 이렇게 썼다. "워싱턴에는 낯선 사람들이 많았다. 마치 썩은 물고기 같은 냄새를 풍기는 정치인들에게 새로운 기운을 불어넣는 것처럼 보였다."[20] 피어스는 모든 당파에게 평등한 보상을 해주어 조화를 이끌어내려 했지만 뜨거운 물에서 걷는 것처럼 몹시도 비틀거렸다. 찾아온 모든 사람들을 만족시킬 일자리는 충분하지 않았다. 어떤 당파의 인사들은 그들의 라이벌 당파에 주어진 것에 대해 분개했다. 의회 내에 내부갈등이 번져 나갔고, 이렇게 되면 될수록 점차적으로 피어스는 쉽게 넘어가는 나긋나긋한 사람, 그 어떤 일도 통제할 수 없는 무능한 행정가로 비쳤다. 심지어 민주당이 상원과 하원에서 둘 다 다수당을 확보하고 있었음에도 입법부에서의 그의 주도권 행사도 거의 무시되었다. 이에 *New York Tribune*은 피어스를 이 나라 역사상 가장 나약한 대통령으로 불렀다.[21]

피어스가 역점을 둔 외교팀에 대한 인사 역시 대단히 유감스러웠다. 이 팀 안에는 낭만적인 모험가들과 고집불통의 팽창주의자들이 포함되어

---

19) Nevins, *Ordeal of the Union*, 51쪽.
20) Gara, *The Presidency of Franklin Pierce*, 49쪽.
21) Nevins, *Ordeal of the Union*, 72쪽.

있었다. 이들의 행동은 피어스 행정부를 난처하게 만들고 행정부를 웃음거리로 만들었다. 쿠바는 피어스가 대통령으로서 영토를 확장하고자 하는 갈망의 핵심대상이었다. 서인도 제도의 일부인 앤틸리스 열도의 병합은 남부인들이 오랫동안 요구해 왔고 심지어 강요한 일이었다. 제임스 포크 대통령은 1848년에 스페인에게 1억 달러를 주고 이곳을 사들이려 했다. 그러나 자존심 강한 스페인이 한때 신대륙에서 강대한 제국을 건설한 그들의 마지막 근거지를 절대로 팔려 하지 않았고, 그 결과 푸에르토리코는 그대로 남아 있었다.

이런 상황에서 처음부터 피어스 행정부는 여러 가지 무모한 모험을 감행하였다. 노예제 찬성자들로 구성된 불법침입자들을 사주하여 강제로 이 섬을 찬탈하게 했지만 특별한 성과는 거두지 못했다. 이 계획이 실패로 돌아갔을 때 피어스는 외교적 통로를 통해 쿠바를 획득하는 쪽으로 방향을 돌렸다. 그는 국무장관 매르시에게 이 섬을 구입하기 위한 협상에 나서도록 명령했다. 매르시는 마드리드 주재 미국대사 피에르 소울(Pierre Soule)에게 스페인과의 협상 테이블을 마련하라고 지시했다. 그러나 이 일은 피어스 행정부의 투박하고 서툰 인사정책 때문에 완전히 혼선을 빚으며 실패로 끝나고 말았다.[22] 소울은 먼저 스페인과의 협상 테이블에 앉기 전에 런던 주재 미국대사 제임스 뷰캐넌을 1854년 10월에 만났다. 또한 벨기에의 오스텐드에서, 라인란트의 엑스라샤펠에서 파리주재 미국대사 제임스 메이슨(James Y. Mason)을 만나 쿠바 상황에 대해 의견을 나누었다. 이들의 의견은 오스텐드 성명서(Ostend Manifesto)로 알려진 외교문서로 구체화되어 매르시에게 전달되었다. 여기에서 그들은 스페인이 쿠바를 넘겨주는 값으로 1억 2천만 달러 이상을 부르지는 않을 것이라고 했다. 만약 스페인이 이 섬을 팔지 않으려 한다면 미국은 "강제로라도 스페인에게서 이곳을 획득하는 일을

---

22) 오스텐드 성명서에 대해서는 *Ibid.*, 제10장에 잘 언급되어 있다.

정당화해야 할 것이다"라고 충고했다.

이 외교문서에 대한 왜곡된 기사가 *New York Herald*에 실렸다. 결국 이것은 유럽은 물론 미국 내에서도 센세이션을 불러일으켰다. 유럽의 여러 나라는 이 시도를 스페인의 재산을 약탈하려는 뻔뻔스러운 행위라며 비난의 포문을 열었다. 런던에서 발행되는 *Times*는 거드름 피우는 양키들이 악행을 저지르는 것을 알면서도 아무런 조치를 취하지 않는다고 비난했다. 미국 내의 남부인들은 이 음모를 인정했지만, 북부인들이 보인 반응은 엄청난 비난과 반대였다. 사실 1856년 뷰캐넌은 민주당 대통령후보 지명에 대한 약속을 받고 있었다. 북부인들이 볼 때 이 일은 노예제도를 확대시키고자 하는 노예제도 찬성론자들의 노골적인 시도였고, 당연히 그들은 맹렬한 비난을 쏟아냈다. 이에 당황한 피어스는 오스텐드 성명서를 도저히 실행에 옮길 수 없었고 쿠바를 얻기 위한 어떤 방법도 포기했다.

피어스 행정부의 서투른 처사로 인하여 이 문제는 의회에 상정도 되지 않았지만 당시 피어스는 쿠바를 합병하는 데 대중들의 충분한 지지를 끌어낼 여지가 다분히 있었다. 이 일과 함께 몇 달 전에 캔자스 · 네브래스카 법이 통과되었는데, 이는 서부 준주에서 노예제도를 둘러싸고 다시 갈등을 전면 적으로 표면화시키는 계기가 되었다. 남북전쟁을 유발시키며 피어스 행정부 에 최대의 재앙을 몰고 온 이 사건은 대대적인 파장을 불러일으켰다. 노예제 도의 확장에 대한 두려움으로 북부의 저항은 더욱 거세졌으나, 피어스에게 는 이러한 현상을 미리 파악하여 문제를 해결할 만한 능력이 없었다. 정치적 으로 예리한 통찰력이 절실했던 시기에 그는 아무런 조치도 취하지 못했던 것이다.

캔자스 · 네브래스카 법은 일리노이 주 고참 상원의원인 스티븐 더글러스 (Stephen Douglas)의 독자적인 산물이었다. 차분하고 조용한 피어스와 달리

'작은 거인'으로 불린 더글러스는 5피트의 작은 키에 지능과 활력, 허풍으로 똘똘 뭉친 사람이었다. 1856년 대통령선거를 내심 기대하면서 더글러스는 지도자 없이 표류하고 있는 민주당에 다시 활기를 불어넣을 극적이고 충격적인 사건을 꾸미고 싶어했다. 그는 태평양 횡단철도 건설 문제에서 이러한 기회를 포착했다. 멕시코와의 전쟁 이후로 대부분의 미국인들은 국토 전체를 한데 묶어줄 대륙 횡단철도의 건설에 찬성해 왔다. 그러나 이 일은 철로를 어디에 둘 것인가를 둘러싸고 벌어진 정치가와 철도건설 관계자들 간의 다툼으로 계속 연기되고 있었다. 모색된 노선 중에서 가장 폭넓은 지지를 받은 것은 중부선으로 시카고에서 샌프란시스코까지, 남부선으로 뉴올리언스에서 샌디에이고까지의 두 길이었다.[23)

  1853년 3월 의회의 명령에 따라 미육군 지형학 엔지니어가 이 노선들을 조사하였다. 전혀 놀랄 만한 일이 아니지만, 제퍼슨 데이비스가 전쟁장관으로 있었기 때문에 남부선을 가장 필요한 노선이라고 보았고 따라서 건설에 방해요소가 가장 적을 것이라고 보았다. 데이비스는 남부선 건설은 남부를 강화시켜 주는 일이라고 생각했다. 비록 남부인들은 연방정부에 의한 도로나 운하건설, 즉 그들이 부르는 말로 교통망 개량사업에는 반대했지만 그는 대륙 횡단철도를 군사적 방어를 위한 조치로 보고 이를 정당화했다. 지형조사에 의해 남부선은 멕시코 영토를 가로질러야 한다는 사실이 분명해졌고, 이에 데이비스는 피어스를 설득하여 철도건설에 들어갈 4만 5천 평방마일의 토지를 1천만 달러에 구입할 것을 종용했다. 피어스 대통령은 개드센 구입(Gadsden Purchase)을 통해 미국의 준주에 인접한 멕시코 변경지역을 미국 국토로 편입시키는 데 관심을 기울였다.
  남은 문제는 남부선을 승인하는 의회의 결정이었다. 그러나 일리노이

---

23) 태평양 철도문제에 대해서는 Gara, *The Presidency of Franklin Pierce*, 88~90쪽에 잘 설명되어 있다.

시카고 출신의 더글러스가 남부선보다는 중부선을 원했고, 이를 관철시키기 위해 격렬한 투쟁을 벌였다. 중부선이 건설된다면 시카고의 부와 권력이 증가할 뿐 아니라, 그 자신의 서부토지는 물론 제안된 철도의 터미널 부지에다 많은 투기를 했기 때문에 막대한 이익을 취할 수 있었다. 그러나 중앙선의 승인을 얻기 위해서는 방대한 미주리 서부지역－오늘날 캔자스, 네브래스카, 다코타, 그리고 와이오밍, 콜로라도 주의 일부－을 통과하여 이 지역을 준주로 조직하고 정착할 길을 열어두어야 했다. 수차례에 걸쳐 법안이 계속 제출되었지만 남부인들의 반대에 부딪혀 법안은 번번이 실패로 끝났다. 왜냐하면 미주리 타협안이 미주리 북부지역으로는 노예제도를 금지하고 있었기 때문에 남부인들에게 중부선의 건설은 그만큼 불리하였기 때문이다.

1854년 1월에 더글러스는 대평원 지역을 네브래스카 준주로 조직하기 위한 법안을 제출하여 통과시켰다. 남부인들에 대한 미끼로서 이 지역에서 다수 주민들의 희망과 의사, 소위 '주민주권'을 존중하여 자유주로 할 것인지 노예주로 할 것인지를 스스로 선택하여 연방에 가입하게 했다. '주민주권'은 1850년 타협안에서 유타와 뉴멕시코 준주 지역에 똑같이 적용된 용어였다. 그러나 일은 그렇게 쉽게 해결되지 않았다. 아직 영향력이 강했던 남부출신 상원의원들－이들은 F거리의 더러운 놈(F Street Mess)들로 알려졌다－의 불만과 선동으로 더글러스는 자신의 제안을 완화시키지 않을 수 없었다. 캔자스·네브래스카 법으로 알려진 것이 바로 이것인데, 이는 미주리 이북으로 노예제도를 금지하고 있는 1820년의 미주리 타협안을 무효로 만드는 것이었다. 이 일은 그동안 노예주와 자유주의 균형을 파괴하고 미주리 이북으로 노예제를 인정하는 것이었기 때문에 지역 간에 '엄청난 소용돌이를 불러일으키게 될 것'임을 그는 알고 있었다.24)

이 법을 놓고 격렬한 토론이 일어났다. 그러나 이번에는 화난 열정을

---

24) 캔자스·네브래스카 법을 둘러싼 정치적 기류는 Rhodes, *History of the United States* vol. 1, 425~451쪽.

삭이고 타협을 이끌어낼 헨리 클레이 같은 사람이 없었다. 이 법에 반대한다는 수많은 결의안, 청원서, 각종 소장, 그리고 편지가 의회로 쇄도했다. 더글러스는 워싱턴에서 시카고로 여행하는 도중에 그의 형상을 만들어 불태우는 장면을 수없이 보았다고 고백했다. 북부인들은 30년간 유지된 타협안을 끝장내는 데 대해 격렬히 반대했다. 그들에게 이 법안은 새롭게 탄생하는 준주 지역으로 노예제도를 확대시키기 위한 일종의 강제조치로 보였다. 북부인들은 이 법을 "너무나 소중한 권리에 대한 범죄적 배반이며, 극악무도한 음모"라고 불렀다.[25] 남부인들이 생각하기에 네브래스카는 주민들이 자유주를 선택하겠지만, 노예제가 있는 미주리 주에 인접한 캔자스는 노예주로 만들 수 있다고 생각했다. 대단히 역설적이지만 엄청난 갈등과 투쟁만 야기한 태평양까지의 적절한 철로의 선택 문제는 노예제도를 둘러싼 갈등 안에서 사라지고 말았다.

처음에 피어스 대통령은 미주리 타협안의 취소에 반대했고 계속 이러한 생각과 입장을 고수하였다. 그러나 제퍼슨 데이비스로부터 압력을 받은 이 유순한 대통령은 어느 일요일 아침 남부 주의 여러 상원의원들과 아주 색다른 모임을 가진 후 자신의 주장을 포기하고 말았다. 이로써 피어스는 또 한 번 실수를 범했다. 행정부의 정책이 이번에는 백악관이 아니라 의회 간부들이 조작한 정책을 따르는 실수를 범한 것이다. 결국 피어스 자신도 모르게 전쟁장관인 데이비스가 그의 행정부에서 실질적인 권력을 행사하고 있다는 의심을 북부인들에게 확신시켜 주었다. 다소 미온적이었던 북부 출신의 민주당원들은 당의 노선에 따라 당장 이 캔자스 · 네브래스카 법에 찬성투표를 하라는 압력을 받았다. 이 법안에 서명하면서 우둔하기 짝이 없는 피어스는 이 법안이야말로 자기 행정부의 최고 업적이 될 것이라고 말했고, 나아가 노예제 문제는 다시 휴면상태로 들어가게 되었다고 표현했

---

25) Nichols, *The Stakes of Power*, 54쪽.

다.26)

사실, 더글러스와 이 행정부는 전투에서는 승리를 거두었지만 전쟁에서는 패배했다고 할 수 있다. 캔자스·네브래스카 법은 지역적인 라이벌들의 잿더미에서 불꽃을 되살려 노예제도를 둘러싼 투쟁으로 인한 분노와 두려움을 다시 일깨우는 결과가 되었던 것이다. 오하이오 주 상원의원 샐먼 체이스(Salmon P. Chase)는 승리한 남부인들의 환호성 속에서 의사당 계단을 내려오며 찰스 섬너를 보고 다음과 같이 말 했다. "그들(남부인)은 현재의 승리를 축하하고 있다. 그들이 외치는 이 환호성은 노예제도가 완전히 사라지고 난 후에야 잦아들게 될 것이다."27)

캔자스·네브래스카 법은 휘그당 대 민주당이라는 전통적인 정치체제의 붕괴를 가져왔다. 그리고 노예제도에 반대하는 새로운 정당인 공화당을 탄생시켰다. 그 후 여러 지역이 이 새로운 정당의 탄생지로 주장되고 있다. 1854년 7월 6일에 미시간 주 잭슨 시에 있는 한 참나무 숲에서 열린 대중모임에는 열광적인 노예제 반대주의자들이 참석했고, 북부 민주당 인사들과 휘그당 인사들, 그리고 다양한 개혁가들에게서 환상을 걷어낸 후 제퍼슨식의 정당개념(자유로운 개인기업, 자유기업정신 등)을 채택하고, 나아가 모든 준주에 노예제도를 금지한다는 강령을 채택했다. 소수의 공화당원은 노예들의 복지생활에 대한 인도주의적인 관심도 표명했다. 그들은 노예제도에도 반대했지만 자유롭고 다민족으로 구성된 사회의 구성도 반대했다.

구(舊)정당의 붕괴와 함께 토착민 우월주의가 대두하고 이민억제책이 강화되었다.28) 당의 붕괴상황에 직면하여 민주당을 증오하고 있었던 많은 휘그당원들은 대부분 반(反)가톨릭적인 아메리카당 당원(Know-Nothings)

26) Nichols, *Franklin Pierce*, 338쪽.
27) Nevins, *Ordeal of the Union*, 145쪽.
28) 아메리카당에 대한 설명은 *Ibid.*, 327~330쪽에 잘 언급되어 있다.

이 되었다. 여러 법안을 통하여 그들은 미국에 이민온 사람들이 미국 시민으로서 인정을 받기 위해서는 미국에서 21년을 살아야 한다는 규정을 명시했다. 한편으로는 아메리카당, 다른 한편으로는 공화당의 공격을 받은 민주당은 1854년 의원선거에서 쓰라린 패배를 맛보았다. 특히 민주당은 하원에서 완전히 초토화되었고 그 결과 피어스는 이제 입법부의 도움을 기대할 수 없게 되었다.

그러나 이내 국가 전체의 관심은 '가톨릭의 위협'(Popish peril)에서 노예제도를 둘러싼 '유혈의 캔자스'(Bleeding Kansas) 사건으로 바뀌었다. 노예제문제는 주민주권에 의해 결정하도록 되어 있었기 때문에, 노예제도에 찬성하는 측과 반대하는 측이 준주에서 각자의 입장을 고수하며 계속 갈등을 빚고 있었다. 노예를 소유하고 있는 노예소유주들이 노예제에 찬성하는 캔자스 주민을 돕기 위해 미주리에서 이사를 왔고, 반면 뉴잉글랜드 지역의 노예제폐지론자들은 노예제에 반대하는 캔자스 주민들을 위해 자금을 제공했다. 자연히 캔자스 준주의 입법부를 조직하기 위한 선거에는 선거일날 미주리 변경지역을 넘어 캔자스로 들어온 미주리 인들에 의해 엄청난 불법투표가 자행되었다. 노예제도에 대한 피어스의 공개적인 지지 표명도 상황을 더욱 악화시켰다. 피어스는 불법과 부정투표를 통해 노예제도에 반대하는 자유토지(free-soil)의 주장자들을 거의 떨어뜨리고 새로 탄생한 준주의 입법부에 정당성이 있다고 주장했다. 또한 그는 노예제도를 보호하는 엄격한 법안을 통과시켰을 뿐만 아니라, 캔자스를 노예주로서 연방에 가입할 수 있도록 연방의회에 청원을 제출했다. 이에 피어스를 '반역자'로 규정한 자유주의 신봉자들은 그들 자신만의 주정부를 조직하고 자유주로 연방에 가입하는 길을 모색했다. 이렇게 되자 하나의 주에 두 개의 주정부가 존재하는 상황이 연출되고 이에 따른 엄청난 갈등과 투쟁이 일어났다. 거의 2년에 걸쳐 소규모지만 간악한 게릴라 전쟁으로 약 2백 명의 사람이 목숨을 잃었다.

폭력은 곧 미연방 상원 의사당으로 확대되었다. 1856년 5월 19일 상원의원 섬너는 '비열한 노예제도'와 '살인을 일삼는 미주리의 도둑들'을 도리깨질 하여 날려 버려야 한다는 혹독한 연설을 했다. 그가 연설 중에 선택한 용어는 대부분 사우스캐롤라이나 주 상원의원 앤드류 버틀러(Andrew P. Butler)를 겨냥한 말이었다. 3일이 지난 후 버틀러의 조카로서 역시 사우스캐 롤라이나 주의 연방 하원의원인 프레스턴 브룩스(Preston S. Brooks)가 상원에 있는 자신의 책상에 섬너가 앉아 있는 것을 보았다. 그에게 다가간 브룩스는 단단한 지팡이로 섬너를 때려 자신의 아저씨의 상한 자존심에 복수를 했다. 이 광경을 여러 남부 출신 의원들이 보고 있었지만 아무도 말리지 않았다. 이 일로 인하여 브룩스는 비난을 받고 사퇴를 했으나 곧 다시 의원으로 당선되었다. 그는 후에 후원자들로부터 그들의 이름이 새겨 진 지팡이를 선물로 받았다.

1856년 재선을 위해 필사적으로 뛰고 있던 피어스의 노력은 '유혈의 캔자스'로 인해 완전히 물거품이 되었다. 북부에서 그는 경멸의 대상이 되었다. 남부 민주당원들은 비록 자신들의 요구와 정책방향에 도움을 주고 자 하는 피어스의 노력에는 감사했지만 피어스가 북부에서 이미 지지를 상실한 이상 다시 대통령이 될 가망성은 없다는 것을 확신했다. 대통령으로 그가 취했어야 할 최고의 선택은 그가 대통령이 되었을 때부터 존재해 온 지역적 라이벌들 사이에서 균형을 유지하는 일이었다. 그럼에도 불구하 고 피어스는 일방적으로 남부 편을 들어줌으로써 오히려 두 지역 사이의 적대감을 부채질하는 결과를 초래했다. 피어스는 심지어 캔자스의 의회제도 를 지키고 유지하는 비교적 단순한 일조차 해내지 못하였다. 만약 피어스가 공정하게 이루어진 캔자스의 준주 정부 아래 주의 질서를 회복시키고 공정한 의견을 피력하여 갈등을 완화시켰더라면 최소한 그는 국민들로부터 신뢰는 회복했을 것이다. 그러나 다른 일과 마찬가지로 이 일에도 실패했다.

피어스에게 전달된 충고들 중 가장 통렬한 것은 벤저민 프렌치(Benjamin B. French)의 것일 것이다. 이전에 피어스의 개인비서로 있었던 그는 캔자스 · 네브래스카 법 때문에 피어스와 갈라서게 되었다. 프렌치는 "캔자스의 무도한 행위는 모두 그의 책임이다. 만약 그가 노예제 찬성론자들의 요구에 순응하지 않았다면 그들은 그를 청어를 훈제하듯 지옥에서 그를 달달 볶아 죽였을 것이다"고 말했다.29) 피어스를 버린 민주당은 역시 의지가 나약한 또 다른 인물인 제임스 뷰캐넌을 대통령후보로 지명했고 그를 당선시켰다. 이에 피어스는 "이제 술 마실 일을 빼고는 할 일이 하나도 없구나"라고 한탄했다.30) 그리고 그는 거의 매일 술로 세월을 보냈다.

프랭클린 피어스를 잘 알고 있는 앨라배마 주 상원의원으로 또 다른 클레이(C. C. Clay)라는 이름을 가진 사람의 아내가 그가 백악관으로 들어가기 전에 "그는 마치 어린 학생과 같이 백악관 계단을 활기차고 쾌활하게 뛰어오르는 것을 보았다"고 회고했다. 4년 후 그녀는 백악관을 떠나는 대통령의 모습을 보고 "차분했지만 수심이 가득 어린 근심스러운 얼굴과 병색이 완연한 모습으로 계단을 내려왔다"고 말했다. 클레이 부인은 여기에 하나를 더 첨가했다. "그에게는 비참한 실패의 모습 역시 역력했다."

피어스의 말년은 고통 그 자체였다. 대통령 임기가 끝나자 그와 그의 아내는 콩코드로 되돌아왔으나 뉴잉글랜드 지방의 혹독한 겨울은 견디기 어려웠다. 그래서 그들은 유럽으로 장기간 여행을 다니면서 마데이라 제도를 방문하고 카리브해의 이곳저곳에서 겨울을 보냈다. 그러나 여전히 제인은 열차사고로 잃은 아들에 대한 슬픔에서 헤어나지 못했고 건강은 점점 나빠졌다. 그녀는 1863년 12월에 죽었다. 그리고 피어스는 다시 많은 술을 마시기 시작했다. 1860년 친구들이 그에게 찾아와 다시 민주당 대통령후보

---

29) *Ibid.*, 455쪽.
30) Boller, *Presidential Anecdotes*, 116쪽.

에 출마해 보라고 권유했다. 그러나 그는 제퍼슨 데이비스가 자신을 대신할
수 있을 것이라고 말하고 이를 거절했다.

링컨의 당선과 북부와 남부 사이의 전쟁 발발은 전직 대통령을 더욱
절망의 늪으로 밀어넣었다. 비록 그가 남부의 연방 탈당을 지지하지는
않았지만 그는 북부의 선동가들과, 남부의 생활방식이 손상될 것이라는
현실적 위협이 남부로 하여금 연방을 강제로 떠나게 만든다고 주장했다.
이러한 입장을 표명하자 그의 인기는 더욱 떨어졌고, 사람들은 그가 은밀히
남부에 동조하고 있다는 의심을 품게 되었다. 심지어 부상당한 연방군인들
을 위해 상당한 액수를 기부했음에도 불구하고 이러한 비판과 의심은 풀리지
않았다. 그는 1869년 10월 8일에 죽었다. 당시 그는 어찌나 인기가 없고
평판이 좋지 않았던지 콩코드의 주민들조차 그가 죽고 거의 50년 이상
동안 그를 기리기 위한 기념관을 세우는 것은 바람직하지 못하다고 보았다.

편집자의 비판적 충고에도 불구하고 나다니엘 호손은 남북전쟁 동안
그의 옛 친구인 피어스에게 찬양 가득한 내용의 편지와 함께 한 권의 책을
헌정했다. 랄프 에머슨(Ralph W. Emerson)은 이 책을 사서 읽기 전에 헌정사
와 편지를 찢어 버렸다.

제임스 뷰캐넌

James Buchanan

1857~1861
남부에 대한 일방적인 편애로 인해
남북전쟁에 불을 당긴 대통령

뷰캐넌이 최악의 대통령으로 선정된 이유

1 뷰캐넌이 최악의 대통령으로 평가되는 이유는 무엇보다 지도력과 정치력이 부족하여 남북전쟁을 야기시킨 책임을 지고 있기 때문이다. 뷰캐넌은 고조되는 지역적 갈등에 대처하는 데 실패했으며 무능하고 서투른 판단으로 이 나라를 전쟁으로 내몬 대통령으로 여겨지고 있다. 비록 그가 연방을 위해 노력했지만 뷰캐넌의 거드름부리고 편협한 친(親)남부적인 정책이 약 620,000명의 생명을 앗아간 대규모 시민전쟁을 야기시키는 데 적지않은 역할을 했다고 할 수 있다.

남부를 위한 뷰캐넌의 간섭과 회유는 그가 평생에 걸쳐 저지른 실수 중의 실수였다. 그는 대법원 판정에 영향력을 행사하는 일이 명백히 부당한 것임에도 불구하고, 거리낌 없이 이러한 행위가 북부에도 통할 것이라는 지극히 어리석은 판단을 했다. 이는 대법원의 공명정대성에 대한 믿음을 파괴하고, 남부의 승리를 위한 편파적인 판결은 새로운 대통령과 남부에 대한 대대적인 반발을 불러왔다. 말하자면 뷰캐넌의 적절치 못한 행동이 전체 북부인의 반발을 불러일으켰고, 준주로의 노예제 확산은 문제를 더욱 악화시켰다. 이는 전쟁으로 가는 서막이었다.

2 뷰캐넌은 대통령에게 요구되는 단호한 용기와 결단력이 없었다. 대통령으로서의 기질과 자질이 턱없이 부족한 그는 큰 갈등이 촉발되는 시기에 더욱 그러했다. 단호한 용기와 결단력 있는 행동과 그리고 자신의 의지에 따라 사람들을 이끌고 갈 수 있는 능력이 필요한 곳에 그는 단지 '우유부단한 지나친 신중성'과 '관료적 형식주의'와 '교묘하게 농간을 부리는 책략'만을 내놓고 있었다. 역사가 알랜 네빈스(Allan Nevins)에 따르면, 그의 인물됨의 핵심은 무능이었다. "그의 결핍된 유머감각, 보잘것 없는 창조력, 늘 비밀스러운 취향, 그리고 비뚤어진 방법론 등은 바로 이것(무능)과 관련되어 있다."

일흔 가까운 나이에 노쇠하고 건강이 악화된 뷰캐넌은 온 나라를 휘감고 있는 소용돌이를 지켜보며 절망 속에서 자포자기 상태에 빠져 버렸다. 교활한 탈퇴주의자들과 공화당 앞잡이로 득실거리는 내각의 영향력에서 벗어나지 못한 채 허우적거린 뷰캐넌은 고통 속에서도 자신의 의무를 다하려고 노력했다. 민첩하고 단호한 결정과는 전혀 무관하였던 그는, 탈퇴나 남북전쟁은 선거와 그가 링컨에게 대통령직을 넘겨주게 될 넉 달 간의 불편한 정치공백기간에 해결되리라는 막연한 희망을 품고 형세만 관망하고 있었다.

3 스스로 레임덕을 자초했다. 그에게는 취임식을 빛나게 해줄 명연설이나 독창적인 생각이 없었다. 당의 운영과 지역적 갈등 문제보다 우선 자신의 입장만 언급하면서 자신은 재선에 나서지 않을 것이라고 선언했다. 이 선언이야 말로 당면한 위기를 능숙히 다룰 수 있는 강력한 힘과 지지와 용기를 필요로 할 때 뷰캐넌을 쓸모 없는 권력누수자인 레임 덕(lame duck)으로 만드는 결정적인 실수 중의 실수였다.

SOUTH CAROLINA'S ULTIMATUM.

우둔, 허약,
우유부단……
모두 그를 표현하는
단어들이다.

습관적으로 머리를 앞으로 내밀어 옆으로 기울어져 있고 한쪽 눈이 약간 찌그러진 제임스 뷰캐넌은 이상하게 생긴 커다란 새를 연상시킨다. 한쪽 눈은 먼 곳을 응시하고 다른 눈은 가까운 곳을 응시하면서 도처에서 기회를 노리는 교활한 정치가의 완벽한 기회주의적 모습을 하고서, 다른 사람과 이야기를 할 때면 머리를 약간 왼쪽으로 기울이고 한쪽 눈을 지그시 감았다. 만약 상대방이 바로 곁에 있으면 먼 데를 잘 보는 눈을 감을 것이고, 멀리 있으면 가까운 데를 잘 보는 눈을 감을 것이다. 새의 이미지는 그의 말쑥한 검정색 양복과 티 하나 없는 흰색 칼라와 목도리로 완성되었다.

1857년 미국의 15대 대통령이 된 뷰캐넌은 네 가지 점에서 다른 대통령들과 구별된다. 그는 18세기에 태어난 마지막 미국 대통령이었다. 그는 미국 대통령 중 유일한 독신이었다. 그는 1981년 로널드 레이건이 일흔의 나이에 대통령이 되기까지 65세에 백악관에 입성한 최연장자였다. 그리고 그는 근 40년 동안 공직자로 일한 사람이었다. 그래서 그는 많은 면에서 널리 알려진 인물이었다.

따라서 대통령이 되기 전에 뷰캐넌보다 더 많은 공직을 경험해 본 사람은 아무도 없다. 또한 한 시대의 최고 권위자로서 그토록 저주스럽게 악평을 받아 완전히 실패한 대통령으로 평가받는 대통령도 없다.[1] 뷰캐넌은 네 번의 도전 끝에 대통령이 되었고 그 전에 비록 펜실베이니아 주의회 의원, 연방 하원의원, 연방 상원의원, 러시아대사, 영국대사, 그리고 국무장관직을 지냈지만, 이러한 폭넓은 경험에도 불구하고 피비린내 나는 죽고 죽이는 대규모 전쟁에서 국가를 보존해 나갈 수 있는 폭넓은 비전과 현실주의적 감각, 정치적 민감성 등을 갖추지 못했다.

뷰캐넌을 평가할 때마다 항상 등장하는 말이 '우둔', '허약', '우유부단' 등이다. 역시 실패한 대통령인 프랭클린 피어스의 견해를 따르면, 뷰캐넌은 고조되는 지역적 갈등을 대처하는 데 실패했으며 무능하고 서투른 판단으로 국가를 전쟁으로 몰아넣었다. 비록 그가 연방을 위해 노력했지만 뷰캐넌의 거드름부리고 편협한 친남부적 정책은 약 620,000명의 생명을 앗아간 대규모 시민전쟁을 야기시키는 데 적지않은 역할을 했다고 할 수 있다. 거기에다 그의 행정부는 시민전쟁 전에 가장 타락하고 부패한 전문가들에 의해 장악되어 있었다.[2] 새뮤얼 모리슨(Samuel E. Morison)은 그를 '서투르고 어리석은 뷰캐넌'이라고 묘사했는데, 아마 그에 대한 가장 전형적인 표현일 것이다.[3]

매사를 신중하고 정열을 기울여 꾸준하게 꼼꼼히 하는 것은 뷰캐넌의 상투적인 수단이다. 그에게는 항상 관료적 형식주의와 진부한 선례라는 분위기가 들러붙어 있었다. 그는 애정이 빠진 딱딱한 케케묵은 공무원으로 알려졌다. 그에게서는 재치라든가 신선한 생각 같은 건 좀처럼 찾아볼 수 없고, 매사를 마치 체스를 두듯 조심스레 단계적으로 해 나갔으며 결코 위험스러운 초반 첫 수를 두는 정치는 하지 않았다. 뷰캐넌의 한 친구는

---

1) Gienapp, "Buchanan, James," in Garraty and Foner, eds., *The Reader's Companion to American History*, 134쪽.
2) Van Woodward, ed., *Responses of the Presidents to Charges of Misconduct*, 85쪽.
3) Morison, *The Growth of the American Republic* vol. 1, 651쪽.

그가 평생 동안 단 한 번이라도 재치 있고 유머스러운 이야기를 한 적이 있는지나 모르겠다고 말했다.[4] 그는 사소한 문제에도 지나치게 소심하고 까다롭게 굴었다. 심지어 그는 자기 시종이 핀과 멜빵바지의 단추를 구입하는 데 쓴 몇 센트까지 일일이 기록하였다. 언제인가 그는 자신이 돌려주어야 할 거스름돈 단 10센트가 모자라서 15,000달러짜리 수표를 받지 않았다.

뷰캐넌은 열정적이지도 카리스마적이지도 않았다. 정치에서 그가 부각을 나타낸 것은 재능 때문이라기보다 순서에 입각한 것이었다. 그는 결코 강연자로서도, 토론자로서도, 또 중요 법률의 입안자로서도 뛰어난 재능을 보이지 못했다. 대신에 그는 당내 위원회의 신중한 멤버이자 당의 충실한 노력가로서 간사한 내부소식통이었다. 당시의 정치적 흐름에 따라 거취를 정하면서 점차 입지가 약해지는 연방파(Federalists)에서 잭슨 민주당(Jackson Democrats)으로 돌아섰다. 그리고 국가 대소사를 당대의 최고의 실력자들과 함께 어울려 처리하기를 좋아했다. 그는 피터 법칙(Peter Principle)−계층사회의 구성원들은 자신의 무능에도 불구하고 자기의 능력 한계까지 도달하는 경향이 있다는 법칙−의 살아 있는 구체적인 사례였다.[5]

뷰캐넌은 외교직과 사법직은 훌륭하게 해냈다. 뷰캐넌은 그 자신을 위해서나 국가를 위해서나 1844년 대통령 존 타일러(John Tyler)가 제안한 대법원 판사직을 받아들이는 편이 훨씬 나았을 것이다. 그러나 그는 앞으로 대통령 자리를 원한다면서 이 제안을 거절했다. 러시아의 성 페테르부르크와 영국 런던에서의 외교관으로서 그는 일정하게 성공을 거두었다. 그러나 대통령으로서의 기질과 자질은 부족했다. 특히 큰 갈등이 촉발되고 있는 시기에는 더욱 그러했다. 단호한 용기와 결단력 있는 행동과 그리고 자신의 의지에 따라 사람들을 이끌고 나갈 수 있는 능력이 필요한 곳에 그는 단지 '우유부단한 지나친 신중성'과 '관료적 형식주의'와 '교묘하게 농간을 부리

---

4) Nevins, *The Emergence of Lincoln* vol. 1, 63쪽.
5) *Ibid.*는 뷰캐넌의 성격에 관하여 상세하게 설명하고 있다.

백악관 최초의 미디어 스타로 인기를 끈
해리엇 레인

는 책략'만을 내놓고 있었다. 역사가 알랜 네빈스(Allan Nevins)에 따르면, 그의 인물됨의 핵심은 무능이었다. "그의 결핍된 유머감각, 보잘것 없는 창조력, 늘 비밀스러운 취향, 그리고 비뚤어진 방법론 등은 바로 이것(무능)과 관련되어 있다."[6]

그럼에도 불구하고 뷰캐넌은 사교적인 사람이었다. 그는 워싱턴의 사교단체에서 유명 인사였다. 친구들은 대부분 남부 출신에 노예 소유주였다. 수년 동안 그는 동료 독신남인 앨라배마 주 상원의원 윌리엄 킹(William R. King)과 같은 방을 썼다. 킹은 그와 죽고 못사는 사이라 '뷰캐넌과 그의 아내'로 알려졌다.[7] 그의 정적들은 그를 은밀한 동성애자로 비난하였지만 지금까지 밝혀진 증거는 없다. 공개적으로 스스로 게이라고 선언한 매사추세츠 주 하원의원 바니 프랭크(Barney Frank)는 1997년 텔레비전의 한 토론회에서 뷰캐넌을 이 나라 유일의 동성애자 대통령으로 설명했다.

뷰캐넌은 파티와 무도회와 훌륭한 음식과 포도주를 즐겼으며 눈부시게 화려한 아름다운 여성을 좋아했다. 뷰캐넌은 고아인 조카딸 해리엇 레인(Harriet Lane)을 어린 시절부터 돌봐주고 있었는데 그녀를 대통령 집무실의 안주인으로 삼았다. 그녀의 손이 닿은 백악관은 이전보다 더 밝고 더 화려해

6) *Ibid.*, 61쪽.
7) Smith, *The Presidency of James Buchanan*, 13쪽.

졌다. 20대 말의 해리엇 레인은 백악관 최초의 '미디어 스타'(media star)였다. 여성들은 그녀의 짧은 드레스와 머리장식을 흉내냈다. 여러 종류의 진귀한 물건, 바퀴 달린 소형 말 썰매, 경주마, 꽃 등 다양한 별명이 그녀에게 주어졌다. 그녀를 위해 「흉내지빠귀 새의 노래를 들어라」(Listen to the Mocking Bird)가 울려 퍼졌다. 이 노래는 에이브러햄 링컨이 가장 좋아한 노래였다. 취임 후 얼마 되지 않아 새 대통령은 큰 병에 든 샴페인을 제공하지 못했다며 포도주 상인을 꾸짖었다. "겨우 몇 파인트의 적은 양은 백악관에 어울리지 않는다"고 말했다.[8] 뷰캐넌은 역시 로즈 오닐 그린하우(Rose O'Neal Greenhow) 부인이 여는 환영회와 저녁식사 모임에 정기적으로 참석하였다. 그녀는 백악관을 가로질러 위치한 라파이에트 광장에 살고 있는 아름답고 생기 넘치는 과부였는데 뷰캐넌과 친구 이상의 관계로 발전하지 않았나 하는 소문이 떠나녔다.

뷰캐넌은 실제건 생각이건 상황을 경시하는 경향이 심했다. 후의 지미 카터처럼 그는 사람들을 거의 신뢰하지 않았고 개인적으로 대통령직에 대한 거의 모든 사소한 일들을 두루두루 살피고 다녔다. 전쟁이 일어나기까지 낡은 가운에 슬리퍼를 신고서 담배를 질겅질겅 씹으며 집무를 본 뷰캐넌은 매일 밤 신문과 다른 사람들이 충분히 다룰 수 있는 이런저런 문제들을 보는 데 몇 시간씩을 소비했다. 이러한 행동은 그의 건강을 더욱 악화시켰고 타고난 고집을 더욱 강화시켰다. 일이 잘 풀리지 않을 때 그는 급한 성미를 그대로 드러냈고, 자기 마음대로 되지 않으면 반드시 뿌루퉁해졌다.

심지어 그의 몇몇 친구들도 그의 까다로운 태도에는 화를 냈다. 대통령 제임스 포크(James K. Polk)는 자신의 일기에 "뷰캐넌 씨는 능력 있는 사람이나, 적절하고 결단력 있는 판단을 내리고 못하고 작고 사소한 문제에 집착하여 어떨 때 보면 꼭 늙은 하녀 같다"고 썼다. 포크는 그를 국무장관에

---

8) Klien, *President James Buchanan*, 275쪽.

임명했는데, 이 일을 두고 포크의 조언자인 앤드류 잭슨이 강력히 항의했다.[9]

"그러나, 장군. 당신도 그를 러시아대사로 임명한 적이 있지 않습니까"라고 대통령은 답했다.

"그래요. 그랬습니다. 나는 내 시야에서 될 수 있는 대로 멀리 그를 보내고자 했습니다. 그래야만 그가 끼치는 해를 최소한으로 막을 수 있을 테니까요. 만약 우리가 북극에 대사를 파견한다면 그를 거기로 보낼 것입니다"라고 답했다.

뷰캐넌은 타협을 통해 노예제를 둘러싼 폭풍과 같은 갈등을 진정시킬 의도를 가지고 대통령이 되었다. 만약 이 문제를 성공적으로 해결할 수 있다면 자신은 조지 워싱턴과 같은 대통령 반열에 낄 수 있다고 믿었다. "연방과의 조화를 회복시키려 하는 나의 노력에 신의 섭리가 성공으로 이끌 것이고, 나는 지금까지 헛되이 살지 않았다고 느낀다"고 대통령 선거가 있은 얼마 후 한 친구에게 말했다.[10] 그러나 '줏대 없이 남부의 원리를 추종하는 소신 없는 북부인'(doughface)이자 노예문제에서 남부에 동정적인 북부 민주당 인사로서, 남부 출신이 내각을 압도적으로 지배하는 상황 속에서 새 대통령은 이 나라를 휩쓸고 있는 노예제도 반대 기류로부터 완전히 고립되었다.

뷰캐넌은 고향 펜실베이니아 선거구에서는 이름이 꽤 알려진 인물이었고 익숙한 외교문제에서는 능력을 발휘하였지만, 정작 그는 미국의 이곳저곳을 거의 돌아다녀 보지 않았다. 그는 노예문제를 둘러싸고 찬반 양측의 골이 얼마나 깊은지 그 깊이를 알지도 못했다. 단지 그는 노예제도 찬성파와 반대파의 양보를 통해 갈등을 진정시킬 수 있다고 믿기만 했다. 그러면서

---

9) Boller, *Presidential Anecdotes*, 118쪽.
10) Stampp, *America in 1857*, 48쪽.

그는 노예제 폐지론자를 경멸했다. 노예제도에 아무 문제가 없다고 보았던 그로서는 폐지론자들의 입장을 도저히 이해할 수 없었다. 그는 "노예제는 친절한 행위와 인류애로 취급되어야 한다. 현재 노예소유주의 박애정신과 그들의 이익추구가 노예제도에 의해 적절히 결합되어 행복한 결과를 낳고 있다"고 주장했다.[11]

뷰캐넌의 이러한 행동은 격렬한 갈등과 파괴를 초래한 남북전쟁에 오히려 불씨를 제공하는 결과를 초래했다. 의회는 준주에서 노예제를 금지할 수 없다는 남부인의 견해를 지지하였고, 그는 비밀리에 대법원에서 논쟁중인 드레드 스콧(Dred Scott) 판결에 영향력을 행사했다. 스콧은 노예주인 미주리 주의 노예로, 그의 주인인 군의관을 따라 자유주인 위스콘신과 일리노이로 가서 일시적으로 해방노예가 되었다. 그러나 주인이 다시 미주리로 돌아오 자 그가 다시 노예인지 해방노예인지가 문제가 되어 대법원에서 그 판결을 준비하는 중이었다. 이러한 때에 뷰캐넌은 북부출신의 한 판사에게 압력을 행사하였다. 준주에 노예제의 확산을 제한한 미주리 타협의 적법성에 반대 하는 다수의 남부출신 판사와 같은 표를 던지라는 것이었다. 또한 뷰캐넌은 캔자스에 살고 있는 다수의 의사를 완전히 무시하고 캔자스를 노예주로 연방에 가입시키는 일을 승인했다. 이 행동으로 북부 민주당은 결국 깨지게 된다.

이러한 정책상의 실수들을 배경으로 전쟁이 발발한 1860년 공화당은 대통령선거에서 승리를 거두었다. 비록 강력한 연방주의자였지만, 일단 남부의 연방탈퇴가 시작되자 연방정부가 할 수 있는 일은 아무것도 없다고 믿었던 뷰캐넌은 매우 당황했다. 퇴임을 앞둔 대통령으로 무기력한 그는 너무나 허약한 모습을 드러냈다. 우유부단한 그는 또 탈퇴하려 하는 주를 향해 연방에 남아 있도록 대통령으로서 자신이 갖고 있는 힘을 사용하지

---

11) *Ibid.*

못했고, 이는 그의 입지를 더욱 약화시켰다. 그에게서는 앤드류 잭슨과 같은 모습은 전혀 볼 수 없으며, 심지어 자주 비판의 도마 위에 오르는 게으른 재커리 테일러보다 더욱 무능한 인물이었다.

바로 눈앞에서 나라가 남과 북으로 갈리고 있는데도 뷰캐넌은 나 다음에야 홍수가 지든 말든 무슨 상관이냐는 태도로 방문객에게 "나는 미합중국의 마지막 대통령이다"라며 음울하게 말했을 뿐이다.[12)]

아버지의 이름도 제임스 뷰캐넌인 스코틀랜드·아일랜드계 이민의 아들로서 미래의 대통령 제임스 뷰캐넌은 1791년 4월 23일 펜실베이니아 머서스버그 근처의 방 하나짜리 통나무집에서 태어났다.[13)] 아버지 뷰캐넌은 아들이 태어나기 8년 전에 혼자서 미국으로 건너왔다. 한 친척을 위해 열심히 일한 후 그는 펜실베이니아 주의 주 경계 부근에 작은 무역상점 하나를 열었다. 1788년에 그는 랭커스터 지방 출신의 엘리자베스 스피어(Elizabeth Speer)와 결혼했다. 당시 그녀는 21세였고 그는 27세였다. 그들은 11명의 자식을 낳았는데 그 중 8명(4명은 여자, 4명은 남자)이 살아 남아 성장하였다.

살아 남은 자식 중 가장 큰자식인 제임스 뷰캐넌이 다섯 살 나던 해에 그의 가족은 머서스버그로 이사했는데 이곳에서 아버지는 상인으로 농부로 상당한 성공을 거두어 부자가 되었다. 14세까지 뷰캐넌은 유일한 아들이었고 어머니와 자매들이 가장 좋아하는 아이였다. 어머니 엘리자베스는 공식적인 교육을 받지 않았지만 독서를 많이 한 여성이었다. 특히 영국의 시인인 존 밀턴(John Milton)과 알렉산더 포프(Alexander Pope)의 글을 읽은 어머니는 그의 어린 아들에게도 비슷한 관심을 심어주었다. 성장하면서 뷰캐넌은 아버지를 도와 가게 일을 했다.

---

12) Boller, *Presidential Anecdotes*, 120쪽.
13) 뷰캐넌의 인생에 대한 설명으로는 Klien, *President James Buchanan* 이 가장 완전하다.

뷰캐넌은 아버지를 사랑하면서도 동시에 무서워하였다. 알려진 바와 같이 시골지주였던 아버지 뷰캐넌은 아들에게 자주 자질구레한 일들을 시켰다. 이러한 일에는 뷰캐넌의 나이나 능력을 넘어서는 일들도 포함되어 있었는데, 그럴 때마다 그에게는 칭찬보다 꾸중이 기다리고 있었다. 제임스 뷰캐넌은 일을 빨리 배웠지만 항상 잘했다는 생각은 좀처럼 가지지 못했고, 아버지를 만족시키는 경우는 거의 없었다. 아버지는 1821년에 죽었는데, 그는 자신이 이 나라 최고의 자리에 오르는 것을 보지 못하고 눈을 감은 것을 평생 한으로 여겼다.

뷰캐넌이 16세였을 때 이 지역 장로교 목사이자 근처 디킨슨 대학 이사인 존 킹(John King)이 그의 아버지를 설득하여 그를 학교에 보내주었다. 그의 어머니는 그가 목사가 되기를 원했다. 그러나 사업이 한창 번창하고 하고 있던 아버지는 가족 중에 법률가가 있는 쪽이 유리하다고 생각했다. 처음으로 아버지의 손에서 벗어나 1807년 디킨슨 대학에 입학한 뷰캐넌은 비록 착하기는 했지만, 말썽을 많이 일으키는 학생이었다.

학우들과 진탕 술을 마시고 자주 난폭한 싸움을 하는 등 여러 탈선행위를 저지르다 그는 결국 첫 학기말에 퇴학을 당했다. 아버지의 영향력을 배경으로 하고, 규칙을 따르겠다는 약속을 한 후 그는 다시 학교를 다닐 수 있었고 다음 해(18세)에 졸업을 했다. 비록 학위는 못 받았지만 지역 변호사의 주선으로 법학을 공부하러 랭커스터로 떠났고, 3년 후 시험에 합격한 그는 변호업을 개업했다.

1814년 8월에 자신의 변호 일에 고객을 끌어들일 희망을 품고 연방파의 일원으로 펜실베이니아 주 하원에 입후보했다. 영국인들에 의해 워싱턴이 불탄다는 소식이 랭커스터에 퍼졌고, 지역민병대는 볼티모어를 방어하기 위해 사람들에게 자원 입대를 종용했다. 대부분의 연방파들과 같이 뷰캐넌은 이 전쟁을 '매디슨 전쟁'(Mr. Madison's War)이라 하여 반대했지만, 주

하원에 당선되기 위해서는 애국심을 보여 볼티모어로 가야 한다고 생각했다. 그러나 그가 속한 부대는 싸우지 않았고, 곧바로 랭커스터로 돌아온 뷰캐넌은 손쉽게 주 하원에 당선되었다.

두 차례 연달아 하원을 지낸 그는 자신의 변호 일을 공고히 하기 위해 주 하원직을 그만두었다. 그 후 그는 계속 들어오는 사건을 맡아 승소를 하면서 지역의 능력 있는 변호사로 평가받았다. 한 소송사건에서 그는 다른 사람의 생명을 위협했다는 이유로 고소당한 남자를 변호하게 되었다. 원고가 증언대에 섰을 때 뷰캐넌은 그에게 다음과 같이 심문했다.

"당신이 대담한 용기를 가진 사람인지, 말하자면 위협에 쉽게 두려워하지 않는 사람인지 생각해 보시오. 만약 당신이 용기 있는 사람이었다면 나의 고객의 위협을 스스로 처리할 수 있지 않았나요?"

"나는 … , 나는 … , 그 누구보다도 용기가 있는 사람입니다"라고 그 원고가 대답했다.

"그렇다면 당신은 나의 고객이 위협을 가했을 때 두려워하지 말았어야 하지 않습니까?"

"당연히 그렇습니다."

"좋습니다. 그러면 이 소송은 무엇을 위한 것입니까? 나는 이 소송의 각하를 요청합니다" 하고 뷰캐넌이 말했다.[14]

소송은 각하되었다.

1818년 27세의 뷰캐넌은 앤 콜레만(Ann Coleman)이라는 여성과 사랑에 빠졌다. 그녀는 22세의 랭커스터의 미녀로 이 지역 철강공장 소유주인 로버트 콜레만(Robert Coleman)의 딸이었다. 빛나는 눈빛에 부드러운 검은 머리칼을 가진 그녀는 어떤 때는 아주 상냥했지만 까다롭고 내성적인가 하면 거칠기도 하여 감정적으로 안정이 되어 있지 않았다. 비록 그녀의

---

14) *Ibid.*, 34쪽.

아버지는 뷰캐넌이 재산을 보고 그녀와 사귀는 게 아닌가 의심을 했지만 앤과 뷰캐넌은 1819년에 약혼을 했다.

그러나 이들은 자주 다투었다. 앤은 파혼을 하고 필라델피아에 있는 친척집으로 가서 머물렀다. 얼마 되지 않아 그녀는 그곳에서 죽었는데, 자살로 추정되었다. 순식간에 그녀 아버지의 판단이 옳았고 그녀의 약혼자는 그녀보다는 돈에 더 관심이 있었다는 소문이 퍼졌다. 소식에 접한 뷰캐넌은 슬픔에 빠졌다. "나는 이 땅의 유일한 사랑의 대상을 잃었다. 나의 행복은 그녀의 무덤에 그녀와 함께 묻혀 버릴 것이다"라고 기록했다.15) 그를 더욱 가슴 아프게 만든 것은 앤의 부모가 장례식에 그의 참석을 거부한 것이었다. 그 후 뷰캐넌은 수많은 연애를 하면서도 결코 약혼과 결혼을 하지 않았다.

앤이 죽기 전 뷰캐넌은 이미 번창일로에 있던 자신의 변호업을 계속할 생각을 하고 있었고, 지역 명사로서 인기를 누리고 있었다. 1820년 그는 다시 의회에 입후보했는데, 이 해에 그의 아버지가 마차사고로 입은 상처 때문에 죽었다. 이번에도 뷰캐넌은 연방파로 입후보했다. 그러나 곧바로 당시의 정치적 흐름을 냉정히 평가한 후 노선을 바꾸어 민주-공화파인 앤드류 잭슨 쪽으로 돌아섰다.

잭슨 행정부의 내각 자리에 뷰캐넌이 들어와야 한다는 이야기가 있었지만, 잭슨 대통령은 그를 신뢰하지 않았고 1831년 러시아 주재 미국대사로 임명했다. 성 페테르부르크에서 뷰캐넌이 세운 가장 큰 업적은 미국과 러시아 사이에 최초의 무역협정을 성사시킨 일이다. 그러나 정치적 야심이 있던 뷰캐넌은 미국에서 멀리 떨어진 러시아에서 너무 오래 머물러 있을 생각이 없었고, 1834년 상원에 입후보하기 위해 되돌아왔다. 그 후 그는 11년 동안 상원에 있으면서 상원외교관련위원회 의장직을 지냈다.

---

15) *Ibid.*, 150쪽.

민주당내 보수파이며 노예제 찬성파의 일원인 뷰캐넌은 컬럼비아 자치구에서 노예제를 폐지하려 한 시도를 차단시킨 남부출신 의원들의 지도자였다. 그는 노예제 폐지론자들의 선동 때문에 노예문제에 대한 평화로운 해결 노력이 혼선을 빚고 있다고 주장했다. "이러한 잘못된 선동이 시작되기 전에는 노예주일지라도 노예제의 점차적인 폐지를 옹호하는 세력이 당내에서 존재하고 성장하였다. 그러나 이제 이러한 법안을 지지하는 목소리는 이곳 어디에서도 들을 수 없다"고 뷰캐넌은 주장했다.[16]

뷰캐넌이 1844년 민주당 대통령후보에 나섰다가 실패했을 때 그는 후보로 지명되어 대통령에 오른 포크를 위해 펜실베이니아에서 조직 구성에서 중추적인 역할을 했다. 그 대가로 뷰캐넌은 국무장관 자리를 받았다. 포크는 국무장관 뷰캐넌에 크게 의존했고, 뷰캐넌은 영국과 텍사스 합병을 위한 마지막 협상을 끌어내어 북부한계선을 49도선으로 설정하였다.

멕시코 전쟁 동안 지친 포크 대통령은 두 번째 출마를 고려하지 않았다. 따라서 1848년에 뷰캐넌은 자신을 민주당 후보로 선출하는 데 유리한 상황을 만들어 나갔다. 그러나 후보경쟁에서 다시 한 번 미시간 출신의 루이스 캐스(Lewis Cass)에게 밀린 뷰캐넌은 개발을 기대하며 최근 구입한 대규모 부동산이 있는 위트랜드로 돌아왔다. 그동안 여러 형제자매들이 죽고 고아가 되었거나 고아나 다름없는 조카와 조카딸, 형제들의 증손녀와 증손자들을 돌보는 일을 했다.[17]

1852년 민주당 후보로서 이번에는 프랭클린 피어스에게 세 번째로 낙선의 고배를 마신 뷰캐넌은 1853년 영국주재 미국대사로 런던으로 나갔다. 뷰캐넌이 런던에 도착하고 얼마 되지 않아 국무부로부터 회람 하나가 도착했다. 외국에 있는 미국관리들은 공무를 수행할 때 '미국시민으로서 단순한 복장을 하고' 리본이나 황금 장식은 하지 말라는 내용이었다. 이 교육 내용은

---

16) Smith, *The Presidency of James Buchanan*, 14쪽.
17) Boller, *Presidential Anecdotes*, 117쪽.

그를 난처하게 만들었다. 영국 관리들은 그에게 정장 코트를 입지 않고는 공식 업무를 볼 수 없다고 말했기 때문이다. 이에 뷰캐넌은 대용물을 생각해 냈다. 군대유니폼이나 미국의 독수리 단추가 달린 푸른 코트를 입으면 되지 않겠는가?

곰곰이 생각한 끝에 뷰캐넌은 결론에 도달했다. 그는 검정색 평상복을 입고 예복에 착용하는 칼을 들고 공식행사에 참석했다.[18] 그건 일종의 속임수였다. 이 일에 대해 그는 이렇게 보고했다. "내가 여왕을 알현하였을 때 그녀의 위엄 서린 얼굴 위로 자상한 미소가 피어올랐다. 마치 '그대는 그런 차림으로 내 앞에 선 최초의 인물이오'라고 말하듯이. 고백컨대, 내 자신이 미국인이라는 사실이 이때보다 더 자랑스럽게 여겨진 적이 없다."

뷰캐넌은 능력 있는 외교관이었다. 그러나 그의 업적은 스페인에게서 쿠바를 구입하는 문제를 재촉하는 과정에서 빛이 바랬다. 파리와 마드리드에서 노예제 찬성론자 단체에 가입하여 열렬히 활동함으로써 나온 오스텐드 성명서(Ostend Manifesto)가 그것이다. 성명서는 이렇게 선언하였다. 만약 스페인이 쿠바를 팔려 하지 않는다면 "우리는 소유주로부터 억지로 쿠바를 빼앗는 일을 정당화할 것이다." 이 무책임한 선언은 쿠바를 노예제에 찬성하는 새로운 영토로 본 남부인들에게는 큰 환영을 받았다. 그러나 남부의 영토확장적인 성향을 불신하는 북부인들이 크게 반발하고 나섰다. 대통령 피어스는 이것을 거부했지만, 1856년 대통령선거가 다가오자 이 성명서는 남부인들 사이에서 뷰캐넌의 인기를 상승시키는 역할을 하였다.

이 오스텐드 성명서와, 노예제 연장을 둘러싸고 캔자스에서 유혈사태가 벌어지는 동안 그가 미국에 없었다는 점이 오하이오 주 신시내티에서 열린 민주당 전당대회에서 그의 입지를 유리하게 만들어 주었다. 특히 노예제에 반대하는 그의 라이벌인 대통령 피어스와 스티븐 더글러스(Stephen

---

18) Klien, *President James Buchanan*, 229쪽.

Douglas)는 캔자스의 노예제 찬성론자들의 운동으로 그 이미지가 손상되어 있었다. 이에 비해 당시 미국에 있지 않았던 뷰캐넌은 '유혈의 캔자스'와도 무관하였고 동시에 남부에도 쉽게 용인되었다. 그는 쉽게 민주당 후보가 되었고 부통령 후보로 켄터키의 존 브레킨리지(John C. Breckinridge)를 선출했다.

11월 대통령선거에서 뷰캐넌은 휘그당의 해체로 생겨난 두 개의 새로운 정당 후보들과 겨루어야 했다. 한 명은 서부 개척자 출신의 존 프리몬트(John Fremont)인데, 그는 노예제에 반대하는 공화당의 지명을 받았고, 다른 한 명은 전에 대통령 후보였던 밀라드 필모어(Millard Fillmore)였다. 그는 반가톨릭과 반이민을 지향하고 세상에 공표되지 않은 토착미국인당(Native American Party) 혹은 아메리카당(Know-Nothing Party)의 후보로 나왔다. 노예주와 캔자스 주에서는 남부인들의 선거운동이 기세를 올리며 만약 '흑인 공화당'이 승리한다면 그들이 연방을 파괴시킬 것이라고 비난하였다. 월스트리트는 공화당이 승리할 경우 그 결과를 두려워하여 민주당에 관대하였다. 미국의 로스차일드 은행 대리인 어거스트 벨몽트(August Belmont)는 민주당에 50,000달러를 기부했다. 그는 그 대가로 후에 해군에서 발주한 건설계약을 따내고 10만 달러에 달하는 공공 인쇄물 계약을 따냈다. 공화당에게는 이러한 금품 수수행위를 막을 만한 힘이 없었다.

뷰캐넌은 일반투표에서 절반 약간 못 되는 표를 얻었고, 선거인단 투표에서 174표로 당선되었다. 프리몬트는 114표, 필모어는 8표였다. 하지만 뷰캐넌이 필모어에게 돌아간 매릴랜드를 제외한 모든 노예주에서 선전하는 동안, 북부에서는 단지 4개 주에서만 승리를 한 것은 민주당에게 불길한 징조였다. 최초의 중요한 대결에서 공화당은 북동부와 서부를 휩쓸었고 1860년 선거에서 대통령을 낼 수 있다는 희망을 갖게 되었다.

화려한 겉치레와 번쩍이는 장식은 1857년 3월 4일 대통령에 취임한 뷰캐넌의 상징이었다. 대통령 당선자는 랭커스터에서 워싱턴행 특별열차를 타고 와서 조카인 해리엇 레인을 데리고 백악관에 입성했다. 약 3만의 방문객이 수도로 몰려들여 거리는 진흙투성이었고, 호텔 로비와 하숙집과 술집은 사람들로 넘쳐났다. 숙박시설이 너무 부족하여 서커스 텐트의 간이 침대에서 하룻밤을 지내는 데 50센트씩이나 지불하는 사람도 있었다. 주 민병대와 금관악기 밴드와 소방대의 경호를 받으며 뷰캐넌은 떠나는 대통령 피어스와 함께 무개마차를 타고 의사당으로 왔다. 80세의 대법원장 로저 토니(Roger B. Toney)가 대통령 선서를 받기 위해 비틀비틀 걸어나왔다.

뷰캐넌에게는 취임식을 빛나게 할 명 연설이나 독창적인 생각이 없었다. 당의 운영과 지역적 갈등 문제보다 우선 자신의 입장에 대해서만 언급하면서 재선에 나서지 않을 것이라는 너무나 어리석은 선언을 했다. 이 선언이야말 로 당면한 위기를 능숙하게 다룰 수 있는 강력한 힘과 지지와 용기를 필요로 할 때에 뷰캐넌을 쓸모 없는 권력누수자인 레임 덕(lame duck)으로 만드는 결정적인 실수 중의 실수가 되었다. 취임연설 도중에 나온 또 하나의 충격적 인 발언은 캔자스의 쓰라린 갈등에 대한 것이었다. 뷰캐넌은 노예제 찬성파 와 반대파 양측에게 곧 결정이 날 드레드 스콧 소송사건의 대법원 판결을 기다리라고 종용했다. 그는 이 판결이 문제를 종결시킬 것이라고 주장했다. 그리고 판결이 어떤 결정을 내리든 "나는 기꺼이 따를 것이며, 모든 선량한 시민들 역시 그렇게 하기를 간청할 것"이라고 선언했다.[19]

물 흐르는 듯한 하얀 드레스에 여러 줄로 된 진주목걸이를 한 눈부시게 화려한 해리엇이 취임식장 근처 사법부 광장에 임시로 마련된 무도회장에서 사회를 보았다. 금색으로 장식한 별들이 흰색 천장에 반사되어 반짝거리고 있었고 붉은색, 흰색, 푸른색 천이 벽에 꽃 줄 장식으로 드리워져 있었다. 한 참석자는 '이런 화려함에 이런 열기'라고 표현했다. 의원들은 포도주에

---

19) 뷰캐넌과 드레드 스콧에 대해서는 Smith, *The Presidency of James Buchanan*, 24~29쪽과 Nevins, *The Emergence of Lincoln*, 91~118쪽에 잘 설명되어 있다.

취해 과도하게 흥분하여 이층방에서 문을 닫아야 할 정도였다. 러시아 대사인 스톡켈 남작(Baron de Stoeckel)은 프랑스 대사 부인인 마담 사르티지스(Sartiges)에게 "워싱턴의 현재 상황은 1830년 혁명을 겪고 있는 파리와 같지 않느냐"고 말했다. 당시의 국왕 루이 필립이 주도한 한 무도회에서 탈레랑(Talleyrand)은 왕에게 이렇게 말했다. "폐하, 우리는 지금 화산 속에서 춤을 추고 있는 것 같지 않습니까."[20]

이틀 후 대법원장 토니는 떨리는 목소리로 드레드 스콧 사건에 대한 대법원 판결을 전달했다. 예상대로 판결은 스콧의 희망을 짓밟아 버렸다. 토니는 "흑인에게는 백인이 보호받게 될 권리가 없다"고 선언했다. 그러나 예상치 않게 대법원은 거기에 멈추지 않고 준주에서 노예제를 억제하려는 시도는 적절한 절차 없이 노예소유주의 재산권을 침해하는 것이기 때문에 불법이라고 선언했다. 이 선언에 분노한 북부인들은 뷰캐넌의 음모를 눈치챘다. 북부인들은 뷰캐넌이 노예제를 새로운 지역으로 확산시킬 생각으로 대법원 판결에 앞서 표리부동한 행동을 했다고 비난했다.

사실 책략과 농간에 능했던 뷰캐넌은 당시 알려진 것보다 훨씬 더 많이 드레드 스콧 재판에 영향력을 행사했다. 반세기가 지나고 대법원장 토니는 취임식 직전, 대통령 당선자로부터 너무나 중요하고 임박해 있는 판결에 대해 명백히 사법윤리에 반한 행위를 하도록 지시받았다는 사실이 밝혀졌다. 뷰캐넌은 7 : 2의 다수가 스콧의 주장을 반대했다고 말했다. 그러나 사실 남부 노예주 출신 판사 5명만이 노예제의 확산을 막으려 하는 의회의 노력을 무산시킬 준비가 되어 있었다. 사실 뷰캐넌은 친구이자 펜실베이니아 주 출신 판사인 로버트 그리어(Robert C. Grier)를 설득하여 지역 정서에 오점을 남기지 않도록 남부 출신의 결정에 동참하게 했다. 이는 권력분립 원칙에 대한 명백한 위반행위임과 동시에 대법원의 판결에 영향력을 행사하지

---

20) Klien, *President James Buchanan*, 272쪽.

않는 미국의 전통을 파괴하는 것이었다. 뷰캐넌은 그리어를 회유했고 그리어는 여기에 굴복하였다.

남부를 위한 뷰캐넌의 간섭과 회유는 평생 그가 저지른 실수 중 가장 큰 실수였다. 간섭과 회유를 통해 대법원 판정에 영향력을 행사하는 것이 명백하게 부당한 것임에도 불구하고 그는 전혀 거리낌 없이 이러한 행위가 북부에도 통할 것이라는 생각했다. 너무나 어리석은 판단이었다. 대법원의 공명정대성은 흠집이 났고, 남부의 승리를 위한 이러한 편파적인 판결은 새로운 대통령과 남부에 대한 대대적인 반발을 불러왔다. 말하자면, 뷰캐넌의 적절치 못한 행동이 전체 북부인의 반발을 불러일으켰고, 준주로의 노예제 확산 문제는 더욱 심각하게 악화되었다.

뷰캐넌의 실수는 여기에서 그치지 않았다. 1856년 상하 양원에서 다수당을 확보한 민주당과 함께 그는 캔자스를 노예주로 연방에 강제 가입시키고자 했다. 노예제 찬성론자들은 캔자스의 리컴톤(Lecompton)에서 1857년 대표자 회의를 소집하여 노예주로 연방에 가입하는 캔자스를 위한 주 헌법을 제정했다. 그러나 이것(주 헌법)을 사기와 속임수에 지나지 않는 것이라고 본 노예제 반대론자들은 혹독하고도 당연한 공격을 가했다. 그럼에도 불구하고 뷰캐넌은 심지어 의회를 향해 리컴톤 헌법을 가진 캔자스를 연방의 일원으로 승인할 것을 강력히 요청했다. 하나의 주가 자유주가 될 것인지 노예주가 될 것인지는 해당 지역에 살고 있는 주민들이 결정해야 한다는 주민주권을 강력하게 지지한 스티븐 더글러스(Stephen Douglas)가 이끄는 북부와 서부지역 민주당원들은 이를 기만행위로 규정하고 대통령을 혹독하게 비난했다.[21]

더글러스는 1858년 상원의원에 재선하기 위해서도, 또 노예제도의 확산에 강력히 반대하는 일리노이 주 유권자들에 부응하여 만약 자신이 리컴톤

---

21) 뷰캐넌과 리컴톤 헌법에 대해서는 Smith, *The Presidency of James Buchanan*, 31~46쪽에 잘 설명되어 있다.

헌법을 찬성하게 된다면 1860년의 대통령선거에 나갈 기회를 상실하게 될 뿐 아니라 상원 의석까지도 잃을 수 있다는 사실을 알고 있었다. 백악관에서 이 문제를 놓고 뷰캐넌과 더글러스가 격렬히 대결하였다. 뷰캐넌은 더글러스에게 행정부에 대해 반대를 위한 반대를 하고 있다고 경고하면서 지난날 앤드류 잭슨이 자신에 반대하는 정치가들을 철저히 파괴시켰다는 점을 더글러스에게 주지시켰다. 이에 작은 거인으로 불린 더글러스는 대통령의 말을 잡아채면서 "대통령! 잭슨 장군은 죽고 없지 않소!" 하면서 화를 냈다.[22]

자신의 당이 분열의 위험에 처해 있음에도 뷰캐넌은 리컴톤 헌법을 관철시키고자 계속 아집을 부렸다. 반면 더글러스는 이 헌법을 다시 한 번 캔자스 주민투표에 부칠 것을 요구했다. 이에 발끈한 대통령은 더글러스를 후원하는 체신장관과 더글러스의 주선으로 공무원이 된 많은 사람들을 해고시켜 버렸다. 리컴톤 헌법을 통과시키기 위해 '부정과 폭력, 그리고 현금매수' 등 온갖 추잡한 수단이 연방 하원의원들 사이에서 자행되었다.[23] 그러나 더글러스가 이끄는 민주당원과 새롭게 탄생한 공화당원과 아메리카당의 연합은 뷰캐넌의 야욕을 패배시켰다. 더글러스의 주장대로 노예제도에 찬성하는 자들의 헌법은 캔자스 주민들의 주민투표에 부쳐졌고, 주민들은 리컴톤 헌법을 압도적인 표차로 거부하였다. 캔자스는 1861년 자유주로 연방에 가입했다. 그러나 여전히 노예제도의 확산 문제는 불씨를 남기고 있었다.

뷰캐넌은 만약 자신이 리컴톤 헌법을 지지하지 않았더라면 남부주들이 연방에서 탈퇴하거나 무기를 들어 전쟁을 시작했을 것이라고 주장하며 자신의 행동을 변호했다. 그러나 뷰캐넌의 이러한 강변은 정당화될 수

---

22) *Ibid.*, 41쪽.
23) Van Woodward, ed, *Responses of the Presidents to Charges of Misconduct*, 86~87 쪽.

있는 것이 아니었다. 1858년에 남부는 호전적인 열렬한 노예제도 찬성론자들에게 지배되고 있었고, 뿐만 아니라 캔자스에서 공정한 투표를 실시하는 것에 대한 반대는 연방탈퇴를 위한 충분한 구실이 될 수 없다는 것을 인정한 현실주의자들에 의해 지배되고 있었다. 백악관은 친남부적 성향을 가진 민주당원이 진을 치고 있었고, 상·하 양원에서도 민주당이 다수당을 차지하고 있었다. 대법원에 대한 민주당의 영향력 역시 압도적이었다. 따라서 뷰캐넌에게 조금이라도 창조적 지도력이 있었다면 남북 간의 피비린내 나는 전쟁은 막을 수 있었을 것이다. 1820년에서 1854년까지의 선례를 통해 남북은 타협이라는 전통을 가지고 있었다.또 당시에는 국가적 통일에 대한 기회와 열망이 대두하고 있었다. 그러나 뷰캐넌에게는 이것을 이룰 만한 정치적 창조력이 너무나 부족했다.

민주당의 번영과 발전에 우선하여 더글러스에 대한 개인적 증오심 때문에 때문에 뷰캐넌은 1858년 선거에서 그를 추방시키는 데 골몰했다. 당의 지도자로서 뷰캐넌은 당연히 민주당 상원의원 중 한 사람인 더글러스의 재선에 축하를 보냈어야 했다. 그러나 오히려 그는 더글러스로 인하여 공화당 의석을 하나 잃은 것에 대해 아쉬워했다. 물론 뷰캐넌은 더글러스의 재선에 노골적으로 반대하지는 않고 최소한 중립의 입장을 취하였다. 그 때문인지는 확실치 않으나 어쨌든 더글러스는 공화당 후보인 에이브러햄 링컨과 여러 차례에 걸쳐 그 유명한 프리포트(Freeport) 논쟁을 한 후에 간신히 재선되었다. 이 논쟁으로 링컨은 1860년 대통령선거에서 그의 이름을 떠올릴 정도의 인물로 부상하게 되었다.

대부분의 북부 출신 민주당원에게 1858년 선거는 완패였다. 공화당이 주지사, 상원, 하원을 휩쓸었기 때문이다. 뷰캐넌은 충격을 받았다. 그는 "패배가 너무 심각해 상황이 터무니없어 보인다"고 하면서 패배를 인정했다.24) 그럼에도 그는 현실로부터 점점 멀어지고 있었다. 형편없는 중간선거

결과에도 불구하고 뷰캐넌은 "전망은 밝아지고 있다. 현재의 상황으로 보아 당은 앞으로 철저히 단합할 것이다"고 하는 황당한 발언을 했다.

토머스 제퍼슨과 존 퀸시 애덤스를 제외하면 외교업무 면에서 뷰캐넌의 경험과 견줄 만한 대통령은 없다. 그는 국제문제에서 미국을 위한 활발하고 역동적인 역할을 완수해 냈다. 사실 그 자신은 외교적 승리를 무기로 삼아 대중의 관심을 지역적 대결상태에서 다른 곳으로 돌리고자 했다. 그는 러시아로부터 알래스카를, 스페인으로부터 쿠바를 사들일 생각을 하고 있었다. 또한 그는 중앙아메리카를 가로지르는 두 대양을 잇는 무역로를 장악하고, 멕시코와 카리브 해에서 미국의 우위를 확보하는 것은 물론, 대륙 횡단철도로 국가를 확장시키려고 했다.

이런 이유로 노예제를 둘러싼 지역적·파당적 갈등과 그로 인한 연방탈퇴, 남북전쟁의 발발이 없었다면 뷰캐넌은 어쩌면 미국 역사상 시어도어 루즈벨트를 넘어 가장 적극적인 팽창주의자로 기억될 수 있었을 것이다. 그러나 그의 야심찬 계획은 지역적 갈등에 빠진 의회의 분쟁과 언쟁 속에 함몰되어 버렸다. 심지어 일상적으로 이루어지는 평범한 정부예산 지출까지 그대로 넘어가지 않았다. 예컨대 유타에서 벌어진 모르몬 교도와의 소규모 갈등을 처리하는 데에도 엄청난 어려움을 겪어야 했다.

"우리의 현재 재정상태는 우리 역사상 어느 때와도 비교할 수 없습니다. 연방정부의 재정은 넘쳐나고 있습니다"고 대통령은 취임식 때 자랑을 했다. 그러나 한 달도 채 되지 않아 은행들이 파산했고 두려움과 공포가 월가를 엄습했다. 공장들은 문을 닫았다. 굶주린 노동자들은 떼를 지어 북부 여러 도시로 몰려들어 "빵 아니면 피!"를 외쳤다. 철도 건설을 둘러싼 비정상적인 투기열풍, 수입증가에 따른 관세인하 요구, 그리고 크림 전쟁의 종전과 함께 닥친 유럽에서의 식량수요 격감 등은 사회적 변화를 요구하는 흐름을

---

24) Smith, *The Presidency of James Buchanan*, 81쪽.

형성하며 뷰캐넌 행정부를 엄습하고 있었다. 그러나 이에 대한 뷰캐넌의 반응은 너무나 구태의연한 것이었다. 정부는 국민의 고통에 동정을 보였지만 국민들의 곤궁을 완화시키기 위해 한 일은 아무것도 없었다. 결국 그와 그의 행정부가 손을 놓고 있는 상태에서, 기대할 수 있는 것은 자연적인 경기부양과 미국인의 역동적인 에너지가 다시 활력을 되찾는 것뿐이었다. 그러나 이는 거저 주어지는 것이 아니었다. 이름 없는 수천 명의 사람들이 파산하고, 굶주리고, 절망을 겪은 후에라야 이루어질 수 있는 것이었다.[25]

장기간에 걸쳐 미국의 정치 현장에 어두운 그림자를 드리운 뷰캐넌 행정부 시기의 경기침체 속에서 너무나 중요한 두 가지 사고가 형성되었다. 북부지역에서는 현 민주당 행정부에게 버림받았다고 여긴 불만 가득한 공장노동자들이 현재 자신들이 겪고 있는 어려움은 낮은 관세 때문이며, 만약 공화당이 정권을 잡게 되면 관세와 노동자의 임금이 상승할 것이라는 생각이었다. 그래서 그들은 공화당의 주장에 열심히 귀를 기울였다. 반면 경기침체가 면화경제에 거의 영향을 미치지 않았던 남부지역에서는, 북부지역의 파탄은 노예제도 폐지라는 범죄와도 같은 행위와 북부도시의 타락에 대한 정당한 보복으로 생각하고 당연한 것으로 보았다. 남부인들은 "면화가 왕이다!"(Cotton is King)고 선언했다. 만약 양키들이 남부인의 주장과 생각을 따르지 않는다면 남부는 연방을 버릴 것이고, 남부만 번영의 세계로 들어갈 것이라고 선언했다.

비록 후에 뷰캐넌이 연방을 탈퇴하는 남부주들에 반대하여 연방헌법을 이용할 힘이 없었다고 주장했지만, 그는 유타 준주에서 벌어진 모르몬 교도의 행위를 연방정부에 대한 반항으로 간주하고 가차 없이 이를 진압하였다. 오하이오, 미주리, 일리노이에서 탄압을 받은 모르몬 교도들은 1847년 브리검 영(Brigham Young)의 지도에 따라 유타의 새로운 영토로 이동했다.

---

25) 1857년 공황에 대해서는 Stampp, *America in 1857*, 219~136쪽에 잘 언급되어 있다.

몇 년 후 이들은 인원과 힘과 부를 확보하였고, 일부일처주의의 민주주의 나라에서 일부다처의 신정정치를 강요했다. 브리검 영은 의회를 설득하여 자신을 주지사로 하는 유타 준주를 세울 것을 요구했다. 그러나 대부분의 의원들은 유타를 부정행위로 얻은 의붓자식 쯤으로 여겼고 유타는 워싱턴 정가에서 철저히 무시당하였다.

1855년 대통령 피어스는 3명의 연방판사—2명은 모르몬교를 배교한 사람이고, 1명은 모르몬을 너무나 증오하는 사람이었다—를 유타에 파견하였다. 그들은 브리검 영이 명령한 법과 교회의 계급구조에만 따르는 주민들이 자신들의 명령을 무시한다며 연방정부에 불평을해댔다. 이러한 불평에 대한 사실 여부는 알아보지도 않은 채 뷰캐넌은 무조건 영을 주지사직에서 해임하고 주민들이 새로운 주지사의 명령에 복종하도록 250명의 군대를 유타에 파견했다. 그러나 불행하게도 유타의 주지사에게는 모르몬의 선지자가 다른 사람으로 교체되었음을 알리는 공식 서류가 전달되지 않았다. 당시 피어스 대통령이 경제적인 이유로 유타의 우편시설을 폐쇄해 버렸기 때문이다. 정부로부터 아무런 공식문건도 받지 못한 상태에서 단지 대규모 군대가 유타로 들어온다는 소식을 들은 영은 자신이 만든 군대를 동원했다.

그 결과 모르몬 교도들은 2개의 연방 요새를 불질렀고, 군대 마차 행렬을 공격했다. 광신적인 모르몬 교도들은 캘리포니아 근처에 살고 있는 120명에 달하는 이민들을 학살해 버렸다. 상황이 이렇게 되자 마침내 뷰캐넌의 친구이자 모르몬 교도들에게 매우 동정적이었던 필라델피아의 토머스 캐인(Thomas L. Kane)이 브리검 영과 대화하기 위해 자신을 솔트 레이크 시로 보내줄 것을 대통령에게 요청했다. 이에 대통령은 동의했다. 캐인과 회담을 하면서 더 많은 군대가 오고 있다는 말을 들은 영은 현실을 인정하여 요구를 받아들였고, 문제는 해결되었다. 이 과정에서 그야말로 아무것도 한 일이 없는 뷰캐넌은 의회에서 다음과 같은 말을 했다. "나는 유타의 주지사와 다른 시민 장교들이 이제 순순히 적절한 기능을 수행하게 되었음을 의원 여러분들에게 통고하게 되어 매우 기쁩니다. … 이제 준주에는 평화가 도래했습니다."26)

그러나 이 말은 이 나라의 나머지 지역에서 적용되어야 할 것이었다.

1859년 10월 16일 밤이 깊어갈 무렵 분노로 이글이글 타는 듯한 눈을 가진 열광적인 노예제 폐지론자이자 테러리스트인 존 브라운(John Brown) 이 노예반란을 선동할 의도로 웨스트버지니아의 하퍼즈페리에 있는 연방군 의 병기고를 습격했다. 이 과정에서 여러 사람이 죽고 브라운은 그를 추종하 는 18명의 흑인과 백인들과 함께 연방 병기고의 소방서에 자리를 잡았다. 도대체 무슨 일이 일어나고 있는가? 드디어 억제될 수 없는 갈등이 폭발한 것인가? 심한 충격을 받은 뷰캐넌은 서둘러서 전쟁장관 존 프로이드(John B. Floyd)를 만났고, 프로이드는 당시 대령 신분이었던 로버트 리(Robert E. Lee)가 지휘하는 연방군 1개 중대를 사건현장으로 파견했다. 단 몇 시간 만에 브라운의 추종자 10명이 목숨을 잃고 브라운과 나머지 사람들은 체포되 어 재판정에서 버지니아 주에 대한 반란죄를 선고받아 교수형에 처해졌다.

브라운이 노예해방을 위해 뿌려놓은 씨앗은 남부 여러 도시에서 남부인들 에게 두려움을 불러일으켰다. 남부의 백인들은 자신의 목을 만지면서 몸서 리를 쳤다. 브라운과 폭도들이 누구를 대상으로 반란을 일으켰는지 너무나 잘 알고 있었기 때문이다. 심지어 남부의 중도파들조차 이제는 북부 중심의 연방을 따르든지 아니면 위험스럽기 짝이 없는 적들을 상대하여 자신들의 생활을 보호하는 쪽을 따르든지 선택을 해야만 했다. 조지아, 앨라배마, 미시시피, 루이지애나 등 최남부 지방에서는 자신들의 안전을 지키기 위해 자발적으로 민병대가 조직되었고, 군수품을 마련하기 위해 수많은 자금이

26) 모르몬 교도와의 전쟁에 대해서는 *Ibid.*, 201~209쪽에 잘 설명되어 있다.

유용되었다. 그리고 그들은 만약 1860년에 노예제도에 반대하는 북부의 '흑인공화국'이 대통령을 선출한다면 남부는 연방에서 탈퇴하겠다고 경고했다. 그러나 이러한 남부와는 너무나 상이하게 북부지역에서는 처형당한 브라운이 노예제도 반대운동의 순교자로 칭송을 받고 있었다. 특히 유명한 랄프 에머슨(Ralph Waldo Emerson)과 같은 노예제 폐지론자는 브라운을 "십자가에 처형당한 예수와 같이 영광스러운 교수형을 당한 사람"으로 예찬했다. 이러한 분위기는 남부 백인들에게 경악과 두려움을 더욱 부채질하였다.

연방을 파괴로 이끈 이 사건의 영향은 빠르게 번져나갔다. 마치 전쟁을 위한 진군의 북소리가 더 크게 울려 퍼지듯 갈등은 증폭되어 갔다.[27] 캔자스 문제를 둘러싼 대통령 뷰캐넌의 서툴기 짝이 없는 처신은 결국 민주당의 분열을 가져왔다. 노예제도에 찬성하고 폭력적인 방법을 동원해서라도 이를 지켜야 한다고 생각하는 사람들의 온상인 찰스턴에서 1860년 4월 민주당 전당대회가 열렸다. 바로 이 대회에서 준주에서의 노예제도 보호를 당연시하는 강령을 요구하는 문제를 두고 민주당이 분리되었다. 대통령후보를 내기 위해 투표가 이루어졌을 때 하(下)남부 8개 주의 대표단들은 퇴장해 버렸다. 남은 민주당 대표단들은 무려 57차례에 걸쳐 대통령후보자 결정선거를 했지만 결국 후보를 내지 못한 채 해산해 버렸다. 두 달 후 볼티모어에서 다시 만난 민주당은 이제는 거의 가치가 없어진 더글러스를 대통령후보로 지명했고, 반면 희망을 상실한 일부 남부 민주당원은 친(親)노예제 강령을 채택하고 현직 부통령인 텍사스의 존 브레킨리지(John Breckinridge)를 대통령후보로 지명했다.

공화당의 보수적 색채에도 불구하고 휘그당과 아메리카당의 일부 세력은, 노예제도 문제에서는 모호한 태도를 보였지만 법과 연방에 대해 강력한

---

27) 남북전쟁 전(前) 단계에 대한 설명은 Nevins, *The Emergence of Lincoln*에 상세하다.

지지를 보내는 호헌통일당(Constitutional Union party)을 만들어 테네시주의 존 벨(John Bell)을 대통령후보로 지명했다.

아무 희망 없이 민주당이 분리된 상태에서, 링컨은 비록 유권자의 39.8%에게만 지지를 얻었지만 쉽게 대통령에 당선되었다. 뷰캐넌은 브레킨리지에게 표를 던졌다. 대통령에 당선된 링컨은 비록 노예제도가 현존하고 있는 곳에서는 이를 완전히 말살시키지 않겠다고 명백히 했음에도 불구하고, 선거가 끝나자마자 사우스캐롤라이나를 비롯한 하(下)남부 지역에서 연방 탈퇴의 요구가 갈수록 심해졌다. 당시 남부에서 권력을 잡고 있던 극단주의자들은 링컨의 당선이야말로 북부가 노예제도를 완전히 제거하려 하는 의도를 입증한 것이라고 주장했다. 두려움과 자존심과 명예가 뒤섞여 남부인들은 새롭고 독립된 공화국을 세워 자신들의 생활방식을 보존해야 한다는 것을 절감했다.

거의 일흔 가까운 나이에 노쇠하고 건강이 악화된 뷰캐넌은 온 나라를 휘감고 있는 이 소용돌이를 보면서 자포자기 상태에 빠져 버렸다. 교활한 탈퇴주의자들과 공화당 앞잡이로 득실거리는 내각의 영향력에서 벗어나지 못한 채 허우적거린 뷰캐넌은 고통 속에서 자신의 의무를 다해 보고자 했다. 그러나 민첩하고 단호한 결정과는 전혀 거리가 멀었던 그는, 탈퇴나 남북전쟁은 선거와 그가 링컨에게 대통령직을 넘겨주기까지 넉 달 간의 불편한 정치공백 기간에 해결되리라는 막연한 희망을 안고 형세만 관망하였다. 연방정부의 우월성을 주장하고 그리고 무력을 사용하겠다는 위협을 가함으로써, 1832년 연방정부의 관세법에 대해 무효법령을 통과시킨 사우스캐롤라이나의 행위를 단호히 물리친 앤드류 잭슨과는 전혀 다르게, 뷰캐넌은 남부의 탈퇴에 대해 어떤 조치도 취하지 않았다. 한 역사가는 뷰캐넌을 두고 "때로는 너무나 망설여 우유부단하고, 때로는 너무나 고집이 세고, 확고부동한 결의가 요구될 때에도 너무나 의지가 부족한 그는 여러 기회를

모두 내동댕이치고 당황과 혼란의 와중에서 허우적거리기만 했다"고 말했다.[28]

1860년 12월에 있었던 연두연설에서 뷰캐넌은 탈퇴를 시도하는 남부주들을 향해 앤드류 잭슨과 같은 강력한 지도력을 발휘할 기회가 있었다. 그러나 그는 안절부절 못하며 우유부단하게 막연히 상황이 좋아지기만을 기다리고 있었다. 아니, 오히려 그는 노예제 폐지론자들을 향해 국가를 형제살해 상태로 끌어 간다고 비난했다. 이것은 연방의 파괴를 인정치 않고 어떤 타협이든 받아들일 생각을 하고 있던 북부인들의 입장을 더욱 어렵게 만들었다. 반면 그는 남부인들에게는 링컨이 어떤 서툰 행동을 하지나 않는지 지켜보도록 요구했다. 그는 연방으로부터의 탈퇴는 비헌법적이라고 이야기 했지만, 연방정부는 이것을 막을 수단이나 또 탈퇴하는 주(州)를 억압해서 연방에 남겨놓을 수단을 가지고 있지 않다고 생각했다. 상황은 이제 뷰캐넌의 이성적 호소로 처리할 수 있는 단계를 완전히 벗어나고 있었다.

그럼에도 불구하고 뷰캐넌은 크리스마스 전에 열린 한 무도회에 참가했다. 여기에서 그는 밖에서 소동(전쟁)이 일어났다는 소리를 들었고, 무슨 일이 일어났는지 확인하기 위해 한 여성을 보냈다. 그녀가 본 것은 매우 기뻐하며 전보를 높이 쳐들고 흔들면서 "사우스캐롤라이나주가 탈퇴를 했다! 사우스캐롤라이나주가 탈퇴를 했다!"고 외치는 사우스캐롤라이나주 하원의원이었다. 흥분한 군중을 뚫고 대통령에게 돌아온 이 여인이 소식을 전해주었다. 소식을 들은 뷰캐넌의 얼굴은 갑자기 몇 년은 더 늙어 보였다. "누군가 마차 좀 좀 불러주지 않겠소 나는 가야 합니다"고 힘없이 중얼거렸다.[29]

연이어 다른 여섯 개 주―앨라배마, 플로리다, 조지아, 루이지애나, 미시시피, 텍사스―가 사우스캐롤라이나를 따라 연방에서 탈퇴했다. 1861년 2월

---

28) Rhodes, *History of the United States* vol. 3, 150쪽.
29) Boller, *Presidential Anecdotes*, 120쪽.

9일 그들은 앨라배마 주 몽고메리에서 미국 남부동맹의 임시정부를 조직했다. 연방의 요새와 병기고뿐 아니라 재무성 분국이 새로운 체제에게 넘어갔다. 순식간에 뷰캐넌을 둘러싼 탈퇴주의자들이 그들이 점령하고 있는 남부지역의 병기고로 무기를 보내고 남부 조폐국에 황금을 보낼 음모를 꾸미고 있다는 소문이 북부 전역으로 퍼졌다. 남부동맹에 넘어가지 않고 연방군의 수중에 남은 유일한 요새는 아직 완성되지 않은 상태로 고립된 찰스톤 항의 섬터 요새뿐이었다. 이곳은 위기일발의 지역이었다.

남부주들의 탈퇴로 인하여 새롭게 구성된 연방정부 내각에서 용기를 얻은 뷰캐넌은 약간의 주도권을 행사했다. 그러나 별 희망이 보이지 않는 섬터 요새를 구하고 이를 강화시키고자 한 시도는, 군대를 태운 비무장 기선이 섬터로 향하던 중 사우스캐롤라이나 주의 깃발이 휘날리는 포대의 공격을 받고 후퇴하면서 실패로 끝났다. 비난의 화살이 빗발치는 가운데 대통령 뷰캐넌은 이 상황을 합법적으로 해결할 수 있도록 자신에게 새로운 권력을 줄 것을 의회에 요청했다. 그러나 민병대를 소집하는 법안과 군에 대한 뷰캐넌의 권한을 확대하는 법안은 당연히 링컨과 공화당의 반대로 무산되었다. 이제 뷰캐넌은 이 현실적 위기를 해결하는 최고의 방법은 노예제도를 원하는 주(州)에서는 노예제도를 인정하도록 헌법을 수정하는 길이라고 생각했다. 그러나 남부인들조차 이미 흥분의 도가니에 휩싸여 이런 방안에는 관심을 표명하지 않았다.

깊은 시름 속에서 퇴임하는 뷰캐넌은 "존경하는 대통령 각하, 만약 당신이 내가 위트랜드로 돌아가면서 느끼는 이 심정과 같이 백악관으로 들어갈 수 있다면 당신은 정말 행복한 사람입니다"고 말하면서 1861년 3월 4일 링컨에게 대통령직을 넘겨주었다.[30]

---

30) Klien, *President James Buchanan*, 402쪽.

뷰캐넌은 사람들의 경멸 속에서 고향으로 돌아갔다. 섬터 요새가 화염에 휩싸이자 뷰캐넌은 링컨과 연방을 지지하는 입장을 취했지만 이는 형식에 불과했다. 그는 남부에 대한 자신의 우유부단한 태도가 결국 전쟁을 촉발시켰고 따라서 그의 내각은 국가에 큰 반역죄를 지었다는 비난에 대해 자신을 변명하는 데 그의 인생 나머지를 모두 소비해 버렸다. 연방 상원은 뷰캐넌이 "남부 탈퇴주의자들과 그들의 반역적 행위에 동정적이었다"는 이유를 들어 그를 고발하는 결의안을 고려했다. 그러나 결의안은 간발의 차이로 통과되지 않았다. 사상자 수가 늘어나면서 그에 대한 비난과 모욕도 늘어났고 그는 이를 피해 영국의 랭커스터로 떠나 버렸으나 이곳에서도 늘 생명의 위협을 느껴야 했다.

그렇다고 해서 이 늙은이의 망상이 죽은 것은 아니었다. 1864년 말 여전히 뷰캐넌은 고집스럽게 '이전처럼 다시 연방에 복귀하라는 순진한 제안을 남부동맹이 받아들일 것'이라는 생각을 고수하고 있었다. 그리고 노예제 폐지론자들이 이 전쟁의 유일한 책임자라는 믿음 또한 전혀 버리지 않았다. 그는 노예해방선언에 반대했고, 해방노예에게 투표권을 주는 것은 위험천만하며 비헌법적이라고 생각했다. 1868년 1월 1일에 제임스 뷰캐넌은 76세의 병약한 몸으로 죽었다. 죽기 얼마 전에 한 친구에게 "나는 나의 삶과 내가 몸담은 어떤 공직에 대해서도 후회하지 않는다. 역사가 이를 기억해줄 것이다"[31]라는 말을 남겼다.

그의 이러한 믿음은 빗나갔다. 이직도 역사는 그에게 원한을 품고 있다. 미국의 한 현인은 다음과 같은 말로 뷰캐넌의 생각에 대해 미리 평가를 해준 것 같다. "이 세상에는 그 어떤 선한 전쟁도 없으며, 그 어떤 악한 평화도 없다."

---

31) *Ibid.*, 427쪽.

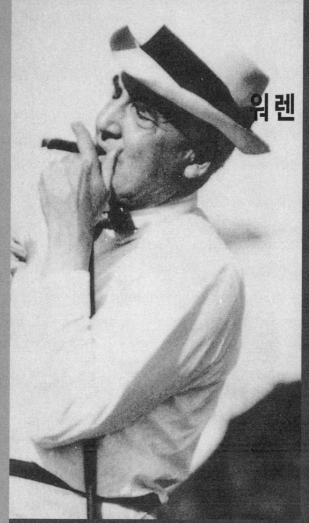

워렌 하딩

Warren Harding

1921~1923
무능함, 소심함, 부도덕성, 인사실패,
친구와 친인척 관리의 실패 등 총체적 실패의 전형

하딩이 최악의 대통령으로 선정된 이유

1 대통령이 되는 과정과 배경은 하딩에 대한 최악의 평가를 당연한 것으로 만들었다. 왜냐하면 하딩은 자신의 능력이나 지도력, 성실성, 심지어 대통령이 되고자 하는 의지와도 관계 없이 순전히 외적인 요인으로 대통령에 당선되었기 때문이다. 한 마디로 그는 우연히 대통령이 되었다. 시공간이 적절히 조화되어 하딩은 자신의 말처럼 "대통령직에 적합하지 않은" 대통령으로 제조되었다. 시공간적 배경과 대통령처럼 보이는 하딩의 외모, 이를 절묘히 이용한 오하이오 출신의 공화당 정치꾼의 합작으로 하딩은 대통령이 되었다. 물론 하딩이 백악관에 대한 야심이 전혀 없었다고는 확신할 수 없지만, 그러나 그는 최소한의 준비도 되지 않은 상태에서 대통령으로 제조되었다.

2 하딩은 본질적으로 "역량과 자질이 부족하고", "자신의 능력 이상의 것을 추구"했다. 그는 개인생활 면에서 대통령이 되기에 함량미달이었다. 대통령이라는 지위는 당시에 발생하는 국내외의 큰 사건과 문제들에 대해 정통하고 고도의 관심을 가지고 있어야 한다. 그는 성실하지도 않았다. 그의 관심이 집중된 곳은 포커게임이나 밀조된 버번 위스키, 말 잘 듣는 여자였다. 그는 자신의 말처럼 작은 마을 출신의 정치가였으며, 또한 평범한 인간이 할 수 있는 일보다 훨씬 많은 것을 요구하는 자리에서 허우적거린 평범한 인간이었다. 대통령으로서의 자질과 정치적 능력이 부족했기 때문에 하딩은 그 스스로 이룬 업적이 거의 없다. 그는 거의 모든 문제를 그가 믿는 사람들에게 맡겼고 그것으로 끝이었다.

무능하고 게으르고 의지가 약한 하딩은 이런 대통령에게 당연한 결과겠지만 인사정책에서 최악의 실패를 낳았다. 그는 장관직을 비롯하여 국가의 중요한 책임을 요하는 자리를 고향 오하이오의 친구들과 친인척들에게 나누어 분배함으로써, 그들의 사리사욕으로 가득찬 가장 추잡한 스캔들 행정부가 되었다. 그는 스스로 머리가 좋지 않음을 인정하고 이 나라 최고의 지성을 책임자로 선발하여 국정을 맡기고자 했으나, 고향 친구들과 아내 플로렌스의 요구를 뿌리치지 못하고 최고의 지성과는 거리가 먼 사람들을 백악관에 들였다. 그리고 그들에게 무조건 일을 맡기고는 그것으로 끝이었다. 백악관은 이들 오하이오의 갱(Ohio Gang)의 놀이판으로 전락했다.

3 설상가상으로 하딩은 대통령으로서 클린턴 이상의 섹스 스캔들을 일으켰다. 그것도 자신의 친구 아내와, 또 13세 연하의 고향 후배와 백악관 벽장 속에서 섹스를 즐겼다. 그나마 공적인 국가사는 처리하면서 바람을 피웠던 클린턴과 달리 하딩은 공과 사도 구분하지 못하며 정사사건을 일으킨 장본인이었다. 심지어 하딩은 공화당 대통령후보를 선발하는 전당대회에서 하딩이 마련한 특별석에 애인을 앉혀 두기조차 했다. 친구의 아내인 캐리 필립스는 대통령선거에 지장이 있다고 하여 일본으로 추방하다시피 해서 내보냈고, 고향 후배 낸 브리턴은 하딩의 딸을 낳았다.

미국 역사상 이렇게 철저하고 완벽한
바보는 찾아볼 수 없다!

기자 멍켄(H. L. Mencken)은 어떤 코미디에서나 흔히 볼 수 있는 묘한 즐거움
을 생각하면서 워렌 하딩의 대통령 취임식을 지켜보기 위해 1921년 3월
4일 아침 워싱턴으로 달려갔다. 얼굴이 떨어져 나갈 것처럼 매서운 추위
속에서 울려퍼지는 제29대 대통령 취임연설의 내용을 더 잘 듣기 위해
멍켄은 접는 의자를 들고 이리저리 자리를 옮겨다녔지만 용이하지 않았다.
처음에 그는 하딩을 좋아하고 따라서 하딩에게 투표한 것을 자랑스럽게
여겼지만 이내 마음이 변했다. 그렇게 오랫동안 지지해 왔던 하딩의 계속된
불미스러움에 고개를 돌린 멍켄은 "지금까지 미국 역사 그 어디에도 이렇게
철저하고 완벽한 바보(nitwit)는 찾아볼 수 없다"고 공화당 출신 새 대통령을
평가하는 논평을 냈다.[1]

시간이 지나면서 다른 여러 사람들이 이 볼티모어 출신의 현자가 내린
평가를 계속 확인시켜 주었다. 퇴임한 우드로 윌슨 대통령 때 재무장관을

---

[1] Manchester, *Disturber of the Peace*, 116~117쪽 ; H. L. Mencken, *A Carnival of Buncombe*, 32쪽.

지낸 윌리엄 맥아두(William G. McAdoo)는 "하딩의 연설은 마치 생각 하나를 얻기 위해 여기저기를 헤매는 수많은 과시적인 말의 흉내내기 같은 인상"을 준다고 평했다.2) 시인인 커밍스(E. E. Cummings)는 하딩은 "일곱 번 이상 문법적인 실수를 저지르면서 단순한 평서문을 쓰는 유일한 남자이거 나, 혹은 여자이거나, 혹은 어린아이"라고 평가했다.3) 앨리스 롱워스(Alice Longworth)는 "하딩은 나쁜 사람은 아니다. 그러나 얼간이다"는 의견을 내놓았다.4)

확실히 하딩의 말솜씨에는 불가사의한 면이 있었다. 하딩이 선택한 표현 은 매사가 이런 식이었다. "우리는 미국을 최고로 번영시켜야만 한다." "나는 정부가 간섭을 하지 않고 완화할 수 있는 모든 것을 완화하는 그런 정부를 좋아한다." 하딩은 한때 다음과 같이 두운을 맞추면서 말을 했다. "진보(progression)는 성명 선언(proclamation)도 아니요, 서투른 교섭 (palaver)도 아니다. 또한 놀이(play)도 편견(prejudice)도 아니다. 그것은 인칭대명사(personal pronouns)도 아니요, 영구적인 성명(perennial pro-nouncement)도 아니다. 그것은 열정으로 단련된(passion-wrought) 사람들 (people)의 불안한 마음(perturbation)도 아니며, 제안된(proposed) 약속 (promise)도 아니다."5)아휴!

지금까지 백악관의 주인 중 가장 무능하고, 게으르며, 의지박약자가 바로 하딩이다. 그는 무능한 대통령의 대표격인 프랭클린 피어스나 캘빈 쿨리지보다 더 무능한 인물로 기억된다. 하딩은 항상 거의 최하의 평가를 받는다. 왜냐하면 그의 이름은 고삐 풀린 뇌물과 독직사건과 타락이 판치는 시대와 연결되어 있고, 대부분의 사람들은 티폿돔 사건이나 오하이오 갱을

---

2) Adams, *Incredible Era*, 115쪽.
3) Parrish, *Anxious Decades*, 11쪽.
4) Longworth, *Crowded Hours*, 324쪽.
5) Russell, *The Shadow of Blooming Grove*, 230쪽.

상기하기 때문이다. 간혹 그의 이러한 평판을 좀 바꿔보려는 시도가 있기는
했지만 나아진 것은 거의 없다. 하딩은 사생활에서도 거의 최악의 평을
받고 있다. 그는 백악관 집무실 가까이에 편리하게 꾸며놓은 밀실에서 은밀
하게 애인과 밀회를 나눈 것으로 알려졌다.

　하딩이 직접 그렇게 많은 돈을 횡령했다는 명백한 증거는 없다. 그러나
그의 친구와 동료, 그리고 몇몇 내각 요인들은 국가의 부를 도둑질하는
이기적인 기업인들과 은밀한 흉계를 꾸몄다. 하딩이 대통령이 되기 전에
그의 아버지는 앞으로 다가올 재앙과도 같은 사건들을 어렴풋이 감지하고
있었던 것 같다. 언젠가 그의 아버지는 "워렌, 너는 언제나 가족 같은 생활방
식(a family way)으로 살고 있기 때문에 여자로 태어나지 않은 것이 무척
다행이지만 이 때문에 너는 언제라도 '아니요'라는 거절의 말을 할 수
없을 것이다"라고 말했다. 하딩은 오하이오 시골 법정 어디에서나 볼 수
있는 작은 마을의 놀이집단과 비밀 협잡꾼들을 자신과 같이 어울려 놀
친구로 워싱턴까지 데리고 왔다. 어느 시민은 취임식이 있던 날 저녁에
까불며 뛰어다니는 하딩의 친구들을 보고 "야! 야! 갱들이 여기 다 모였구나!"
하는 소리를 사방에서 들을 수 있었다. 단번에 "그들은 미국의회의 지붕을
마음대로 들었다 놨다 한다는 말까지 들을 수 있었다"고 회고했다.

　하딩 행정부의 내무장관은 감옥에 간 최초의 내각인사였다. 그의 법무장
관은 비슷한 불명예로 간신히 감옥 가는 것만 면했다. 그의 해군장관은
너무 우둔하고 태만하다는 이유로 강제 사퇴를 당해야 했다. 재향군인회에
서의 사기행각, 외국인재산관리국의 독직, 법무부의 음모 등도 하딩의 모호
한 유산 중 일부다. 이 정도의 고위층 공직자들이 기소되어 감옥에 간
사건은 닉슨과 레이건 대통령 시절에 와서야 다시 발생했다. 워터게이트
사건에서 기소되지 않은 공모자로 연방 대배심원에서 증언을 한 닉슨과
달리, 하딩은 국민들의 신뢰를 위반한 데 대한 사면을 받지 못하였다. 그는

뉴욕의 대규모 백화점인 메이시스가 추수감사절 행사 때 띄운 열기구와 같은 엄청난 부패의 난장판 속에서 아무일도 하지 않은 채 무작정 되는 대로 지냈다.

1920년 공화당 전당대회가 열리는 동안 당 지도부가 대통령후보로 하딩을 지명하고 그가 담배연기 자욱한 시카고 호텔 방에 모습을 드러내기까지 거의 대부분의 미국인들은 이 잘 생기고 태평스러운 오하이오 주 상원의원이자 작은 마을의 편집자를 알지 못하였다. 그럼에도 그는 유권자의 61%라는 투표율을 획득하여 대통령에 당선되었다. 이는 지금까지 미국 대통령 선거 사상 최고의 표차로 당선된 것이었다. 1920년 최초로 선거권을 갖게 된 여성들은 압도적으로 잘 생기고 고상해 보이는 백발의 이 상원의원을 대통령으로 선택했다. 아마도 여성 유권자들이 보다 현명한 판단을 하기 위해서는 더 많은 경험이 필요했을 것이다. 이에 대해 한 전기작가는 다음과 같은 말을 했다. "이는 마치 한 옷가게 모델이 선택된 옷을 가게 앞 진열창에 몇 년씩 성심성의껏 진열한 후에야 비로소 그 가게 경영인을 우연히 만날 수 있는 것과 같다."[6]

그러나 하딩의 이 압도적인 승리는 결코 우연이 아니었다. 당시 하딩은 미국인들이 원하는 그 자체였다. 하딩은 변화무쌍한 시대에 평범한 미국인들이 가지고 있는 희망과 두려움을 알고 있었고, 그가 이를 해결해줄 것 같은 본능적인 느낌을 그들에게 주었다. 불과 몇 년 전만 하더라도 시어도어 루즈벨트와 우드로 윌슨은 개혁을 위한 십자군운동의 최정상을 달리고 있었다. 혁신주의 정치가들과 스캔들을 폭로하는 저널리스트들은 트러스트와 정치적 지배세력과의 상징적 관계를 폭로하면서 변화에 대한 긴박한 요구를 강요했다. 그러나 불행히도 변화와 개혁은 1차 세계대전과 함께 유명무실해졌다. 이러한 현실에서 전쟁이 끝난 몇 년 동안 많은 미국인은

---

6) Adams, *Incredible Era*, 188~189쪽에서 재인용.

국내의 개혁이나 국제적인 질서와 같은 도덕적 십자군운동에 환멸을 느꼈다. 당시 멩켄은 "지금 내가 가장 확신하는 것이 있다면 선을 행하는 것이 가장 멋없는 일이라는 점이다"(If I am convinced of anything, it is that Doing Good is in bad taste)라고 전후의 현실에 대해 논평했다.

이상주의에 대한 희생과 도덕적 호소, 급진주의에 대한 두려움과 인종적 갈등에 의한 충격에 지친 미국 국민들은 정부의 간섭 없이 자신들의 일을 스스로 해결하길 원했다. 하딩의 대통령 선거운동 슬로건은 '정상으로의 복귀'(Back to Normalcy)—그가 말한 정상(Normalcy)은 선거운동 기간 동안의 정상(Normality)이었는데, 결과적으로 이것은 그 의미를 훨씬 넘어서게 되었다—였다. 그가 말한 이 '정상'은 유권자들 사이에 민감한 반응을 불러일으켰다. 이에 대해 프레더릭 루이스 알렌(Frederick L. Allen)은 "사전에는 그가 말한 정상(Normalcy)이라는 단어가 없다. 그러나 그가 말한 정상은 미국인들이 원하고 있는 것이었다"고 설명했다.[7]

워렌 하딩은 도시화, 표준화, 그리고 T형 포드 승용차(Tin Lizzie : 1908~28년에 대중화된 싸구려 자동차) 등의 무자비한 공격 앞에 이미 무력함을 드러내고 있던 미국의 농촌과 작은 마을의 상징이었다. 그는 1862년 11월 2일 오하이오 주 블루밍 그로버 근처의 농가에서 한동안 시골 초등학교 교사를 지내다 동종요법(homeopathic) 치료사로 일하고 있는 아버지 조지 하딩(George T. Harding)과 산파일을 하는 어머니 포에버(Phoebe)의 여섯 자녀 중 맏이로 태어났다. 하딩은 그가 백악관에 입성하기까지 내내 자신을 사로잡은 험담인 하딩 가(家)는 아프리카계 미국인의 피가 흐르고 있다는 말을 들으면서 성장했다. 학교에서 줄곧 하딩과 하딩 가의 다른 아이들은 '깜둥이'로 놀림을 당했다.

---

7) Allen, *Only Yeaterday*, 146쪽.

플로렌스 플로시

하딩은 벽지 시골 마을의 한 대학에서 3년을 공부하고 난 후 교실이 하나밖에 없는 학교에서 월급 30달러를 받고 1년 동안 교사로 일했다. 이때의 경험을 두고 그는 후에 자신이 한 일 중에 가장 어려운 일이었다고 말했다. 교사생활을 청산한 그는 집요한 노력 끝에 오하이오의 붐비는 도시 마리온으로 이사했다. 이곳에서 하딩은 잠시 법률을 공부하다가 한계에 부딪혀 보험 판매일에 종사하였지만 역시 큰 성공은 거두지 못했다. 그 후 주급 1달러에 신문 편집 일을 하다가, 몇 년 후 당시 어려움에 처해 있던 소규모 일간지인 *Marion Star*의 소유자이자 편집자가 될 정도로 성공을 거두었다.

이러한 하딩에게 관심을 갖고 따라다니는 여성이 있었다. 마리온 시의 최고 은행가인 아모스 클링(Amos Kling)의 딸로 이혼녀인 플로렌스 '플로시' 클링 데 올페(Florence 'Flossie' Kling De Wolfe)였다. 하딩보다 다섯 살이나 연상이었던 플로시는 하딩을 '우어렌'(Wurr'n)이라고 불렀다. 그녀의 목소리는 마치 유리 깨지는 소리와 같았고, 차가워 보이는 푸른 눈에 태도는 늘 거만했다. 하딩은 이러한 플로시를 애써 피하려 하지는 않았지만, 그녀는 하딩에게 어울리는 짝은 아니었다. 그러나 1891년 26세가 되는 해에 하딩은 그녀와 결혼하기로 했다. 이 결혼에 대해 플로시의 늙은 아버지 클링은 반대했다. 클링은 미래의 사위를 거리에서 만났을 때 '깜둥이'로 불렀던 것이다.

하딩과 플로시 사이에는 아이가 없었고 행복하지도 않았다. 그녀는 야심적이었고 매우 인색했다. 그런 그녀는 남편의 사업에 대해 그 어떤 고견도 내놓지 못했다. 그녀는 단지 *Marion Star* 를 통해 부자가 되려 했고, 나아가 남편의 보잘것없는 능력과 야심에는 아랑곳 없이 소심하기 짝이 없는 남편 하딩을 능력 이상의 세계로 내몰았다. 이에 대해 *Star* 신문의 배달원 가운데 한 명으로 후에 미국 사회당 대통령후보가 된 노먼 토머스(Norman Thomas)는 "당시 하딩 부인은 하나의 쇼를 연출했다"고 회고했다.8) 하딩 자신도 아내를 비꼬는 투로 공작부인(Duchess)이라고 불렀고, 항상 날카롭고 찢어지는 목소리로 요구해 대는 그녀의 잔소리에서 도망치기 위해 너저분한 포커판이나 혹은 철길을 따라 들어선 갈보집(sporting house)에서 친구들과 진탕 놀곤 했다.

하딩은 싱클레어 루이스(Sinclair Lewis)의 소설 주인공인 부동산 중개인 조지 배비트(George F. Babbitt)와 대단히 닮았다. 배비트처럼 하딩은 선천적으로 친밀감을 주는 사람이었으며 술을 유쾌하게 나누는 좋은 친구였다. 그는 시내의 한 밴드클럽에서 코넷을 연주했고, 각종 사회단체─키와니스 클럽(Kiwanis : 1915년에 창설된 미국과 캐나다의 사교클럽), 로터리 클럽, 비밀공제조합(Masons), 쉬레인 클럽(Shriners), 무즈 클럽(Moose), 엘크 클럽(Elks), 아더펠로 클럽(Odd Fellow : 18세기 영국에서 창립된 비밀공제조합)─에서 적극적으로 활동했다. 하딩은 자신을 좋아하는 사람들과 어울리며 상스러운 농담을 즐겼다. "너 그거 아냐?"(What d'ya know?) 하면서 진한 농담을 하곤 했다. 하딩의 정치계 입문은 이러한 사교 행위 덕을 많이 보았다. 오하이오의 시골마을에서 이러한 인생의 전환은 그리 어려운 일이 아니었다. 하딩의 연설은 산만하고 두서가 없었다. 그러나 낭랑하게

---

8) Sinclair, *The Available Man*, 36~37쪽.

울려퍼지는 목소리와 자기 자랑이 많은 과장된 언행, 성실하고 정직해 보이는 외모 등에 힘입어 하딩은 공화당 집회가 열리는 여러 곳에서 환영받는 연사로 활동했다.

하딩이 자신의 인생에 여러 모로 영향을 준 해리 도허티(Harry M. Daugherty)를 만난 것은 1899년 오하이오의 리치우드에서 열린 이와 같은 집회에서였다. 하딩은 막 신뢰가 가는 연설을 마치고 남의 눈에 잘 띄도록 단상의 첫째 줄에 앉았다. 그때 그 다음 줄에 앉아 있던 도허티가 이 잘생기고 친절해 보이는 친구를 무심코 바라보았다. 당시 하딩은 6피트에서 약간 모자란 훤칠한 키와 크고 넓은 어깨, 구릿빛 얼굴을 하고 있었다. 회색빛 머리칼 몇 가닥이 그의 앞이마로 흘러 내렸다. '아! 사람들이 이 잘 생긴 사람을 대통령으로 뽑아줄 수 있지 않을까?'라고 도허티는 스스로에게 물었다고 후에 주장하였다.[9] 하딩이 대통령이 된 후 도허티는 이 말을 자주 확인시키곤 했다.

도허티는 하딩보다 다섯 살 연상으로, 하딩과 비슷하게 작은 마을 출신이라는 배경을 가지고 있었다. 도허티는 그렇게 중요한 직책이 아닌 공직에서 일을 했고 하딩을 만났을 당시에는 콜럼버스 시에 있는 주 의사당에서 공익사업과 다양한 사업의 이익을 위해 활동하는 최고의 로비스트로 일하고 있었다. 도허티를 너무나 잘 아는 당시의 대표적 저널리스트인 마크 설리번(Mark Sullivan)은 "그는 항상 막후조정을 할 것을 알고 있었다. 매번 그는 지레의 힘을 발휘하는 권력(수단)을 가지고 있는 모든 분야의 사람들을 통해 자신의 일을 처리할 수 있는 조직을 가지고 있었다. 항상 그는 결과가 어떻게 나올 것인지 미리 알고 있었다"고 쓰고 있다.[10]

지금까지 오하이오 주는 6명의 미국 대통령을 배출시켰다. 하딩은 일곱 번째 대통령이었다. 이것이 문제였다. 오하이오 주의 정치 상황을 한 마디로

---

9) Sullivan, *Our Times* vol. 6, 16~19쪽.
10) *Ibid.*, 22쪽.

표현한다면 바로 죄악의 소굴(cesspool) 그 자체였다. 당시의 정치권은 클리브랜드 시의 대기업가 출신으로 매킨리 대통령 시절의 노련한 정치가 마크 한나(Mark Hanna)와 당시 연방 상원의원인 '화재경보 조' 포래이커('Fire Alarm Joe' Foraker) 간의 투쟁과 갈등 속에 빠져 있었다. 하딩은 주 상원의원에 두 번 당선되는데, 1899년은 처음으로 당선된 해였다. 여기에서 하딩은 그 자신을 포래이커 파당(派黨)에 유용한 인물로 만들어 갔다. 포래이커에 대한 충성의 보답으로 하딩은 손쉽게 부(副)주지사에 당선되었다. 당시 오하이오의 정치판이 대부분 그랬던 것처럼 하딩의 이 당선도 역시 정치권의 독직사건으로 여겨졌다. 활동의 폭을 넓히게 된 하딩은 자신의 신문사 *Star* 의 여러 난을 돈벌이에 할애했다. 그것으로 하딩은 지역 양조장의 주식을 사들여 많은 돈을 벌었고, 얼마 후에는 농기계 회사의 주식을 사들여 역시 많은 이익을 보았다.[11)

어느 정도 출세한 하딩은 자신보다 열 살 연하의 키 크고 매력적인 여인 캐리 풀턴 필립스(Carrie Fulton Phillips)에게 추파를 던지고 있었다. 그녀는 성공한 포목상이자 절친한 친구인 제임스 필립스(James Phillips)의 아내였다. 여러 해 동안 하딩의 아내 플로시도, 캐리의 남편 짐 필립스도, 그들의 남편과 아내가 종종 사교장에서 따로 만나고 심지어 유럽과 버뮤다까지 함께 여행을 갔음에도 불구하고, 이 두 사람의 뜨거운 정사를 눈치채지 못했다. 결국 캐리는 남편과 헤어졌고 하딩에게 아내와 이혼하고 자신과 결혼할 것을 요구했다. 하딩은 거절했고 그녀는 유럽으로 가버렸다.

그러는 동안 하딩의 정치적 인기는 상승하고 있었다. 1910년과 1912년에 그는 공화당 후보로 주지사에 나섰지만 두 번 다 동료 출판업자인 제임스 콕스(James M. Cox)에게 패배했다. 콕스는 세 번에 걸쳐 오하이오 주지사를 지낸 뒤 1920년에 대통령선거 나섰지만 하딩에게 패배했다. 하딩이 주지사

---

11) Sinclair, *The Available Man*, 41~42쪽. Werner and Starr, *Teapot Dome*, 10쪽.

에 패배하고 2년이 지난 후에는 시대적으로 혁신주의가 쇠퇴하고 있었고,
1차대전의 발발에 따른 민주당에 대한 국민의 인기도가 하락하던 시기였으
므로, 그는 1914년 공화당 후보로 쉽게 연방 상원의원에 당선될 수 있었다.

은빛 나는 머리칼과 옥탄가 높은 외교적 웃음을 가진 하딩은 마치 위대한
상원의원처럼 보였다. 사실 그가 상원의원으로 있는 동안 누구나 그의
집에 방문할 때면 그가 고대 로마 원로원이 입는 긴 겉옷 같은 예복을
입고 있는 것을 보았을 것이다. 그러나 상원의원으로 지낸 6년 동안 하딩은
어떤 뛰어난 업적도, 특별한 일도 한 적이 없는 그저 평범한 생활을 보냈다.
심지어 대중들의 관심을 끌 만한 그 흔한 의회의 법률제정에 이름을 올린
적도, 수정안도 한 번 낸 적 없었다. 그저 자신의 선거구민이나 자신의
당선에 도움을 준 사람들에게 유리한 내용이 들어가는 아주 사소한 법안의
일부에만 의견을 제시했을 뿐이다.

이러한 하딩은 배타적인 분위기의 연방상원에서 너무나 편안한 사람이었
다. 상원에서 그의 이해력과 그의 에너지에 무거운 무담을 지우는 것은
아무것도 없었다. 그럼에도 보수는 매우 좋았다. 연수 5,000달러에 고액의
수당이 붙어 약 20,000달러를 받았고, 여기에다 *Star* 로부터 나오는 돈으로
그는 부유한 생활을 즐겼다. 그는 오락을 위해 주로 배타적인 골프 클럽인
체비 체이스 클럽(Chevy Chase Club)에서 골프를 쳤다. 이때 그와 같이
골프를 친 사람들은 문제가 되는 하딩의 인종적 배경에 대해서는 알지
못했던 것이 분명했다. 그는 골프를 치면서 자주 해학적인 몸짓으로 동료들
을 즐겁게 했다. 그와 어울려 놀았던 대부분의 동료들은 하딩을 멋있는
친구로 생각했다. 부인 플로시는 워싱턴의 사교장에 자주 나갔다. 이곳에서
그녀는 *Washington Post* 의 출판업자이자 호프 다이아몬드(Hope Diamond)
의 소유주의 아내로 당시 제1의 호스테스였던 에블린 맥린(Evalyn W.
McLean)과 친구가 되었다. 당시 하딩은 자신보다 13세 연하인 낸 브리턴

(Nan Britton)이라는 금발의 젊은 여인을 특히 총애했다. 1919년 그녀는 딸을 출산했는데, 그 아버지가 하딩이라고 주장했다. 뿐만 아니라 당시 하딩은 1차 세계대전 발발 후 유럽에서 미국으로 되돌아온 캐리 필립스와 또 한 번 염문을 뿌렸다.

마크 설리번은 "하딩이 상원에 뭔가 흔적을 남겼다면, 그건 아마도 그가 의회인명록에 등록된 다른 수많은 사람들의 이름과 같이 눈에 잘 띄지 않는 이름을 올려 놓은 것뿐이다"라고 하딩의 상원 경력을 통렬하게 비꼬고 있다.[12] 상원에서뿐 아니라 그동안의 하딩의 경력을 보면 너무 미미하고 활기가 없어서, 1920년 공화당 출신 대통령감을 점칠 때 헤리 도허티를 빼면 그를 고려의 대상으로 삼은 논평가는 아무도 없었다.

도허티는 하딩에게 받은 첫 인상을 결코 잊지 않았다. 도허티의 일은 하딩이 대통령 후보 지명을 확보하도록 그를 설득하는 것이었다. 최근 몇몇 역사가들은 도허티가 믿고 주장하는 바처럼 하딩이 정말로 마지못해 대통령 후보가 되었는가에 대해 논쟁을 하고 있다. 하딩의 전기작가인 앤드류 싱클레어(Andrew Sinclair)는 백악관에 대한 하딩의 야심이 1914년 그가 상원의원에 입후보했을 때로 거슬러 올라간다고 주장했다. 그리고 대통령직에 대한 그의 반복된 부정적 관심은 연막전술에 불과하다고 보았다. 이에 비해 또 다른 전기작가인 프란시스 러셀(Francis Russell)은 하딩과 캐리 필립스 사이에 오간 미공개 편지를 보면 그의 이러한 초기 야망은 어디에서도 발견할 수 없다고 주장했다.

누구 이야기가 정확한지는 모르겠지만 어쨌든 도허티는 복음을 전도하는 열의로 하딩을 대통령으로 만드는 일을 가장 신성한 업무로 추진해 나갔다. 한때 하딩이 "내가 대통령 출마를 할 수 있을 정도로 충분히 인기가 있는 사람이라고 생각하는가"라는 걱정 어린 질문을 던졌을 때 도허티는 즉석에

---

12) Sullivan, *Our Times*, 29쪽.

서 "웃기는 소리 마라! 대통령직이 위대하다는 시기는 끝났다. 대통령직의 위대함이란 거의 모두 환상이다"라고 대답했다.[13]

　도허티의 전략은 단순했다. 그는 대통령 후보 지명 선두주자들―전(前)육군 참모총장 출신의 레오나드 우드(Leonard Wood) 육군소장과 일리노이 주지사 프랭크 로던(Frank O. Lowdon)―이 싸워 서로 갈가리 찢어지는 동안 하딩이 누구의 화도 돋구는 일 없이 조용히 자신의 자리를 확보하는 전법을 기대했다. 1920년 2월 초 도허티는 다음과 같이 말로 자신이 밀고 있는 후보가 공화당 대통령 후보로 지명될 것이라고 확실히 예견했다. "나는 상원의원 하딩이 첫 번째, 두 번째, 세 번째 대통령 후보자 결정선거에서 후보로 결정되리라고 기대하지 않는다. 그러나 나는 전당대회가 열리는 금요일 아침 새벽 2시 11분에 상당히 지친 15명에서 20명 가량의 공화당 지도부가 한 테이블에 둘러앉아 그 중 몇 명이 '우리 누구를 지명하지?'라고 말을 꺼낼 것이고 이때 우리는 기회를 잡을 수 있을 것이다. 바로 이 순간 하딩의 친구들은 그를 추천할 것이고, 결국 그렇게 될 것이다."[14]

　도허티는 후에 자주 그의 이러한 예견을 "공화당 기수의 선택은 담배연기 가득한 방 안에서 15명의 사람들에 의해서 이루어진 것"이라고 말하면서 이를 자랑스럽게 여기곤 했다. 그의 이러한 말은 그 후 미국의 정치판에서 단골로 회자되는 말이 되었고 그는 놀랄 정도로 정확한 예견을 하는 사람으로 여겨졌다.

　찌는 듯한 한여름 시카고에서 열린 전당대회는 곧바로 상충하는 야심들이 충돌하는 장소가 되었다. 도허티의 예견처럼 우드와 로던은 네 번에 걸친 후보 결정선거에서 서로 교착상태에 빠졌다. 그들이 악전투구 하는 사이 하딩은 보다 많은 표를 얻을 수 있었다. 화가 머리끝까지 치밀어 오른 두 사람의 신경전은 갈 데까지 가 마침내 더 이상의 대회 지속을 불가능하게

---

13) Russell, *The Shadow of Blooming Grove*, 334쪽.
14) *Ibid.*, 341~342쪽.

만들었다. 하는 수 없이 전당대회는 금요일 밤까지 휴회하고 당 지도부는 당이 갈기갈기 찢겨지기 전에 어떻게든 해결책을 내놓아야 했다. 드디어 해리 도허티가 예견한 순간이 다가왔다.

성마른 공화당 지도부가 당의 전국의장인 윌 헤이즈(Will H. Hays)의 숙소인 시카고 블랙스톤 호텔 13층 스위트룸 404호에서 406호까지 모여 있었다. 술잔이 오가고 담배연기 자욱한 이곳을 당 지도부와 영향력 있는 상원의원들이 들락날락 하고 있었다. 우드와 로던은 돌이킬 수 없을 정도로 서로에게 흠집을 냈다. 이는 두 사람 다 후보가 되지 않는 쪽이 둘 중 어느 하나가 되는 것보다 낫다는 데 암묵적으로 동의한 것이나 다름 없었다. 그러면 누가 이들의 자리를 대신할 것인가? 가능한 이름들이 줄줄이 나왔다. 전후 유럽의 굶주린 대중에게 식량을 제공하는 일을 훌륭하게 처리한 허버트 후버, 매사추세츠 주의 보수적인 주지사 캘빈 쿨리지, 캘리포니아 상원의원 하이램 존슨(Hiram Johnson) … 그리고 워렌 하딩 등.

차례차례 거론된 이름이 하나하나 삭제되고 마지막으로 남은 것은 하딩이었다. 드디어 당 지도부는 하딩이 대통령 후보의 2류진에서 가장 적당한 인물이라는 데 의견일치를 보았다. 우선 그는 정치적으로 적이 없었다. 또 지역적으로 중추에 해당하는 오하이오 주 출신이며, 금주법과 여성참정권에 찬성하여 시대의 조류도 탈 수 있다는 것이 이유였다. 그러나 이런 모든 이유보다 당 지도부의 구미를 당긴 것은, 무엇보다 그가 자신들의 충고를 쉽게 받아들이고 자신들을 신뢰할 사람으로 믿었기 때문이다. 도허티가 예견한 시간인 새벽 2시경 어리벙벙해진 하딩은 '담배연기 자욱한 방' 안으로 소환되어 자신이 공화당 전당대회에서 1920년 대통령 후보로 지명될 것이라는 말을 들었다. 당시 당 지도부의 분위기는 "그가 대통령이 되지 못할 그 무슨 문제가 있는가?"였다.

하딩은 당 지도부에게 "존경하는 여러분! 나는 잠시 혼자 있고 싶습니다"

라고 말할 것이라 생각했다. 드디어 옆방으로 인도된 하딩은 10분 정도를 기다렸다. 이곳에서 그는 선거운동에 돌입하게 되면 아마도 자신이 아프리카계 미국인의 피를 이어받았다는 사실이나 캐리 필립스와의 연애사건, 낸 브리턴과의 연애사건과 사생아 문제, 그리고 무엇보다도 자신이 대통령으로 적절치 못하다는 사실 등이 거론될 것이라고 생각했다. 그러나 무엇이 문제인가? 하딩이 그 방에 다시 등장했을 때 그는 "여러분! 하나님이 보시기에도 내가 미합중국 대통령이 될 수 없는 아무런 이유가 없다고 생각합니다" 고 말했다.[15]

전당대회가 다시 시작되었을 때 하딩이라는 인물됨에는 이전과 별달리 달라진 것은 없었다. 그렇지만 유권자들의 지지율은 확고하게 상승하여 압도적인 지지로 대통령 후보에 임명되었다. 낸 브리턴은 애인인 하딩이 주선해준 특별 관람석에서 이 장면을 지켜보고 있었다. 하딩은 "이러한 와중에 우리는 데이트를 즐겼다"고 자랑스레 말했다.

'담배연기 자욱한 방'에 관한 도허티의 이야기는 하나의 전설이 되었는데, 그것은 하딩으로 낙찰된 후보지명은 그를 전당대회의 분위기에 일치하도록 한 타락한 음모꾼들의 공작이라는 것이다. 이에 대해 윌리엄 알렌 화이트(William Allen White)는 "대규모 석유회사가 전당대회를 지배했다. 나는 매킨리 대통령 후보 지명대회 이후 계속해서 모든 전당대회를 지켜보았는데 이렇게 음흉하고 타락한 경제적 힘에 의해 지배되는 전당대회는 단 한 번도 보지 못했다"고 비난했다.[16] 심지어 우드가 내각 중 자리 3개를 석유회사에 약속하는 조건으로 후보지명을 제안받았다는 보도까지 나왔다. 그러나 엄격하기로 소문난 이 정직한 군인은 이러한 제안을 듣고 고려했다는 이유로 자신의 선거 매니저를 해고했고, 그리고 그는 대통령이 될 기회를 상실했다.

비록 이 전당대회가 정부로부터 원하는 것이 무엇인지 알고 있고 그들이

---

15) Werner and Starr, *Teapot Dome*, 23쪽.
16) White, *Autobiography of William Allen White*, 584쪽.

가지고 있는 모든 특권을 이용하려 하는 기업인과 이들과 연관된 이익집단들에 의해 지배되었지만 하딩은 결코 당 지도부와 경제적 이익집단의 음모와 강요에 의해 강제되지는 않았다는 것이 화이트의 시각이다.[17] 사실 하딩은 당시의 전당대회 분위기—심지어 1920년 국가 분위기—에 가장 어울리는 후보였다. 그는 삼가고 주제넘지 않는 관리형 대통령이 될 운명이었다. 결코 그는 지적으로 거만한 윌슨처럼 기업계나 의회를 위압하여 기를 죽이지 않았다.

선거가 시작되자 열기는 고조되기보다 점차 식어 가고 있었다. 대통령 후보 하딩과 부통령 후보인 캘빈 쿨리지는 주로 건물 베란다에서 선거운동을 했다. 민주당 대통령 후보인 제임스 콕스(James Cox)와 시어도어 루즈벨트의 먼 친척이자 해군 차관을 지낸 경력으로 부통령 후보가 된 프랭클린 루즈벨트는 윌슨의 꿈인 미국의 국제연맹 가입 문제를 국민투표에 부칠 것을 강조하면서 선거운동을 전개했다. 하딩은 마린온에 머물러 있으면서 그야말로 판에 박힌 상투어를 사용하여 자신을 선택하는 것이 최고의 처방전이라고 운동했다. 하딩의 이러한 선거운동이 효과가 있을 것임을 인식한 펜실베이니아의 공화당 거물 상원의원 보이즈 펜로즈(Boise Penrose)는 "워렌을 집에 머물도록 하시오. 그에게 어떤 대중연설도 시키지 맙시다. 만약 그가 선거여행을 떠난다면 누군가 그에게 많은 질문을 할 것이 분명합니다. 그렇게 되면 워렌은 이런 질문에 답하기 위해 얼토당토 않은 말을 할 것임에 틀림없습니다. 그러니 집에서 선거운동을 하게 합시다" 하고 충고했다.[18]

가수 알 졸슨(Al Jolson)은 그가 만든 선거 캠페인송을 부르면서 하딩의 선거운동을 도왔다. "우리는 또 다른 링컨을 필요로 한다/ 이 일을 위해 이 나라는 깊이 생각해야 한다/ 하딩 씨라는 것을/ 그가 바로 우리를 위한

---

17) *Ibid.*
18) Sinclair, *The Available Man*, 160쪽.

바로 그 사람이다." 모든 것이 순조롭게 진행되는 가운데 캐리 필립스라는 막바지 스캔들에 위협을 느낀 공화당 전국 위원회는 필립스에게 연금식으로 매월 20,000달러를 쥐어주고 잠정적으로 그녀를 배에 실어 일본으로 보냈다. 흥미로운 사실 중 하나는 캐리 필립스가 하딩에게 받은 많은 편지들을 보관해 두었는데, 이 편지들은 현재 봉인된 채 미국 의회도서관에 있다. 이는 2014년에 가서야 공개되는 것으로 되어 있다.

하딩과 해리 트루먼 사이에는 표면상 유사점이 많다. 사실 현학적인 사람들은 1945년 프랭클린 루즈벨트의 죽음으로 갑작스레 백악관에 입성한 트루먼을 두고 '하얀 하딩'(white Harding)으로 불렀다. 두 사람 다 중서부의 시골 출신에 보잘것 없는 교육을 받았고, 부패하고 타락한 정치적 도당을 통해 정권을 획득했다. 둘 다 완고한 보수주의자들을 친구로 가졌고, 친구들이 연루된 스캔들을 일으켰다. 둘 다 자신이 속해 있는 당내의 모든 당파를 수용함으로써 대통령이 되었다. 이를 달리 말하면, 그들은 정치적으로 가장 낮은 지지세력을 가지고 있었다는 말도 된다. 대략 이들의 외형적인 유사점은 이 정도인데, 그러나 트루먼에게는 결정적으로 하딩과 구별되는 점이 있었다. 그는 아주 완고한 성실성으로 스스로의 한정적인 상황을 극복하고 자신의 능력을 확대하고자 끊임없이 노력했다. 이는 분명 하딩과 다른 점이었다.

하딩의 문제는 촌스러운 소도시 미국에 대한 비전인 빅토리아 시기의 이상과 취미를 가지고 근엄한 태도로 꿈꾸는 유토피아에 집착했다는 점이다. 그는 전후 미국의 역동하는 현상—혼란스러운 사회적 변화와 도덕적 위기, 유동하는 경제적 기회, 대규모의 경제적 혼란 등—에 대한 이해가 부족했다. 그가 내놓은 치료제란, 미국 국민들에게 닥친 문제들을 해결하기 위해 보다 넓고 장기적으로 연방정부의 힘을 결코 이용한 적이 없는 신비하고 근엄한 시대로 되돌아가는 것이었다. 사실 하딩 정권 하에서 대통령이 산적한 문제들에 등을 돌리고 앉아 스스로의 생활에 만족해 있는 동안 국가는 도덕적 지도력을 잃고 표류하고 있었다고 해도 과언이 아니다.

하딩은 스스로 머리가 별로라는 것을 인정하고 이 나라의 '최고 지성'(best minds)을 각료로 임명할 것이라고 발표했다. 이전에 뉴욕 주지사였고 1916년 공화당 대통령 후보였던 찰스 휴즈(Charles E. Hughes)가 국무장관에 임명되었다. 허버트 후버는 상무장관에 임명되었다. 또한 미국에서 가장 부자 가운데 한 명으로 꼽히는 앤드류 멜론(Andrew W. Mellon)이 재무장관에 임명되었다. 이러한 인사는 조언을 잘 받아 이루어진 것이다. 그렇지만 이러한 인사들을 제외하면 주로 하딩이 말한 '최고 지성'이라는 개념을 너무나 하찮게 여기는 사람들로 채워졌다.

금주법이 시행중에 있고 전쟁기의 여러 해 동안 발생한 각종 사기사건이 계류중에 있던 이 시기에, 법무장관직은 가장 정직해야 하며 모든 부정행위를 일소해야 할 임무가 부여되어 있었다. 하딩은 이 일을 자신이 대통령이 되는 데 결정적인 도움을 주었지만 여러 면에서 음흉한 해리 도허티에게 주었다. 이에 대해 한 냉소적인 비판가는 "해리 도허티가 의사당의 계단마저 싼 가격에 팔아치울 날도 얼마 남지 않았다"고 비웃었다. 또한 하딩은 자연보호자들은 대경실색할 일이지만 석유 왕들에게는 너무나 기쁘게도 뉴멕시코 주 연방 상원의원인 알버트 폴(Albert Fall)을 내무장관으로 앉혔다. 늘어진 코밑수염, 뱀 같은 눈, 그리고 테가 넓은 모자를 쓴 폴의 모습은 마치 서부영화에 종종 등장하는 부정직한 보안관처럼 보였다. 뿐만 아니라, 둔하디 둔한 전직 하원의원 에드윈 덴비(Edwin N. Denby)를 해군장관에 임명한 것은 또 다른 비극적 실수였다. 키가 약 5피트 정도 되는 윌 헤이즈(Will Hays)는 너무나 작아 진열장에도 팔꿈치가 닿지 않을 정도였는데, 체신장관에 임명되었다. 헨리 멍켄(Henry Mencken)은 하딩의 이러한 내각

을 "사리사욕에 가득찬 지적인 인간 3명, 멍청이 6명, 사기꾼 1명"으로 요약했다.[19]

또 하딩은 오래된 오하이오 친구들을 결코 잊지 않았다. 마리온의 동종요법의사이자 플로시가 가장 좋아하는 친구인 찰스 소오여(Charles E. Sawyer) 의사를 육군 준장(brigadier-general : 이를 하딩은 brigadier-generalcy로 접미사를 잘못 사용하였다) 계급을 주어 대통령 주치의로 임명했다. 하딩과 어린 시절부터 친구인 도날드 크리싱어(Donald R. Crissinger)는 금융 계통의 경험이라고는 마리온에 있는 작은 신탁회사에서 고작 몇 달 근무한 것밖에 없었는데, 이 나라 최고의 은행권 관직인 연방준비제도 감독관에 임명되었다. 또 다른 옛날 친구인 에드 스코비(Ed Scobey)는 피크웨이 카운티의 보안관 이상의 직책에는 오른 적이 없는데, 조폐국 국장에 임명되었다. 감옥소장에는 이복동생인 허버 보타우(Heber H. Votaw)를 임명했다. 그리고 새로 구성된 재향군인회 회장에는 하딩이 상원의원으로 있을 때 하와이로 유람여행을 하다 우연히 만난 달변가인 해군중령 찰스 포브스(Charles H. Forbes)를 임명했다.

법무장관이 된 도허티는 이상 성격의 소유자인 제스 스미스(Jess Smith)를 항상 데리고 다녔다. 배가 유난히 부르고 뚱뚱하고 사지가 축 늘어진 그는 도허티를 마치 충실한 개처럼 따라다녔다. 법무부 내에서 스미스는 공식적으로 아무런 직책도 없었지만 항상 법무장관의 가장 가까운 곳에 사무실을 두고 있었다. 이곳에서 그가 무엇을 했는지 아는 사람은 아무도 없었다. 오랜 친구인 이 두 사람은 최신 유행의 와더먼 호텔에서 독신생활을 같이 보냈고, 종종 백악관에서 그리 멀리 떨어지지 않은 1625 K거리에 있는 작은 도시 저택에서 자주 만났다.

이곳에는 오하이오의 교활한 로비스트이자 도허티의 오랜 친구인 하워드

---

19) Bode, *Mencken*, 178쪽.

하딩은 외모에 대단히 신경을 쓴 대통령으로도 유명하다. 사진은 하딩의 사치스러운 반지

맨닝턴(Howard Mannington)이 주류 밀매점과 도박장, 그리고 오하이오 갱들이 모여 일을 주선하고 비밀거래를 하면서 진탕 마시고 노는 매춘 굴을 운영했다. 24시간 영업을 한 이 'K거리의 작은 초록색 집'(little green house of K Street)은 금주법 시대에 주류밀매업자의 보호소였고, 비축된 정부의 알코올을 마음대로 빼올 수 있는 곳이었으며, 심지어 판사직을 매매하고, 가석방, 사면, 그리고 특권을 거래하는 공공연한 장소로 이용되었다. 찰리 포브스는 맨닝턴이 최고 입찰가격으로 경매를 붙이는 데 필요한 법무부의 기본 자료들을 자주 살펴보는 것을 보았다고 주장했다. 제시 스미스는 "아 얼마나 많은 돈이 그냥 굴러다니는가!" 하고 혼자 중얼거리기도 했다. 그는 소위 오하이오 갱의 상납금 수금원이었기 때문에 이런 말을 당연한 것으로 생각했다.[20]

하딩은 K거리의 파티에는 참석하지 않았다. 그 대신 그는 오하이오의 친구들을 일주일에 이틀 밤씩 백악관으로 불러들여 포커게임을 즐겼다. 정규 멤버(선수)로는 도허티, 폴, 포브스, 그리고 '의사' 소오여가 포함되어 있었다. 종종 앤디 멜론과 폴의 친구이자 석유왕인 해리 싱클레어(Harry F. Sinclair)도 끼었다. 당시 금주법은 이 나라의 엄연한 법이었다. 그러나 백악관에서는 금주법은 법이 아니었다. 앨리스 롱워스(Alice Longworth)는 백악관 1층에서 열리는 리셉션에 참가했다가 대통령 서재가 있는 2층을 구경하고 난 후, "백악관의 진풍경은 소문 그대로다. 서재는 대통령의 친구들

20) Adams, *Incredible Era*, 234~236쪽.

로 바글거리고, 담배연기가 자욱했으며, 최고급 상표가 붙은 위스키 병이 여기저기 흩어져 있었고, 사람마다 카드와 포크 칩을 들고 있었다. 모두가 양복조끼를 풀어헤친 채 다리를 책상 위에 올려놓고 있었다. 그리고 여기저기에 침 자국이 있었다"고 보도했다.[21]

10명의 대통령을 모셔 온 백악관 의전관 아이크 후버(Ike Hoover)는 자신의 책상에서 그렇게 많은 시간을 보낸 사람은 하딩밖에 없다고 말했다. 아마도 그는 보다 더 많은 시간이 필요했을 것이다. 하딩은 자신의 일이 가치로운 것이 되기를 갈망했지만, 작은 마을에서 보잘 것 없는 교육을 받고 저널리스트로 활동한 것이나, 정다운 악수를 나누면서 보낸 정치적 경력 그 어디에도 대통령이 되기 위한 준비를 해둔 적이 없었다. 따라서 그는 이미 예상된 일이지만 시종일관 대통령직에 압도당했다. 그래서 그는 밤낮 끊임없이 반은 으리으리한 호텔이고, 반은 박물관과 같은 고저택(백악관)의 권력의 회랑 속에서 지냈다. 한때 해결 곤란한 세금 문제를 다룬 서류 하나가 자기 책상 위에 놓여 있었는데 그는 이것을 집어던지면서 한 비서에게 다음과 같이 말했다.

"존, 난 이런 세금문제로 저주스러운 일을 할 수 없어. 한 쪽 말을 들어보면 그 쪽 말이 옳고. … 오, 하나님! … 다른 쪽 말을 들어보면 그 쪽 말도 옳아. 내가 괴로워하는 것은 바로 이거야. 나는 나에게 진실을 알려줄 책이 어딘가에 있다는 것을 알아. 그러나 제기랄! 나는 그 책을 읽을 수가 없어. 나는 이 문제의 진실을 알고 있는 경제학자가 그 어딘가에 있다는 것을 알고 있어. 그러나 그를 어디에서 찾아야 할지 몰라. 그리고 언제 찾아야 할지도 모르고 그를 믿어야 할지도 몰라. 하나님! 이런 일이라니!"[22]

외교 문제 역시 하딩을 당황하게 만들었다. *New York Tribune* 의 한

---

21) Longworth, *Crowded Hours*, 324쪽.
22) Werner And Starr, *Trapot Dome*, 38쪽.

특파원이 유럽을 여행한 후 백악관에 들렀을 때, 하딩은 비서인 주드선 웰리버(Judson Welliver)를 불러들여 그 취재기자에게 다음과 같이 말했다. "나는 유럽의 이러한 잡동사니 같은 일에 관해서는 아는 게 하나도 없다. 당신이 주드선과 함께 일을 처리하고 나면 그가 나에게 (결과를) 말해줄 것이다. 그는 나를 위해 이런 문제를 잘 처리해 주고 있다."[23]

사실 따지고 보면 하딩이 대통령으로 있는 동안 전혀 아무런 성과도 없었던 것은 아니다. 대통령의 승인 아래 국무장관 휴즈는 1921~1922년 사이에 워싱턴 군축회의를 조직했다. 이것은 미국, 영국, 일본 사이에 희생이 큰 해군력 경쟁의 위협을 줄인 것으로, 궁극적으로 10년 동안 극동 아시아의 긴장을 완화시켰다. 하딩은 역시 예산국(Bureau of the Budget)을 설립해서 초대 국장에 찰스 도즈(Charles G. Dawes)를 임명했고, 그로 하여금 처음으로 연방정부에 견실한 예산집행을 하도록 했다. 그리고 하딩은 1차 세계대전의 공식적인 종결을 선언했다. 공화당이 지배한 상원이 윌슨이 협상한 베르사이유 조약을 비준하지 않았기 때문이다. 하딩은 이 일을 위해 1921년 7월 2일 뉴저지 주의 한 골프장을 나와 친구의 집에서 상하 양원의 결의안에 서명했다. 어떻게 생각하면 그렇게 중요한 서류를 마치 개가 신발을 냄새맡듯 대강 훑어보고 나서 그냥 서명만 하고 다시 백악관으로 돌아왔다.

자신의 환영에 사로잡혀 있던 하딩은 스스로 남북전쟁 후 남부에서 시민권을 옹호한 최초의 대통령이 되고자 하였지만, 미국으로 들어오는 외국이민을 막으려는 토착민의 압력을 거부하는 문제에서는 아무런 일도 하지 않았다. 전쟁 동안 흑인은 일을 찾아 북부로 대거 이동했는데, 1919년부터 시작된 피비린내 나는 인종폭동을 이어 계속해서 인종적 갈등이 진행중이었다.

하딩은 "나는 흑인들이 미국시민으로서 특권과 의무에서 그 스스로를

---

23) Russell, *Shadow Of Blooming Grove*, 452쪽.

완전한 일원으로 여기게 될 시간이 오기를 기대한다"고 앨라배마 주 버밍햄에서 엄격히 통제 분리된 청중들 앞에서 말했다. 이에 대해 백인들은 침묵하고 흑인들은 동의의 환호성을 올렸다. 그러나 대통령은 자신의 말을 뒷받침할 어떤 조치도 취하지 않았기 때문에 흑인들은 흥분했다.[24]

그러는 동안 하딩 행정부는 부패와 타락으로 위태로운 나락으로 빠져들었다. 내무장관 폴이 동포의 지갑을 도둑질해 정국을 극도로 어지럽혔다. 전 세계 해군들이 연료를 석탄에서 석유로 전환하게 되자 미국 해군에 비상연료를 제공하기 위해 정부는 캘리포니아의 엘크힐즈(Elk Hills)와 와이오밍의 티폿돔(Teapot Dome)에 대규모 저장소를 설치했다. 애초부터 석유회사들은 이러한 저장소를 설치하기 원했지만 그동안 계획이 매번 차단되는 바람에 실현되지 못했었다. 그러나 폴이 내무장관에 취임하고 나서 드디어 이 일이 가능해졌다.

폴은 내무부를 장악하자마자 곧 이 문제를 해군과 분리시켜 내무부 주관으로 돌려 저장소 설치에 혼신을 다했다. 폴은 해군에 의하기보다 대리점을 통해 이러한 저장소를 운영하는 편이 훨씬 효과적일 것이라고 하딩을 설득했다. 이어 그는 오랫동안 해군장관으로 있던 에드윈 덴비(Edwin Denby)에게로 관심으로 돌렸다. 장관으로서의 최소한의 일만 처리하면서 전반적인 해군 업무에 대해서는 거의 관심이 없었던 덴비는 폴에게 쉽게 넘어갔다.

하딩 행정부가 출범한 지 세 달도 지나지 않은 1921년 5월 31일 대통령 하딩은 폴이 작성한 석유저장소 관리를 내무부로 넘기는 행정서류에 아무 이의도 제기하지 않고 서명해 버렸다. 두 달 후 폴은 엘크 힐즈의 사용권을 자신의 오랜 친구인 에드워드 도에니(Edward Doheny)가 운영하고 있는 범미국 석유와 수송회사(Pan-American Petroleum and Transport Company)

---

24) Sinclair, *Available Man*, 231~235쪽.

에 넘겨주었다. 이에 대한 대가로 도에니는 100,000달러가 든 작은 검은 가방을 폴에게 건네주며 매우 기쁜 표정으로 "만약 우리가 백만 달러의 이익을 보지 못한다면 불운일 것이다"고 말했다. 곧바로 폴은 티폿돔 저장소의 관리를 역시 자신의 친구인 해리 싱클레어에게 넘겼고 그 대가로 싱클레어로부터 자유공채로 233,000달러, 현금으로 70,000달러를 받아 착복했다.25)

폴이 해군의 석유저장소를 유용하고 있는 동안 사회 전반에 걸쳐 다른 부정행위가 저질러지고 있었다. 대통령으로 하딩이 존재하는 동안 이러한 부정행위를 차단시킨 유일한 사건은 재향군인회에서 부당 이익을 취한 찰스 포브스가 관련된 것이었다. 포브스의 배반은 특별히 하딩에게 괴로운 것이었다. 왜냐하면 하딩은 윌슨의 소위 '모든 전쟁을 끝내기 위한 전쟁'(war to end all wars)으로 빚어진 군인들의 고통을 처리할 목적으로 그를 백악관으로 불러 이 직책에 임명했기 때문이다. 당시 수천 명에 달하는 부상당한 무능력한 퇴역군인들은 구빈원, 정신병자 보호시설, 그리고 다른 부적절한 자선단체에 수용되어 있었고, 어떤 퇴역군인들은 아예 아무런 혜택도 받지 못하고 있었다. 지금까지 정부에는 이러한 중대한 문제를 다루는 기구가 없었기 때문에, 너무나 아량 깊은 하딩은 중복된 여러 단체들로부터 이 업무를 떼어내 재향군인회를 만들었던 것이다.

말 잘 하기로 소문난 포브스는 많은 돈을 들여 – 의회는 이 일을 위해 무려 3,600만 달러를 승인하였다 – 병원을 설립해야 한다는 것과 국가에 봉사한 사람들은 이런 병원에서 보호받아야 한다는 점을 하딩에게 어렵지 않게 설득할 수 있었다. 포브스는 병원을 짓기 위해 계약한 한 건설회사로부터 '대부'를 받아 냈고, 정부의 의료 공급품과 각종 도구를 개인적으로 팔아치워 부당 이익을 취했다. 포브스는 7백만 달러 이상의 공급품 – 붕대,

---

25) 석유 저장소 변경 문제는 Werner and Starr, *Teapot Dome* 에 잘 언급되어 있다.

침대에 들어가는 물품, 각종 의약품-을 단 60만 달러에 팔아 치웠다.[26]

1923년 초에 포브스의 이런 행위는 대통령 주치의 소오여에게 들통났고, 혼자 이득을 본 포브스에게 무시당했다고 믿은 소오여는 이 사실을 법무장관 도허티에게 고자질을 해버렸다. 그러자 이 약탈행위에서 몫을 나누지 않은 포브스의 실수에 의심할 여지없이 화가 난 도허티는 곧바로 그동안 포브스가 저지른 부당행위를 하딩에게 말해 버렸다. 포브스는 즉시 백악관으로 소환되었다. 이때 하딩에게 임명장을 받기로 되어 있던 어떤 사람이 백악관을 방문했다가 실수로 그만 백악관의 붉은 방(Red Room)으로 들어갔다. 그는 이 방 가까이에서 치밀어오르는 화 때문에 격하고 숨막히는 듯한 목소리-하딩의 목소리-를 들었다고 밝혔다. 방으로 들어갔을 때, 그는 비굴한 태도로 굽실거리며 벽에 서있는 사람(포브스)의 목을 거세게 쥐고 있는 하딩을 보고 놀라지 않을 수가 없었다.

대통령은 상기된 얼굴로 "이 생쥐 같이 비열한 놈!" "이중 교잡된 잡종아! 너는 이제 더 이상 …"이라고 외쳤다.

너무 놀란 방문객은 무엇인가를 말했고 이에 하딩은 얼굴을 획 돌렸다. 그는 즉시 얼굴이 백지장이 되어 공포에 질려 비틀거리고 있는 사람의 목을 조였던 손을 풀었다. 그러고 나서 대통령은 퉁명스럽게 그 방문객을 향해 "미안하군요. 오늘 당신이 임명을 받는 날인데. 다른 방으로 오시오"라고 말하고 나가버렸다.

백악관을 나와 집으로 돌아오는 길에 이 방문객은 백악관 경비원에게 자신이 들어갔을 때 그 방에 있었던 사람이 누구냐고 물어 보았다. 경비원은 "그 사람은 재향군인회 회장인 포브스 대령입니다"라고 대답했다.[27]

백악관을 다녀오고 난 후 포브스는 즉시 사표를 내고 서둘러 유럽으로 도망쳐 버렸다. 하딩은 이러한 부정행위를 단속한 것에 만족하고 더 이상은

---

26) Adams, *Incredible Era*, chapter 22.

27) Russell, *Shadow Of Blooming Grove*, 558쪽.

아무일도 하지 않았다. 그러나 상원 조사위원회는 재향군인회의 포브스의 부정을 면밀히 조사했다. 그런데 사건 조사는 이 일에서 한몫 챙긴 재향군인회의 변호사 찰스 크래머(Charles Cramer)가 욕실에서 문을 잠근 채 머리에 권총자살을 했을 때 의외의 방향으로 흘러갔다.

도허티가 장관으로 있는 법무부는 소위 도덕적으로 불건전한 '매춘부(部)'로 알려졌다. 친절한 법무장관은 행정부 전반에 만연된 부정행위의 중심지로 간주되었다. 도허티는 장관에 취임하자마자 즉시 전쟁기에 일어난 사기행위나 부당이득소송을 무효 처리하고 뇌물을 받았다고 비난받았다. 워싱턴에서는 소송사건은 법무장관－거의 모두 제스 스미스를 통하여－과 '적절한' 교섭을 하게 되면 법정 밖에서 해결을 볼 수 있다는 소문이 돌았다.

도허티가 관련된 가장 악명 높은 사건은 전쟁 동안 몰수한 독일인의 재산을 관리하고 있던 외국인재산관리국 건이었다. 외국인재산관리국은 그 액수가 7백만 달러라고 주장하였고, 이를 처리하는 과정에서 도허티의 심복인 스미스가 수수료로 22만 4천 달러를 챙겼다. 스미스는 이 중에서 5만 달러를 오하이오 고향에 있는 법무장관의 형인 맬 도허티(Mal S. Daugherty)가 운영하는 한 은행에 도허티와 공동으로 개설한 구좌에 저축했다.[28]

법무부가 자행하는 불법행위와 관련한 소문은 너무나 자자하여 1922년 초에는 도허티를 축출하고 불법행위로 모은 돈을 몰수해야 한다는 목소리가 드높았다. 이에 도허티는 "나는 법무장관직을 이용해 단 30센트도 받지 않았다. 뿐만 아니라 나는 수백만 달러를 준다고 해도 굴하지 않을 것이다"고 신문기자들 앞에서 말했다. 그의 이러한 말에 빈정거림이 뒤따랐다. 이듬해 의회는 도허티의 탄핵을 요구하는 결의안을 채택했다. 이렇게 되자 도허티는 적극적 개념의 수세적 행동에 나섰다. 법무장관은 아직 FBI로 발전하지

---

28) Adams, *Incredible Era*, 323~324쪽.

않은 법무부 조사국의 지휘자로 변덕스러운 성격의 사립탐정 윌리엄 번스 (William J. Burns)를 발탁하였다. 번스와, 그가 비밀리에 부리고 있던 수석 부하인 개스턴 민즈(Gaston B. Means)는 도허티로부터 의회 조사위원들을 조사하라는 지시를 받았다. 무단주거침입과 전화도청이 워싱턴 정가에서 다반사로 행해졌다. 또한 그들은 도허티를 심문하는 일에 가장 중심인물인 몬태나 주 연방 상원의원인 버튼 휠러(Burton K. Wheeler)를 도덕적 사생활 을 문제삼아 집요하게 물고 늘어졌다.

합법적으로 형사가 집요하게 뒤를 따라다녔지만 도허티는 평정을 잃지 않았다. 그러나 스미스에게는 자신이 매우 긴장되고 부담을 크게 느낀다고 말했다. 이에 불안해진 스미스는 의심이 많아지고 매사에 신경과민적 반응 을 보였다. 그는 오하이오 고향을 자주 방문하면서 이혼한 아내인 록시 스틴슨(Roxy Stinson)에게 몇몇 은행구좌를 파기하고 수표를 무효화시키고 다른 서류를 파기하는 데 도움을 주도록 요청했다. 그리고 그는 자주 한 친구에게 "앞으로 살 날이 얼마 남지 않았어"라는 말을 했다. 워싱턴으로 돌아온 스미스는 도허티와 같이 살고 있는 아파트에서 여러 날을 혼자 지냈다.

1923년 5월 30일 이른 아침, 도허티의 비서인 워렌 마틴(Warren E. Martin) 은 그들의 아파트에서 쇠로 만든 쓰레기통에 머리를 처박은 채 마루에 쓰러져 있는 스미스를 발견했다. 그의 오른손에는 권총이 들려 있었는데, 총탄이 그의 왼쪽에서 오른쪽 관자놀이를 관통하였다. 마틴은 사건을 워싱 턴 경찰에게 넘기지 않고 윌리엄 번스를 불렀다. 번스는 부검 없이 곧바로 서류를 작성하여 자살로 결론 내렸다. 그러나 록시 스틴슨은 제스 스미스는 오른손잡이인데, 그의 왼쪽 머리에서 총이 발사되었다는 사실은 이해할 수 없다고 말했다. 워싱턴의 한 경찰간부는 "이런 일은 도저히 일어날 수 없어!"라고 말했다.[29]

하딩이 자신의 행정관료들이 부패와 타락에 전염되어 신음하고 있다는 사실을 언제 알았는지는 잘 알려져 있지 않다. 그러나 1923년 여름경에는 아무리 무관심하고 순진한 사람일지라도 눈치챌 정도로 수많은 증거들이 줄줄이 딸려나오기 시작했다. 찰리 포브스의 노골적인 부정행위, 크래머와 스미스의 자살, 도허티의 부정행위에 대한 소문, 그리고 석유저장소 관리와 관련된 폴의 부정행위 등이 적나라하게 드러나면서 하딩도 이제 이 문제를 그대로 덮어둘 수는 없게 되었다. 지치고 기운이 빠진 하딩은 과거에 자신에게 항상 생기를 불어넣어 준 요양과 치료를 위한 여행을 떠났다. 여행을 하는 중에 그는 자주 연설을 했다.

6월 20일 대통령 일행은 알래스카로 출발했다. 하딩은 도중에 자주 멈춰 연설을 했고 워싱턴으로부터 멀어지면 멀어질수록 군중도 더 많아지고 열성도 더 생기는 것을 확인할 수 있었다. 그러나 항상 독직사건의 그림자가 그를 따라다녔다. 캔자스에서 알버트 폴의 부인은 한 개인 모임에서 대통령이 과거에 횡령한 사실을 감추고 있다고 기자들에게 폭로했다. 그녀가 하딩에 대해 말한 내용은 결코 밝혀지지 않았다. 그럼에도 하딩은 동요된 모습으로 인터뷰를 해야만 했다. 다음 날 윌리엄 알렌 화이트에게 "하나님, 이런 지옥 같은 일이라니! 지금까지 나는 나의 상대들과 곤란한 문제가 없었다. 지금도 나는 그들을 내 마음대로 다룰 수 있다. 그러나 이 저주스러운 내 친구놈들! 이 저주받을 친구놈들! … 그놈들 때문에 걱정으로 밤새 이리저리 돌아다녀야 하다니" 하고 말했다.[30]

하딩은 알래스카를 방문한 최초의 미국 대통령이었다. 이곳에서 하딩은 폴이 장관으로 있는 내무부 일에 대해 불평하는 보수주의자들의 비판을 들어야 했다. 이곳을 떠나기에 앞서 대통령 앞으로 날아든 워싱턴의 긴 전보는 그를 극도로 당혹스럽게 만들었다. 이틀 동안 대통령은 허탈과

29) Sullivan, *Our Times*, 232~237쪽; Werner And Starr, *Teapot Dome*, 95~100쪽.
30) White, *Autobiography Of William Allen White*, 619쪽.

좌절 속에서 건강이 극도로 쇠약해졌다. 배를 타고 돌아오는 도중에 하딩은 자기 선실로 상무장관인 허버트 후버를 불러 행정부 내에서 파란을 일으키고 있는 엄청난 부정행위에 대해 언급하였다. "이 사건을 없었던 일로 하거나 무마해 버릴 방법은 없을까?" 후버는 이 부정행위 사건이 "우리의 정직과 신용의 정도를 드러내려 할 것이다"고 간단히 다소 무뚝뚝하게 대답했다. 배를 타고 있는 동안 다른 사람들은 쉬어 가면서 카드놀이를 했는데 하딩은 계속된 악몽에서 벗어나기 위해 밤낮을 가리지 않고 카드 브리지 놀이를 했다. 그때의 분위기는 긴장 그 자체여서 그 이후 후버는 다시는 브리지를 할 수 없었다.[31]

하딩은 몸과 마음이 극도로 쇠진한 상태로 샌프란시스코에 도착했다. 하딩은 당시 나이가 57세밖에 안 되었지만 이때의 모습은 아주 상노인처럼 보였고 또 그렇게 행동했다. 그는 1923년 8월 2일 저녁을 팔리스 호텔 스위트홈에서 휴식을 취하고 있었다. 이때 주치의인 소오여는 하딩이 식중독으로 약간의 고통을 받고 있다고 말했다. 그러는 동안 아내 플로시는 *Saturday Evening Post*에 실린 한 반가운 기사를 하딩에게 읽어주고 있었다. "그것 좋군. 계속해. 더 읽어 봐요"라고 하딩은 아내에게 말했다. 그리고 더 이상의 말이 없었다. 갑자기 그의 얼굴이 뒤틀리더니 입이 벌어지고, 머리는 힘없이 푹 떨어졌다. 과거 하딩은 심장병을 앓은 경력이 있었다. 주치의는 하딩이 발작사하였다고 결론지었다. 그러나 형사이며 갱단의 일원인 개스턴 민즈는 하딩의 죽음에 대해 보다 으시시한 이야기를 퍼뜨렸다. 즉, 주치의 소오여와 공모한 아내 플로시가 대통령을 각종 불명예로부터 구원해 주기 위해 독살을 했다고 주장했다. 플로시는 그 어떤 부검도 원하지 않았다. 그래서 민즈의 이러한 주장은 입증되지 못했다.

국민들은 하딩의 예기치 못한 죽음에 대해 진정 애도를 표했다. 국민들

---

31) *Memoirs of Herbert Hoover* vol. 2, 49쪽.

대부분은 아직 하딩 행정부 아래에서 저질러진 전반적인 부정행위에 대해 거의 모르고 있었다. 그래서 그의 인기는 여전히 높은 상태에 있었다. 장례열 차가 대륙을 가로질러 워싱턴으로 달려갈 때, 철로 주변은 애도의 군중들로 가득찼고, 그들은 하딩이 가장 즐겨 불렀던 찬송가를 부르며 마지막 존경을 표했다. 하딩이 회원이었던 키와니스 클럽(Kiwanis Club)이 발간한 잡지는 떠나가는 형제에게 아래와 같은 애정과 찬사를 바쳤다.

오, 하나님께로 되돌아간 하나님의 아들이여
평화와 휴식이 그대에게 임하리라
그대의 부드러운 얼굴과 평온함은
우리에게 황금의 향유를 남겨 주었다.

수행행렬이 백악관에 도착했을 때, 플로시는 관을 열고 하딩의 시체가 들어 있는 관 옆에서 여러 시간을 아무말 없이 앉아 있었다. 그녀는 죽은 남편의 얼굴에 자신의 얼굴을 조용히 비비면서 "이제 더 이상 당신에게 상처줄 사람은 없어요. 우어렌"이라고 속삭였다.[32]

공화당 지도부에게 하딩의 죽음은 뜻밖의 행운이었다. 말하자면 이것은 당이 티폿돔 사건의 무도한 과실을 얼렁뚱땅 넘길 수 있게 만들어 주었다. 이제 곧 다른 부정행위도 대중에게 알려지게 될 것이고, 이마저 죽은이와 그 동료들에게 그 책임을 전가할 수 있게 되었던 것이다. 폴은 상원 조사위원 회가 활동에 나서기에 앞서 수정헌법 제5조를 이용하고자 했다. 그러나 그는 결국 400,000달러의 뇌물을 받고 도에니와 싱클레어에게 석유저장소 의 사용권을 넘겨주어 횡령과 착복을 했다는 이유로 기소되어 1년 징역형을 선고받았다. 그는 하딩 내각에서 부정행위로 인하여 처음으로 처벌을 받은

---

32) Russell, *Shadow Of Blooming Grove*, 597쪽.

인물이었다. 그런데 뇌물을 준 석유왕들은 그 어떤 처벌도 받지 않았다.

그리고 어떤 문제제기나 의문을 품지 않고 폴에게 석유저장소를 넘겨준 해군장관 에드윈 덴비는 무능과 직무유기를 물어 탄핵을 받아야 한다는 여론이 돌았다. 그러나 심문을 주도한 몬태나 주 상원 토머스 왈쉬가 "내가 아는 한 어리석음은 탄핵의 이유가 못 된다"라고 발언을 한 후 이러한 여론은 사라졌다. 찰리 포브스는 뇌물과 불법행위 공모에 대한 재판을 받기 위해 유럽에서 되돌아왔다. 그는 고작 10,000달러의 벌금과 리븐워스 (Leavenworth) 감옥에서 2년의 징역형을 선고받았다. 2백만 달러의 부당행위는 이렇게 가벼운 처벌만으로 끝이 났다.

해리 도허티는 당분간 법무장관직을 유지했으나 그가 상원 조사관에게 주류밀매업, 석유업, 기소사건 처리 등과 관련된 자료의 제출을 거부하자, 하딩을 계승한 캘빈 쿨리지가 곧바로 그를 해임시켜 버렸다. 해임되기 전 도허티는 이러한 자료는 국가안보에 필수적이고, 심문을 책임지고 있는 상원의원들은 소비에트 정부로부터 동지 칭호를 받았다는 얼토당토 않은 주장을 했다.

외국인 재산을 부당하게 착복했다는 이유로 기소된 도허티는 최근에 죽은 대통령의 사후 명성을 보호해야 한다고 암시하면서 증언대에 서기를 거부했다. 도허티의 이러한 행동은 하딩이 어떤 방식으로건 부정행위와 관련되어 있다는 인상을 퍼뜨리는 데 기여했다. 배심원단은 도허티가 무죄인지 유죄인지를 둘러싸고 합의를 보지 못했다. 그러나 다시 기소된 도허티는 또 한 번 재판에 회부되었다. 그는 다시 한 번 무사할 수 있었으나, 이는 하딩의 평판을 희생으로 삼아 가능해졌다.

낸 브리턴은 그의 사생아 딸을 위해 하딩 가족에게 돈을 요구했다. 그러나 그녀의 요구는 거절당했고, 그녀는 회고록 *The President's Daughter*를 출간했다. 이 책은 "세상의 모든 미혼모와 무고한 자식들에 대한 사랑과 이해를 위해" 그들에게 헌정하는 식으로 출판되었다. 책은 베스트셀러가 되었다. 회고록에서 그녀는 처음 백악관에 방문했을 때 대통령 하딩이 어떤 곳으로 자신을 데려갔다고 밝혔다. 여기에서 하딩이 "우리는 안전하게 키스를 나눌 수 있다. 이곳은 우리가 잘 꾸민 작고 은밀한 장소다. 이곳은 달콤한 애인과 사랑을 나누기에 좋은 장소다"고 말했다고 밝히고 있다.[33]

워렌 하딩의 사망 후 마리온에 설치될 기념비의 전반적인 상황을 논의하기 위해 한 위원회가 유명한 건축가인 존 러셀 포프(John Russel Pope)의 제안에 따라 모였다. 모임에 늦게 도착한 한 위원은 대강 설계를 들여다 본 후 손을 내저으며 다음과 같이 말했다.

"하나님 맙소사, 여러분! 여러분은 이걸 만들려고 생각하십니까?"

"왜 안 되나요?" 하고 위원장이 물었다.

"여기에 어떤 방향이 정해져 있나요 당신들이 가지고 있는 것이 무엇입니까? 티폿인가요!"[34]

---

33) Mee, *The Ohio Gang*, 115쪽에서 재인용.
34) Adams, *Incredible Era*, 433~434쪽.

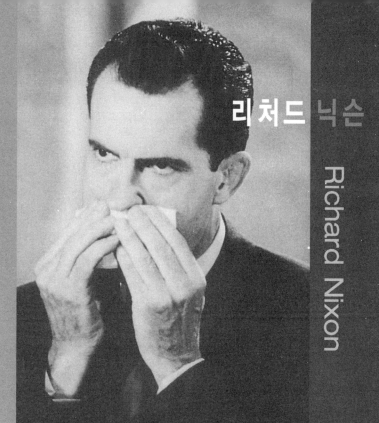

리처드 닉슨

Richard Nixon

1969~1974
음모, 오만, 거짓 등으로 국민을 속이고 헌법을 위반하고도
조금의 뉘우침이 없었던 몰염치한 대통령

닉슨이 최악의 대통령으로 선정된 이유

1 닉슨은 헌법을 파괴시키고 민주주의 제도에 대한 냉소적인 태도 때문에 최악의 대통령으로 선정되었다. 닉슨은 자신에게 다가오는 탄핵을 피하기 위해 대통령직을 사임했기 때문만이 아니라, 너무나 노골적으로 사법권을 방해하고 헌법을 위반했기 때문에 미국 최악의 대통령 반열에 들어갔다. 비록 그는 다른 최악의 대통령들보다 능력이나 지적인 면에서 훨씬 뛰어났지만, 닉슨은 미국인들과 또 비길 바 없이 훌륭한 미국 민주주의제도에 대해 냉소적으로 경멸의 태도를 가지고 있었다. 국가의 안전보장을 위한 기구와 조직은 물론 국가의 비밀 사안을 국가 안보와 방위를 위한 도구로 사용한 것이 아니라, 공개적인 조사로부터 자신들의 사악한 행위와 부도덕, 그리고 실수를 감추기 위해 사용하였다. 정부의 발표와 많은 미국인들이 믿는 것과의 사이에 존재하는 소위 '진실성에 대한 차이'(credibility gap)는 이제 미국 국민들이 그들의 정부와 지도자에 대해 어떤 믿음을 가지고 있든 간에 그것을 모조리 삼켜버리는 넓디넓은 간극을 만들어 버렸다. 민주주의 제도에 대해서는 물론 상대에 대한 의심, 자기 마음대로 일을 처리하기 위한 음모와 거짓과 연관되어 있는 것으로 여겨진 대통령은 국민에게 더 이상 믿음과 신뢰를 주지 못했고 나아가 이것은 미국인들로 하여금 정부와 대통령을 불신케 하는 결과를 낳았다.

2 닉슨은 인생을 투쟁과 음모의 세계로 보았고 그렇게 생활했다. 사실 닉슨은 자신이 가진 성격의 희생자다. 닉슨의 야망, 그의 불안정한 심리상태, 일시적인 발광과 같은 격노, 냉담한 무관심, 강한 원한의식, 비리 선호, 그리고 유머의 부족 등 이런 모든 것이 그를 대통령직에서 물러나게 한 결정적인 요인들이다.

빈곤 속에서 일어나 백악관의 주인이 되기까지 눈부신 성공을 거두었음에도 불구하고 닉슨은 외고집과 뒤틀린 성격에 걸맞게 자신을 아웃사이더로 보았고 자신을 경멸하고 얕보는 사람들에게 마음 속 깊이 노골적인 분노를 품고 있었다. 그는 인생을 일시적으로 극복되어야만 하는 '위기의 연속'으로 보았고, 또한 인생을 '자신과 같이 가지지 못한 자와 모든 것을 쥐고 살찐 엉덩이로 앉아 있는 사람들 간의 투쟁'으로 보았다.

3 닉슨은 **국민을 무시했다.** 유권자들이 그들의 현재 상태보다 더 현명하고 더 용기 있고 민주시민으로 더 자질이 있는 사람들이라고 확신시키고자 노력한 존 F. 케네디와는 달리, 닉슨은 주제넘게 유권자들이 자신보다 훨씬 부족한 사람들이라고 생각했다. 즉, 그들은 덜 지적이고, 깊게 생각하지도 못하며, 덜 지성적이라고 보았다. 그는 자신을 다른 사람에게 평범한 중산층 미국인으로 보이려고 노력했다. 감정에 호소하는 식의 애국적이고, 인습적인 의미의 종교적이며, 겉으로는 사교적인 모습을 보이는 그런 이미지를 위해 노력했다. 그러나 닉슨이야말로 이런 이미지에 가장 동떨어진 사람이었다. 따라서 이러한 이미지를 유지하려 한 그의 노력은 심리적으로 많은 것을 고갈시켜 버렸다.

닉슨은 지금까지 내가 만난 사람 중 가장
정직하지 못한 사람이다. 그는 자신의 아내는
물론, 가족, 친구, 자신의 당, 심지어 미국 국민,
전 세계를 상대로 거짓말을 하고 있다.

리처드 닉슨은 애리조나 주 슬립페리 로데오에서 손님을 끄는 흥행꾼으로서
자신의 이력을 시작했다. 당시 10대였던 닉슨은 합법적인 운명의 수레바퀴
를 타기 시작했다. 여기에서부터 계속해서 그는 일종의 사기꾼 앞잡이
같은 보잘것 없는 성공을 거두어 왔다. 닉슨의 이러한 경력은 그의 인생과
아주 꼭 들어맞는다. 거의 반세기 동안 닉슨은 미국 정치 현장에서 완전히
정치라는 상품을 선전하는 사람이었기 때문이다. 일생을 통해 그는 "나는
이 질문을 당신에게 하게 되어 매우 기쁘다", "지금 내가 하고자 하는 것은
미국정치사에서 선례가 없었던 것이다" 등과 같은 웅변조의 교묘한 속임수
를 자주 이용했다.[1]

닉슨은 풍부한 경험을 살려 너무나 손쉽게 자신의 선전물을 암시나 설득
등 온건한 판매방법으로 청년들에게 팔았고, 그것을 구별하기 어렵게 미묘
하게 바꾸어 뉴잉글랜드 지방 시민들에게 어필시켰으며, 급기야는 자신의
선전물을 적극적이고 끈질긴 판매방법을 써서 환호하는 군중집회에서 믿음
이 강한 공화당원들에게 강매했다. 능숙한 토론자지만 아마추어 배우—그는
목구멍으로 상상의 덩어리를 삼킴으로써 스스로 눈물을 흘리게 할 수 있었다
—와도 같은 그는 부드럽고 아름다운 바리톤 목소리를 가지고 있었다.

---

1) Potter, *Nixon:Political Pitchman.*

닉슨은 숙련된 연설가가 가진 온갖 종류의 교활하고 능숙한 책략을 알고 있었다. 그는 상품 선전자로서 최고의 권위를 가진 대가와 같은 모습으로 자신이 보기에 약자와 자유주의자 혹은 무식한 사람들이 주로 사용하는 '쉬운 방법'(easy way)에 대해 조롱을 보냈다. 그리고 그는 상품 선전자로서 능숙한 기교를 발휘하여 힐문과 야유를 보내는 사람들을 쉽게 다루었다. "자 이제 내가 말을 해도 됩니까. 당신은 뭔가를 배울 수 있을 것입니다."

미국의 37대 대통령인 닉슨은 지금까지 백악관에 입성한 역대 대통령들 가운데 가장 준비된 사람 중 한 사람으로 알려졌다. 그는 연방 하원의원, 상원의원에 당선되어 활동했을 뿐만 아니라 드와이트 아이젠하워(Dwight Eisenhower) 대통령 밑에서 두 번 임기의 부통령을 지낸 경험을 가지고 있었다. 닉슨은 케사르, 징기스칸, 나폴레옹, 글래드스턴(Gladstone), 디즈레일리(Disraeli) 등의 전기를 읽었다. 그는 앨리스 롱워스(Alice Longworth)로부터 아버지 시어도어 루즈벨트의 대통령 수행에 관한 많은 정보를 얻었다. 심지어 그는 골프도 열심히 배웠다. 그러나 엄청난 열망을 가지고 행한 위인들의 전기에 대한 그의 연구—닉슨은 심지어 탐닉의 단계까지 갔다—도 위대한 대통령이 되는 보증수표는 되지 못했다.

닉슨은 자신에게 다가오는 탄핵을 피하기 위해 대통령직을 사임을 했기 때문만이 아니라, 너무나 노골적으로 사법권을 방해하고 헌법을 위반했기 때문에 미국 최악의 대통령 반열에 들어갔다. 닉슨이 만약 심사숙고하여 고른 자신의 계승자인 제럴드 포드에 의해 사면받지 못했다면, 그는 총체적으로 워터게이트로 알려진 범죄에서 중범죄로 분명히 기소되었을 것이다. 그러나 닉슨은 내가 이 책에서 다루고 있는 다른 최악의 대통령들과는 다른 면이 있다. 비록 다른 최악의 대통령들보다 그는 능력이나 지적인 면에서 분명 훨씬 뛰어났지만, 그는 미국인들과 훌륭한 미국 민주주의 제도에 대해 냉소적으로 경멸의 태도를 가지고 있었다.

"나는 악한 사람이 아닙니다"라고 그는 말했지만, 사실 그는 악당 같은 사람이었다. 한때는 그와 절친한 친구이자 1964년 공화당 대통령 후보였던 베리 골드워터는 "닉슨은 지금까지 내가 만난 사람 중 가장 정직하지 못한 사람이다. 그는 자신의 아내는 물론, 가족, 친구 …자신의 당, 심지어 미국 국민, 전 세계를 상대로 거짓말을 하고 있다"고 썼다.[2] 내국세청은 닉슨이 대통령직을 떠났을 때 그가 무려 432,787달러의 세금을 체납하고 있었고, 거기에다 이에 대한 이자와 벌금으로 33,000달러를 내지 않았다고 발표했다. 그는 국가공문서보관소에 보관되어 있는 그의 부통령 것으로 추측되는 어음을 공제 가능한 보험증권으로 만들어 이용하고자 했다. 그러나 이것들은 별다른 가치가 없는 것으로 판명 났다. 이러한 어음에 대해 큰 가치를 부여한 평가인들은 사기행위로 기소되었다.

거기에다 플로리다와 캘리포니아에 있는 닉슨의 집에서 상당히 의심스러운 정부자금이 지출되었다. 심지어 닉슨은 무려 20만 달러의 수입에 단지 800달러의 소득세만 낸 것으로 알려졌다. 그리고 닉슨은 자신의 딸 중의 하나를 위해 주선해준 무도회에 들어간 자금 5만 달러를 "미국 대통령의 공식적인 기능 수행으로 들어가게 된 활동비로 처리"하여 공제를 받고자 해서 그렇게 했다. 헨리 소로(Henry D. Thoreau)는 "그의 부정직한 악당이라는 증거는 그때 그때마다의 형편에 따르는 정황적인 증거로 나타난다. 어떤 정황적인 증거는 너무나 명백하다. 그럴 때마다 여러분은 우유 속에서 송어 한 마리를 찾는 것과 같이 그가 악당의 모습을 분명히 드러내는 것을 볼 수 있다"고 말했다.

그러나 닉슨의 범죄행위는 세금을 내는 국민들을 희생으로 삼아 자신을 부자로 만드는 너저분한 타락행위 그 이상의 짓을 했다. 하딩 행정부 동안 공직자들이 너무나 타락하여 아예 의사당 지붕까지 팔아 먹으려 든 오하이오

---

2) Blum, *Years Of Discord*, 319쪽.

갱과 율리시스 그랜트를 둘러싼 타락한 집단이 단지 돈을 끌어모으는 축재자들이었다면, 닉슨은 보다 큰 목적을 위해 음모를 꾸미는 인간이었다. 닉슨은 헌법 그 자체를 완전히 파괴시키려 했던 것이다.

미국 국민들이 워터게이트로 받은 심리적인 영향은 너무도 무겁고 큰 것이었다. 베트남 전쟁으로 인한 피해의식과 존 F. 케네디 대통령과 동생 로버트 케네디, 그리고 마틴 루터 킹 2세 목사의 연이은 암살로 인한 혼란 속에서 맞은 워터게이트 사건은 미국인들에게 큰 충격을 주었다. 이는 비뚤어진 망상증과 음모를 정당한 것으로 보이게 했으며, 또한 연방정부에 대해 냉소주의를 증가시키는 역할을 했다. 국가의 안전보장을 위한 기구와 조직은 물론 국가의 비밀 사안이 국가 안보와 방위를 위한 도구로 사용된 것이 아니라, 공개적인 조사로부터 자신들의 사악한 행위와 부도덕, 그리고 실수를 감추기 위해 다루기 쉽게 위장하고 그 구실로 이용하는 것으로 보였다. 정부의 발표 내용과 많은 미국인들이 믿는 것과의 사이에 존재하는 소위 '진실성에 대한 차이'(credibility gap)는 이제 미국 국민들이 그들의 정부와 그들의 지도자에 대해 어떤 믿음을 가지고 있든 간에 그것을 모조리 삼켜버리는 넓디넓은 간극을 만들어 버렸다.

대통령직의 사임으로부터 20년 후 그가 죽기까지 닉슨과 그를 추종하는 핵심적인 지지자들은 워터게이트 사건에 대해서는 전혀 책임이 없다고 주장해 왔다. 심지어 포드 대통령의 사면을 받아들일 때도 이 나라의 가장 유명한 피고인들은 그 어떤 범죄행위도 시인하지 않았다. 실수였습니까? 우유부단한 행동의 결과였습니까? 서투른 판단이었습니까? 그렇습니다. 이것은 일종의 범죄행위가 아닙니까? 아닙니다. 절대로 범죄행위로 보지 않습니다. 닉슨 일파는 린든 B. 존슨과 존 F. 케네디 역시 백악관의 대통령 집무실에서 도청을 했으며—이는 범죄행위가 아닌 것으로 인정되었다—정적을 방해하고 괴롭히기 위해 FBI나 내국세청인 IRS를 이용했다고 주장했다. 그러나 닉슨 일파에 대한 또 다른 평가에 대해서는 그들도 전혀 어찌해 볼 수가 없었다. 닉슨과 그의 추종자들은 워터게이트가 정말로 얼마나 중대한 사건인지를 전혀 이해하지 못했다. 즉, 그들은 민주주의 국가에서 대통령이 국민들에게 가져야 할 책임감의 문제를 인식조차 하지 못했다. 그들은 헌법을 파괴시키는 시도를 했음에도 불구하고 현행범으로 체포되지 않았다.

그러나 불행히도 포드에 의한 사면의 결과, 미국 국민들은 닉슨의 범죄행위에 대한 충분한 변명과 설명에도 불구하고 이를 액면 그대로 믿지 않았다. 뉴욕주 대법원 항소부는 요란한 북소리와 같이 강한 어조로 닉슨의 변호사 자격 박탈을 둘러싸고 계속 그를 비난하고 고발했다. 당시 닉슨은 자신의 위법행위를 인정하지 않은 상태에서 뉴욕변호사협회에서 사퇴하여 변호사 자격 박탈을 피하고자 했다. 그러나 법원은 변호사협회로부터 닉슨에 대한 여러 불평거리를 들은 후 적당한 조치를 통해 그가 변호사 자격 박탈 절차를 교묘히 피할 수 없다고 판결했다. 다음은 법원의 판결요지다.

"닉슨 씨는 1972년 6월 17일 워싱턴에 있는 민주당 전국위원회 본부 사무실을 무단침입한 데 대한 연방수사국의 조사를 부적절하고 부도덕하게 (improperly) 방해했다."

"닉슨 씨는 무단침입과 관련되어 기소된 하워드 헌트(E. Howard Hunt)에게 은밀히 돈을 주는 것을 부적절하고 부도덕하게 인정했다."

"닉슨 씨는 자신의 참모들과 그의 대통령 재선위원회 구성원들의 불법적인 활동과 관련된 증거를 부적절하고 부도덕하게 감추었을 뿐만 아니라, 다른 사람을 시켜 증거를 감추었다."[3]

백악관 대통령 집무실의 녹음테이프에는 대통령으로서는 할 수 없는 닉슨의 비열하고도 부끄러운 일이 녹음되어 있었다. 미국인들은 자유세계의

---

3) *New York Times*, July 9, 1976.

지도자가 마치 브루클린에서 사기와 협박과 공갈을 일삼는 마피아의 두목처럼 말하는 것을 들었다. 어느 순간 닉슨은 백악관의 보좌관들에게 "빌어먹을! 나는 무슨 일이 일어나든 개의치 않는다"고 말했다. "나는 여러분 모두가 그것(워터게이트 사건에 대한 조사)를 잘 방해하길 원한다. 그것을 수정헌법 제5조를 적용해서 잘 대처하기 바란다. 워터게이트를 잘 마무리할 수만 있다면 은폐도 좋고 그 이상의 일도 좋다. 반드시 그렇게 하기 바란다." 이건 마치 무법 세계나 마찬가지였다. 미국인들은 역시 그들의 대통령 닉슨이 보좌관들에게 "책임을 유대인들에게 전가시키라"고 명령하는 소리를 들었고, 나아가 워터게이트 침입사건이 있은 후 2주가 지난 뒤 공화당 전국위원회 간부들에게 민주당의 강력한 비난에도 불구하고 그곳에 침입하여 증거를 인멸하라고 하는 말을 들었다.

좁은 시각에서 보면 닉슨의 대통령직 침몰은 워터게이트 빌딩에 있는 민주당 전국위원회 사무실을 서투르게 침입한 '3류 좀도둑질' 때문이었다고 볼 수 있다. 그러나 사실 이는 닉슨 자신의 성격이 낳은 결과다. 닉슨의 야망, 불안정한 심리상태, 일시적인 발광과 같은 격노, 냉담한 무관심, 강한 원한의식, 비리에 대한 선호, 그리고 유머의 부족 등 이런 모든 것이 그를 대통령직에서 물러나게 한 결정적인 요인들이었다. 일찍이 그리스 철학자 헤라클리토스(Heraclitus)는 수천 년 전에 "인간의 성격은 그의 운명을 결정한다"(A man's character is his fate)라는 말로 이런 상황을 이해하고 있다.

빈곤한 상태에서 일어나 백악관의 주인이 되기까지 눈부신 성공을 거두었음에도 불구하고 닉슨은 외고집과 뒤틀린 성격에 걸맞게 자신을 아웃사이더로 보았고 자신을 경멸하고 얕보는 사람들에게 마음 속 깊이 노골적인 분노를 품고 있었다. 그는 이 분노를 신성한 체하는 우리아(Uriah : 다윗에게

모살된 밧세바의 남편)와 같은 겸손함과 비하의 모습 뒤로 감추었다. 그는
인생을 일시적으로 극복되어야만 하는 '위기의 연속'으로 보았고, 또한
인생을 '자신과 같이 가지지 못한 자와 모든 것을 가지고 살찐 엉덩이로
앉아 있는 사람들 간의 투쟁'으로 보았다.[4] 인생을 어떻게 이끌어 가든
간에 그는 오늘날의 청취자가 참가하는 라디오 쇼프로그램에서나 들을
수 있는 분노하고 투쟁적인 성난 시끄러운 목소리에서 벗어나지 못했다.

　닉슨의 이 같은 투쟁 사례는 그가 위티어 대학(Whittier College)을 다니는
동안 일어났다. 이곳 대학의 일반적인 생활은 닉슨이 느끼기에 '가지지
못한 자'들을 경멸하는 프랭클린(Franklin)이라 불리는 단체에 의해 좌지우
지되고 있었다. 이에 대해 그는 하나의 경쟁단체로서 정직하고 충직한 사람
들의 모임이라는 뜻에서 스스로 오스고니언(Orthogonians) 혹은 스퀘어
슈터(Square Shooters)라고 부른 단체를 조직해 운영했다. 이 단체는 운동선
수들과 대학에서 생활비를 벌기 위해 일을 하는 학생들로 구성되었다.
오스고니언의 상징은 멧돼지였다. 비록 닉슨은 잘 알지 못했지만, 멧돼지는
영국왕 리처드 3세(1452~1485)의 상징이었다. 이를 두고 닉슨 비판자들은
곧잘 닉슨과 리처드 3세를 비교하여 설명한다(리처드 3세는 에드워드 4세의
동생이며 글로스터 공으로, 형이 죽은 후 어린 조카 에드워드 5세의 섭정이
되었다. 몸이 불구인 탓도 있어 의심이 많고 음흉한 야심가였으며, 음모로
정적을 처형하고 어린 왕과 왕의 아우를 런던탑에 유폐시켜 왕위를 찬탈하였
다. 그러나 선왕 형제를 런던탑 내에서 살해하였다는 소문이 퍼져-사실
여부는 불명-신망을 잃었다).

　프랭클린과 오스고니언의 투쟁은 그의 인생에서 되풀이하여 발생하는
주제였다. 그의 첫 번째 정치적 정적인 제리 부어히스(Jerry Voorhis)와
헬렌 더글러스(Helen G. Douglas)는 프랭클린 출신들이었다. 격조 높은

---

4) Ambrose, *Nixon* vol. 1, 39쪽.

외교관인 알저 히스(Alger Hiss) 역시 프랭클린 출신이었다. 그리고 존 F. 케네디도 또 다른 프랭클린으로 상징되고 있었다.

닉슨은 경멸적인 태도와 부정행위의 영원한 정신적 토대를 가지고 있었다. 그는 운명을 지나치게 믿었고 모든 곳에 계략과 불법공모가 존재한다고 보았다. 즉, 자신을 비난하는 언론에 대해, 그리고 공화당을 지배하고 있는 동부의 부유한 기득권층에 대해, 상류사회를 구성하는 워싱턴의 관료사회에 대해, 특히 1960년 대통령선거에서 간발의 차로 자신을 낙방시키고 케네디를 당선시켰다고 믿은 중앙정보부(CIA)에 대해 그러했다.

우리는 닉슨을 워터게이트 그 이상의 의미로 기억해야 한다. 역사가 그를 자신과 동시대의 사람들보다 더욱 능력 있고 인정스러운 사람으로 평가하는 것은 이미 일반적인 사실이다. 왜냐하면 닉슨은 국내외 문제에서 상당한 견실한 업적을 이루었기 때문이다. 비록 그는 공산주의에 반대하는 불타는 십자군의 열망으로 권좌에 올랐지만, 중국과는 물론 소련과 가교를 세우고자 노력하고 상상력 풍부한 정치가의 행동으로 핵무기 감축 협상을 계속하였다. 사회적으로 은둔생활과는 거리가 멀었던 그는 시어도어 루즈벨트를 제외하고 20세기 공화당 대통령들 중 가장 자유주의적인 대통령이었다.[5] 그가 존슨의 위대한 사회프로그램 중 과다하고 도가 지나치다고 생각되는 것을 다시 정리정돈하는 동안, 그의 행정부는 국내 문제에서 로널드 레이건이나 뉴트 깅그리치(Newt Gingrich)의 노선보다 프랭클린 루즈벨트의 뉴딜 이념쪽에 보다 더 정책 방향을 맞추었다. 관행으로 되어 있는 흑인들에 대한 차별을 일정하게 인정한 그의 '남부전략'에도 불구하고 그는 1954년 연방 대법원이 학교에서의 인종분리를 불법화한 이래로 어떤 대통령보다도 학교에서의 흑백통합을 달성하기 위해 애를 썼다.[6]

닉슨의 반박은 셰익스피어와 같은 차원이었다. 전직 대통령인 포드,

---

5) Patterson, *Grand Expectations*, 719쪽.
6) 닉슨의 국내 업적에 대해서는 Hoff, *Nixon Reconsidered*.

지미 카터, 그리고 닉슨을 함께 비판하는 밥 돌(Bob Dole)의 신랄한 풍자—이들에게서 죄악이 없다는 소리를 들어라, 이들에게서 죄악이 없다는 사실을 보아라, 그러면 죄악이 들리고 보일 것이다—에도 불구하고 닉슨은 자신을 두둔해 줄 뭔가를 가지고 있었다. 최근의 대통령들과는 대조적으로 그는 헌신적인 남편이었고 가정적인 사람이었다. 그는 반복해서 호의와 친절을 베풀 수 있는 능력을 가지고 있었다. 낯선 사람들과의 교제에 부끄러움이 많고 썩 달가워하지 않았음에도 불구하고 그는 선거구민들로부터 상당한 지지를 받고 있었다. 그가 정계에 입문했을 때 태어나지도 않았던 많은 미국인들이 그의 장례식에서 길게 늘어서 그에게 존경을 표했다.

다수당에 의해 다섯 번에 걸쳐 전국 공천을 받고 네 번이나 당선된 프랭클린 루즈벨트(1920년 부통령 후보, 1932년, 1936년, 1940년, 1944년 대통령 당선)와 함께 다섯 번 공천에 네 번 당선이라는 기록을 가진 닉슨(1952년, 1956년 부통령 당선, 1960년 대통령 후보, 1968년, 1972년 대통령 당선)은 프랭클린과는 전혀 달리, 많은 사람들로부터 신뢰와 믿음이 안 가 그에게는 중고차를 사지 못할 사람으로 조롱을 받았다. 닉슨에게는 동료가 많았지만 진실한 믿음을 나눌 친구는 거의 없었다. 그는 끊임없이 계속하는 운동가였다. 그 만큼 그의 상태는 대단히 불안정하여 미국 정치현장에서 관례적으로 통용되는 의식에서 멀리 떨어져 있었다. 그는 악수를 몹시 싫어했고 얼굴에 미소를 띤 채 이야기하는 모습을 거의 볼 수 없었다. 또한 닉슨은 자신과 함께 여행을 하거나 늘 함께 다니는 동료들에게 꼭 이야기할 필요가 있을 때만 이야기할 것임을 주지시켰다. 심지어 그가 말을 할 때 사용하는 몸짓과 태도와 용모(body language)—예를 들어 승리를 표시하기 위해 팔을 펼쳐 보이는 일—에서도 "그는 말을 하기 전에는 아무런 움직임이 없었다. 마치 사운드 트랙이 필름 앞뒤의 약간을 그냥 진행하는 것처럼 아무런 움직임이 없었다."[7]

닉슨에 관한 수백 가지가 우리의 기억을 괴롭힌다. 2류급 악당의 미묘한 분위기를 가진 교활한 수사관 딕, 히스에 대한 무지막지한 추적 수사자, 민주당에 대한 보복적인 괴롭힘, 니키타 후루시초프(Nikita Khrushchev)와 부엌에서 토론을 나누고 중국 공산당과 평화를 협의한 사람, 연속 홈 멜로 드라마의 애처로운 영웅, 그리고 결국은 정치적 지혜를 무시한 늙은 정치가 닉슨에 대한 기억이 우리를 괴롭히고 있다. 오랜 기간 그의 보좌관이었던 레이 프라이스(Ray Price)는 닉슨은 러시아에 대해 온통 모순과 불가해한 것들로 둘러싸인 비밀의 나라라고 표현한 윈스턴 처칠의 설명에 딱 맞아떨어지는 전형적인 인물이라고 말했다. 그러나 이에 대해 해리 트루먼은 닉슨에게서는 아무런 비밀도 없다고 말했다. 트루먼은 "닉슨은 농간 잘 부리고 책략을 좋아하는 사람이며, 빌어먹을 거짓말쟁이일 뿐이다. 사람들은 이것을 알고 있다"고 말했다.

닉슨의 출세는 의지의 승리라고 할 수 있다. 본래 내성적인 성격이었던 그는 스스로 부정적인 이미지를 만들어 내는 데 열심이었다. 여러 다른 정치가들과는 달리, 특히 유권자들에게 그들의 현재상태보다 더욱 현명하고 더욱 용기 있고 민주시민으로 더욱 자질이 있는 사람들이라는 확신을 주고자 노력한 존 F. 케네디와는 달리, 닉슨은 주제넘게 유권자들은 자신보다 훨씬 부족한 사람들이라고 생각했다. 즉, 그들은 덜 지적이고, 깊게 생각하지도 못하며, 덜 지성적이라고 보았다. 그는 다른 사람들에게 자신을 평범한 중산층 미국인으로 보이려고 노력했다. 감정에 호소하는 식의 애국적이고, 인습적인 의미의 종교적이며, 겉으로는 사교적인 모습을 보이는 그런 이미지를 갖추기 위해 노력했다. 그러나 닉슨이야말로 이런 이미지에서 가장 동떨어진 사람이었다. 따라서 이런 이미지를 유지하려 한 그의 노력은 심리적으로 많은 것을 고갈시켜 버렸다.

---

7) Wicker, "Richard M. Nixon," in *Character Above All*, 130쪽.

    그의 이러한 노력은 자신이 영향력을 행사하려 한 평범한 미국인들에 대해 닉슨이 갖고 있던 근본적인 경멸의 태도도 드러내 주었다. 닉슨은 평범한 미국인들이 자신의 정책이 가진 미묘한 점들을 이해하지 못할 것이라고 생각했고, 또 그들은 닉슨 자신이 지적이고 열심히 일을 하기 때문에 자신에게 투표하지 않을 것이라고 생각했다. 국민들은 직업정치가에게 근면성보다는 뛰어난 정치적 수완을 더 원한다고 생각했기 때문이다. 또한 닉슨은 1952년과 1956년에 민주당 대통령 후보로 나선 아들라이 스티븐슨(Adlai E. Stevenson)이 그러했듯이 자신을 높은 위치에 설정해 두고 유권자들을 자신의 수준으로 따라오도록 만들기보다, 오히려 자신이 평범한 미국인들 수준으로 낮아지기만 한다면 평범한 유권자들의 표를 얻을 수 있다고 믿었다. 닉슨은 "당신이 평범하기 그지없는 국민들에게 *Time* 을 이해시키려 하는 것은 선(善)이라기 보다 차라리 악(惡)에 가깝다"고 *Time* 의 편집자 휴거 시데이(Hugh Sidey)에게 말했다.

    1960년의 대통령선거에서 케네디에게 근소한 표차로 패하고 또 2년 후 캘리포니아 주지사 선거에서 떨어진 그가 정치현장에서 떠나는 것을 본 닉슨의 정적들은 매우 기뻐하며 그가 다시는 정치세계로 돌아오지 않을 것이라고 생각했다. 그러나 그는 다시 돌아와 1968년과 1972년 대통령선거에서 승리를 거두었다. 그는 나자로(Lazarus : 예수가 죽음에서 살린 남자)보다 더 끈질긴 생명력을 가지고 있는 것 같았다. 닉슨의 이러한 승리는 자신들의 정체성을 찾고자 하는 평범한 미국인들을 겨냥한 잘 계산된 노력의 결과를 반영하고 있다. 1960년대의 시민권운동과 베트남 전쟁에 대한 항의와 갈등으로 빚어진 혼란과 폭력에 대해 화가 난 '말 없이 일하는 대다수의 사람들'(silent majority)인 그동안 '잊혀진 미국인들'(forgotten Americans)은 안정과, 법과 질서, 그리고 명예로운 평화를 이끌어내겠다는 닉슨 후보에게 박수를 보냈다.

이제 많은 미국인들은 닉슨을 믿고 따를 모든 준비가 되어 있었다. 그러나 정작 닉슨은 미국과 미국의 제도, 나아가 미국 국민들을 신뢰시킬 만한 능력이 없었다. 백악관에 입성하기 위한 오랜 역정에서 뼈에 사무친 원한을 쌓아 두었던 닉슨의 분노는 소위 '정적 리스트'를 만들어 내는 악의(惡意)를 낳았다. 그는 CIA, FBI, IRS, 그리고 정적들과 비판자들을 색출하여 방해하고 분쇄해 버리는 백악관의 비밀요원들을 이용했다. 또한 언론에 대해 협박과 공갈을 했으며, 비겁한 부정공작(dirty tricks)을 쓰고, 자신의 범죄행위를 감추기 위해 서슴없이 국가안보를 이용하고 경찰력을 동원하였다.

1971년 8월 백악관의 내부 일원으로 대통령 고문인 존 딘(John Dean)이 대통령직에 결정타를 가하게 될 적의로 가득찬 메모 하나를 참모들에게 유포시켰다. 즉, "우리 행정부에 대항하여 반대활동을 하는 사람들을 다루는 데 우리의 현직을 어떻게 하면 최대한 이용할 수 있을까?" 더욱 퉁명스러운 태도로 "우리의 정적들을 분쇄시키는 데 이용 가능한 연방의 기구들을 어떻게 하면 잘 활용할 수 있을까?"라는 내용이었다.[8]

닉슨의 아버지인 프란시스 닉슨(Francis A. Nixon)은 떠돌이로 지내다가 20세기 초 남부 캘리포니아로 들어왔다.[9] 임시직을 전전하면서 발가락에 동상을 입는 고통을 맛본 후에 그는 보다 따뜻한 기후가 계속되는 곳을 찾아다녔다. 이전에 그는 오하이오 주 콜럼버스에서 뚜껑이 없는 고가 이동 활차의 기관사로 일했었다. 위티어의 엄격한 퀘이커 교도들이 사는 마을에서 그는 과수재배자의 딸인 한나 밀하우스(Hannah Milhous)를 만났다. 이들은 단 4개월을 교제한 후 1908년에 결혼을 했다. 그러나 밀하우스의 집안은 그가 그녀를 더욱 가난하게 만들었다고 생각했다. 곧 이 젊은 부부는 요르바 린다 시 근처의 레몬 과수원으로 이사하여 작은 판잣집을 짓고

---

8) London Sunday Times Team, *Watergate*, 79쪽
9) 닉슨의 초기 생활에 대해서는 Ambrose, *Nixon* vol. 1.

살았다. 이곳에서 열심히 일하고 교회도 충실히 다닌 닉슨 부부(대통령 닉슨의 부모)는 그들의 아들이 소위 '평범하게 살아간 말 없이 일하는 대다수의 사람들'이라고 부르는 전형이었다. 그들의 다섯 자녀 중 둘째가 1913년 1월 9일에 태어났고 그들은 그에게 사자왕(Lionhearted) 리처드의 이름을 지어 주었다.

프란시스는 아내의 종교인 퀘이커를 받아들였다. 그러나 그는 아주 투쟁적이고, 불경스럽기 짝이 없었으며, 극도로 규율이 엄한 사람이었다. 그런 아버지를 몹시 무서워했던 리처드는 자신의 내성적인 성격을 억제함으로써 형제들에게 떨어지는 매를 피할 수 있었다. 어머니 한나는 아버지와 정반대였다. 부드러운 목소리에, 강한 통제력을 가진 그녀는 결코 자기 감정에 따라 화를 내거나 하지 않는 그런 사람이었다. 그녀의 아들은 "어머니는 평화에 열렬한 관심을 가지고 있었다"고 말했다. 아들 닉슨은 어머니를 '성자'로 불렀다. 1916년 그녀는 그동안의 공화당에 대한 견고한 신념을 버리고 우드로 윌슨에게 투표했다. 왜냐하면 윌슨은 그동안 "미국이 전쟁에 개입하지 않도록 해주었기 때문이다." 후에 닉슨은 어머니가 자신에게 더 공개적인 애정표시를 해주기를 원했다고 밝혔다. 그러나 어머니는 아들의 희망을 만족시켜 주지 않았다. 어머니 한나는 아들을 부를 때 딕(Dick)이 아니라 리처드라고 계속 불렀다. 그리고 리처드가 학교에 들어가기 전에 글을 읽을 수 있도록 교육했다. 또한 리처드가 매일 기도를 하도록 했으며 주일마다 퀘이커 교도들의 모임에 네 번씩 참가하도록 분명히 했다. 어머니는 아들 리처드가 퀘이커 선교사가 되기를 원했다.

닉슨에 관해 많을 글을 남긴 톰 위커(Tom Wicker)는 '세계적인 평화구조'를 구축하려 한 닉슨의 태도를 어머니에 대한 일종의 보상 형태로 설명하고 있다. 말하자면 어머니의 소망과 달리 닉슨이 음모와 가만으로 가득찬 정치가의 길을 선택하여 적나라한 권력을 추구함으로써 어머니의 이상과 소망을 무산시킨 데 대한 일종의 보상 형태였다는 것이다. 위커는 또한 "닉슨에게 작용한 가장 강력한 힘은 어머니 한나를 배려하고자 하는 희망이었다. 사실 닉슨의 생활은 그의 정치생활 일반과 마찬가지로 근엄은 오간데 없고 맞잡고 싸움질하고 배반을 일삼는, 그야말로 퀘이커 교도와는 다른 것이었음에도 불구하고 그러했다. 그래서 닉슨은 '어머니 저는 평화를 이룩했습니다. 이제 저는 어머니를 부끄럼 없이 뵐 수 있을 것 같습니다'라고 말했다"고 쓰고 있다.10)

닉슨의 가족이 운영한 레몬 과수원은 실패로 끝났고, 9세의 닉슨은 부모 형제와 함께 위티어로 이사했다. 이곳에서 아버지 프란시스는 가스 주유소를 구입하고 그 옆에 잡화점을 열었다. 이곳에서 닉슨의 가족 모두가 일을 했다. 하루에 16시간씩, 일주일 내내 쉬지 않고 일했다. 닉슨은 이때를 회상하면서 "우리는 가난했다. 우리는 돈이 거의 없었다. 우리 모두는 모든 옷을 물려 입어야 했다. 나는 나의 형이 신던 신발을 신고, 내 아래 동생은 다시 내 신발을 신었다. … 우리는 확실히 돈의 가치를 깨닫지 않을 수 없었다"고 말했다. 그러나 당시 자신의 입장과 가족이 처한 입장을 제대로 파악할 능력을 갖고 있었던 닉슨은 "그럼에도 불구하고 당시 우리 가족 모두는 좋은 시간을 보냈다"고 말했다.11)

어린 시절 리처드는 다소 수줍음을 타기는 하지만 매우 영리한 아이였다. 또한 그는 시 암송에 특별한 재능을 가지고 있었다. 그러나 친구들에게는 별 인기가 없어 잘 어울리지 못했다. 그의 사촌인 소설가 제사민 웨스트 (Jessamyn West)는 "닉슨은 꽉 껴안아 주고 싶은 그런 아이가 아니었다"고 말했다.12) 닉슨은 어린 시절의 괴로운 경험으로 인해 생긴 분노와 원한을 평생 지고 다녔다. 닉슨은 한 보좌관에게 "사실, 나를 이 정치역정으로

---

10) Wicker, *Richard M. Nixon*, 142쪽.

11) Ambrose, *Nixon*, 32쪽.

12) *Ibid.*, 27쪽.

들어서게 만든 것은 어렸을 때 받은 비웃음과 멸시와 푸대접이다"고 말했다.13) 아버지로부터 리처드는 정치에 대한 열렬한 관심을 물려받았다. 그 결과 그는 신문에 난 정치뉴스를 읽는 데 열중했다. 티폿돔(Teapot Dome) 스캔들이 폭로되었을 때, 리처드는 아버지가 부정직한 정치가들과 타락한 법률가들을 비난하는 소리를 들었다. 그 상세한 내막을 알기 위해 여러 신문을 꼼꼼히 읽은 리처드는 "이 다음에 크면 변호사가 되어 뇌물을 주고받을 수 없도록 만들겠다"고 어머니에 말했다.14)

리처드가 14세가 되었을 때, 큰형인 해롤드(Harold)가 결핵에 걸렸고 어머니 한나는 그를 치료하기 위해 미친 사람처럼 여기저기를 돌아다니다가 해롤드를 데리고 애리조나 주 프레스콧으로 갔다. 그러나 치료에는 별 도움이 되지 않았다. 여기에서 어머니 한나는 다른 결핵환자들을 돌보고 가장 시시하고 천한 병실 일을 하면서 생활을 꾸려갔다. 해롤드를 포함하여 그녀가 돌보는 환자들이 하나하나 죽어 나갔다. 두 번의 여름을 보내면서 리처드는 어머니와 형을 방문했고 그동안 그는 로데오 경기가 열리는 'Slippery Gulch Rodeo'에서 손님을 끄는 일을 했다. 이 일에서 리처드는 타고난 자질을 발휘하여 다른 사람들보다 더 많은 돈을 벌었다. 해롤드는 사실 리처드의 가장 친한 친구이자 그가 믿고 의지할 수 있는 유일한 인물이었다. 이에 대해 닉슨의 전기작가로 유명한 스티븐 앰브로스(Stephen Ambrose)는 해롤드의 죽음은 리처드에게 동년배와의 온정 있고 상호 신뢰하는 관계의 끝을 의미했다고 말했다.15)

닉슨은 고등학교를 졸업하고 하버드 대학에서 장학금을 받았는데 이것으로는 수업료밖에 충당할 수 없었다. 대공황으로 인한 격심한 경기침체기에 닉슨은 하버드에서 기거할 방도, 하숙집도, 기타 다른 데 쓸 돈 한 푼도

---

13) Wicker, *Richard M. Nixon*. 135쪽.
14) Ambrose, *Nixon*, 29쪽.
15) *Ibid.*,72쪽.

없었다. 그는 돈을 벌어야만 했다. 결국 그는 하버드를 포기하고 지역의 퀘이커 교도 학교인 위티어 대학을 들어갔다. 닉슨은 후에 이 선택에 대해 결코 후회하지 않는다고 말했다. 위티어의 작은 캠퍼스에서 닉슨은 능력이 돋보이는 학생이었다. 가게에서 과일과 야채를 팔고 가게 일을 하기 위해 매일 새벽 4시에 일어나야 했지만 그는 정치적으로 야심이 있는 학생이었다. 그리고 학교생활 전반에서 뛰어난 인물이었다. 또한 타의 추종을 불허하는 토론가였고 피아노도 매우 잘 쳤다. 어처구니없을 정도로 서툴렀지만 축구를 즐겼고 종종 자살골도 넣었다.

위티어를 졸업한 닉슨은 장학금을 받고 듀크 대학 로스쿨을 다녔다. 혼자서 그는 지독한 가난을 맛보며 끊임없이 공부했다. 그래서 그랬는지 닉슨은 학교 동료들에게 우울한 친구로 통했다. 3등으로 학교를 졸업한 닉슨은 동부에 있는 최고의 법률회사나 연방수사국(FBI)에서 일자리를 잡고 싶어했다. 그러나 그는 이 두 곳으로부터 모두 거절당했다. 위티어로 되돌아온 그는 작은 마을의 법률회사에서 일했다. 그러나 그의 강한 의욕에 비해 토지계약을 도와주는 일은 너무 단순하여 자신을 지루하게 만들었다. 그는 정치판에 뛰어들 적절한 순간을 무작정 기다리고만 있지 않았다.

어느 날 한 친구가 닉슨에게 위티어 리틀 극장(Whittier Little Theater)에 가서 이 극장에 막 새로 단원이 된 '빨간 머리의 화려한 여인'을 만나보라고 제안했다. 성 베드로 날에 태어났기 때문에 사람들에게 팻(Pat)으로 불린 셀마 리얀(Thelma C. Ryan)은 네바다 주 광산업자였다가 캘리포니아의 농부가 된 사람의 딸이었다. 10대에 고아가 된 그녀는 뉴욕에서 비서 일로 돈을 벌었고, 그 후 캘리포니아로 돌아와 대학을 졸업하고, 위티어 고등학교에서 타이핑과 속기 교사로 일했다. 동시에 그녀는 할리우드에서 하루 7달러를 받고 엑스트라 연극배우로 일했다. 팻 리얀은 할리우드 최초의 총 천연색 영화인 'Becky Sharp'에서 단 한 줄을 말하는 역할을 맡았지만,

이 장면은 삭제되었다.

여자친구가 거의 없었던 닉슨은 팻을 본 순간 첫눈에 반해 버렸다. 그는 대학시절의 취미 중 하나였던 연극 재능을 살려 즉시 이 극장의 연극 오디션에 참가하였다. 그 결과 닉슨은 이 예쁘고 젊은 여선생의 상대역을 할 수 있게 되었다. 그들이 처음 데이트를 하는 날 닉슨은 팻에게 프로포즈했지만, 그녀는 일언지하에 거절했다. 후에 그녀는 이때의 심정을 "나는 그가 단순히 열렬한 팬인 줄만 알았다. 아니면 그 다른 무엇이거나…"라고 말했다. 그러나 닉슨은 끈질긴 구혼자였다. 2년 이상 팻을 따라다녔다. 심지어 팻이 로스앤젤레스에 가서 다른 남자와 데이트를 하는 중에도 닉슨은 그들 주위에서 서성이다가 데이트를 마친 그녀를 집으로 데려다 주었다. 이런 끈질긴 구혼 끝에 그들은 1940년 6월에 결혼했다. 그 해에 닉슨은 공화당 대통령 후보였던 웬델 윌키(Wendell Willkie)를 위해 몇 차례 연설을 했다. 그러면서 그는 공화당내 조직인 청년공화당원(Young Republicans)에서 활동을 했다. 그러나 전쟁이 발발하는 바람에 그의 정치적 야심은 향후 5년간 접어 두어야 했다.

퀘이커 교도의 교육을 받은 닉슨은 이를 파기하고 해군 복무를 원했다. 해군에서 복무할 날을 기다리며 워싱턴에 머문 8개월 동안 그는 가격청(Office of Price Administration)의 타이어 배급부에서 사무 변호사로 일했다. 이 기간에 그는 관료정치의 번잡함을 경험했다. 그는 1942년 중반에 해군 대위계급으로 군에 입대했다. 닉슨이 군에 입대하고 처음으로 유니폼을 입은 아들을 보며 어머니는 몹시도 울었다. 닉슨은 전쟁기 대부분을 닉슨의 햄버거 저장소(Nixon's Hamburger Stand)로 알려진 한 병참기지를 포함하여 공군 수송단을 관리하는 작전장교로 일하면서 솔로몬 제도에서 복무했다. 그는 군에서 매우 능력 있는 장교로서 부하 장교들과 사병들에게 인기가 있었다. 그러나 닉슨은 여기에서도 절친한 친구는 없었다.

닉슨은 해군에 있는 동안 포커놀이를 배웠다. 그러나 그는 포커를 단순히 시간 때우기용 놀이가 아니라 일확천금을 버는 도박으로 보았다. 결코 무모한 노름꾼이 아니었던 그는 포커판에서 돈을 걸기 전에 다른 사람들의 가능성을 신중하게 분석했다. 만약 자신의 카드 패가 좋지 않으면 그 판은 미련없이 쉬었다. 그가 포커를 쳐서 딴 돈은 모두 7,000달러에 달했는데 이는 그의 2년치 봉급에 해당하는 액수였다. 해군 소령이 된 닉슨은 캘리포니아 주 제12지구의 연방 하원의원에 민주당 출신으로 무려 다섯 차례나 당선된 자유주의적 성향의 제리 부어히스(Jerry Voorhis)를 대적할 상대를 물색하고 있던 공화당 지지세력인 은행업자들과 기업인들이 자신에게 접근해 오자 제대만 기다렸다. 닉슨은 이 기회를 적극적으로 붙들었다.

1946년에 닉슨은 향후 30년 동안 장사밑천으로 삼은 상투적 수단, 즉 흥행을 주도할 때처럼 치고 빠지는 스타일과 윤리적인 문제를 야기시키는 손쉬운 방법으로 선거에 임했다. 닉슨은 유권자들에게 자신을 중산층의 가치를 확고하게 믿고 신봉하는 사람으로 소개한 반면, 좌익성향의 부어히스를 공산주의자로 몰아부쳤다. 후에 닉슨은 "물론 나는 부어히스가 공산주의자가 아니라는 사실을 알고 있었다. 그러나 나는 선거에 이겨야만 했다"고 설명했다. 닉슨에게 중요한 것은 무조건 선거에서 이기는 것이었다.16) 그는 유권자들의 60%의 지지를 얻어 연방 하원에 당선되었다. 이 해의 선거에서 공화당은 20년 만에 처음으로 의회에서 다수당을 확보하게 되었고, 닉슨은 전국적인 공화당의 승리의 일부가 되었다.

제80차 의회에서 닉슨은 교육노동위원회에 배속되었다. 여기에서 그는 연방 하원의원으로 신참인 매사추세츠 주 민주당 하원인 존 F. 케네디를 만나 친구가 되었다. 이 위원회의 중요한 성과는 노동조합의 구성원들이

---

16) *Ibid.*, 140쪽.

'노예노동법'이라고 비난한 태프트-하틀리 법(Taft-Hartley Act)을 만들어 낸 것이었다. 이들이 대통령직을 놓고 서로 라이벌 관계가 되기 전에 두 사람은 펜실베이니아의 매키스포트에서 열린 한 공개 토론회에서 태프트-하틀리 법의 장점에 대해 논쟁을 벌였다. 닉슨은 "나는 이 법안에 찬성했지만, 케네디는 반대했다"고 회상했다. "나는 당시 고용주들이 대부분 내 편이었기 때문에 논쟁에서 유리한 입장에 있었다"고 말했다.

그러나 무엇보다도 닉슨을 전국적인 인물로 만든 것은 논쟁을 일삼는 하원 비미국인활동위원회(House Un-American Activities Committee)를 닉슨이 이끌게 되면서부터였다. 미국과 소련 사이의 전쟁기 동맹관계는 붕괴된 상태였다. 이제 이 위원회는 미국정부 내에서, 영화계에서, 그리고 다른 여러 미국인들의 생활공간에서 공산주의자로 낙인찍인 사람과 그들의 추종자를 색출해 내는 공산주의 사냥꾼의 최첨단에 서 있었다. 학력과 실력이 뛰어난 전직 법무부 공무원 얼저 히스(Alger Hiss)를 끊임없이 추궁한 끝에 그를 공산주의자 비밀 스파이라고 확인한 닉슨은 당시 대통령 트루먼과 동부지역의 언론들의 혹독한 비판에도 불구하고 이를 대서특필하여 세간의 관심을 집중시켰다.

1948년 선거에서 트루먼이 공화당의 대통령 후보 토머스 듀이(Thomas E. Dewey)를 압도적으로 누르고 승리를 거두었음에도 불구하고, '간첩활동을 한 사람은 추방한다'는 이민억제법의 조항에 따라 히스를 위증죄로 기소한 것은 닉슨의 재선을 담보해 주었다. 이는 또한 닉슨이 그동안 자신이 반대자들에게 비양심적으로 적용해 온 음모론을 미국 역사에서 비준한 것과 마찬가지여서 닉슨에게는 하나의 분수령이 되었다. 뿐만 아니라 이는 이제 갓 설흔다섯의 젊은 닉슨을 전국적인 인물로 만들었다. 2년 후 닉슨은 연방 상원의원에 눈독을 들였는데, 그의 상대는 한때 영화배우였고 극단적으로 자유적인 여성 하원의원 헬렌 더글러스(Helen G. Douglas)였다. 헬렌 더글러스는 민주당원들 모두가 좋아하지는 않았다. 존 F. 케네디는 더글러스를 상대로 선거운동을 하는 닉슨에게 "당신이 상원에 당선되어 그녀를 할리우드로 돌려보내면 좋겠다"고 하면서 1,000달러를 기부했다. 이 선거는 유럽과 아시아에서의 공산주의의 확장, 소련 간첩단들에 의한 원자탄 비밀의 도난, 한국전쟁, 그리고 정부 내에서 활동중인 공산주의자들이 이런 모든 재난에 책임이 있다고 주장한 위스콘신 주 상원의원 조셉 매카시(Joseph R. McCarthy)에 의한 혹독한 비난과 고발 등을 배경으로 하여 전개되었다.

더글러스에 대한 할리우드의 평판인 '말뿐인 진보파'(parlor pink)를 완전히 그녀에게 불리하게 몰아간 닉슨은 그녀를 공산주의자와 연결시키고자 노력하였다. 그는 그녀가 하원에 있는 동안 공산주의 노선을 끊임없이 견지한 하원의원 비토 마르캔토니오(Vito Marcantonio)의 주장에 이 '핑크 레이디'가 354번이나 찬성을 보냈다고 연설하는 등 '핑크색 종이'를 유세장에 뿌려 그녀가 공산주의자임을 널리 암시했다. 공화당원뿐 아니라 민주당원들도 닉슨의 이러한 주장에 넘어갔다. 좌절한 민주당은 이리 같이 탐욕스럽고 야심에 가득찬 닉슨이 무모하게 진리를 오도하고 있으며, 조작된 통계자료에 입각하여 거짓 주장을 하고 있다고 고발했다. 그럼에도 불구하고 닉슨은 그 해에 치러진 그 모든 상원의원 선거에서 가장 많은 표차를 기록한 총 70만 표를 얻어 상원의원에 당선되었다.

닉슨이 상원의원이 되고 2년이 채 되기도 전에 1952년 선거에서 드와이트 아이젠하워가 공화당 대통령 후보가 되었다. 이때 닉슨은 자신의 능란한 반공산주의 십자군으로서의 평판과 아이젠하워의 나이를 상쇄시켜 줄 수 있는 이유로 공화당 부통령 후보로 지명되었다. 선거에서 아이젠하워는 큰 문제를 야기시키지 않는 평범한 큰길을 선택한 반면, 닉슨은 한국전쟁에 서투르게 대처하고 정부의 전복세력과 부패세력에 대해 무능하게 대처한 트루먼 행정부를 격렬하게 두드리는 선두 병사의 역할을 했다. 닉슨은 민주당 체제 하의 '20년 동안의 반역'을 이야기하고, '트루먼 체제는 온통 스캔들로 가득한 행정부로 역사에 남게 될 것'이라고 비난했다.

그런 닉슨이 갑자기 스캔들에 휘말렸다. 자유주의 계열의 신문인 *New York Post*가 캘리포니아의 백만장자 기업인들이 모금한 비밀기금 18,000달러를 닉슨이 개인적으로 수뢰했다는 흥미로운 폭로기사를 내보냈다. 이에 민주당은 아이젠하워가 강조하는 도덕성에 비추어 닉슨은 부통령 후보에서 탈락되어야 한다고 주장했다. 심지어 공화당 계열의 신문들도 닉슨의 사퇴를 요구했다. 사실, 이 기금은 비밀기금이 아니고, 완전히 정치비용에 쓰도록 지정된 돈이었다. 그러나 이 폭로기사로 인해 닉슨이 받은 타격은 적지 않았다. 닉슨은 계속 부통령 후보로 나갈 것인가, 아니면 사퇴할 것인가? 그런데 그의 러닝 메이트로 '충성스러운 사냥개의 이빨만큼 깨끗하기를' 원했던 아이젠하워로부터 아무 반응이 없었다.

그때까지 텔레비전 시청률 중 가장 높은 시청률을 기록한 5,500만 이상에 달하는 미국인들이 1952년 9월 23일 저녁, 닉슨이 정치적 생명을 구하기 위해 자신을 변호하는 모습을 지켜보았다. 그는 자금은 오로지 정치적 목적을 위해서만 쓰였으며, 결코 개인적인 유용을 위해 사용되지 않았음을 시청자들에게 확신시켜 나갔다. 닉슨은 자신이 소유하고 있는 순수 자산을 목록화하여 시청자들에게 보여주면서, 아내 팻은 밍크코트—트루먼 행정부 때 밍크코트 스캔들이 일어나 심각한 비판을 받고 있었다—도 가지고 있지 않다고 강조해서 말했다. 그러나 사실 그녀는 공화당원들이 주로 입는 상당히 좋은 코트를 가지고 있었다.

그리고 나서 상품 선전자로서 닉슨은 홀륭한 솜씨를 발휘했다. "내가 여러분에게 분명히 말할 수 있는 것은 … 우리는 어떤 선물 하나 …를 받았다는 것입니다. … 그것은 흑과 백이 섞인 점박이로 작은 스파니엘

개 한 마리입니다'라고 말했다. 닉슨은 카메라를 향해 진지함을 발사하면서 말을 계속했다. "이제 여섯 살 난 우리의 작은 딸자식 트리시아(Tricia)는 이 개에게 체커(Checkers)라는 이름을 붙여주었습니다. 여러분도 아시다시 피 어린아이들은 개를 너무 사랑하고, 나 역시 지금 이 개를 사랑할 권리를 갖고 싶습니다. 이 개에 대해 무슨 말을 하든 우리는 이 개를 지킬 것입니다'라 고 말했다.

눈물 가득한 닉슨은 스튜디오를 떠나면서 자신의 연설이 실패로 끝났다고 확신했다. 그러나 너무나 놀랍게도 시청자들의 격려 전화, 전보, 그리고 지지 서한 등이 공화당전국위원회에 쇄도했다. 장군의 부인인 마미(Mamie) 도 아이젠하워도 닉슨의 연설을 지켜보면서 손수건으로 눈물을 훔쳤다고 말했다. 아이젠하워는 다음 날 닉슨을 만나 희색이 만연한 얼굴로 "당신은 내 사람이오" 하고 말했다. 이리하여 아이젠하워-닉슨 후보는 1952년 선거에 서 압도적인 승리를 거두었다. 정치세계에 입문한 지 6년 만에 닉슨은 미합중국의 부통령이 되었다. 이제 그의 목표는 백악관이었다.

닉슨은 한때 부통령을 '속이 텅 빈 껍데기'—미국 정치제도에서 가장 잘못 착상되고 가장 형편없이 규정된 자리—라고 생각했다. 그러나 그는 부통령직을 잘 수행해 나갔다.[17] 닉슨에게서 대통령이 될 만한 정체성과 힘을 발견하고 1956년 선거에서 그를 제거하려 했지만 성공하지 못한 아이젠하워와는 결코 가까워지지 않았던 닉슨은, 이전의 어떤 부통령보다도 뛰어난 역할을 완수했다. 그는 주로 외국을 돌면서 친선방문을 했는데, 소련 공산당 서기장인 흐루시초프와 텔레비전에 출현하여 민주주의와 공산 주의의 장점에 대해 토론을 벌여 이기기도 했다. 베네수엘라의 수도 카라카 스에서 좌익 폭도들에게 공격을 받기도 했다. 1954년 대통령 선거가 없는

---

17) Whitney, *The American Presidents*, 335쪽.

해와 1956년 선거에서 닉슨이 민주당에게 가한 공격은 민주당으로부터 많은 분노를 샀다. 그럼에도 그는 아이젠하워의 잦은 와병으로 인한 위기를 뛰어나고 교활한 재능과 억제력을 가지고 잘 수습했다. 드디어 1960년 대통령을 향한 운동을 시작했을 때 '새로운 닉슨'에 대한 이야기가 나돌았다.

1960년 선거는 케네디가 승리하여 권력을 잡은 것으로 유명하지만, 이 선거는 역시 리처드 닉슨이 다 잡아놓은 정권을 얼마나 서투르게 놓쳐버렸는가를 보여주는 것이기도 하다. 닉슨은 아이젠하워의 지지와 자신의 상당한 정책적 경험에 힘입어 선거 초반기에 훨씬 유리한 위치에 서 있었다. 반면 케네디는 단순한 플레이보이로 인식되고 있었다. 그러나 닉슨은 이러한 유리한 자산을 이용하는 데 실패했다. 첫째로, 그는 아이젠하워 카드는 죽어도 사용하지 않았다. 아이젠하워 대통령의 인기를 시기하기도 했고, 또 아이젠하워의 완전한 신임을 누릴 생각도 없었던 닉슨은 그 자신의 힘으로 대통령이 되기를 원했다. 둘째로, 닉슨이 만약 상대를 철저히 녹아웃시키지 않는 한 닉슨에게는 어떤 이익도 없이 케네디만 유리하게 만들어줄 것이라고 충고를 아끼지 않은 아이젠하워의 말을 따르지 않고, 케네디와의 일련의 텔레비전 토론회의 참가에 동의했다는 것이다.

이미 토론회에 합의하는 실수를 한 번 저지른 상태에서 닉슨은 거듭 실수를 했다. 사진발이 별로라고 알려진 닉슨은 텔레비전을 통해 전국적으로 자신을 알리는 첫 만남에서 메이크업을 하지 않았다. 비록 어떤 사람들 – 특히 라디오로 토론회를 들은 사람들 – 은 닉슨이 승리했다고 생각했을지 모르겠지만, 텔레비전을 통해 악의 있어 보이는 푸른빛 도는 턱뼈가 두드러진 닉슨의 용모를 본 수많은 시청자들을 닉슨에게서 등을 돌렸다. 그러나 닉슨은 그의 어머니가 캘리포니아에서 전화를 걸어 외모에 대해 걱정을 하면서 '어디가 아프냐'고 물어볼 때까지도 무엇이 잘못되어 가는지에 대해서조차 깨닫지 못하였다. 이 토론회가 닉슨에게 가져다준 더 큰 불행은,

대부분의 미국인들이 처음으로 한결같은 케네디의 카리스마를 발견하였다는 점이다. 많은 사람들에게 그 카리스마의 실체는 다름 아닌 바로 첫눈에 반해버린 사랑이었다.

11월에 치러진 투표의 결과는 너무나 근소한 차이였다. 일반투표에서 케네디가 34,227,096표(49.9%)를, 닉슨이 34,108,546표(49.6%)를 얻어 단지 112,881표, 전체 유권자의 1%의 단지 10분의 1정도의 차이로 케네디가 승리를 했다. 이 선거는 미국 역사상 두 번째로 도둑맞은 대통령 선거로 인식되고 있다. 또한 단지 근소한 표차로 케네디에게 승리가 돌아간 일리노이 주와 텍사스 주에서는 부정행위가 있었다는 강력한 증거가 있었다. 그러나 모든 사람에게 너무나 놀랍게도 닉슨은 재개표 등을 요구하지 않겠다고 발표했다. 닉슨은 결정을 질질 끄는 것은 "이 나라에 이루 헤아릴 수 없는 손해를 줄 수 있다"고 말하면서, "지금까지 미국에서 대통령직을 훔친 사람은 아무도 없다"고 말하고 결과에 승복했다. 그러나 그는 이 경험으로 인하여 영원한 쓰라림을 맛보았다. 그 이후부터 그는 결코 일을 간단하게 처리하지 않았고, 아무리 형편없는 적이라도 결코 가벼이 보지 않았다. 그리고 정치의 정상적인 운영은 결코 의도한 대로 작용하지 않는다고 믿게 되었다.

닉슨은 케네디에게 축하를 보낸 후 캘리포니아로 돌아왔다. 그곳에서 1962년에 자신의 이름을 대중들에게 계속 인식시키기 위해 현직 주지사인 에드먼드 브라운(Edmund G. Brown)을 상대로 캘리포니아 주지사에 출마했다. 결과는 참담한 패배였다. 그는 이 주에서 너무 멀리 너무 오랫동안 떠나 있었던데다 그동안 너무나 많은 적을 만들었던 것이다. 자신의 패배 원인을 편견으로 가득찬 미디어 탓으로 돌린 닉슨은 기자들에게 화를 내며 소위 '언론과의 마지막 대담'을 마치고 걸어 나오면서 "기자들은 더 이상 닉슨을 함부로 다루지 못할 것이다"고 말했다. 곧이어 닉슨은 뉴욕으로 이사했고 그 곳에서 변호사업을 개업해 상당한 성공을 거두었다. 당시 *Time*은 기적이 일어나지 않는 한 닉슨의 정치적 경력은 끝났다고 말했다.

그러나 강력한 힘이 닉슨을 곧 경기장으로 데리고 왔다. 1968년 대부분의 미국인들에게 세상은 통제가 불가능한 지경에 달해 있는 것처럼 보였다. 공산주의 게릴라가 베트남 사이공에 있는 미국 대사관을 침입했고, 여러 가지 여건상 질질 끌고 있는 베트남 전쟁은 더 이상 승리할 가망성이 없어 보였다. 이 전쟁에 대한 미국인들의 분노는 암살된 케네디를 계승한 린든 존슨(Lyndon Johnson)의 대통령 후보 출마를 불가능하게 만들었다. 이에 민주당의 선두주자로 로버트 케네디(Robert F. Kennedy)가 급부상했지만 그 역시 암살당했다. 여기에 더하여 목사 마틴 루터 킹 2세의 암살에 뒤이은 폭동은 수많은 도시를 피로 얼룩진 싸움터로 만들었다. 인플레이션으로 물가는 폭등했고, 이제 이 나라는 남북전쟁 이래 최대의 혼란에 빠진 것처럼 보였다. 이에 많은 미국인들은 안전과 안정을 약속해줄 지도자를 갈망하였다.

다시 대통령 후보에 나선 닉슨은 이번에는 격론을 피하면서 신중히 선거에 임했다. 선거는 존슨 대통령 때의 부통령인 민주당 후보 휴버트 험프리(Hubert Humphrey)와 인종차별적 성향을 지닌 앨라배마 전 주지사로 제3당인 미국독립당(American Independent Party)의 후보인 조지 월리스(George C. Wallace)와 3파전 양상을 보이며 전개되었다. 닉슨은 전쟁으로 황폐화된 베트남에 '명예로운 평화'를 가져올 계획을 구체적으로 작성하여 가지고 있다고 주장했다. 그러나 파리에서 교착상태에 빠진 평화협정을 위태롭게 할 수 있다는 우려 때문에 계획의 상세한 내용을 밝히기를 거부했다. 말하자면 닉슨은 이번에도 상품의 선전자로서 최고의 능력을 발휘했던 것이다. 국내 문제에 대해서 닉슨은 법과 질서를 준수할 것이라고 밝혔다.

그리고 그는 존슨의 위대한 사회프로그램과 대법원에 의한 자유주의적인 성향의 판결을 비난했다. 닉슨은 최근에 형성된 미국 남부를 동서로 뻗은 온난지대인 선 벨트(Sun Belt)에서 백인들의 반란표를 확보하기 위해 신중하게 이루어진 '남부전략'을 감안하여 그의 부통령 러닝 메이트로 메릴랜드 주지사 스피로 애그뉴(Spiro Agnew)를 선택했다. 애그뉴는 이전에 거리의 흑인 폭도들에게 가차없는 공격을 가한 인물이었다.

다시 한 번 유권자들에게 '지난번의 닉슨'(old Nixon)보다 불쾌함이 훨씬 적고, 또 힐문과 고발을 훨씬 적게 하며, 지난날의 패배의 쓰라린 잿더미에서 자신의 거친 성격과 태도를 고쳐 훨씬 부드러워진 '지금의 닉슨'(new Nixon)을 보아줄 것을 호소하였다. 텔레비전에 출현하면서도 이번에는 특별히 신중함을 더해 자신과 출현장소를 꾸몄다. 이는 청중들 앞에서 최선을 다하는 후보자의 모습을 보여주기에 충분했다. 그는 상대 후보자와의 격론은 될 수 있는 한 피했다. 미국 역사에서 가장 큰 정치적 복귀 중 하나로 꼽히는 닉슨(43.4%)은 8년 전 자신이 케네디에게 패배한 표 차보다 약간 앞선 표 차로 민주당의 험프리(42.7%)를 물리쳤다. 그러나 분명히 많은 미국인들은 아직까지도 그를 농간 잘 부리고 교활하고 매력 없는 인물로 생각했다. 그럼에도 불구하고 정치투쟁에 뛰어들어 22년이 지난 56세에 닉슨은 드디어 그리도 오랫동안 자신을 애타게 한 미국의 대통령이 되었다.

승리를 공언하면서 닉슨은 오하이오에서 지방유세를 하는 동안 10대 소녀가 흔들고 있는 피켓을 다시 한 번 생각했다. "우리 함께 살아갑시다." 비록 닉슨이 흑인 폭도들과 백인 반전 데모대를 비난했지만, 그는 "미국인들 모두가 함께 살아가는 것이 … 이 정부의 가장 중요한 목적이 될 것이다"고 말했다. 그러나 그가 표현하고 목적으로 삼는 균질적인 미국은 더 이상 존재하지 않았다. 국가는 점차적으로 문화적·세대적 층에 따라 구분되어 갔다. 말하자면 미국인들은 각각의 사건에 나름대로 반응했고, 이렇게 되자 닉슨과 그의 지지자들은 미국인들에게 장래에 대한 비전이 분명치 못한 목표를 제공했을 뿐이다. 결국 리처드 닉슨은 미국인들이 모두 함께 살아가는 길을 주창했지만, 결코 그가 의도한 방식대로 이루어지지 않았다.

그가 백악관에 입성한 지 얼마 되지 않아 대통령 닉슨은 연설원고의 작성을 담당하는 수석 보좌관 윌리엄 사파이어(William Safire)와 함께 몇몇 전임 대통령들에 대해 이야기를 나누고 있었다. 닉슨은 "많은 사람들은 트루먼에 대해서는, 투사라고 생각할 것이다"고 생각에 잠기며 말했다. "아이젠하워는 훌륭한 사람. 케네디는 카리스마. 존슨은 일꾼. 나는, 무엇인가?"

이에 사파이어는 '능력 있는 사람'이라고 말했다. 그리고 이 대답에 닉슨이 실망하는 모습을 보이자 사파이어는 재빨리 "제가 잘못 생각하고 있나요? 죄송합니다"라고 말했다.

"제기랄!" 닉슨은 "우리 모두 단순히 국내의 작은 일들에 제아무리 능력을 발휘해서 잘 한다고 해도 역사적으로 큰 일을 한 사람으로는 기억되기 어려울 것이다"고 소리치며 말했다.[18]

닉슨은 국민들에게 필사적으로 기억되기를 원했는데, 바로 우드로 윌슨식으로 기억되기를 원했다. 그는 국내의 작은 일보다 미국이 중심이 되는 세계적인 '평화구조'를 만들어 내는 큰 일을 하여 윌슨처럼 되기를 간절히 바랐다. 그래서 닉슨은 사실 국내문제에 대해서는 외교정책에 대해서보다 관심을 덜 보였다. 닉슨은 이런 목표를 달성하는 데 혼신을 다했다. 자연히 그의 외교정책은 자신과 자신의 국가안보보좌관으로 이전에 하버드 대학 국제관계 교수였던 헨리 키신저(Henry A. Kissinger)의 판단과 결정에 크게 의존했다. 반면 행정부의 국무장관 윌리엄 로저스(William Rogers)와 국방

---

18) Safire, *Before the Fall*, 690쪽.

장관 멜빈 레어드(Melvin Laird)는 거의 무시되었다.

국내문제를 처리하는 데 있어서 별로 출중한 데가 없는 내각 대신 닉슨은 대체로 젊은 나이의 핵심 충성파 보좌관들에게 의존했다. 대통령과 가장 가까운 사람으로 이전에 남부 캘리포니아 지역의 광고업자였던 홀더먼(H. R. Haldeman)은 참모 중의 참모로 핵심이었다. 그가 말한 것처럼 홀더먼은 리처드 닉슨의'새끼'(son of a bitch)로 알려지는 것을 자랑스럽게 생각했다. 시애틀에서 활동하고 있던 변호사로 닉슨의 선거에서 공을 세운 존 엘리크먼(John Ehrlichman) 역시 백악관의 고위보좌관에 임명되었다. 홀더먼과 엘리크먼은 둘다 거만하고 무뚝뚝한 성격, 또 독일어 식으로 발음되는 그들의 이름 때문에, 그리고 대통령에게로의 접근을 엄격히 통제했기 때문에 베를린 장벽으로 불렸다. 뉴욕에서 닉슨과 밀접한 관계에 있었던 변호사 파트너였던 법무장관 존 미첼(JohnMitchell)만이 그들을 상대로 자유로이 이야기했으며 닉슨을 자주 만나볼 수 있었다. 불행히도 닉슨 정부의 이러한 핵심 측근들은 민주적인 절차를 깔보았을 뿐만 아니라, 복잡하게 전개되는 정책 입안 과정을 무시했다.

닉슨은 열심히 일했다. 늘 하루에 12시간 이상씩 일했다. 그것도 거의 혼자서. 그가 스스로 사기꾼 같은 성격을 떨쳐버린 백악관에서 이후에 쓰여진 선거의 목적들을 만들어 냈으며, 백악관에서 혼자 일하는 정말 외로운 사나이가 되었다. 그는 정부의 세세한 것에 대해서는 들으려 하지 않았다. 또한 그는 신문이나 잡지를 읽지 않고 대신에 참모들이 가져다주는 요약문을 참고했다. 그는 백악관 대통령 집무실이나 자신의 은밀한 공간에 텔레비전도 가져다 두지 않았다. 닉슨의 음산한 하숙방 같은 백악관의 은밀한 공간은 절친한 친구들과 밀담을 나누는 장소로 이용했다. 닉슨은 업무의 대부분을 수없는 메모 기록을 통해 수행했다. 그는 음모적인 기질과 마음 때문에 자유재량이라는 것을 허용할 수 없었다. 그는 적색 와인은 공식 만찬장에서만 제공한다든가, 자신의 치과 주치의를 임명한다든가, 그리고 자신이 사용하는 전화의 디자인 모양을 결정한다든가 하는 극히 사소한 문제에 대해서까지 강박관념을 가지고 있었다. 그의 생각에 의문을 제기하는 사람은 물론이고 그에게 농담을 던져 그를 기쁘게 해주는 사람도 없었다. 모든 비판으로부터 차단되고 아첨꾼들에게만 에워싸여 있던 닉슨은 점차 의회를 얕잡아 보고 경멸하는 태도를 보이게 되었고, 더욱 관료주의적으로 되어 갔으며, 자신의 생각과 행동에 방해가 되는 장애물을 참아내지 못하는 성마른 사람이 되어 갔다.

닉슨은 린든 존슨이 그랬던 것처럼 베트남 전쟁으로 인하여 대통령직에서 물러나는 일이 없도록 신중을 기하고자 했다. 그래서 닉슨이 채택한 최고의 우선정책은 1972년 선거를 하기 전에 미국의 동맹국인 남베트남을 공공연하게 포기하지 않은 채로 베트남전의 수렁에서 미국을 건져내는 것이었다. 그는 이 목표를 확고히 진행시키기 위해 워싱턴 정가에서조차 솔직하지 못하고 많은 사람을 속이는 발언을 자주 했다. 이 경우 닉슨은 주로 키신저의 도움을 받았다. 무모했지만 이런 목적이 그에게 떨어졌을 때 매력적일 정도로 그 어느 누구보다 영리하고 날카로운 키신저는 마치 브롱크스의 도살자처럼 보였고, 르네상스기의 어떤 추기경에게서 볼 수 있는 그런 냉소주의를 가지고 목적을 수행해 나갔다. 닉슨과 같이 음모 꾸미기를 좋아한 키신저 역시 타고난 음모꾼이었다.

그는 어떠한 형태로건 항복정책은 용납하지 않을 것이라고 주장하면서, 닉슨은 베트남의 수렁으로부터 미국을 건져낼 만반의 준비를 할 때까지 전쟁을 종결시키지 않은 채 국내에서의 전쟁반대의 목소리를 제한하기 위한 정책을 도입했다. 소위 '베트남화'(Vietnamization) 정책이 그것인데, 이는 미국의 지상 전투군이 베트남에서 서서히 철수하는 것이었다. 이렇게 하면 징병을 위한 소환이 줄어들 것이고, 자연히 젊은이들의 항의도 줄어들 것이었다. 그러나 닉슨은 평화협정을 체결하기 전에 남베트남으로부터 모든 공산주의자가 철수할 것을 고집했고, 이에 대해 북베트남과 그들의 도움을 받고 있던 공산 게릴라 베트콩(Viet Cong)은 그들의 방식대로 베트남의 통일을 결코 포기하지 않았다. 이 때문에 전쟁은 계속되고 수많은 군인들은 계속 죽어 나갔다.

1970년 4월, 파리에서 열리고 있는 북베트남과의 협정에서 교착상태를 벗어나기 위해 닉슨은 인접 캄보디아에 있는 공산주의자들의 공급기지와 은신처에 타격을 가하는 공습을 명령했다. 의회와 국민들에게 비밀로 한 이 공습은 군의 활동에 다시 활기를 불어넣었지만, 동시에 미국내 반전운동의 타다 남은 불씨를 다시 지피는 결과를 가져왔다. 전국에 걸쳐 대학 캠퍼스는 떠들썩한 반전시위로 달구어졌고, 이러한 시위가 여러 날 계속되면서 여러 명이 죽고 다쳤다. 전국에 걸친 강력한 시위에 깜짝 놀란 닉슨과 키신저는 이 악명 높은 전쟁의 단계적 확대를 평화를 위한 십자군운동이라고 속였다. 3년이 지난 후 미국인들은 닉슨이 캄보디아를 중립국으로 인정하면서도 1969년 이래로 캄보디아를 비밀리에 포격해 왔다는 사실을 알게 되었다.

닉슨은 자신의 지지자들을 불러 놓고 자기 정책에 반기를 드는 사람들을 '암살자와 불량자'로 비난하고, 전쟁의 연장에 대한 의회와 언론의 비판에 강한 불쾌감을 드러냈다. 닉슨의 닉슨(Nixon's Nixon)으로 불릴 정도로 완전히 닉슨의 사람이 된 부통령 애그뉴는 자신을 보수주의자들의 영웅으로 만든 신랄한 말을 했다. 그는 닉슨 행정부의 정책에 반대하는 사람들을 '까다롭게 투덜거리는 부정주의자들'이니 또는 '건방지고 맥빠진 속물근성자들'로 공격했다.

계속된 방해와 의심 속에서 닉슨은 반전운동을 하는 사람들과 행정부의 적들에 대해 감시를 강화하도록 명령했다. 그들을 포위 공격하는 분위기가 백악관에서 흘러나왔다. 이러한 일은 언론과 끊임없는 반전주의자들에 의해 더욱 강화되었다. 정적들은 세금 회계감사의 목표물이 되었고 그들의 전화는 도청되었다. 심지어 자신의 가장 가까운 보좌관조차 신뢰하지 못한 닉슨은 백악관 집무실에도 도청장치를 해두었다. 보좌관 중 몇몇은 닉슨의 이러한 결정에 동의하지 않을 수 없었다고 주장했다.

첫 임기 마지막에 이르러 닉슨 대통령은 여러 보좌관들에게 둘러싸여 반전 성향을 가진 다수의 민주당 상원의원들에 대해 이야기를 나누고 있었다. 이야기 도중에 닉슨은 격렬하게 화를 냈다. "언젠가 우리는 그들은 처단할 수 있을 것이다. 우리는 우리가 그들을 원하는 바로 그곳에서 그들을 처단할 수 있을 것이다. 그들을 윽박질러 비틀어 버릴 수 있을 것이다. ─ 맞아, 처단해 버려, 맞아?"라고 닉슨이 외쳤다.

이에 보좌관 중에 한 사람인 찰스 콜슨(Charles E. Colson)이 맞장구를 쳤다.

닉슨은 "헨리는 내가 무슨 소리를 하는지 알고 있을 거다. 그들을 데리고 와서 똑바로 세워두고 추호의 자비도 보이지 말고 완전히 뭉개 버려"라고 말했다. 키신저는 생각에 잠긴 듯 웃으면서 고개를 끄덕였다.[19]

1972년 대통령선거가 다가오자 닉슨은 그동안 몇 년에 걸친 미군의 좌절과 확대되고 있는 국민들의 반전운동이 선거를 패배로 이끌 수도 있겠다는 생각이 들었다. 이러한 정황 때문에 닉슨과 키신저는 미군의 완전철수를 조건으로 북베트남군이 남베트남에서 철수하라는 고집을 포기하지 않을 수 없었다. 선거가 있기 단 하루 전인 10월 26일에 키신저는 "평화가 눈앞에 다가오고 있다"고 발표했다. 협정은 비록 계속해서 결렬되고 있었지만 이는 그동안의 전통과 관례를 깨는 대통령의 중국과 소련 방문이 어우러져, 민주당의 불운한 후보 조지 맥거번(George S. McGovern)을 누르고 닉슨에게

---

19) Ambrose, *Nixon* vol. 2, 660쪽.

압도적인 승리를 가져다주었다. 닉슨은 역사상 가장 큰 표 차의 하나인 무려 60.7%라는 지지를 받았다.

안전하게 재선된 닉슨은 12월 중순에 북베트남에 대해 소위 '크리스마스 공습'(Christmas blitz)으로 알려진 12일에 걸친 맹 폭격을 가하면서도 마음이 편안했다. 닉슨은 미국 국민들에게 이 공습은 북베트남을 압박하여 전쟁을 종결시키는 데 목적이 있다고 말했다. 그리고 곧 이 목적이 달성될 것이라고 주장했다. 그러나 이것은 상품선전자의 단순한 지껄임에 불과했다. 평화협정을 실질적으로 방해하고 있던 요소는 남베트남의 사이공 체제였다. 그들은 미군이 철수한 후에도 남베트남을 보장해 줄 것을 계속 요구하였다. 따라서 실제로 이 폭격은 워싱턴이 어떤 대가를 치르더라도 그들을 보호해주고 있다는 사실을 남베트남인들에게 확신시켜 줄 의도로 이루어진 것이었다.

파리 협정은 닉슨과 키신저가 4년 전에 출석했을 때와 별반 다름이 없었다. 그동안 또 다른 미군 20,553명이 전장에서 죽었다. 그리고 이 나라의 사회 구조는 갈가리 찢겨졌다. 이는 베트남 전쟁에서 죽은 미군 전사자 총 58,000명의 1/3 이상을 차지했다. 그럼에도 불구하고 평화협정으로 인하여 키신저는 북베트남의 협정 당사자와 함께 노벨 평화상을 받았다. 이 협정의 가장 중요한 두 가지 협의사항은 즉각적인 휴전과 수백 명에 달하는 미군 전쟁포로의 석방에 관한 사항이었다. 이를 제외한 모든 것은 분명치 않았고 말 못할 비밀로 가득차 있는 것 같았다. 남베트남에서 북베트남군이 철수한다는 내용도 없었고, 베트남을 재통일하고자 하는 공산주의자들의 의지를 포기시킨다는 조항도 없었다. 닉슨과 키신저가 '명예로운 평화'라고 떠들썩하게 선전한 것은 사실 미국이 전쟁에서 빠져나오고, 남베트남의 사이공 체제가 전복되기 전에 '상당한 기간'을 준다는 너무나 상투적인 처리방안 그 이상은 아니었다.

닉슨은 두 번째 임기가 시작되었을 때 기쁨에 가득차 있어야만 했다. 미군은 베트남으로부터 전면 철수한 상태였다. 미국의 여러 도시는 십여 년에 걸친 소란과 혼란이 사라지고 상당히 안정되어 있었다. 거의 모든 것이 희망으로 그득하고 전 세계에 실질적인 평화가 도래하고 있다는 전망이 부풀어 있었다. 중국과 소련에 대한 그의 주도권과 핵무기 경쟁을 종결시키고자 하는 그의 노력은 전 세계적으로 인정받고 있는 닉슨의 위대한 업적이었다. 또한 중동에서의 키신저의 등거리 외교는 궁극적으로 이스라엘과 이집트 사이의 평화를 이끌었다. 그런데 이러한 환호를 울릴 만한 승리의 지붕 위로 너무나 가혹한 긴 그림자가 드리워지고 있었다. 워터게이트의 그림자였다.

6개월 전 1972년 6월 17일 밤에 고무장갑을 끼고 도청장치를 든 5명의 남자가 복합건물인 워터게이트 빌딩에 있는 민주당 전국위원회 본부에서 체포되는 사건이 발생했다. 그들이 이곳에서 무엇을 했는지 아는 사람은 아무도 없었다. 이때 닉슨은 플로리다의 키 비스케인을 방문하고 있었고, 그 다음 날 그는 이 체포 소식을 들었다. "그것 참 비상식적인 터무니없는 소리로 들리는구먼"이라고 말했고, 닉슨은 이일을 '어떤 짓궂은 장난'쯤으로 간단히 처리해 버렸다. 홀드먼은 닉슨으로부터 '가능한 일을 혼란스럽게 만들라'는 지시를 받았다.[20]

그래서 은폐작업이 시작되었다.

4반세기가 훨씬 지난 지금도 워터게이트에 관한 여러 가지 의문점은 풀리지 않은 채 그대로 남아 있다.

왜 그들은 민주당 전국위원회 사무실을 불법침입하여 강도질을 했는가? **누**가 실제로 이 일을 명령했는가?

왜 닉슨은 사건이 일단 은폐되고 나서 자신의 부하 중 몇몇이 지나친 충성에서 민주당 전국위원회 사무실을 도청했다는 사실을 인정하지 않고, 또 그래서 이 일에 사과하고 나서 대통령 선거전에 임하지 않았는가?

왜 닉슨은 자신을 백악관으로부터 추방시킨 '결정적인 증거'가 된 은폐가 조작된 백악관에서의 대화 녹음테이프를 완전히 파괴시키지 않았는가?

이런 모든 의문은 자신들이 확실히 장악했다고 생각한 미디어 쪽에서 정보가 새고 있다는 사실에 대해 닉슨과 키신저가 느끼는 분노에서 이해할 수 있다. 그래서 백악관의 보좌관들과 출입기자들의 전화를 도청하기 위해 도청장치가 설치되었다. 또 누설자를 색출해 내기 위해 또 다른 조치들이 취해졌다. 1971년 베트남에 대한 미국의 개입을 잘 정리한 역사인 국방부

---

20) *Ibid.*, 560쪽.

문서(Pentagon Papers)가 *New York Times* 에 의해 출판된 사건은 닉슨과 키신저의 입장에서는 견디기 힘든 것이었다. 이에 존 엘리크먼은 이런 누설을 막기 위해 특별조사단-'비밀정보의 누설을 방지하는 사람들'(the plumbers)-을 조직했다. 그리고 이 일을 위해 고든 리디(Gordon Liddy)와 하워드 헌트(Howard Hunt)가 고용되었다.

아마 컴퓨터를 통해 워싱턴에서 이 일의 적임자를 검색해 보았더라도 역시 리디와 헌트를 찾아냈을 것이다. 두 사람 모두 현란한 과거와 여러 가지 말썽을 일으킨 경력을 가지고 있었다. 한때 중앙정보부(CIA) 간부였으며, 염가의 괴기소설 작가였던 헌트는 엉뚱한 카우보이 익살꾼이라는 평판을 듣고 있었다. 그리고 마약국의 간부라는 주요 경력을 가지고 있던 리디는 멕시코로부터 유입되는 마약을 저지하려는 계획을 고안했었다. 이는 국경을 가로지르는 지역에서 여행객들에게 수마일씩 늘어선 긴 교통체증을 유발시켰다.

리디와 헌트는 전 CIA 수사관인 제임스 매코드(James W. McCord)와 망명한 4명의 쿠바인을 고용했다. 그들의 첫 번째 임무는 국방부 문서를 누설시킨 주범으로 의심받고 있던 국가안보위원회 직원 다니엘 엘스버거(Daniel Ellsberg)를 치료하는 로스앤젤레스의 정신과 의사의 사무실에 침입하여 자료를 빼내오는 일이었다. 이는 엘스버거의 의심을 증명해줄 자료를 찾을 수 있지 않을까 하는 희망에서 이루어졌다. CIA는 '비밀정보의 누설을 방지하는 사람들'에게 침입을 위한 스파이 장비를 제공해 주었다.

1972년 초 리디와 헌트는 대통령재선위원회(CREEP) 위원들에게 그들이 입수한 정보를 제공했고, 또 정적을 탐지하고 분쇄시킬 일명 준(準)보석(Gemstone)으로 알려진 신중한 계획을 기획하여 제출했다. 닉슨의 선거운동에 기업들이 조성한 불법기금 중 89,000달러에 달하는 수표가 멕시코 은행을 통해 돈 세탁을 거친 후 제공되었다. 이 돈이 이러한 공작에 쓰이도록 지정되었다. 또한 이 일을 하는 데 CREEP의 자금 중 25,000달러의 수표가 더 주어졌다.

민주당의 조지 맥거번이 그들의 첫 목표였다. 그러나 그의 사무실을 도청하려 한 시도는 실패했다. 그래서 이 팀은 목표 대상물을 민주당 전국위원회(DNC) 의장인 로렌스 오브라이언(Lawrence F. O'Brien)의 워터게이트 건물에 있는 사무실로 바꾸었다. 닉슨은 이 침입에 대해 아무것도 몰랐다고 한결같이 주장했다. 또 닉슨과 그의 지지자들 중 다수는 그들은 CIA나 혹은 합동참모본부의 통상적인 업무를 했을 뿐이라고 주장했다. 이들 기구에서 그들은 중국은 물론 소련과의 긴장완화를 이끈 사람의 업적을 더욱 강조하는 데 애쓴 사람들이라고 말했다.

그럼에도 불구하고 닉슨은 오브라이언에 대해 특별히 강박관념을 가지고 있었다. 닉슨은 오브라이언을 1960년에 자신을 케네디에게 패배하게 만든 최고의 인물로 보았다. 또한 닉슨은 역시 오브라이언이 은둔생활을 있는 억만장자 하워드 휴즈(Howard Hughes)가 조성하였다고 이야기되는 닉슨의 선거운동 본부의 불법적인 기여자금에 관한 증거를 갖고 있지 않나 해서 늘 두려워했다. 침입을 실질적으로 명령한 사람이 누구인지 궁극적으로 책임을 지는 사람은 아무도 없었다. 그러나 여러 가지 증거를 통해, 이 명령은 오브라이언이 알고 있는 내용이 무엇인지를 간절히 알고 싶어하는 대통령의 무모할 정도의 압력에 반응하여 CREEP를 이끌기 위해 법무장관직을 사임한 존 미첼이 내린 것으로 드러났다.

두 번에 걸친 서툰 시도 끝에 강도들은 1972년 5월 27일 DNC의 사무실을 침입하였다. 그리고 그들은 오브라이언과 그의 보좌관의 전화에 도청장치를 설치했다. 그런데 오브라이언의 전화에 설치한 도청장치가 작동이 되지 않았다. 이에 매코드와 4명의 쿠바인은 이것을 고치기 위해 워터게이트 건물로 다시 들어갔다. 이때 경비 한 명이 차고문이 열려 있는 것을 발견하고는 경찰을 불렀다. 강도들은 권총의 위협을 받고 그 자리에서 체포되었다. 당시 그들은 도청을 하는 데 사용하는 장치와 일련번호로 찍혀 있는 100달러짜리 지폐 3,200달러를 소유하고 있었다. 근처 모텔에서 강도행위를 유도하고 있다가 당황한 헌트와 리디는 허겁지겁 도망쳐 현장을 벗어났다.

사건이 폭로되기 시작하면서 거짓과 기만들이 드러났다. 사건에 대한 심리가 '비밀정보의 누설을 방지하는 사람들'을 조직한 미첼과 백악관의 다른 보좌관들에게까지 확대될 것을 걱정한 대통령 닉슨은 처음부터 이 사건을 은폐하는 일에 가담했다. 닉슨은 강도들에게 입막음조로 돈을 주어 그들을 침묵시키는 길을 찾았고, 침입사건에 대한 FBI의 조사를 방해했다. 닉슨은 FBI가 멕시코에서 돈세탁을 거친 비밀자금과 그것이 CREEP에 의해 강도들에게 흘러 들어간 사실만 심리하는 데 시간을 허비하도록 용을 썼다. 1972년 6월 23일에 홀더먼과 엘리크먼을 만나는 자리에서 닉슨은 국가안보 문제가 관련되었다는 변명을 통해 FBI가 멕시코와 관련된 조사를 끝내도록 설득하는 데 CIA를 이용하기로 합의하였다. 그러나 CIA가 이 제의를 거절했고 강도들에 대한 보석금과 재판에 들어갈 비용 등을 책임지겠다는 백악관의 여러 제안을 거절했다.

이제 대통령은 이 침입사건에서 자신만 완전히 깨끗한 채로 걸어나올 수 없게 되었다는 것을 분명히 깨달았다. 나아가 대통령은 존 미첼이 '백악관의 혐오스러운 일'로 사건을 명백히 했기 때문에, 비록 닉슨 자신이 이에 대해 사과를 하고 싶어도 '비밀정보의 누설을 방지하는 사람들'과 CREEP의 부정공작을 일삼은 사람들이 저지른 다른 범죄에 대해서는 사과를 할 수 없다는 것을 알고 있었다. 그래서 일반 국민들의 항의를 처리하는 과정에서 닉슨은 백악관의 대통령 고문인 존 딘 3세(John Dean 3d.)를 시켜 이 사건의 심리를 담당하도록 했다. 존 딘이 실질적으로 해야 할 일은 11월 선거까지 이 사건의 전면적인 노정을 막고 질질 끄는 것이었다.

그러는 동안 여러 가지가 누설되면서 *Washington Post*의 두 젊은 기자인 칼 번스타인(Carl Bernstein)과 밥 우드워드(Bob Woodward)가 신문 첫 페이지를 장식할 수 있는 충분한 증거를 찾아냈다. 11월 대통령 선거 조금 전에 이루어진 갤럽의 여론조사는 미국 국민의 48%가 워터게이트 침입사건에 대해 들은 바 없다는 결과가 나왔다고 보도했다. 그래서 이 사건은 맥거번을 상대로 한 닉슨의 압도적인 승리에 아무런 영향도 주지 않았다.

그러나 선거가 있고 나서 몇 달 후 은폐된 사건의 전말이 드러나기 시작했다. 워터게이트의 강도들에 대한 재판을 이끈 핵심 인물은 연방판사 존 시리카(John J. Sirica)였다. 재판에 임해서 침입에 대한 모든 책임을 떠안고 윗선을 보호하기 위해 시종일관 고자세를 보인 고든 리디의 행동과, 의사방해를 일삼는 헌트와 매코드, 그리고 네 명의 쿠바인의 태도에 시리카는 극도로 분노하였다. 일단 그들이 유죄에 대해 항변을 하자 시리카는 진실을 파악하기 위해 그들에게 가혹한 언도를 할 것이라고 엄포를 놨다.

시리카의 끈질긴 추궁과 사법적인 공갈에 굴복하여 피의자 중 하나인 매코드가 시리카에게 편지를 보내 피고인들이 유죄를 부인하도록 '정치적 압력'을 받았으며, 위증이 교사되었고, 리디보다 더 높은 신분의 사람이 이 사건 뒤에 숨어 있다고 말했다. 상원은 노스캐롤라이나 출신으로 한때 판사였던 까다로운 성미의 샘 어빈(Sam Ervin)을 위원장으로 하는 워터게이트 특별조사위원회를 구성했다. 상원조사위원회에서 증언을 하면서 매코드는 존 딘을 끌어들이고, 또한 CREEP의 부위원장인 젭 매거루드(Jeb Magruder)를 끌어들였다.

두려움의 파도가 백악관에 밀어닥쳤다. 이 두려움은 사건과 연루된 모든 사람에게 작용하였다. 닉슨의 보좌관들은 변호사를 선임해 자신들을 기소한 검사에게 달려갔고 대배심원 앞에서 증언을 했다. 또한 그들은 상원조사위원회에서 증언을 했으며, 그들의 증언은 언론을 통해 전 세계로 퍼져나갔다.

마치 스트립쇼를 하듯 워터게이트의 은폐된 여러 가지 내용들이 점점 벗겨져 나왔다. 이렇게 되자 닉슨은 자신을 구원하기 위해 그렇게도 애쓰던 보좌관들을 저버리기 시작했다. 닉슨은 홀더먼, 엘리크먼, 딘을 해고시켰다. CREEP를 이끌기 위해 법무장관직을 사퇴한 미첼을 이어 법무장관이 된 리처드 클라인딘스트(Richard G. Kleindienst)와 FBI 차장 패트릭 그레이(Patrick L. Gray)가 사임했다. 그러나 사건에 대한 스캔들은 갈수록 눈덩이처럼 불어났다. 6명이 따로따로 분리된 상태에서 심문이 시작되었다. 보스턴 출신의 하버드 대학 법대 교수인 콕스(Archibald Cox)가 워터게이트 특별검사로 임명되었다. 1973년 5월 17일 상원 워터게이트 조사위원회는 청문회를 시작했다.

청문회 시작 후 37일 동안 지난 하딩 행정부의 유명한 스캔들인 티폿돔 청문회가 열렸던 폼나게 꾸며진 상원 간부회의실은 도덕성 문제, 미스터리 이야기, 연속 멜로드라마 같은 이야기, 그리고 사이코드라마와 같은 내용들로 가득찼다. 청문회가 진행되는 동안 리처드 닉슨이 보이지 않는 악당이었다면, 위원회를 이끄는 상원의원 어빈은 영웅이었다. 어빈 특유의 느린 말투, 하얀 머리칼, 분홍빛을 띤 약간 떨리는 턱, 영원한 마녀와 같은 마력을 가진 눈썹, 그리고 헌법을 수호하는 능란한 그의 말투 등으로 그는 즉각 우상으로 떠올랐다.

청문회는 잔챙이들로부터 시작되었다. 이들은 대부분 성실하게 청문회에 임했지만 모두 CREEP의 하급 구성원들이었다. 시간이 지나면서 그 대상이 상급 간부에게로 확대되고 청문회는 더욱 활기를 띠었다. 존 딘이 6월 25일에 드디어 청문회에 나왔다. 4일이 지나고 나서 그는 너무나 중대한 이 사건의 중심부에 대통령이 있다는 이야기를 하기 시작했다. 그는 마이크를 구부려 당긴 후 은폐의 전모를 정말 놀랄 정도로 자세히 이야기 하였다 그럼에도 워터게이트 사건의 핵심적인 문제들은 여전히 풀리지 않은 채로 있다. 대통령은 무엇을 알고 있었나? 그리고 대통령은 언제 그것을 알게 되었나? 딘은 닉슨에게 죄를 뒤집어 씌웠다. 그러나 그의 증언을 증명해줄 사람은 아무도 없었다.

다시 시간이 흘러 7월 16일 백악관 안보담당 보좌관 중 한 사람인 알렉산더 버터필드(Alexander Butterfield)가 닉슨 대통령은 백악관의 집무실에 녹음 장치를 갖추고 있다고 폭로했다. 이곳에서 이루어지는 모든 대화는 녹음이 되어 있기 때문에, 만약 이것만 나온다면 딘의 증언을 입증해줄 수 있었다. 이제 옴싹달싹도 할 수 없는 올가미에 묶인 닉슨은 녹음테이프의 제출을 요구하는 특별검사 콕스를 해임시키는 방식으로 여기에서 빠져나가 보려고 했다. 이에 당시 법무장관인 엘리엇 리처드슨(Elliot Richardson)은 자기 손으로 파면조치를 취하기보다 스스로 사퇴하는 쪽을 택했다. 리처드슨의 보좌관 윌리엄 럭켈셔스(William D. Ruckelshaus) 역시 사퇴했다. 결국 법무 차관 로버트 보크(Robert Bork)가 콕스를 해임하는 일을 떠맡았다. 소위 '토요일 밤의 대학살'은 그렇지 않아도 의심을 품고 있던 많은 사람들에게 닉슨이 뭔가를 숨기고 있다는 확신을 심어주었다. 그것은 대폭풍과도 같은 항의를 불러왔다.

그러는 동안 부통령 스피로 애그뉴는 그가 볼티모어 시 간부로 있을 때와 메릴랜드 주지사로 있을 때 고속도로 건설업자로부터 뇌물과 정치헌금을 받았다는 사실이 폭로되면서 부통령직을 사임했다. 일부 독직은 그가 부통령이 된 이후에도 계속되었다. 이 사건은 워터게이트와 더불어 백악관의 위신을 다시 한 번 땅에 떨어뜨렸다. 이틀이 지나고 부통령이 궐석일 경우 대통령이 그 후임을 임명하게 되어 있는 수정헌법 25조의 규정에 따라 닉슨은 퇴역군인 신분의 공화당 하원 소수파 지도자인 제럴드 포드 (Gerald Ford)를 부통령으로 임명했다. 이는 닉슨이 추방될 경우 대통령으로 올라갈 가능성이 농후한 상태에서 이루어진 인사였다. 닉슨의 이러한 조치는 '일종의 보험정책'으로 놀림을 받았다. 사실, 애그뉴의 사임과 함께 닉슨에 대한 탄핵의 관심이 잠시 주춤하는 듯했다. 포드가 닉슨을 사면한 후, 닉슨이 포드를 임명하는 대가로 그를 사면하기로 합의하는 '부정거래'가 있었다는 비난이 휘몰아쳤다. 그러나 이러한 비난은 뒤이은 백악관 테이프의 등장과 함께 단지 추측으로만 머물러 있게 되었다.

타락한 애그뉴의 지엽적인 문제는 그리 오랫동안 본 문제에 대한 관심을 흐리지는 못했다. 이제 하원 민주당 지도부는 대통령에 대한 탄핵 가능성에 대해 본격적으로 문제를 제기했다. 그리고 텍사스 출신의 변호사 리언 자워스키(Leon Jaworski)가 특별검사로 새로 임명되었다. 자워스키 역시 테이프의 전면 제출을 요구했으나 닉슨은 편집된 일부만 제출하겠다고 고집했다. 홀더먼, 엘리크먼, 미첼, 클라인딘스트 등 닉슨 대통령의 상층 보좌관들이 워터게이트 사건에서 맡은 역할에 따라 유죄를 선고받고 형을 받았다. 닉슨은 비밀리에 작성된 대배심 보고서에 '기소되지 않은 공모자'(unindicted coconspirator)로 기록되었다.

결국 1974년 7월 24일 대법원은 '국가안보'에 대한 문제와 '행정부의 특권'을 내세워 테이프의 전면 제출을 거부하는 닉슨의 주장을 일축하고, 백악관에서 녹음된 모든 테이프를 자워스키에게 제출할 것을 명했다. 3일이 지난 후 하원 법사위원회는 닉슨이 "사법권 행사에 방해를 가했으며, 대통령으로서의 신뢰에 반하는 행동을 했으며, 나아가 위원회의 소환장을 무시하는 헌법정부를 전복시키는 위헌행위"를 했다는 이유를 들어 탄핵문을 승인했다. 의회의 압력 아래 8월 5일에 닉슨은 1972년 6월 23일 침입사건 6일 후에 녹음된 테이프를 공개했다. 여기에는 닉슨이 홀더먼과 엘리크먼에게 CIA를 이용하여 FBI의 조사를 중지시키라는 명령이 들어 있었다. 닉슨은 마지못해 이전에는 이 내용을 빠뜨리는 '중대한 실수'를 했다고 시인했다. 그러나 이것이야말로 모두가 바라고 있었던 '결정적인 증거'(smoking gun)

였다. 이 연설이 있은 뒤 닉슨에 대해 남아 있던 최소한의 지지마저 완전히 사라져 버렸다.

닉슨은 후에 한 텔레비전 인터뷰에서 "난 이 테이프를 파괴시켰어야만 했다"고 말했다. 키신저는 물론, 포드 대통령 하의 부통령인 넬슨 록펠러(Nelson A. Rockefeller), 존 코넬리(John Connally)는 닉슨에게 그렇게 하라고 재촉했다. 그러나 닉슨은 "나는 그런 힘든 결정을 내릴 수 없다"고 하면서 그렇게 하지 않을 것이라고 말했다. 닉슨의 변호사 역시 증거를 파괴시키라고 말했었다. 사실 이 테이프가 살아 남게 된 데는 역사 속에서 자신의 위치를 남겨두고자 하는 닉슨의 강박관념 덕이라고도 할 수 있다. 남아 있는 증거는 단순히 개인의 도덕성에 흠집을 내겠지만, 이들을 파괴시키는 행위는 스스로를 완전히 파괴시키는 행위와 같았다.

격렬한 비난이 쏟아지고 닉슨은 1974년 8월 9일에 사임을 했다. 그러면서도 그답게 전형적인 닉슨식 작별인사를 남기고 떠났다. 다시 한 번 교묘한 속임수와 같은 말에 의지하여 닉슨은 자신의 사임이 탄핵의 위협에 의해 이루어진 것이 아니라고 주장했다. 단지 대통령직을 유지해 갈 만큼 '충분히 강력한 정치적 기반'을 의회에서 갖고 있지 못했기 때문에 스스로 사임한다고 주장했다. 백악관을 떠나 사실상 캘리포니아로 추방되어 가면서 닉슨은 자신의 보좌관들에게 아래와 같은 짧은 이야기를 했다.

"언제나 최선을 다하세요. 결코 실망하지 마세요. 결코 사소한 일에 마음을 두지 마세요. 항상 다른 사람들이 당신들을 몹시도 싫어할 수 있다는 것을 명심하세요. 그러나 당신들을 싫어하는 사람들은 당신들이 그들을 싫어하지 않는 한 승리하지 못할 것입니다. 만약 당신이 그들을 싫어하면 당신은 스스로를 파괴시키게 됩니다."

이것은 너무나 훌륭한 충고였다. 우리가 알다시피 너무나 나쁜 리처드 닉슨은 이 내용을 진심으로 스스로에게 다짐시키지 못했다.

부록·또 다른 최악의 대통령

빌 클린턴

Bill Clinton

1993~2000
3류 스캔들로 가득하고
좀처럼 작은 일에 충실하지 못한 대통령

대통령직과 관련해서
그에게 유일한 원리가 있다면
그것은 바로 원리가 없다는 것이다.

3류 스캔들로 가득한 대통령

1998년 12월 19일 빌 클린턴은 미국 역사상 선거로 뽑힌 대통령으로 탄핵재판을 받은 최초의 대통령이 되었다. 연방하원은 두 가지 이유―하나는 위증죄, 다른 하나는 사법권 방해죄―를 들어 민주당 출신의 현직 대통령을 탄핵하기 위한 투표에 회부했다.

에이브러햄 링컨 대통령의 탄신일인 1999년 2월 12일에 미국 연방상원은 클린턴의 두 가지 죄에 대해 무죄 선고를 내렸다. 대통령을 탄핵하기 위해서는 2/3 이상의 표를 얻어야 하는데 당시 상원에서 공화당 55명, 민주당 45명으로 우세를 점하고 있던 공화당은 탄핵을 위한 각 사유에 대해 단순히 다수 표를 얻는 일에도 실패했다.

그러나 이것을 빌 클린턴의 완전한 승리로 판단하면 잘못이다. 2월 12일부터 아마도 영원히 클린턴은 탄핵의 불명예를 달고 다니게 되었기 때문이다.

클린턴은 탄핵재판에 회부된 최초의 대통령은 아니다. 앤드류 존슨 역시 1868년에 클린턴과 같은 탄핵재판에 회부되는 운명을 겪었다. 그도 클린턴처럼 적대적인 의회의 손에 의해 탄핵재판을 받았다. 그러나 클린턴과 달리 앤드류 존슨은 일반선거를 통해서가 아니라 링컨 대통령의 암살로 인하여 부통령으로서 백악관에 입성한 대통령이었다. 닉슨 대통령도 결코 탄핵재판에 회부되지는 않았다. 닉슨은 면하기 어려운 탄핵의 위협 아래 대통령직을 사임한 유일한 대통령이었다.

클리턴은 역경을 딛고 너무나 신속히 능란하게 정상으로 되돌아가는 사람이라는 뜻인 '돌아온 친구'(Comeback Kid)의 평판을 자랑하고 있다. 다섯 번이나 아칸소 주지사에 당선된 클린턴은 1992년 걸프전으로 국민의 지지도가 상당히 올라간 현직 대통령 조지 부시(George Bush)를 상대로 대통령직에 도전했을 때 힘겨운 투쟁에 직면했다. 물론 민주당 대통령 지명전에서나 대통령 선거에서 클린턴에게는 크고 작은 수많은 역경이 몰아쳤다. 그러나 1992년 11월 유권자들이 선거에 임박했을 때 클린턴은 다시 한 번 '돌아온 친구'의 명성을 유감 없이 발휘했다. 그런 그가 탄핵으로부터 어떻게 하여 '다시 돌아오게 될 것인가?'

미국 제42대 대통령 빌 클린턴은 아칸소 주 호프에서 1946년 8월 19일에 윌리엄 제퍼슨 블리스(William Jefferson Blythe) 4세로 태어났다. 빌이 태어나기 전에 항해사였던 그의 아버지는 미주리 주의 시케스톤에서 자동차 사고로 죽었다. 어머니 버지니아(Virginia)가 로저 클린턴(Roger Clinton)과 재혼한 후, 아들은 자연적으로 빌 클린턴이 되었다.

그러나 그 결혼은 파란을 불러온 것이었다. 알코올 중독자였던 로저 클린턴은 어머니와 빌과 의붓형제인 로즈를 마구 구타했다. 14세가 된 빌은 이미 그의 의붓아버지보다 키가 커져 있었다. 어느 날 밤 그는 의붓아버지에게 어머니와 동생 로즈에 대한 학대를 그만둘 것을 요구하며 최후통첩을 선언했다. 그날 이후 클린턴의 집안에서는 더 이상의 육체적 학대가 없었다.

빌 클린턴은 외교관계에서 상대적으로 강한 경쟁력을 가진 훌륭한 교육과정을 제공하는 조지타운 대학에 입학했다. 그는 1학년과 2학년에 동기 회장에 당선되었다. 1968년 국제업무에 관련된 학위를 취득하면서 조지타운 대학을 졸업하고 유명한 로드(Rhodes) 장학금을 받아 영국 옥스퍼드 대학 대학원에 입학했다.

옥스퍼드에서 클린턴은 영국에 살고 있는 미국인들이 주관하는 베트남 전쟁 반대를 위한 평화시위에 가담했다. 런던에서 미 육군 모병 시험을 본 후 그는 1-A 등급을 받았다. 클린턴은 아칸소 대학 예비장교단에 들어가기 위해 원서를 냈다. 그러나 원서는 받아들여지지 않았다. 심사숙고 끝에 그는 옥스퍼드로 돌아가지 않기로 마음먹고 군입대를 통해 기회를 잡아보려고 노력했다. 그러나 그는 징병 추첨에서 높은 점수를 받는 바람에 소위 군사 복무의 기회가 축소되었다.

1970년에 클린턴은 예일 대학 로스쿨로부터 장학금을 받았다. 이곳에서 그는 특별연구원으로 있던 힐러리 로드함(Hillary Rodham)이라는 법대생을 만났다. 시카고의 부유한 가정에서 자란 그녀는 견고하기 그지없는 공화당 가계의 핏줄이었다. 그리고 1964년에는 보수적인 공화당 후보인 골드워터(Barry Goldwater)를 지지했었다. 클린턴을 만나고 그녀는 민주당 지지자로 변신했고 베트남 전쟁을 열렬히 반대하는 입장에 서게 되었다. 1975년에 그들은 아칸소 주의 파이에트빌에서 결혼했고 얼마 후 클린턴은 아칸소 대학에서 법학을 가르쳤다. 클린턴 부부는 딸 하나를 두었는데 이름이 첼시(Chelsea)였다. 첼시는 힐러리와 클린턴이 가장 좋아하는 노래의 하나인 'Chelsea Morning'에서 따온 것이다.

클린턴은 1974년에 단단한 공화당 표밭 지역에서 연방하원에 출마했다. 그는 패배했지만 네 번이나 하원의원을 지낸 사람과 박빙의 승부를 연출하였다. 1976년에 주 검찰총장에 선출된 그는 소비자의 옹호자로 그리고 강력한 환경보호 지지자로서 평판을 구축해 갔다. 1978년에 미국 상공회의소는 이 나라의 두드러진 젊은이 10명 중 하나로 클린턴을 지명했다.

클린턴은 검찰총장직을 훌륭하게 해내어 1978년에 주지사에 거뜬히 당선되었다. 서른두 살의 나이로 그는 미국 최연소 주지사가 되었다. 정렬이 넘치고 현명하지만, 그러나 경험이 부족하고, 많은 사람들로 둘러싸여 있던 그는 교육개선과 도로개량에 들어갈 자금을 위해 세금인상이 포함된 굵직한 정책을 대담하게 밀고 나갔다. 주지사 때부터 클린턴에게는 많은 비판이 따라다녔다. 그의 아내인 힐러리가 모든 법률활동에서 처녀 적 이름을 그대로 사용했기 때문이다. 그는 11월 선거에서 다소 이름이 알려진 은행업자에게 패배했다.

그 후 2년 동안 그는 고향 리틀록에서 법률사무소를 열었다. 여기에서 그는 그의 패배의 원인을 철저하게 분석하고 다시 돌아갈 것을 계획했다. 1982년에 그는 아칸소 주민들에게 자신에게 다시 기회를 달라고 호소했다. "나는 미숙한 청년이 할 수밖에 없었던 그런 실수를 했다. 2년의 임기는 고사하고 4년 동안에도 이루지 못할 중요한 의안을 가지고 있다"고 말했다. 이에 아칸소 주민들은 그에게 또다시 기회를 주었고 1982년, 1984년, 1986년, 그리고 1990년을 연이어 주지사에 당선시켰다. 그는 자신의 잘못을 통해 배웠고 성장했다. 그러나 그가 대통령이 되었을 때 망각해 버린 실수가 하나 있었다. 바로 지나친 패기만만으로 인해 새롭게 생겨날 수 있는 문제들이었다.

주지사로서 클린턴이 최고 역점을 둔 것은 교육 분야였다. 아칸소 주의 새로운 일자리 창출은 전국 평균을 능가했다. 그리고 상당한 돈을 건강에 대한 정보·서비스·장비 등을 제공하는 활동에 투자했다. 클린턴이 주지사로 있는 동안 보다 많은 여성과 아프리카계 미국인들이 높은 직급으로 승진했다. 1986년에 *Newsweek*가 실시한 주지사에 대한 여론조사에서 클린턴은 미국에서 가장 유능한 주지사 5명에 들어갔다. 1991년에 다른 주지사들은 클린턴을 최고의 주지사로 뽑았다.

클린턴은 민주당 지도 위원회에서 활발하게 활동했다. 이 위원회는 정치의 중심세력으로 성장하고자 노력하는 민주당 중도파들의 모임이었다. 1991년 10월 3일 클린턴은 대통령 출마를 선언했다. 그러나 민주당 상층지도부는 걸프 전쟁 이후 높아진 인기를 유지하고 있던 공화당의 현직 대통령 부시를 상대로 한 이 대통령 출마선언에 별 적극적인 반응을 보이지 않았다.

따라서 클린턴이 민주당 대통령 후보로 지명 받는 길은 그리 순탄하지만은 않았다. 그와 연루된 여러 가지 복잡한 일들이 터져나왔는데 그 중 하나가 베트남 전쟁에 대한 그의 입장이었고, 다른 하나는 아칸소 주 정부에서 일하면서 나이트 클럽에서 가수생활을 하는 제니퍼 플라우어즈(Gennifer Flowers)라는 여성의 갑작스런 출현이었다. 그녀는 지역의 한 타블로이드 신문과 인터뷰를 통해 주지사 클린턴과 12년 동안 정사관계를 유지했다고 폭로했다. 이에 대한 정치적 손실을 줄이기 위해 빌과 힐러리 클린턴은 텔레비전 뉴스쇼인 'Sixty Minute'에 출연했다. 그들은 이미 해결된 남편의 문제를 인정하면서 자신들의 프라이버시를 존중해줄 것을 국민들에게 요청했다.

클린턴은 여러 공격에도 거뜬히 살아남아 1차 예비선거에서 압도적인 표차로 민주당 대통령 후보에 당선되었다. 그는 러닝메이트로 이웃 주인 남부 테네시 주의 연방 상원의원 알버트 고어 2세(Albert Gore, Jr.)를 선택하였다.

공화당은 이미 예상한 대로 현직 대통령인 부시와 부통령 퀘일(Quayle)을 후보로 내세웠다. 그 와중에 텍사스의 백만장자 로스 페로(Ross Perot)가 그가 만든 새로운 개혁당(Reform Party)의 대통령 후보로서 독자 출마를 선언했다.

부시는 경제분야에 약했고, 그 때문에 고전을 면치 못했다. 클린턴과 고어는 레이거노믹스(Reaganomics)의 거대한 적자가 만들어 낸 경제적 어려움을 들어 부시에게 무차별 공격을 가했다. 클린턴은 경제를 회생시키기 위한 공공사업 프로그램을 주장했고 나아가 전체 미국인들 중 가장 부유한 상위 2%에 대해 세금을 약간 올리는 대신 중산층에게는 그만큼 세금을 줄여주는 정책을 주장했다. 그는 역시 복지개혁과 방위비용의 삭감, 그리고 국가의 건강에 대한 정보·서비스·장비 등을 제공하는 활동의 개혁을 요구했다.

부시는 1988년에 듀카키스(Michael Dukakis)에게 사용했던 방법론을 그대로 사용하여 상대방을 극도로 비난하는 네거티브한 선거운동에 크게 의존했다. 부시의 이러한 선거운동은, 3개 텔레비전 방송사의 제2차 토론회에서 유권자들인 시청자가 후보란 자고로 쟁점을 가지고 겨루어야 한다고 했을 때 완전히 역효과를 보였다. 이제 이런 접근방법은 두 번 다시 효과를 발휘하지 못했다. 1992년 선거에서 유권자들의 마음을 지배한 최고 문제는 경제였다. 이런 경제에 대한 문제는 클린턴 진영이 가장 역점에 두고 추진한 최고의 공약이었다. 클린턴 진영은 부시 진영을 두고 종종 "문제는 경제야. 바보야"라고 말했다. 결국 11월 선거에서 클린턴은 일반 투표에서 43%를 획득했고, 선거인단 투표에서는 370대 168로 승리했다.

대통령에 당선된 클린턴은 워싱턴 정가에서 아웃사이더로 출정했다. 그는 자신의 내각을 새로운 인물들로 채웠다. 그들 중에는 최초의 여성 법무장관으로 플로리다 마이애미 출신의 재닛 리노(JanetReno), 전 애리조나 주지사로 내무장관이 된 부루스 배비트(Bruce Babbit), 노동장관인 로버트 라이히(Robert Reich)가 끼여 있었다. 하버드 대학 정치경제학 교수인 라이히는 미국 전체 노동자들을 위한 훈련과 교육 프로그램을 주창한 사람이었다. 이 프로그램은 새로운 대통령의 경제정책에서 중요한 요소가 되었다. 이들보다 널리 알려진 인물로는 상원의원인 로이드 벤트센(Loyd Bentsen)이 있는데 그를 재무장관에, 하원군사복무위원회 회장인 레스 아스핀(Les Aspin)을 국방장관에, 존슨과 카터 행정부 시절에 내각 요인으로 일한 워렌 크리스토퍼(Warren Christopher)를 국무장관에 임명했다. 임기 첫 해에 대법원장으로 수도 워싱턴이 있는 컬럼비아 지역의 미국 항소법원의 루스 진저버그(Ruth B. Ginsburg)를 임명하여 상원에서 96대 3으로 승인을 받았다.

새 대통령은 일을 천천히 해나갔다. 대통령으로 그가 최초로 한 일은 군대 내의 동성애자 금지를 완화시키겠다는 발표였다. 이 발표에 대해 격렬한 항의가 뒤따랐고, 이와 같이 그의 행정부의 일을 괴롭힌 것은 경제문제와는 동떨어진 것들이었다. 들끓는 여론을 가라앉힐 타협안이 나온 것은 7월이 되어서야였다. 그것은 소위 "묻지도 말고 말하지도 말고 대꾸하지도 않는다는 정책"으로 알려졌다.

대통령직에 들어서자마자 클린턴은 연방예산의 결핍이 얼마나 심각한지를 알게 되었다. 그의 목표는 결핍을 5천 억 달러로 줄이는 예산안을 만들어내는 것이었다. 공화당은 그의 예산안에 반대하는 의원연합을 구성하고 있었고, 민주당 내에서도 자유주의자들과 중도파들의 요구와 균형을 이루어야 한다는 어려움이 있었다. 그러나 클린턴의 철저한 노력의 결과 소비삭감으로 2,550억 달러를 비축하고 새로운 세금으로 2,410억 달러를 마련하여 총 4,960억 달러로 그가 원한 5천억 달러 이하로 줄어들게 되었다. 그러나 이를 위한 표결은 겨우 통과되었다. 하원에서 218대 216으로, 상원에서 51대 50으로 통과되었다. 그 결정적인 한 표는 부통령 고어가 행사한 것이었다.

클린턴 대통령이 표결을 통해 간신히 정책으로 이끈 또 다른 것이 있었다. 그는 의회를 설득해서 부시 행정부 때 멕시코와 캐나다 정부와 합의했던 북미자유무역협정(NAFTA)을 통과시켰다. 새 대통령에게는 불행하게도 클린턴은 임기 첫 해에 이미 언급한 건강에 대한 활동에 너무나 많은 역량을 개진한 나머지 정치적 역량을 상당히 소진했다. 그는 아내 힐러리를 보다 값싸고 보다 폭넓은 건강활동체계를 개발시키는 일을 맡겼다. 급기야 민주당마저 건강활동에 대한 문제에 접근하지 못하도록 분리되었고, 공화당은 처음부터 그 어떤 개혁도 차단시키려고 했다. 일반 시민들은 수백만 달러에 달하는 액수를 건강보험산업협회(Health Insurance Industry Association)에 지원하라는 '헤리와 루이스'(Harry and Louise)라는 텔레비전의 캠페인 공격으로 상당한 혼란을 겪었다. 결국 대통령 임기 2년이 끝나갈 무렵에 작용이 가능해지는 새로운 건강활동 프로그램의 작성에 대통령은 관여하지 않았다.

그러나 클린턴은 범죄관련 법안에서는 성공을 거두었다. 이런 것에는 더 많은 경찰관과 교도소에 자금을 대주고, 공격무기를 금지하고, 그리고 권총 구입을 통제하는 법안들이 있었다. 초기 정책에서 클린턴이 거둔 또 다른 승리라고 할 수 있는 「가족과 의료휴가법」이 만들어 졌다. 이것은 어떤 피고용인이더라도 출산이나 혹은 양자 채택을 위해 주어진 12개월 동안 12주간의 무급휴가를 받을 수 있게 해주었다. 또한 이 법은 병든 친척을 돌보는 일은 물론 질병으로부터 회복을 위해서도 사용할 수 있도록 규정했다. 클린턴은 복지개혁과 같은 복잡한 문제들을 해결하기 위해 노력했다.

그는 역시 하이티 섬과 북한과 관련된 외교업무에서 인상적인 승리를 일궈냈다. 하이티에서 정식으로 대통령에 당선된 아리스티데(Jean B. Aristide) 목사는 계속된 정치적 폭력에 뒤이은 군사 쿠데타로 추방되었다.

이에 클린턴은 유엔의 지지를 받은 군대를 하이티에 파병할 것이라고 발표했다. 결국 협상팀이 구성되었는데 전 대통령 지미 카터가 중심이 되어 평화적인 협상을 관철시켰다. 뒤이어 클린턴은 카터에게 국제 핵사찰을 거부하고 있는 북한의 잠재적인 위험을 없애도록 요구하여 이 역시 관철시켰다.

클린턴은 임기 내내 자신과 아내에게 쏟아지는 계속된 공격에 시달렸다. 힐러리는 독립된 전문직 여성으로서의 퍼스트 레이디와 거리낌없이 말하는 퍼스트 레이디에 대한 보수주의자들의 비난의 대상이 되었다. 클린턴을 괴롭힌 또 하나의 문제는 화이트워터(Whitewater) 사건이었다. 그가 대통령이 되기 오래 전인 1979년에 빌과 힐러리 클린턴은 화이트워터로 알려진 실패한 아칸소 주 토지개발사건에 연루되었다. 1993년에 클린턴의 오랜 친구이자 백악관의 보좌관 중 한 사람인 빈스 포스터(Vince Foster)가 자살을 했다. 그가 죽은 후 얼마 지나지 않아 그의 사무실에 있던 화이트워터

관련 파일이 사라졌다. 이 때문에 특별검사가 임명되고 검사는 화이트워터 사건에 대한 클린턴의 개입 가능성을 조사하였다.

1994년은 클린턴 행정부의 미래에 큰 충격을 가하게 될 여러 가지 사건들이 발생한 해였다. 1월에 잡지 *American Spectator* 는 1991년에 리틀록에서 대통령 클린턴과 폴라 존스(Paula Jones)라는 여성 사이에 성적 접촉이 있었음을 넌지시 암시하는 기사를 독점 보도했다. 5월에 폴라 존스는 대통령 클린턴이 자신에게 성폭력을 가했다고 소송을 제기했다. 시간이 흘러 8월 전(前)연방검사 케네스 스타(Kenneth Starr)가 특별검사로 임명되어 클린턴을 조사하였다. 화이트워터 문제와 대통령의 도덕성에 대한 계속된 공격 덕에 1994년 가을에 치러진 의회선거에서 공화당은 압도적인 승리를 거둘 수 있었다. 1953년 이래 처음으로 상하 양원에서 승리한 공화당을 이끄는 인물은 조지아 주 하원의원 뉴트 깅그리치(Newt Gingrich)였다. 그는 특별한 보수적 법률을 의회에 가져올 것이라고 약속한 소위 미국과의 계약으로 당으로부터 폭넓은 지지를 받고 있었다. 캔자스 주 상원의원 로버트 돌(Robert Dole)이 상원 다수당의 지도자가 되었고, 깅그리치는 하원의장이 되었다.

새롭게 다수당이 된 공화당의 과도한 정책들은 많은 미국인들로부터 경계심을 자아냈다. 특히 미국인들은 깅그리치의 오만불손한 행동에 아연실색했다. 결국 정치적 관심의 중심이 클린턴에게 옮겨지고 그의 인기도는 다시 회복되었다. 경제의 건실이 1996년 11월 대통령선거에서 클린턴을 더욱 튼튼하게 만들어 주었다. 돌아온 친구가 다시 한 번 승리를 했다. 선거인단 투표에서 공화당의 돌을 379 대 159로 누르고 승리했다. 이로써 클린턴은 60년 만에 연임으로 당선된 첫 번째 민주당 출신 대통령이 되었다. 그러나 상하 양원은 여전히 공화당의 통제 하에 놓여 있었다.

두 번째 임기 첫 해에 대통령 클린턴은 1969년 이래 최초로 균형예산을

계속 터져나오는 여성과의
불미스러운 스캔들로
곤혹스러운 지경에
빠진 클린턴

끌어내기 위해 공화당 중심의 의회와 잘 협력하면서 일을 했다. 그러나 대통령의 사생활에 대한 진상조사가 계속 그를 괴롭히고 있었다. 1997년 5월 27일에 연방 대법원은 현직 대통령도 공적인 업무 이외의 행동에 대해서는 고발을 당할 수 있다는 판결을 9 : 0의 만장일치로 통과시켰다. 이에 따라 폴라 존스의 소송은 힘을 얻고 미디어의 초점으로 부각되었다.

1998년 1월 케네스 스타 검사는 화이트워터 부동산사건에 대한 조사를 41일간 연장하면서 클린턴의 사생활을 가차없이 파헤치기 시작했다. 그러는 과정에서 또 하나의 사건이 드러났는데, 백악관의 젊은 인턴 사원 모니카

르윈스키(Monica Lewinsky)와의 연애사건이다. 문제를 더욱 악화시킨 것은 클린턴이 이 연애사건에 대해 거짓말을 하고, 그녀에게도 거짓말을 하도록 요구했다는 주장이었다. 이는 중대한 범죄로서 사법권을 방해하는 처사였다.

1998년 8월 17일 클린턴은 대배심원이 지켜보는 가운데 비디오테이프를 통해서 이에 대해 증언을 했다. 난처하게 하는 성적인 질문에 대한 그의 대답 중 일부는 이전에 폴라 존스 사건에서 했던 말과는 달랐다. 하원법사위원회가 비디오테이프로 작성한 그의 증언과 르윈스키의 숨김없는 성적 증언이 포함된 약 3천 페이지에 달하는 스타 검사의 보고서가 세상에 드러나게 되자 클린턴의 입장은 더욱 곤란하고 위험한 상황에 처하게 되었다. 9월 말에 하원법사위원회는, 탄핵을 위한 심리를 해결책으로 내놓았다.

그런데 11월 선거에서 공화당은 엄청난 패배를 당했다. 상하 양원에서 그들은 의석을 더 늘릴 생각을 하고 있었는데 오히려 하원에서 6석을 잃고, 주지사 선거에서 1석을 잃고, 상원에서 겨우 아슬아슬하게 현상을 유지하게 되자 공화당은 큰 충격을 받았다. 최고의 사상자는 하원의장에 다시 출마하지 않겠다고 선언한 뉴트 깅그리치였다. 그 후 깅그리치는 하원을 떠나 정치에서 은퇴를 했다. 또다시 클린턴은 낮아진 실업률을 배경으로 하여, 계속된 스캔들에도 불구하고 여전히 높은 지지도를 유지하였다.

클린턴에 보다 동정적인 입장을 취하는 연방하원에서 탄핵을 위한 청문회를 잘 이끌어갈 수 있을지 다소 우려가 된 공화당은 12월 18일 탄핵을 위한 논쟁에 들어갔다. 하루가 지난 후 하원에서 공화당은 단 한 표도 이탈 표가 없는 상태로 클린턴 대통령을 위증죄와 사법권 방해 혐의로 재판에 회부했다.

1999년 1월 7일에 대법원장 윌리엄 렌큐이스트(William Rehnquist)의 사회 아래 20세기 최초의 대통령 탄핵재판이 시작되었다. 하원법사위원회 소속 공화당 의원들은 검사팀의 일원으로 활약하고 있던 위원회의 위원장인 일리노이 주 하원 헨리 하이드에게 사건을 맡겼다. 위원장 하이드와 조지아 주 하원 로버트 바(RobertBarr)에 의한 무조건적인 폭로식 사건 들추기는 하원법사위원회의 도덕적 권위를 실추시켰다. 거의 5주 동안 계속된 탄핵은 전 세계의 미디어를 지배했으며 미국정부의 권위를 형편없이 실추시켰다.

클린턴 탄핵을 주도하고 있는 하원법사위원회는 대통령의 사생활에서 부도덕하고 부적절하고 그리고 수치스러운 행동에 대한 근거를 잡아냈다. 그러나 클린턴의 이러한 생활에서, 많은 사람들이 인정하였듯이 대통령을 탄핵하기 위해 부족한 것은 사건에 대한 적절한 관련성 여부였다. 결국 클린턴에 대한 고발은 대통령으로서의 업무수행에는 관련시키지 못했고, 단지 그의 사생활에만 관련되어 나왔다. 탄핵을 위한 표결의 시간이 다가왔을 때 상원도 이에 동의하는 뜻을 분명히 했다.

클린턴을 기소하기 위해서는 67표가 필요했다. 위증죄와 사법권 방해의 두 가지 고발 내용 중 어느 한 가지라도 기소가 결정되면 클린턴은 대통령에서 물러나야 했다. 먼저, 위증죄에 대해 기소를 위한 표는 45표로 그쳐 형편없이 부족했다. 사법권 방해에 대한 표결은 55표로 다소 많았지만 역시 기소를 하는 데 필요한 67표에는 턱없이 부족했다. 민주당 출신 상원의원 45명은 모두 클린턴을 지지했다. 사실 이 수만으로도 클린턴을 무죄석방하는 데는 충분했다. 그러나 두 가지 고발 내용에 대해 공화당 의원 다수가 당의 노선을 깨고 민주당 출신의 대통령을 무죄석방하는 데 표를 던졌다.

그러나 한 가지 명백한 사실이 있다. 즉, 비록 상원은 이 두 가지 내용의 고발이 클린턴을 대통령직에서 추방하는 데 충분한 이유가 될 수 없다는 점은 인정했지만, 대통령의 개인행동은 결코 용서받을 수 없다는 일반적인 동의가 확산되었다. 클린턴을 대통령직에서 추방하지 않는 쪽으로 결론을 내린 상원의 태도는 여론조사에서 나타난 것처럼 일반 대중의 의견을 반영한 것이었다. 미국 국민의 대다수는 클린턴의 개인 행동에 대해서는 바람직하지 못한 것으로 보았지만, 대통령으로서의 업무수행에 대해서는 후한 점수를 주었다.

클린턴은 기소를 피했고 역시 지쳐버린 의회의 비난도 모면했다. 그는 이 문제에 대한 반작용도 염두에 두면서 이제 더 이상 이 문제에 대해 신경을 쓰려 하지 않았다. 그렇다고 대통령이 비난과 처벌로부터 완전히 자유로운 것이 아니었다. 1999년 4월 12일에 클린턴이 아칸소 대학에 있을 때 학생이었던 판사 신분의 수산 라이트(Susan W. Wright)는 폴라 존스가 클린턴을 고발한 내용과 같은 종류의 고발을 했다. 그녀는 클린턴이 "사법권을 방해하기 위해 교묘히 꾸며진 거짓되고, 오도하고, 애매한 대답을 했다"고 주장했다.

미래에 이루어질 여론조사에서 클린턴 대통령은 어느 자리에 위치할까? 라이딩스-매기버 대통령 여론조사(Ridings-McLver)는 41명의 미국 대통령들 중에서 그를 23위에 위치시켰다. 이 등수는 중간에서 뒤로 3칸 더 내려간 위치다. 그러나 이 등수는 그가 현직에 있을 때 이루어진 것이고 탄핵재판에 대한 것도 사실상 반영되지 않은 것이었다. 또한 여러 가지 현안 문제에 대한 결론도 미지수로 남아 있다. 탄핵이 클린턴에 대한 미래의 평가를 얼마나 하향 조정할지는 명백히 예측하기 어렵다. 하향조정이 될 것은 분명한데, 문제는 얼마나 많이인가 하는 점이다.

캘리포니아 공화당 연방 하원의원 크리스토퍼 콕스(Christopher Cox)가 의장직에 있으면서 양당 공동으로 작성한 콕스 보고서는 미국에서 활동하는 외국 스파이에 대한 놀랄 만한 폭로를 했다. 이 보고서는 중국정부가 클린턴 행정부 동안에 가장 중요한 미국의 핵무기 비밀과 관련한 다수의 비밀을 빼내 갔다고 결론지었다. 국가안보 분야에서 이러한 갈라진 틈은 대통령의 직무태만이라는 비난을 면하기 어려울 것이다. 이것이 실제로 국가에 어떤 손해를 준 것인지, 또 정당화될 수 있는 것인지, 나아가 너무 과장되어 알려진 것인지에 대해 정확한 평가를 내리는 데는 아직 시간을 더 필요로 한다. 클린턴을 완전히 평가하기에 아직도 해결되지 않은 현안 문제가 있다. 오랜 갈등을 초래하고 있는 발칸에서 코소보 인에 대한 세르비아 인의 인종청소에 대한 문제가 그것이다. 이 문제를 다루는 데 있어서 단순히 평범한 방법론을 쓴 클린턴의 지도력과 행동은 다른 외교정책에서와 마찬가지로 다소 성공적이라 할 수 있다. 그러나 미군이 평화유지군으로 발칸에 주둔하고 있는 한 이러한 성공은 항상 위험을 안고 있다.

역대 대통령에 대한 여론조사에서 바닥을 헤매는 대부분의 대통령들은 턱없이 부족한 자기 행정부의 전반적인 업무 수행능력에 기인한다. 41명 중 41등을 한 하딩과 38등을 한 그랜트는 정부의 극단적인 부패와 여기에 대처하지 못한 것 때문에 낙제점을 받았다. 클린턴과 같이 역시 탄핵재판을 받은 앤드류 존슨은 여론조사에서 39등을 차지하고 있다. 앤드류 존슨은 아집과 선입견으로 의회와 끝없는 마찰을 일으켜 대통령으로서의 업무수행을 바닥까지 끌어내렸다. 하위를 차지하고 있는 10명의 대통령 중 유일하게 상당한 업적을 낸 대통령은 리처드 닉슨이다. 그는 전체 32등을 차지하고 있다. 그의 업적은 19위지만 대통령으로서의 성격과 도덕성 결여로 인하여 바닥으로 추락한 경우다.

이 여론조사에서 클린턴의 전체 등수는 23등이다. 그러나 그의 이 등수는 이미 바닥에 위치하고 있는 성격과 도덕성 분야에서 38등을 차지함으로써 큰 손상을 입었다. 이것을 보건대, 여론조사에 참가한 전문가들이 이미 클린턴의 도덕성과 성격에 대해 결함을 발견하는 선견지명을 어느 정도 갖고 있지 않았나 생각한다. 역사에 남을 만한 어떤 위기가 없는 상황에서 클린턴의 업적은 상당한 성공을 거두었다. 레이건 행정부 시절의 엄청난 적자예산에 뒤이어, 그는 균형예산을 가져왔고 인플레이션 없이 장기적이고 지속적인 번영과 역사상 유래 없는 경제성장을 가져왔다. 그는 평화 조정자로 열심히 일했다. 하이티와 북한에서의 성공에 뒤이어 아일랜드, 이스라엘, 그리고 팔레스타인 문제에서도 평화적인 해결책을 모색했다.

여론조사에 참가한 참가자들은 한 대통령이 합리적인 평가를 받기 위해서는 대통령에서 물러난 뒤 25년에서 50년은 지나야 한다는 데 일반적으로 공감을 표시했다. 이 정도 시간이 대통령이 물러날 시기의 일반적인 감정을 완화시켜 주고, 나아가 미래의 연구자들로 하여금 그의 정책의 진정한 결과가 무엇인지 평가할 수 있게 해준다고 보았다.

앞으로 있을 평가에서 클린턴은 아마도 5등이나 6등 정도 하향평가되리라는 것이 일반적이다. 아마도 이러한 평가는 그가 받은 탄핵재판의 오점에 크게 기인할 것이다. 또한 이것은 매우 중요한 것으로 받아들여져, 대통령에 대한 평가에서 중요한 역할을 하게 될 것이다.

미래의 역사가들이 고려해야 할 하나의 요소는 전국적인 미디어망의 게걸스러운 폭로다. 클린턴은 우리 역사상 그 어떤 대통령보다 철저한 조사를 받았고 언론에 많이 노출되었다. 과거의 어떤 대통령도 대통령으로서의 평판을 훼손당하지 않은 채 현대사회의 각종 미디어와의 접촉에서 살아남을 수는 없을 없을 것이다. 미래의 역사가들과 평가자들은 미디어의 이 과다한 역할을 어떻게 평할 것인가?

지금 우리는 자타가 공인하는 돌아온 친구가 다시 한 번 돌아올 수 있을지 관심을 가지고 잠시 지켜보아야 한다.

|참고문헌|

Ables, Jules, *In the Time of Silent Cal*, New York : Putnam's, 1969.

Ackerman, Kenneth D., *The Gold Ring*, New York : Dodd, Mead, 1988.

Adams, Henry, *The Education of Henry Adams*, New York : Modern Library, 1931.

Adams, Samuel Hopkins, *Incredible Era*, Boston : Houghton Mifflin, 1939.

Allen, F. Lewis, *Only Yesterday*, New York : Bantam, 1946.

Ambrose, Stephen E., *Nixon* 3 vols., New York : Simon & Schuster, 1987~91.

Anderson, Donald F., *William Howard Taft*, Ithaca, N. Y. : Cornell Univ. Press, 1968.

Bailey, Thomas A., *Presidential Greatness*, New York : Appleton-Century, 1966.

Barry, John M., *Rising Tide : The Great Mississippi Flood of 1927 a nd How It Changed America*, New York : Simon & Schuster, 1997.

Berlin, Isaiah, *Russia n Thinkers*, New York : Viking Press, 1978.

Billings, Elden E., "Social and Economic Life in Washington in the 1980's," *Records of the Columbia Historical Society of Washington, D. C.*, 1966~68.

Blum, John Morton, *Years of Discord*, New York : Norton, 1991.

Bode, Carl, Mencken, *Carbondale*, Ill. : Southern Illinois Univ. Press, 1969.

Boller, Paul F., *Presidental Anecdotes*, New York : Penguin, 1982.

Bourne, Peter, *Jimmy Carter*, New York : Scribner, 1997.

Britton, Nan, *The President's Daughter*, New York : Elizabeth Ann Giuld, 1927.

Burner, David, *Herbert Hoover : A Public Life*, New York : Knopf, 1979.

Burns, James McGregor, *The Crosswinds of Freedom*, New York : Knopf, 1989.

Burton, David H., *William Howard Taft : In the Public Service*, Malabar, Fla. : Robert E. Krieger, 1986.

Butt, Archie, *Taft a nd Roosevelt* 2 vols., Garden City, N.Y. Doubleday, Doran, 1930.

Carpenter, John A., *Ulysses S. Grant*, New York : Twayne, 1920.

Carter, Jimmy, *Why Not the Best?*, New York : Bantam, 1976.

Castel, Albert, *The Presidency of Andrew Johnson*, Lawrence, Kans. : Regents Press, 1979.

Catton, Bruce, *U.S. Grant and the American Military Tradition*, Boston : Little, Brown, 1954.

Class of 1947, *The Lucky Bag*, Annapolis, Md. : 1946

U.S. Naval Academy, Coletta, Paolo E., *The Presidency of William Howard Taft*, Lawrence, Kans. : Univ. Press of Kansas, 1973.

Coolidge, Calvin, *Autobiography*, New York : Cosmopolitan, 1929.

Cunliffe, Marcus, *The Presidency*, Boston : Houghton Mifflin, 1987.

Dallek, Robert, *Hail to the Chief*, New York : Hyperion, 1996.

DeGregorio, William A., *The Complete Book of Presidents*, New York : Dembner Books, 1984.

Donald, David, *Charles Sumner and the Coming of the Civil War*, New York : Knopf.

Donovan, Hedley, *Roosevel to Reagan*, New York : Harper & Row. 1985.

Fallows, James, "The Passionless Presidency," *Atlantic*, May 1979.

Ferrell, Robert H., *Strange Deaths of President Harding*, Columbia, Mo. : Univ. of Missouri Press, 1996.

Ferrell, Robert H. ed., *Off the Record : The Private Papers of Harry Truman*, New York : Harper & Row, 1980.

Foner, Eric, *Reconstruction : America's Unfinished Revolution*, New York : Harper & Row, 1988.

Galbraith, John Kenneth, *The Great Crash*, Boston : Houghton Mifflin, 1955.

Gara, Rarry, *The Presidency of Franklin Pierce*, Lawrence, Kans. : Univ. Press of Kansas, 1991.

Garraty, John A., *The New Commonwealth, 1877-1890*, New York : Harper & Row, 1968.

Garraty, John and Eric Foner eds., *The Reader's Companion to American History*, Boston : Houghton Mifflin, 1991.

Glad, Betty, *Jimmy Carter*, New York : Norton, 1980.

Goldwater, Barry, *Goldwater*, Garden City, N.Y. : Doubleday, 1988.

Goodfellow, Guy, "Calvin Coolidge : A Study of Presidential Inaction," Ph.D. diss., Univ. of Maryland, 1969.

Grant, U.S., *Personal Memoirs*, New York : Library of America, 1990.

Haas, Garland A., *Jimmy Carter and the Politics of Frustration*, Jefferson, N.C. : McFarland, 1992.

Hamilton, Holman, *Prologue to Conflict*, Lexington, Ky. : Univ.of Kentucky Press, 1964.

Hertzberg, Henry, "Jimmy Carter," *In Character Above All*, edited by Robert A. Wilson, New York : Simon & Schuster, 1995.

Hesseltine, William B., *Ullyses S. Grant, Politician*, New York : Dodd, Mead, 1935.

Hicks, John D., *The Republican Ascendancy*, New York : Harper & Row, 1960.

Hoff, Joan, *Nixon Reconsidered*, New York : Basic Books, 1994.

Hofstadter, Richard, *The American Political Tradition and the Men Who Made It*, New York : Knopf, 1949.

Holt, Michael F., *The Political Crisis of the 1850s*, New York : John Wiley, 1978.

Hoover, Herbert C., *Memoirs of Herbert Hoover* Vol. 2, New York : Maxmillan, 1952.

Hoover, Irwin H., *Forty-two Years in the White House*, Boston : Houghton, 1936.

Josephson, Matthew, *The Politicos*, New York : Harcourt, Brace, 1938.

Kaufman, Burton I., *The Presidency of James Earl Carter, Jr.,* Lawrence, Kans. : Univ. Press of Kansas, 1993.

Kenin, Richard, and Justin Wintle eds., *Dictionary of Biographical Quotations*, New York : Knopf, 1978.

Klein, Philip S., *President James Buchanan*, Univ. Park. Pa. : Pennsylvania State Univ. Press, 1962.

Lasky, Victor, *Jimmy Carter : The Man & the Myth*, New York : Marek, 1979.

Lathem, Edward C., *Meet Calvin Coolidge*, Brattleboro, Vt. : Greene Press, 1960.

Leuchtenberg, William E., *The Perils of Prosperity*, Chicago : Univ. of Chicago Press, 1958.

Londen Sunday Times Team, *Watergate*, New York : Bantam, 1973.

Longworth, Alice Roosevelt, *Crowded Hours*, New York : Scribner's, 1933.

McCoy, Donald R., *Calvin Coolidge : The Quiet President*, Lawrence, Kans. : Univ. of Kansas, 1988.

McElvaine, Robert S., *The Great Depression*, New York : Times Books, 1984.

McFeely, William, *Grant*, New York : Norton, 1981.

McKitrick, Erich, *Andrew Johnson and Reconstruction*, Chicago : Univ. of Chicago, 1964.

McPherson, James M., *Battle Cry of Freedom*, New York : Oxford Univ. Press, 1988.

Manchester, William L., *Disturber of the Peace*, New York : Harper, 1951.

Manner, William, *TR and Will*, New York : Harcourt, Brace, 1969.

Matusow, Allen J., *The Unravelling of America*, New York : Harper & Row, 1984.

Mee, Charles L., Jr., *The Ohio Gang*, New York : M. Evans, 1981.

Mencken, H. L., *A Carnival of Buncombe*, Baltimore : Johns Hopkins Univ. Press, 1956.

Mencken, H. L., *A Mencken Chrestomathy*, New York : Knopf, 1949.

Miller, Nathan, *Spying for America : The Hidden History of U.S. Intelligence*, New York : Dell, 1989.

Miller, Nathan, *Stealing From America : A History of Corruption from Jamestown to Whitewater,* New York : Marlowe, 1996.

Miller, Nathan, *Theodore Roosevelt : A Life,* New York : William Morrow, 1992.

Morgan, H. Wayne, *From Hays to McKiney,* Syracuse, N.Y. : Syracuse Univ. Press, 1969.

Morgan, H. Wayne, *The Gilded Age : A Reappraisal,* Syracuse, N.Y. : Syracuse Univ. Press, 1963.

Morison, Samuel Eliot, *The Growth of the America Republic* Vol. 2. New York : Oxford Univ. Press, 1966.

Morris, Edmund, *The Rise of Theodore Roosevelt,* New York : Coward, McCann & Geoghegan, 1979.

Mowry, George E., *The Era of Theodore Roosevelt,* New York : Harper, 1958.

Murray, Robert K. Tim and H. Blessing, *Greatness in the White House,* Univ. Park, Pa. : Pennsylvania State Univ. Press, 1988.

Murray, Robert K., *The Harding Era,* Minneapolis : Univ. of Minnesota Press, 1969.

Murray, Robert K., *The 103rd Ballot,* New York : Harper & Row, 1976.

Nevins, Allan, *The Emergence of Lincoln* 2 vols., New York : Scribner's, 1950.

Nevins, Allan, *Hamilton Fish : The Inner History of the Grant Administration,* New York : Dodd, Mead, 1936.

Nevins, Allan, *Ordeal of the Union* 2 vols., New York : Scribner's, 1947.

Nevin, Allan, and Henry Steele Commager, *A Pocket History of the United States,* New York : Washington Square Press, 1986.

Nichols, Roy F., *The Disruption of America n Democracy,* New York : Macmillan, 1948.

Nichols, Roy F., *Franklin Pierce : Young Hickory of the Granite Hills,* Philadelphia : univ. of Pennsylvania Press, 1931.

Nichols, Roy F., *The Stakes of Power,* New York : Hill and Wang, 1961.

Noggle, Burl, *Teapot Dome : Oil and Politics in the 1920's,* Baton Rouge, La. : Louisiana State Univ., 1962.

Parmet, Herbert S., *Richard Nixon and His America,* Boston : Little, Brown, 1990.

Parrish, Michael E., *Anxious Decades,* New York : Norton, 1992.

Patterson, James, *Gra nd Expectations,* New York : Oxford Univ. Press, 1996.

Potter, David M., *The Impending Crisis,* New York : Harper & Row, 1976.

Potter, Philip, "Nixon," *In Candidates 1960,* ed. by Eric Sevareid, New York : Basic Books, 1959.

Potts, Louis W., "Who Was Warren G. Harding?," *The Historian,* Agust 1974.

Pringle, Henry, *The Life a nd Times of William Howard Taft* 2 vols., New York : Farrar

& Rinehart, 1939.

Rhodes, James Ford, *History of the United States from the Compromise of 1850* Vol. I, New York : Macmillan, 1910.

Ridings, William J. and Stuart B. McIver, *Rating the Presidents*, Secaucus, N.J. : Citadel Press, 1977.

Roosevelt, Theodore, *Autobiography*, New York : Da Capo, 1985.

Roosevelt, Theodore, *The Neval War of 1812*, Annapolis, Md. : Naval Institute Press, 1987.

Rossiter, Clinton, *The America n Presidency*, New York : Mentor, 1956.

Rugoff, Milton, *America's Gilded Age*, New York : Holt, 1989.

Russel, Francis, *A City in Terror : A Boston Police Strike*, New York : Viking, 1975.

Russel, Francis, *The President Makers*, Boston : Little, Brown, 1976.

Russel, Francis, *The Shadow of Blooming Grove*, New York : MaGraw-Hill, 1968.

Safire, William, *Before the Fall*, Garden City, N.Y. : Doubleday, 1975.

Schlesinger, Arthur M., Jr., "The Ultimate Approval Rating," *New York Times Magazine*, December 16, 1996.

Sick, Gary, *All Fall Down : America's Tragic Encounter With Iran*, New York : Random House, 1985.

Sievers, Harry J., *Benjamin Harrison* Vols. 1-2, New York : Univ. Publishers, 1952, 1959. Vol. 3, Indianapolis : Bobbs-Merrill, 1968.

Sinclair, Andrew, *The Available Man*, New York : Macmillan, 1965.

Smith, Elbert B., *The Presidency of James Buchanan*, Lawrence, Kans. : University Press of Kansas, 1975.

Smith, Hedrick, *The Power Game*, New York : Random House, 1988.

Socolofsky, Homer and Allan B. Specter, *The Presidency of Benjamin Harrison*, Lawrence, Kans. : Univ. Press of Kansas, 1987.

Stampp, Kenneth, *America in 1857*, New York : Oxford Univ. Press, 1990.

Stoddard, Henry L., *As I Knew Them*, New York : Harper, 1927.

Stone, Irving, *They Also Ran*, New York : Signet, 1968.

Stroud, Kandy, *How Jimmy Won*, New York : Morrow, 1977.

Sullivan, Mark, *Our Times* 6 vols., New York : Scribner's, 1926-1935.

Thomas, Lately, *The First President Johnson*, New York : Morrow, 1968.

Trefousse, Hans L., *Andrew Johnson*, New York : Norton, 1989.

Trefousse, Hans L., *The Radical Republicans*, New York : Knopf, 1969.

Triani, Edward P. and David L. Wilson, *The Presidency of Warren G. Harding*,

Lawrence, Kans. : Regents Press, 1977.

Tuchman, Barbara, *The Proud Tower*, New York : Macmillan, 1962.

Wecter, Dixon, *The Hero in America*, Ann Arbor, Mich. : Univ. of Michigan, 1963.

Welles, Gideon, *Diary* vol.3, Boston : Houghton Mifflin, 1911.

Werner, M. R., John Starr, *Teapot Dome*, New York : Viking, 1959.

White, Leonard, *The Republica n Era*, New York : Macmillan, 1958.

White, William Allen, *The Autobiography of William Allen White*, New York : Macmillan, 1946.

White, William Allen, *A Purita n in Babylon*, Macmillan : New York, 1938.

Whitney, David C., *The American Presidents*, Garden City, N. Y. : Doubleday, 1985.

Wicker, Tom, "Richard M. Nixon," *In Character Above All*, edited by Robert A. Wilson, New York : Simon & Schuster, 1995.

Wiebe, Robert H., *The Search for Order*, New York : Hill and Wang, 1967.

Williams, R. Hal, *Years of Decision : America n Politics in the 1890s*, New York : Knopf, 1978.

Wilson, Edmund, *Patriotic Gore*, New York : Oxford Univ. Press, 1962.

Wilson, Woodrow, *A History of the America n People*,Vol. 5, New York : harper, 1902.

Woodward, C. Vann, *Responses of the Presidents Charges of Misconduct*, New York : Dell, 1979.

|찾아보기|

지은이 **네이슨 밀러**

저자는 15년 이상이나 볼티모어의 유명한 신문인 *The Sun*의 기자생활을 하고 연방 상원의원의
보좌관을 지냈다. 그는 *Theodore Roosevelt: A Life* (1994)와 *FDR: An Intimate History*
(1983) 등 미국 대통령들에 대한 전기와 *The U.S. Navy: A History* (1990), *Spying for
America : The Hidden History of U.S. Intelligence* (1997) 등 다작의 역사를 쓰고 있다.
풀리처상 후보에 다섯 번이나 지명되었으며 현재 워싱턴 D.C.에 살고 있으면서 역사연구에
몰두하고 있다.

옮긴이 **김형곤**

경남 거창에서 태어났다. 거창고등학교, 한성대학교 사학과를 졸업하고 중앙대학교 대학원에서
미국사로 석사, 박사학위를 받았다. 주요 논문으로 「미국의 적색공포(1919~1920)에 관한
연구」가 있고 저서로 『미국의 적색(赤色)의 공포』가 있다. 역서로 『미국의 음식문화』, 『위대한
대통령, 끔찍한 대통령』이 있다. 최근에는 미국 사회와 정치, 특히 대통령에 대한 평가와
대통령의 지도력에 깊은 관심을 가지고 「캘빈 쿨리지 대통령의 평가에 대한 당위성」, 「워렌
하딩 대통령에 대한 최악의 평가의 당위성 고찰」, 「프랭클린 루즈벨트 대통령의 지도력에
관한 소고」 등을 발표하였다. 현재 건양대학교 교수로 있다.

이런 대통령 뽑지 맙시다
미국 최악의 대통령 10인

네이슨 밀러 지음
김형곤 옮김

1판1쇄	인쇄	2002년 5월 8일
1판1쇄	발행	2002년 5월 10일

발행처	도서출판 혜안
발행인	오일주
등 록	1993년 7월 30일 제22-471호
주 소	서울시 마포구 서교동 326-26번지 102호
전 화	3141-3711~3712
팩 스	3141-3710
이메일	hyeanpub@hanmail.net

값 12,000원
ISBN 89-8494-155-7 0334015